TERAPIAS CONTEXTUAIS COMPORTAMENTAIS

Análise funcional e prática clínica

TERAPIAS CONTEXTUAIS COMPORTAMENTAIS

Análise funcional e prática clínica

ORGANIZADORES

Claudia Kami Bastos Oshiro

Tiago Alfredo da Silva Ferreira

MANOLE

Produção editorial: Rosana Arruda da Silva
Projeto gráfico: Estúdio Castellani
Diagramação: Estúdio Castellani
Ilustrações: Estúdio Castellani
Capa: Ricardo Yoshiaki Nitta Rodrigues
Imagem da capa: istockphoto.com

CIP-BRASIL. CATALOGAÇÃO NA PUBLICAÇÃO
SINDICATO NACIONAL DOS EDITORES DE LIVROS, RJ

T293

Terapias contextuais comportamentais : análise funcional e prática clínica / organização Claudia Kami Bastos Oshiro, Tiago Alfredo da Silva Ferreira. – 1. ed. – Santana de Parnaíba [SP] : Manole, 2021.

344 p. : il. ; 23 cm.
Apêndice
Inclui bibliografia e índice
ISBN 978-65-5576-185-6

1. Psicologia clínica. 2. Terapia contextual. 3. Avaliação do comportamento. 4. Terapia do comportamento. 5. Psicoterapia cognitiva. I. Oshiro, Claudia Kami Bastos. II. Ferreira, Tiago Alfredo da Silva.

21-72435 CDD: 616.89142
CDU: 159.9.019.4

Camila Donis Hartmann – Bibliotecária – CRB-7/6472

Edição – 2021

Editora Manole Ltda.
Alameda América, 876 – Tamboré
Santana de Parnaíba
06543-315 – SP – Brasil
Tel.: (11) 4196-6000
www.manole.com.br
https://atendimento.manole.com.br/

Impresso no Brasil
Printed in Brazil

Organizadores

Claudia Kami Bastos Oshiro
Docente do Departamento de Psicologia Clínica no Instituto de Psicologia da Universidade de São Paulo (USP). Cientista afiliada ao Center for the Science of Social Connection da University of Washington, Seattle, EUA. Coordenadora da Clínica-escola Durval Marcondes do Instituto de Psicologia da USP. Graduada em Psicologia (2001) e mestre em Educação Especial (2004) pela Universidade Federal de São Carlos (UFSCar). Doutora em Psicologia Clínica pela USP (2011). Vencedora do Prêmio Capes de Tese 2012 na área da Psicologia. Coordenadora do Laboratório de Terapia Comportamental da USP (LTC-USP).

Tiago Alfredo da Silva Ferreira
Psicólogo clínico. Mestre e doutor pelo Programa de Ensino, Filosofia e História das Ciências pela Universidade Federal da Bahia (UFBA). Professor do Instituto de Psicologia da UFBA. Docente do Programa de Pós-Graduação em Psicologia (UFBA). Coordenador do Grupo de Pesquisa em Análise do Comportamento, Subjetividade e Cultura (ACSC) na UFBA. Realiza pesquisa na interface entre Subjetividade Humana e Ciências Comportamentais Contextuais.

Coautores

Aline Souza Simões

Graduada em Psicologia pela Faculdade Ruy Barbosa, mestre em Psicologia Social pela UFBA e especialista em Terapias Contextuais pelo MICPSY (Madri, Espanha). Professora de matérias de extensão em Terapia de Aceitação e Compromisso e Teoria das Molduras Relacionais. Membro do grupo de pesquisa em ACSC na UFBA. Atua como psicóloga e supervisora clínica, atendendo crianças, adolescentes e adultos.

Amanda Raña Ferreira

Doutora em Psicologia Clínica pela USP. Mestre em Teoria e Pesquisa do Comportamento pela Universidade Federal do Pará (2008). Graduada em Psicologia – Bacharelado e Formação – pela Faculdade Ruy Barbosa (2005). Psicóloga clínica sob a orientação analítico-comportamental.

Ana Paula Gumiela Sena

Graduada em Psicologia pela Universidade Federal do Paraná (2010). Pós-graduada em Psicoterapia Analítico-Comportamental (2014) pelo Instituto de Análise do Comportamento de Curitiba (IACC). Mestre em Psicologia pela Universidade Federal do Paraná (2020). Atua como psicoterapeuta analítico-comportamental em clínica privada.

Catiele Paixão

Doutora e mestra em Psicologia pela UFBA, é psicóloga e pesquisadora pelo Programa Nacional de Pós-Doutorado/Capes (PNPD/Capes) no Programa de Pós-graduação em Psicologia da UFBA. Realizou estágio doutoral no Centro de Investigação em Ciência Psicológica (CICPsi) da Universidade de Lisboa. Possui *expertise* em pesquisas com ênfase no desenvolvimento socioemocional infantil e em programas de intervenção com pais e crianças. Também tem desenvolvido estudos de processo-resultado sobre as terapias analítico-comportamentais.

Daniel Afonso Assaz

Psicólogo (USP) e doutor em Psicologia Clínica (USP). Terapeuta comportamental e supervisor clínico em consultório particular. Colaborador de pesquisa no LTC-USP, onde desenvolve pesquisas sobre o processo de mudança clínica na Terapia de Aceitação e Compromisso (ACT) e na Psicoterapia Analítica Funcional (FAP). Docente em cursos de formação e especialização em terapias comportamentais contextuais. Coordenador do Boletim Contexto (ABPMC).

Denise Lettieri Moraes

Graduada em Psicologia, graduada em Administração de Empresas, mestre em Psicologia, especialização em Análise Comportamental Clínica, Aperfeiçoamento em Terapias Comportamentais Contextuais (FAP/ACT/DBT/BA/IBCT), formação em Terapia Comportamental Dialética pelo Behavioral Tech/The Linehan Institute. Professora convidada de institutos de pós-graduação. Vice-presidente (gestão 2019/2020) da Associação Brasileira de Psicologia e Medicina Comportamental (ABPMC). Membro da Associação de Ciências Comportamentais Contextuais (ACBS Brasil). Membro da Association for Contextual Behavioral Science (ACBS). Áreas de atuação: análise comportamental clínica; terapias comportamentais contextuais; docência; supervisão clínica.

Elisângela Ferreira da Silva

Possui graduação em Psicologia pela Universidade Estadual Paulista "Júlio de Mesquita Filho" (2003) e mestrado em Psicobiologia pela USP (2007). Foi professora de nível superior da Universidade Nove de Julho. Tem experiência na área de Psicologia, com ênfase em Psicologia, atuando principalmente nos seguintes temas: supervisão clínica, psicoterapia analítica funcional e habilidades terapêuticas. Atualmente é doutoranda no programa de Psicologia Clínica do Instituto de Psicologia Clínica da USP e professora universitária na Universidade São Judas Tadeu.

Fabrício de Souza

Graduado em Psicologia pela Universidade Federal do Espírito Santo (1997). Pelo Programa de Pós-Graduação em Psicologia, nessa mesma instituição, obteve os títulos de mestre em Psicologia (2000) e doutor em Psicologia (2006). Realizou estágio de pós-doutoramento na Universidade de Manitoba (UofM), Winnipeg, Canadá (2015-2) e no Paradigma – Centro de Ciências e Tecnologia do Comportamento – São Paulo, Brasil (2016-1). Professor Associado II no Instituto de Psicologia da UFBA. Professor colaborador no Programa de Pós-Graduação em Psicologia (linha de pesquisa: Transições Desenvolvimentais e Processos Educacionais) do Instituto de Psicologia, na mesma universidade. Tem experiência nas áreas de: 1) aplicação da Análise do Comportamento (Terapia Analítico-Comportamental) com jovens e adultos; 2) pesquisa da interação social de crianças e de adolescentes com mediação das Tecnologias de Informação e Comunicação (TICs); e 3) na investigação da interação social humana e animal segundo o enfoque da Etologia e da Psicologia Evolucionista.

Fatima Cristina de Souza Conte
Doutorado em Psicologia Clínica pela USP (1996). Mestrado em Psicologia pela Pontifícia Universidade Católica (PUC) de Campinas (1983). Analista do Comportamento com o título de Acreditação Honorária e Vitalícia pela ABPMC. Professora associada, aposentada, pela Universidade Estadual de Londrina (UEL), Departamento de Psicologia Geral e Análise do Comportamento. Vice-presidente da ABPMC e presidente dos encontros anuais da gestão 2002/2003. Sócia fundadora e psicoterapeuta no Centro Integrado de Neuropsiquiatria e Psicologia Comportamental (CINP). Sócia-fundadora do Instituto Continuum, Londrina, PR. Coordenadora dos cursos de Formação e Especialização em Terapias Contextuais, com foco em ACT e Psicoterapia Analítica Funcional (FAP). Analista do Comportamento, atuando como psicoterapeuta desde 1979, junto a crianças, adolescentes e adultos.

Felipe Melo Souza Santos
Mestre em Psicologia pela UFBA, é psicoterapeuta contextual de adultos e casais. Pesquisador no grupo de pesquisa em ACSC da UFBA e estuda relacionamentos amorosos contemporâneos e análise do comportamento clínica.

Fernanda Resende Moreira
Graduada em Psicologia pela Universidade Federal de Minas Gerais (UFMG). Mestrado em Psicologia Clínica pela USP, onde desenvolveu pesquisa sobre o processo de mudança clínica na FAP com uma criança vítima de abuso sexual. Especialista em Clínica Analítico-Comportamental pelo Paradigma – Centro de Ciências e Tecnologia do Comportamento. Atua como clínica e supervisora analítico-comportamental em consultório particular.

Gabriela dos Santos
Psicóloga, mestre em Psicologia Clínica pela USP. Formação em DBT Intensive Training – Behavioral Tech pelo Linehan Institute. Formação em Terapia de Casal pelo Instituto Paulista de Sexualidade (InPaSex) e pela Atitude Cursos. Formação

em Terapias Contextuais, especialista em Clínica Analítico-Comportamental e formação em Acompanhamento Terapêutico pelo Centro Paradigma. Formação como terapeuta FAP (*Workshops* níveis 1 e 2). Coordenadora acadêmica, supervisora e professora do Curso de Aprimoramento em AT da Equipe AT. Psicóloga clínica e supervisora da Equipe AT. Supervisora clínica no Centro Paradigma de Análise do Comportamento. Psicóloga e supervisora na clínica particular.

Gisele Rodrigues Ferreira
Psicóloga clínica. Bacharel em Direito. Especialista em Terapia Analítico-Comportamental (Unijorge). Especialista em Terapias Contextuais pelo MICPSY (Madri, Espanha). Atua em consultório particular e supervisão clínica a partir da Terapia de Aceitação e Compromisso. Desenvolveu a ferramenta O Mapa da Vida para integração da ACT com a Análise Funcional Molar.

Joana Figueiredo Vartanian
Graduação em Psicologia pela Universidade Estadual Paulista (Unesp) (2008), mestrado (finalizado em 2017) e doutorado em andamento, ambos em Psicologia Clínica pela USP. Realizou doutorado sanduíche com William Follette, PhD, na University of Nevada (Reno, EUA). Atua em consultório particular com atendimentos clínicos e supervisões na FAP. Sua linha de pesquisa envolve os mecanismos de mudança clínica presentes na FAP, bem como a investigação de modelos de ensino utilizados nessa psicoterapia.

Jocelaine Martins da Silveira
Graduada em Psicologia pela Universidade Federal do Paraná (1992); especialista em psicoterapia em Análise do Comportamento pela UEL (1995); mestre em Psicologia Experimental pela USP (1997); doutora em Psicologia Clínica pela USP (2003); pós-doutorado no Departamento de Psicologia da Universidade de Nevada, Reno (UNR, 2016-2017). Professora associada do Departamento de Psicologia da Universidade Federal do Paraná.

Julia Cafalli Favati
Psicóloga e bacharela em Psicologia pela USP (2020); curso de aprimoramento em Manejo de Transtornos Psiquiátricos na Prática Clínica (Centro Paradigma). Atua em clínica particular pela FAP e no Instituto Pró-Estudo como acompanhante terapêutica. É membro colaboradora do LTC-USP.

Juliana Helena dos Santos Silvério Abreu
Psicóloga clínica. Coordenadora do IACC. Doutora em Psicologia Experimental pela USP. Behavioral activation trainer. Autora do livro *Ativação comportamental*

na depressão (Editora Manole). Autora também de inúmeros capítulos e artigos nacionais sobre depressão, terapias comportamentais contextuais e análise do comportamento.

Marcelo Panza Lombardo

Psicólogo pela Universidade Nacional de Rosário, Argentina. Doutor em Psicologia pela Universidade de Palermo, Buenos Aires. Desde 2007 dedica-se à psicologia clínica, é professor de Psiquiatria e Psicologia Clínica no curso de Medicina da Universidade Nacional do Leste e de Práticas Profissionais na Universidade Católica. É tutor e pesquisador de projetos do Conselho Nacional de Ciências e Técnicas do Paraguai.

Mariana Salvadori Sartor

Doutoranda em Psicologia Clínica (USP), com período de doutorado sanduíche na Universidad de Málaga, Espanha. Mestre em Análise do Comportamento pela UEL. Psicóloga clínica pela Pontifícia Universidade Católica do Paraná (PUCPR). Atua como psicóloga e supervisora clínica na abordagem analítico-comportamental e como professora em cursos de pós-graduação.

Marjorie Rodrigues Wanderley

Graduada em Psicologia pela Universidade Federal do Paraná (2016), especialista em Saúde da Criança e do Adolescente pelo programa de Residência Multiprofissional das Faculdades Pequeno Príncipe (2018), mestre em Psicologia pela Universidade Federal do Paraná (2019). Atualmente trabalha na Fundação Estatal de Atenção à Saúde de Curitiba (FEAS), como psicóloga clínica em Centro de Atenção Psicossocial Infantojuvenil e é docente de Psicologia nas Faculdades Estácio.

Mateus de Mattos Souza

Graduado em Psicologia pela Faculdade Ruy Barbosa, mestre em Ensino, Filosofia e História das Ciências (UFBA). Já atuou como professor em universidades privadas e pública (UEFS). Atua como psicólogo e supervisor clínico e oferece cursos de formação para terapeutas contextuais com ênfase em FAP e Terapia Comportamental Integrativa de Casal (IBCT).

Olivia Gamarra

Psicóloga clínica em Sensorium, Paraguai. Doutora em Psicologia pela Universidade de Palermo, Buenos Aires, pós-graduada em Atualização em Psicopatologia Clínica pela Universidade de Barcelona. Professora universitária na Universidade Católica e de cursos de pós-graduação em Terapias Baseadas em Evidências. Editora-associada do RBTCC Journal (*Revista Brasileira de Terapia Comportamental e Cognitiva*) e vice-presidente da Academia Paraguaia de Psicologia Cognitivo-Comportamental

Paulo Roberto Abreu

Psicólogo clínico. Coordenador do IACC. Doutor em Psicologia Experimental pela USP. Behavioral activation trainer. Autor do livro *Ativação comportamental na depressão* (Editora Manole). Autor também de inúmeros capítulos, artigos nacionais e internacionais sobre depressão, terapias comportamentais contextuais e análise do comportamento.

Tauane Paula Gehm

Bacharel e psicóloga (2011) pela USP. Mestre (2013) e doutora (2017) pelo Programa de Psicologia Experimental (PSE) da mesma universidade. Foi consultora da ONU em saúde mental infanto-juvenil e colaboradora do Programa de Saúde Mental do Ministério da Saúde (2013-2014). Atuou como docente em cursos de graduação e pós-graduação (2010-atual). Há mais de dez anos, trabalha como psicoterapeuta em consultório particular, atendendo sobretudo crianças, adolescentes e pais. Tem pesquisas e publicações científicas nas áreas da Psicologia do Desenvolvimento, Psicoterapia Infantil, Análise Experimental do Comportamento e História da Psicologia.

Sumário

Apresentação xix
Prefácio xxi

SEÇÃO 1

CIÊNCIA COMPORTAMENTAL CONTEXTUAL E TERAPIAS CONTEXTUAIS: TEORIA, PRÁTICA E *STATUS* ATUAL

1 Evidências e processos na Terapia Contextual: integração e ruptura . . 2
Tiago Alfredo da Silva Ferreira
O que são processos de mudança clínica? 4
Análise Funcional: incompreensões e avanços 6
Terapias Contextuais e Terapia Baseada em Processos: desafios 8

2 Teoria das Molduras Relacionais: Análise Funcional para formulação de caso clínico 12
Aline Souza Simões
Desenvolvimentos posteriores: avanços conceituais e a proposta do MDML . . 15
Limitações do MDML e atualizações 17
Aplicações clínicas do modelo atualizado 19
Caso clínico: Guilherme, 19 anos 22
Conclusão 24

SEÇÃO 2

PSICOTERAPIA ANALÍTICA FUNCIONAL (FAP)

3 A Psicoterapia Analítica Funcional (FAP) 28
Claudia Kami Bastos Oshiro, Joana Figueiredo Vartanian, Mariana Salvadori Sartor, Elisângela Ferreira da Silva
A importância da conexão social no desenvolvimento da FAP 29
Intimidade 31

Os pilares da Psicoterapia Analítica Funcional 32
Psicoterapia Analítica Funcional como um sistema integrado 40
Conclusão 41

4 Avaliação e formulação de caso clínico na FAP: a Análise Funcional orientando o processo terapêutico 46

Amanda Raña Ferreira, Julia Cafalli Favati, Claudia Kami Bastos Oshiro

Considerações sobre o modelo nomotético e o modelo idiográfico 46
A centralidade da análise funcional na avaliação e formulação de caso na FAP 49
Avaliação idiográfica funcional e a formulação de caso na FAP 50
Caso clínico 51
Sistema Modelo de Avaliação Funcional e Idiográfica (FIAT) 53
Direcionamentos futuros para o FIAT 57
Conclusão 59

5 Aplicação da FAP em um caso de abuso sexual infantil 62

Fernanda Resende Moreira, Claudia Kami Bastos Oshiro

Cliente e queixa 63
Delineamento do tratamento com a FAP 64
Hipóteses funcionais e sistematização dos comportamentos clinicamente relevantes 64
Modelagem dos comportamentos clinicamente relevantes 66
Resultados 74

6 Aplicação da Psicoterapia Analítica Funcional em um caso de dificuldades em intimidade 77

Joana Figueiredo Vartanian, Claudia Kami Bastos Oshiro

Caso clínico 78
Comportamentos do cliente em sessão 78
Comportamentos do cliente fora da sessão 80
Variáveis do terapeuta 81
História de vida relevante 83
Conceituação de caso 83
Intervenções 86
Modelagem 86
Controle de estímulos 89
Conclusão 91

7 Avaliação do repertório interpessoal na Psicoterapia Analítica Funcional 93

Jocelaine Martins da Silveira, Ana Paula Gumiela Sena

Avaliação comportamental dos relacionamentos interpessoais 95
O caso de Ana 97
O caso de Laura 100
Conclusão 103

SEÇÃO 3
TERAPIA DE ACEITAÇÃO E COMPROMISSO (ACT)

8 A Terapia de Aceitação e Compromisso . . . 106

Daniel Afonso Assaz

A universalidade do sofrimento psicológico . . . 106
Padrões recorrentes que acarretam sofrimento (estados iniciais) . . . 107
Falta de contato com valores e inércia, impulsividade ou esquiva persistente . . 108
Atenção inflexível . . . 109
Esquiva experiencial . . . 110
Fusão cognitiva e senso de *self*-como-conceito . . . 111
Objetivos terapêuticos: estados finais . . . 112
Intervenção: dos estados iniciais aos finais . . . 114

9 Avaliação e formulação de caso na Terapia de Aceitação e Compromisso . . . 120

Tiago Alfredo da Silva Ferreira

Análise Funcional do comportamento . . . 121
Identificação de processos . . . 123
Plano de tratamento . . . 127
Avaliação baseada em processos . . . 129
Conclusão . . . 130

10 ACT e ansiedade: análise contextual de dois casos clínicos . . . 132

Daniel Afonso Assaz, Amanda Raña Ferreira

Dos transtornos de ansiedade aos processos transdiagnósticos . . . 132
Processos comportamentais envolvidos na reação ao perigo . . . 133
Da queixa à análise funcional . . . 136
Caso clínico: Catarina . . . 138
Caso clínico: Laís . . . 142
Conclusão . . . 144

11 Valores e recontextualização da subjetividade materna: um caso clínico . . . 148

Catiele Paixão, Tiago Alfredo da Silva Ferreira

O impacto do engajamento na subjetividade de adultos . . . 149
Como descobrir, explorar e promover o compromisso com ações valorosas . . . 151
Caso clínico: Laura . . . 153
Intervenção . . . 157
Mudanças observadas . . . 160
Conclusão . . . 161

12 ACT com crianças: desafios e possibilidades . . . 164

Fatima Cristina de Souza Conte, Tauane Paula Gehm

Da esquiva experiencial à aceitação . . . 165
Self como Contexto e Tomada de Perspectiva e Desfusão Cognitiva . . . 170
Mindfulness . . . 173

A descoberta dos valores ... 177
Conclusão ... 180

13 Intervenções focadas em grupo: ACT com profissionais de saúde em contextos ansiogênicos ... 184

Catiele Paixão, Fabrício de Souza, Gisele Rodrigues Ferreira, Tiago Alfredo da Silva Ferreira

Estratégias de intervenção em grupo para a promoção de flexibilidade psicológica ... 186
Programa de intervenção Mapa da Vida ... 188
Resultados da intervenção ... 192
Conclusão ... 198

SEÇÃO 4

TERAPIA COMPORTAMENTAL DIALÉTICA (DBT)

14 A Terapia Comportamental Dialética ... 202

Gabriela dos Santos

Fundamentos norteadores da DBT ... 203
Estratégias centrais da DBT ... 207
Estrutura do tratamento ... 209
Conclusão ... 213

15 Avaliação e Formulação de Caso na Terapia Comportamental Dialética (DBT) ... 215

Gabriela dos Santos

Teoria Biossocial ... 215
Estágios, metas e alvos do tratamento ... 219
Formulação de caso na DBT ... 221
Análise em cadeia ... 223
Análise de soluções ... 225

16 Terapia Comportamental Dialética e regulação emocional: caso clínico 228

Marjorie Rodrigues Wanderley

Terapia Comportamental Dialética (DBT) ... 228
Desregulação emocional na Terapia Comportamental Dialética ... 229
A importância da Análise Funcional nas estratégias da DBT ... 232
Caso clínico ... 234
A importância da condução da Análise Funcional no caso clínico ... 238

SEÇÃO 5

TERAPIA COMPORTAMENTAL INTEGRATIVA DE CASAL (IBCT)

17 Terapia Comportamental Integrativa de Casal ... 242

Denise Lettieri Moraes, Gabriela dos Santos

Características da IBCT ... 243

Etiologia do problema do casal na IBCT . . . 246
Formulação de caso na IBCT . . . 247
Primeiras sessões com o casal na IBCT . . . 250
Estratégias de aceitação e tolerância . . . 251
União empática . . . 252
Distanciamento unificado . . . 253
Reênfase positiva . . . 253
Dramatizações e ensaios comportamentais . . . 254
Prática de autocuidado . . . 254
Estratégias de mudança . . . 255
Conclusão . . . 255

18 Construindo uma história sobre diferenças: formulação de caso na IBCT . . . 257

Mateus de Mattos Souza, Felipe Melo Souza Santos

Do conflito à análise do caso . . . 257
A história da formulação de caso na IBCT . . . 259
Objetivos da formulação de caso clínico na IBCT . . . 260
A formulação . . . 261
Exemplo de formulação . . . 264
Conclusão . . . 265

19 Compromisso e leveza: ilustração de caso clínico na Terapia Integrativa de Casais . . . 269

Felipe Melo Souza Santos, Mateus de Mattos Souza

O funcionamento da IBCT . . . 270
Uso das estratégias – união empática e desapego unificado (o caso em si) . . . 274
Caso ilustrativo . . . 274
Sessões individuais . . . 275
Sessão de *feedback* . . . 276
União empática . . . 277
Conclusão . . . 279

SEÇÃO 6

ATIVAÇÃO COMPORTAMENTAL (BA)

20 Ativação comportamental (BA) . . . 284

Paulo Roberto Abreu, Juliana Helena dos Santos Silvério Abreu, Instituto de Análise do Comportamento de Curitiba (IACC)

Explicações causais para a depressão com base no reforçamento – Por que a Ativação Comportamental é de fato "comportamental"? . . . 284
Mudanças de vida responsáveis pela diminuição das RCPR . . . 286
Desenvolvimento de comportamentos de fuga e esquiva passiva . . . 288
Contingências de controle aversivo que interferem na RCPR . . . 289
Punição social na aprendizagem de comportamentos de fuga e esquiva passivas . . . 290

Incontrolabilidade com eventos aversivos ... 291
Extinção operante e a perda de fontes de reforçamento ... 292
Agenda Diária de Atividades: um instrumento que é o coração da BA ... 293

21 Ativação comportamental (BA-IACC): avaliação e formulação de caso . 296

Paulo Roberto Abreu, Juliana Helena dos Santos Silvério Abreu, Instituto de Análise do Comportamento de Curitiba (IACC)

Diagnóstico diferencial nosológico com interesse para BA-IACC ... 296
Concepção funcional inicial de caso na BA-IACC ... 300
Identificando comportamentos de fuga e esquiva passiva ao longo da BA-IACC 301
Uso de escalas para medição de comportamentos de esquiva passiva e enfrentamento ... 302
Utilizando a Agenda Diária de Atividades ... 302
Usando o Inventário de Avaliação de Valores no Enriquecimento de Agenda .. 303
Dando grande foco à análise de contextos de controle aversivo ... 304
Sobre a BA-IACC na avaliação e formulação de caso ... 305

22 Ativação comportamental para além da depressão: evidências, mecanismos de mudança e desafios ... 307

Marcelo Panza Lombardo, Olivia Gamarra

Transtornos de ansiedade ... 308
Transtorno de estresse pós-traumático ... 310
Esquizofrenia ... 311
Transtornos relacionados com o uso de substância ... 312
Outros transtornos ... 313
Conclusão ... 314

Índice remissivo ... 317

Apresentação

Nós, a organizadora e o organizador, somos psicólogos clínicos, pesquisadores e professores de psicologia clínica. Essas três condições nos impõem, quase que diariamente, o desafio de reunir e sistematizar material bibliográfico relevante para a formação de alunos e colegas com, ao menos, três características principais: (1) ser um material consistente com a teoria e a prática, que seja ao mesmo tempo robusto intelectualmente e aplicável ao cotidiano real da clínica; (2) ser atualizado com o cenário global das psicoterapias, em diálogo rico e produtivo com o que tem sido considerado cientificamente mais promissor na pesquisa clínica; e (3) ser contextualizado na realidade clínica brasileira, com todas as suas nuances e desafios, permitindo uma clínica culturalmente sensível e relevante.

No cenário internacional das psicoterapias comportamentais e cognitivas, as terapias contextuais têm ganhado proeminência como um conjunto de modelos teoricamente orientados e baseados em evidências científicas amplamente concebidas. Isto é, tanto em pesquisas de eficácia com populações diversas quanto em pesquisas translacionais que trazem a riqueza e a consistência do diálogo com a pesquisa básica. Não é, então, sem propósito que as Terapias Contextuais têm ampliado cada vez mais seu espaço no cenário clínico brasileiro, bem como no ambiente acadêmico que preza por modelos psicoterápicos cientificamente embasados. No entanto, o desafio de produzir literatura clara e relevante para orientar o trabalho de clínicos e acadêmicos da área ainda é incipiente.

Propusemo-nos, então, a reunir um grupo de clínicos e pesquisadores brasileiros que tem investido tempo e dedicação para produzir conhecimento e entendimento acerca das Terapias Contextuais em uma perspectiva teórica e aplicada coerente com o desenvolvimento clínico nacional. Para tanto, propusemos a esse grupo de especialistas o desafio de apresentar as Terapias Contextuais a partir da Análise Funcional do Comportamento como recurso metodológico essencial a uma compreensão profunda e crítica desses modelos psicoterápicos. É importante esclarecermos o porquê dessa decisão.

As Terapias Contextuais são um grupo heterogêneo composto por modelos psicoterápicos diferentes, mas que apresentam uma base filosófica comum: o Contextualismo Funcional. O Contextualismo Funcional é uma particular interpretação do Behaviorismo Radical que enfatiza o caráter pragmático e funcional dessa perspectiva filosófica. Nessa ênfase, o principal recurso metodológico contextualista é a análise funcional do comportamento para a identificação de relações entre eventos, bem como dos processos clínicos que melhor explicam tais relações.

Essa análise funcional é construída para produzir entendimento acerca da relação entre eventos privados e eventos externos ao organismo (p. ex., um sentimento de culpa e a perda de um emprego), eventos privados entre si (p. ex., como alguns pensamentos podem influenciar sentimentos), assim como para explicar a relação entre eventos privados e eventos públicos do próprio repertório do sujeito (p. ex., como alguns pensamentos podem exercer influência sobre comportamentos públicos e vice-versa).

Uma perspectiva analítico-funcional dessas relações sempre considera que a função exercida por um desses eventos é produto da interação do sujeito com seu mundo (i. e., contingências) e não uma característica intrínseca dos eventos em si.

As Terapias Contextuais, a partir dessa ênfase funcional, visam à compreensão das funções atribuídas a eventos (psicológicos e ambientais) pelas contingências e a elaboração de intervenções que têm por alvo a mudança funcional com vistas para uma vida significativa.

Essa mudança é o caminho para que o sujeito tenha clareza acerca de seus valores e objetivos de vida, bem como para que adquira competência para viver valorosamente e alcançar objetivos. Esse foco comum é alcançado a partir de uma pluralidade de formulações de caso e procedimentos, mas sempre com a característica contextual funcional como unificadora. São modelos diferentes, mas que possuem o diálogo intermodelos facilitado por uma base filosófica comum.

Considerando essa característica essencial, este livro é organizado intencionalmente para que a apresentação dos diversos modelos contextuais seja transversalmente marcada pela análise funcional do comportamento. Isso está em conformidade tanto com as novas demandas internacionais para uma prática baseada em análise funcional (Klepac et al., 2012) quanto com versões atuais para a compreensão da psicopatologia (Hayes & Hofmann, 2020) e, talvez principalmente, com relação ao cenário brasileiro que possui uma rica tradição analítico-funcional em sua construção acadêmico-prática.

Tiago Ferreira e Claudia Oshiro

REFERÊNCIAS

Klepac RK, Ronan GF, Andrasik F, Arnold KD, Belar CD, Berry SL, et al. Guidelines for cognitive behavioral training within doctoral psychology programs in the United States: report of the Inter-organizational Task Force on Cognitive and Behavioral Psychology Doctoral Education. Behavior Therapy. 2012;43(4):687-97.

Hayes S, Hofmann S. Beyond the DSM: toward a process-based alternative for diagnosis and mental health treatment. Oakland: New Harbinger Publications Inc.; 2020.

Prefácio

Este livro, *Terapias contextuais comportamentais: análise funcional e prática clínica*, traz aos leitores uma variedade de informações e experiências. O livro foi organizado pelos doutores Claudia Kami Bastos Oshiro e Tiago Alfredo da Silva Ferreira, e escrito pelos organizadores e outros autores de diversas partes do Brasil, além de dois da América Latina.

O título do livro é bem informativo. Apresenta terapias contextuais, com forte foco em análise do comportamento. Todas as modalidades de terapia contextual apresentadas enfatizam a necessidade e centralidade da análise funcional. E, ainda, todas as modalidades de terapia contextual apresentaram casos clínicos, o que ajuda sobremaneira em seu entendimento.

Há forte ênfase no caráter idiográfico, individualizado das análises funcionais. Estas são desenvolvidas caso a caso e as classificações mais topográficas do *Manual Diagnóstico e Estatístico de Transtornos Mentais* são menos utilizadas. Mesmo assim, permanecem entendimentos diversos sobre o que é a análise funcional.

Há também grande ênfase no estudo de processos psicoterápicos, e não apenas em seus resultados. Nos diversos capítulos aparece também o respeito à terapia baseada em evidências. O primeiro capítulo de Tiago Ferreira discute bem esse tópico (Capítulo 1: Evidências e processos na Terapia Contextual: integração e ruptura).

Nesta primeira seção denominada "Ciência Comportamental Contextual e Terapias Contextuais: teoria, prática e *status* atual", há ainda o segundo capítulo escrito por Aline Souza Simões, "Teoria das Molduras Relacionais: Análise Funcional para formulação de caso clínico".

A seguir, a seção 2 é sobre a Psicoterapia Analítica Funcional (FAP). É formada por cinco capítulos, o primeiro voltado à explicação dessa forma de terapia, o segundo voltado à formulação de caso e avaliação, enfatizando a análise funcional idiográfica e os três outros são de casos em que a FAP foi aplicada: um caso de abuso sexual infantil, outro sobre dificuldades de intimidade de um jovem adulto e o último sobre problemas no repertório social.

Na seção 3 é apresentada a Terapia de Aceitação e Compromisso (ACT), com seis capítulos. Assim como no bloco da FAP, há para a ACT um capítulo de apresentação dessa terapia e um capítulo dedicado à formulação de caso e à avaliação na ACT. A seguir vêm quatro capítulos com casos clínicos, um sobre ansiedade, outro sobre atendimento parental, outro sobre ACT com crianças, e ainda um sobre ACT em grupo de profissionais trabalhando com a COVID-19.

A seção 4 é sobre a Terapia Comportamental Dialética (DBT). Os dois primeiros capítulos são sobre essa modalidade de terapia e sobre conceituação de caso e avaliação. O terceiro capítulo é a apresentação de um caso clínico sobre regulação emocional em uma adolescente.

A seção 5 versa sobre a Terapia Comportamental Integrativa de Casal (IBCT), também com um capítulo sobre esse formato de terapia e outro sobre sua formulação de caso, e um terceiro capítulo com um caso de um casal.

A última parte é a seção 6 sobre Ativação Comportamental (BA). É apresentada a terapia, criada para casos de depressão, a formulação de caso e ainda a aplicação da Ativação Comportamental para outros casos que não os de depressão.

Conforme visto, os casos são bem abrangentes, incluindo crianças, adolescentes e adultos, em terapia individual ou em grupos. São casos bem atuais, haja vista o programa com trabalhadores lidando com a COVID-19. Bem atuais são também as referências, muitas de 2020.

Para mim este livro acrescentou muito ao meu conhecimento de Terapias Contextuais Comportamentais, e considerei-o de bastante facilidade de leitura. Desejo a todos os leitores uma ótima aprendizagem, e aos autores e organizadores, o meu muito obrigada.

Sonia Meyer
Professora Associada Aposentada do Instituto
de Psicologia da Universidade de São Paulo

SEÇÃO 1

Ciência Comportamental Contextual e Terapias Contextuais: teoria, prática e *status* atual

1

Evidências e processos na Terapia Contextual: integração e ruptura

Tiago Alfredo da Silva Ferreira

Todas as áreas do conhecimento envolvem a explicação de fenômenos de interesse humano. Explicações nos interessam porque promovem o entendimento sobre um determinado campo de investigação e podem, portanto, guiar ações efetivas nesse campo (Faye, 2014). Modelos psicoterápicos, por sua vez, promovem entendimento sobre fenômenos clínicos, sobre formas de intervenção sobre esses mesmos fenômenos e indicam quais são os critérios segundo os quais essas intervenções devem ser avaliadas. Nesse sentido, modelos psicoterápicos não são apenas coleções de procedimentos de intervenção, mas estabelecem parâmetros para explicação, intervenção e avaliação da eficácia clínica.

Durante décadas, a pesquisa clínica psicoterápica majoritariamente seguiu a lógica biomédica que identifica a produção de evidências clínicas com a relação protocolo-síndrome (Hayes & Hofmann, 2018, 2020). Protocolos são descrições manualizadas de procedimentos de intervenção com um nível de formalização suficiente para que diferentes terapeutas possam ser treinados na aplicação fiel desses procedimentos. Nessa perspectiva, um treinamento eficaz é considerado como tal desde que os novos terapeutas consigam reproduzir fielmente os procedimentos descritos no manual (Koerner, 2013). No entanto, protocolos só podem ser considerados eficazes em relação a um tipo específico de objetivo. Na lógica biomédica, tal objetivo endereça transtornos mentais sindromicamente descritos.

Síndromes são conjuntos de sinais (alterações passíveis de serem vistas) e sintomas (o relato do sofrimento experienciado pelo paciente) que compõem a natureza dos transtornos mentais a partir dos principais manuais diagnósticos utilizados pela pesquisa clínica e por instituições reguladoras da atividade psicoterápica. O DSM (*Diagnostic and Statistical Manual of Mental Disorders*) é o principal manual diagnóstico utilizado nas pesquisas clínicas que orientam a identificação de práticas baseadas em evidências em psicoterapia (APA, 2014). Isso implica dizer que, nas últimas décadas, afirmar que uma psicoterapia possui evidências de eficácia tornou-se sinônimo da constatação de que essa psicoterapia é construída e avaliada segundo seu impacto em uma síndrome (Ferreira & Souza, 2019; Hayes & Hofmann, 2018). Essa lógica, no entanto, tem sido questionada ao longo dos anos e perdido progressivamente a adesão da comunidade científica internacional (Hayes & Hofmann, 2018, 2020; Ong, Levin & Twohig, 2020).

Propostas alternativas para o desenvolvimento de evidências psicoterápicas se expandiram tanto no meio psiquiátrico (p. ex., a proposta do Research Domain Criteria) quanto, mais recentemente, na pesquisa psicoterápica em psicologia. Embora tais propostas possuam diferenças significativas, convergem para um amadurecimento dos programas de pesquisa na direção da identificação de processos de mudança clínica empiricamente validados (Hayes & Hofmann, 2020). Tais processos são a explicação que nos fornece entendimento acerca do *porquê* ou *como* uma certa intervenção psicoterápica produz um certo efeito em condições psicológicas de um paciente.

Esse desenvolvimento dos programas de pesquisa clínica segue um padrão relativamente comum a outras áreas de investigação. Nas ciências, em geral, programas de pesquisa iniciam tentando identificar a relação entre variáveis, tipicamente formulando uma descrição causal da influência que uma variável exerce sobre a outra. Por exemplo, são abundantes na literatura pesquisas que visam à identificação do efeito de um programa de intervenção específico (p. ex., intervenção *mindfulness*, ativação comportamental etc.) em uma variável dependente relevante para o contexto da saúde mental (p. ex., qualidade de vida, redução de conflitos familiares etc.). Com o desenvolvimento dos programas de pesquisa, no entanto, o foco se modifica da mera constatação do resultado de certas intervenções para o entendimento de *como* e *por que* esses efeitos ocorrem (Hayes, 2018). Trata-se da investigação de processos de mediação e moderação que são explicações, respectivamente, para o "como" e o "quando" uma variável independente (i. e., uma intervenção clínica) exerce influência significativa sobre uma variável dependente (i. e., o objetivo clínico formulado por terapeuta e paciente). A principal pergunta a ser respondida aqui é: "Quais processos biopsicossociais essenciais devem ser direcionados a esse cliente, dado esse objetivo nessa situação, e como eles podem ser alterados de forma mais eficiente e eficaz?" (Hayes & Hofmann, 2020; Hayes, Hofmann & Ciarrochi, 2020a).

Direcionada por esse questionamento, a Terapia Baseada em Processos (TBP) é um modo de organizar o desenvolvimento de modelos psicoterápicos a partir da centralidade da identificação de processos de mudança clínica funcionalmente definidos (Hayes & Hofmann, 2020). Nesse sentido, trata-se de um "modelo de modelos" que possibilita uma comunicação efetiva entre diferentes modelos sem, necessariamente, ser redutível a algum deles singularmente. Embora seja uma proposta recente, há um crescente volume de publicação científica orientada pela TBP, bem como a adesão de diversos modelos já existentes à sua lógica orientadora.

Evitando a lógica protocolo-síndrome para endereçar processos de mudança clínica a partir da análise funcional idiograficamente construída, a TBP orienta a produção de evidências clínicas estabelecendo uma ruptura com a proposta vigente das Psicoterapias Baseadas em Evidências (PBE) (APA, 2006). Mais do que isso, a TBP se propõe a organizar um novo modo de produção de evidências, integrando modelos clínicos diversos a partir da identificação de processos biopsicossociais relevantes para as práticas psicoterápicas (Hayes & Hofmann, 2018, 2020). Por exemplo, Eustis et al. (2020) identificaram, em uma amostra de 179 pessoas com diversos transtornos de ansiedade, as quais receberam diferentes tipos de intervenções, que o processo de esquiva experiencial precedeu e foi preditor de mudanças nos diferentes padrões de ansiedade. Isso implica dizer que, segundo os dados dessa pesquisa, o processo de esquiva experiencial é transdiagnóstico (i. e., explica transtornos de ansiedade diversos) e mobilizado por modelos clínicos diferentes.

Enquanto a lógica de pesquisa clínica tradicional orienta a investigação para "Quais procedimentos funcionam?", a TBP enfatiza questões sobre "como" os tratamentos funcionam (Hayes & Hofmann, 2020). A resposta para o "como" fornece uma visão compreensiva da psicoterapia e orienta a identificação de procedimentos empiricamente vinculados a processos que, por sua vez, estão na base de mudanças clínicas significativas para a prosperidade humana em seus mais diversos aspectos: qualidade de vida, relacionamentos interpessoais, emoções, entre tantos outros que excedem a típica lógica psicopatológica sindrômica.

As Terapias Contextuais, por sua vez, são modelos de intervenção psicoterápicos baseados em evidências segundo a lógica da TBP. Embora diferentes em diversos aspectos, as terapias contextuais compartilham a concepção de que evidências clínicas não podem ser reduzidas à proposta da PBE, mas devem avançar para uma compreensão dos principais processos de mudança clínica relevantes para uma formulação de caso consistente e pragmaticamente efetiva na orientação da psicoterapia.

O QUE SÃO PROCESSOS DE MUDANÇA CLÍNICA?

O termo "processo" possui uma variedade de significados na psicologia. Por exemplo, "processos psicológicos básicos" é uma expressão que por vezes se refere a dimensões psicológicas (p. ex., atenção, motivação, emoção) e, em outros momentos, se refere aos processos que explicam tais dimensões (p. ex., reforçamento, discriminação de estímulos). Já no âmbito da TBP, processos de mudança clínica são definidos como mudanças ou mecanismos teoricamente fundamentados, dinâmicos, progressivos, contextualmente limitados, modificáveis e de vários níveis que ocorrem em sequências empiricamente estabelecidas e orientadas para os resultados desejáveis (Hayes & Hofmann, 2020; Hayes, Hofmann & Stanton, 2020). Cada um dos elementos dessa definição contém características que orientam a precisão conceitual necessária para o diálogo entre modelos diferentes. A Figura 1 apresenta uma breve caracterização de cada um dos elementos propostos a partir do desenvolvimento conceitual recente da área (Hayes & Hoffmann, 2020, p. 16; Hayes, Hofmann & Stanton, 2020, p. 131).

Teoricamente fundamentados	Associados a enunciados claros acerca das relações entre eventos, direcionando a predições testáveis e métodos de influência
Dinâmicos	Processos podem envolver *loops* de retroalimentação (*feedback*) e mudanças não lineares
Progressivos	Podem precisar ser organizados em uma ordem para alcançar os objetivos terapêuticos
Contextualmente limitados e modificáveis	Para focar em suas implicações para mudanças práticas e núcleos de intervenção ao alcance dos profissionais
Vários níveis	Alguns processos podem ser superpostos ou hierarquicamente inseridos um em outro

Figura 1 Breve caracterização de cada um dos elementos propostos a partir do desenvolvimento conceitual recente da área.

Uma vez que os processos de mudanças clínicas são assim definidos, podem incluir processos psicológicos básicos, mas não se resumem a eles. O sentido de processos, tal como aqui definidos, inclui desde aqueles que envolvem contingências diretas de reforçamento (Dixon & Rehfeldt, 2018), processos cognitivos funcionalmente descritos (De Houwer, Barnes-Holmes & Barnes-Holmes, 2018), até processos em nível de descrição neurocientífica (Siegle & Coan, 2018). Todos estes podem ser objeto de investigação na TBP, salvaguardadas suas potencialidades para fundamentação empírica em pesquisas clínicas e sua instrumentalidade para promover mudança nos fenômenos clínicos de interesse. Essa característica pragmática tem implicação direta na conceituação de processos de mudança clínica: tais processos endereçam sequências funcionais e não meramente instâncias causais.

Por exemplo, é possível afirmar que a "clarificação de valores" é um processo de mudança clínica comum a algumas terapias contextuais (p. ex., Terapia de Aceitação e Compromisso (ACT), Psicoterapia Analítica Funcional (FAP), Ativação Comportamental). Tal processo é definido como a progressiva atenção e enunciação verbal das qualidades estáveis e abrangentes do comportar-se, descritas pelo próprio sujeito em regras que estabelecem função reforçadora para seus comportamentos que possuem tais qualidades (Ferreira et al., 2020). Não se trata de uma instância localizada pontualmente no tempo, mas de uma progressiva sequência de eventos que explica *por que* e *como* uma intervenção contextual, ao mobilizar a clarificação de valores, pode, por exemplo, aumentar a resiliência de um sujeito em situações adversas típicas de uma pandemia (Hayes, Hofmann & Stanton, 2020; Dawson & Golijani-Moghaddam, 2020).

Trata-se de responder, por exemplo, a perguntas como: "Por que uma intervenção contextual é a mais indicada para aumentar a resiliência de famílias que estão enfrentando a pandemia de COVID-19?". Uma resposta típica da TBP seria: "Porque temos evidências empíricas de que o processo de flexibilidade psicológica aumenta a resiliência de famílias nesse período e esse processo pode ser mobilizado por diferentes procedimentos contextuais também empiricamente validados" (Daks, Peltz & Rogge, 2020). Processos interessam porque são passíveis de verificação empírica tanto em seu papel para gerar resultados significativos (p. ex., resiliência, qualidade de vida etc.) quanto em sua vinculação a diversos procedimentos de intervenção já descritos na literatura.

Essa conceituação de processos contrabalança a relação entre uma perspectiva nomotética e a análise funcional, que é idiográfica por natureza. Certamente há um componente nomotético porque um modelo, por definição, não se aplica a um evento singular, mas envolve a produção de conhecimento em uma amplitude de pessoas, problemas, contextos e métodos (Hayes & Hofmann, 2020; Faye, 2014). No entanto, há uma diferença importante entre processos que se aplicam a muitas pessoas diferentes e processos que são definidos em um nível coletivo de análise. Uma perspectiva sindrômica é definida em um nível coletivo, visto que utiliza o nível de análise do "sujeito médio" para cada um dos seus construtos. A ênfase em processos, por sua vez, parte da análise funcional idiográfica (i. e., a forma como as relações entre eventos ocorre para um sujeito específico) e tenta explicar a relação entre cada um dos eventos descritos a partir de processos teoricamente embasados que possam orientar procedimentos empiricamente validados para mobilizar esses processos. Para a compreensão dessa perspectiva, é importante clareza acerca do que é considerada uma análise funcional.

ANÁLISE FUNCIONAL: INCOMPREENSÕES E AVANÇOS

A proposta da TBP recebeu diversas críticas desde sua sistematização (p. ex., Davison, 2019; Teachman, 2019). Em uma dessas críticas, Davison (2019) argumenta que esta não trouxe novidades, mas apenas uma reafirmação da proposta da Terapia Comportamental, principalmente em seu caráter analítico funcional.

Uma vez que o cenário analítico comportamental brasileiro, representado pela Terapia Analítico-Comportamental (TAC), sempre foi marcado pela ênfase na análise funcional como principal método de avaliação e intervenção clínica (Andery, Micheletto & Sério, 2001), é importante questionar se a TBP representa alguma inovação ao que já é realizado na Terapia Comportamental em geral e na TAC em específico. Desde que a questão central que baliza o questionamento se refere à ênfase na análise funcional, esse conceito deve ser esclarecido.

Em primeiro lugar, é importante ressaltar que existem diferentes conceitos de "análise funcional" na filosofia das ciências em geral (Faye, 2014), na psicologia clínica (Sturmey, 1996), nas terapias comportamentais (Haynes & O'Brien, 1990) e mesmo internamente à obra de Skinner (Andery, Micheletto & Sério, 2001; Matos, 2016). Tais conceitos variam desde uma referência à mera identificação das variáveis de influência do comportamento até concepções que envolvem a delimitação de um conjunto definido de processos a serem identificados nas interações entre eventos. Na literatura da TAC, em geral, a análise funcional pode ser entendida como sinônimo de "análise de contingências", uma vez que se refere à investigação específica dos processos de contingências de reforço, como descritos na literatura skinneriana (Andery, Micheletto & Sério, 2001).

Por sua vez, sem especificar previamente quais processos serão investigados na análise funcional, a TBP defende a centralidade da análise funcional em oposição à concepção de psicopatalogia prevalente entre manuais psiquiátricos que consideram os transtornos mentais de maneira topográfica, utilizando uma lógica estruturalista (Hofmann & Hayes, 2019). A defesa de processos de mudança funcionalmente descritos envolve a noção de complexidade (i. e., não é possível identificar uma única causa, mas sim a interação dinâmica entre diversas variáveis de maneira não linear) e de influência contextual, que se refere fundamentalmente ao fato de que as diversas variáveis adquirem função a partir do contexto de sua ocorrência e, portanto, intervenções contextuais podem atribuir novas funções aos mesmos eventos (Hayes & Hofmann, 2020). Essa noção contextual é essencial para a compreensão de que, por exemplo, sentimentos podem adquirir função aversiva a partir de contextos verbais específicos e intervenções clínicas verbais podem alterar essas funções em benefício do paciente. Intervenções contextuais funcionalmente definidas não são, em princípio, destinadas à modificação da frequência ou magnitude de eventos psicológicos (p. ex., sentimentos e pensamentos), mas à mudança do tipo de influência que exercem em outros eventos psicológicos, isto é: uma mudança funcional (Hofmann & Hayes, 2019).

Embora essa proposta de análise funcional possua suas raízes inseridas nas propostas comportamentalistas tradicionais – nesse sentido, Davison (2019) está correto em sua argumentação –, a principal variação diz respeito a *quais* processos devem ser utilizados enquanto partícipes da mudança clínica (Hayes &

Hofmann, 2020). Enquanto na história da análise do comportamento os processos de mudança clínica possuem ênfase primordial nas contingências diretas, a TBP se propõe a integrar novos processos de mudança que emergem da pesquisa básica e aplicada, com especial atenção aos processos verbais emergentes. Há, principalmente a partir do desenvolvimento da *Relational Frame Theory* (RFT), extensa literatura acerca do papel de contextos verbais que alteram funções consequenciais, o impacto dos eventos antecedentes, entre outras alterações que não dependem de um treino operante direto (Hayes, Hofmann & Stanton, 2020).

Para além dessa ampliação, na análise do comportamento tradicional, os processos psicológicos são tipicamente descritos em termos derivados diretamente da pesquisa básica e, com isso, há uma crítica importante acerca da utilização de termos de nível intermediário (em inglês, *middle-level terms*). No entanto, a pesquisa clínica tem se beneficiado de extensa literatura científica que investiga processos de mudança descritos em termos intermediários (p. ex., *mindfulness*, engajamento em valores, regulação emocional etc.) sem, necessariamente, perder em coerência teórica ou em precisão conceitual (Kanter, Holman & Wilson, 2014; Ferreira et al., 2021). Considerando que princípios comportamentais básicos não promovem uma orientação direta sobre sua aplicação em contextos clínicos, os termos de nível intermediário funcionalmente construídos são conceitos que agrupam a aplicação de princípios básicos diretamente em contextos aplicados (Vilardaga et al., 2009). Nesse sentido, processos funcionalmente descritos em termos de nível intermediário não são entidades hipotéticas, mas abstrações funcionais de nível superior, isto é, que agrupam molarmente unidades funcionais descritas em situações com menor nível de complexidade (p. ex., laboratório com animais não humanos).

Isso implica dizer que um processo como flexibilidade psicológica, por exemplo, pode ser traduzido em termos mais básicos que remetem, em última instância, à pesquisa básica. No entanto, tal "tradução" não é tipicamente requerida para orientar a atuação de clínicos, salvo em situações de treinamento básico, pesquisa teórica ou quando "anomalias" surgem indicando, por exemplo, pouca clareza e precisão no processo utilizado. Por outro lado, a construção de conceitos que descrevem processos funcionais já diretamente aplicados ao contexto clínico torna o progresso da produção de conhecimento clínico mais acentuado e adaptado aos cenários reais que exigem a atuação psicoterapêutica.

TERAPIAS CONTEXTUAIS E TERAPIA BASEADA EM PROCESSOS: DESAFIOS

As estratégias das Terapias Contextuais e da TBP são altamente compatíveis. Um dos principais modelos clínicos contextuais, a Terapia de Aceitação e

Compromisso, é considerado como o protótipo de uma TBP em razão de sua ênfase em processos clínicos de mudança funcionalmente definidos e orientados para mudanças contextuais (Ong, Levin & Twohig, 2020). Para além da ACT, as Terapias Contextuais, em geral, são orientadas para análises funcionais e mudanças contextuais baseadas em processos, propondo objetivos clínicos que se estendem muito além do mero enfrentamento de síndromes psicopatológicas. No entanto, a proposta da TBP possui desafios complexos a serem enfrentados e, embora diversos, possuem uma relação com a seguinte declaração de Ong, Levin e Twohig:

> A adoção e implementação bem-sucedidas da TBP podem residir, em última análise, na capacidade das instituições e especialistas para adequadamente treinar clínicos atuais e futuros para (1) conceituar pensamentos, sentimentos e comportamentos funcionalmente e (2) vincular a formulação de caso para avaliação e intervenção a fim de melhorar o bem-estar do cliente (Ong, Levin & Twohig, 2020, p. 9).

A formulação de caso e elaboração de um sistema diagnóstico integrado é o principal desafio da TBP na atualidade (Hayes, Hofmann & Ciarrochi, 2020b). Para deixar de ser apenas uma proposta teoricamente bem embasada e tornar-se um integrador empiricamente consolidado para a produção de conhecimento clínico (Teachman, 2019), urge que uma linguagem comum em diagnóstico e formulação de caso seja construída para que diferentes modelos clínicos possam compartilhar seus avanços. Nesse sentido, a TBP tem desenvolvido esforços para sistematizar sua condição de metamodelo fornecendo essa linguagem comum para comunicação científica (Hayes, Hofmann & Ciarrochi, 2020b).

A "aposta" atual dos principais autores da TBP é o desenvolvimento dessa linguagem comum a partir das ciências da evolução. Embora promissora, a proposta ainda não possui evidências de sua eficácia em promover a comunicação efetiva intermodelos ou de enfrentar o problema fundamental de uma integração diagnóstica: reunir, de uma forma coerente e pragmaticamente efetiva, dezenas de processos de mudança clínica estudados na literatura de forma que possam orientar a condução de processos clínicos reais. Em especial, considerando que tais processos clínicos ocorrem nos consultórios particulares e nas instituições de promoção à saúde mental que atendem a grande maioria da população. A proposta de um metamodelo evolucionário é empolgante, mas ainda precisa de refinamento teórico e validação empírica.

É importante considerar que esse desafio, embora seja mais um passo a ser enfrentado no desenvolvimento da TBP, não tem impedido que a proposta esteja recebendo adesão crescente dos principais modelos clínicos, em geral, e das

Terapias Contextuais, em específico. Se a proposta da TBP ainda não está completamente sistematizada, ainda assim tem se firmado como uma alternativa mais viável do que a lógica protocolo-síndrome que dominou o cenário das pesquisas psicoterápicas até aqui.

REFERÊNCIAS

American Psychological Association. Evidence-based practice in Psychology. American Psychologist. 2006;61(4):271-85.

American Psychiatric Association (APA). Manual Diagnóstico e Estatístico de Transtornos Mentais. 5. ed. Porto Alegre: Artmed; 2014.

Andery M, Micheletto N, Sério T. Análise funcional na análise do comportamento. In: Guilhardi H, et al. Sobre comportamento e cognição: expondo a variabilidade. v. 8. Santo André: Esetec Editores Associados; 2001.

Daks JS, Peltz JS, Rogge RD. Psychological flexibility and inflexibility as sources of resiliency and risk during a pandemic: modeling the cascade of COVID-19 stress on family systems with a contextual behavioral science lens. Journal of Contextual Behavioral Science. 2020;18:16-27.

Dawson DL, Golijani-Moghaddam N. COVID-19: Psychological flexibility, coping, mental health, and wellbeing in the UK during the pandemic. Journal of Contextual Behavioral Science. 2020; 17:126-34.

Davison GC. A return to functional analysis, the search for mechanisms of change, and the nomothetic-idiographic issue in psychosocial interventions. Clinical Psychological Science. 2019;7(1):51-3.

De Houwer J, Barnes-Holmes D, Barnes-Holmes Y. What is cognition? A functional-cognitive perspective. In: Hayes S, Hofmann S. Process-based CBT: the science and core clinical competencies of cognitive behavioral therapy. Oakland: New Harbinger Publications Inc.; 2018.

Dixon M, Rehfeldt A. Core behavioral processes. In: Hayes S, Hofmann S. Process-based CBT: the science and core clinical competencies of cognitive behavioral therapy. Oakland: New Harbinger Publications Inc.; 2018.

Eustis EH, Cardona N, Nauphal M, et al. Experiential avoidance as a mechanism of change across cognitive-behavioral therapy in a sample of participants with heterogeneous anxiety disorders. Cognitive Therapy and Research. 2020;44:275-86.

Faye J. The nature of scientific thinking: on interpretation, explanation, and understanding. UK: Palgrave Macmillan; 2014.

Ferreira T, Souza M. Considerações éticas sobre a natureza das evidências nas terapias analítico-comportamentais. Perspectivas em Análise do Comportamento. 2019;10(01):16-26.

Ferreira T, Simões A, Ferreira A, Santos B. What are values in clinical behavior analysis? Perspectives on Behavioral Science. 2020;43:177-88.

Ferreira T, Simões A, Santos F, Matos J, Moura M. Methods of conceptual research in clinical behavior analysis. The Psychological Record. 2021;71:257-64.

Hayes A. Introduction to mediation, moderation, and conditional process analysis: a regression-based approach. Nova York: The Guilford Press; 2018.

Hayes S, Hofmann S. Process-based CBT: the science and core clinical competencies of cognitive behavioral therapy. Oakland: New Harbinger Publications Inc.; 2018.

Hayes S, Hofmann S. Beyond the DSM: toward a process-based alternative for diagnosis and mental health treatment. Oakland: New Harbinger Publications Inc.; 2020.

Hayes SC, Hofmann SG, Ciarrochi J. A process-based approach to psychological diagnosis and treatment: The conceptual and treatment utility of an extended evolutionary meta model. Clinical Psychology Review. 2020a; 82:101908.

Hayes S, Hofmann S, Ciarrochi J. Building a process-based diagnostic system: an extended evolutionary approach. In: Hayes S, Hofmann S. Beyond the DSM: toward a process-based alternative for diagnosis and mental health treatment. Oakland: New Harbinger Publications Inc.; 2020b.

Hayes SC, Hofmann SG, Stanton CE. Process-based functional analysis can help behavioral science step up to novel challenges: COVID - 19 as an example. Journal of Contextual Behavioral Science. 2020;18: 128-45.

Haynes S, O'Brien W. Functional analysis in behavior therapy. Clinical Psychological Review. 1990;10:649-68.

Hofmann SG, Hayes SC. Functional analysis is dead: long live functional analysis. Clinical Psychological Science. 2019;7(1):63-7.

Kanter J, Holman G, Wilson K. Where is the love? Contextual behavioral science and behavior analysis. Journal of Contextual Behavioral Science. 2014;3:69-73.

Koerner K. What must you know and do to get good outcomes with DBT? Behavior Therapy. 2013;44(4):568-79.

Matos F. O conceito de função no comportamentalismo radical de B. F. Skinner: diálogos com a filosofia da biologia [dissertação]. Salvador: Universidade Federal da Bahia; 2016. p. 180.

Ong CW, Levin ME, Twohig MP. Beyond acceptance and commitment therapy: process-based therapy. The Psychological Record. 2020;70(1):1-2.

Siegle G, Coan J. Neuroscience relevant to core processes in Psychotherapy. In: Hayes S, Hofmann S. Process-based CBT: the science and core clinical competencies of cognitive behavioral therapy. Oakland: New Harbinger Publications Inc.; 2018.

Sturmey P. Functional analysis in clinical Psychology. Chichester: John Wiley & Sons; 1996.

Teachman BA. Commentary on Hofmann and Hayes: the water looks inviting, but how and when do we jump in? Clinical Psychological Science. 2019;7(1):57-9.

Vilardaga R, Hayes S, Levin M, Muto T. Creating a strategy for progress: a contextual behavioral science approach. The Behavior Analyst. 2009;32(1):105-33.

2

Teoria das Molduras Relacionais: Análise Funcional para formulação de caso clínico

Aline Souza Simões

A Teoria das Molduras Relacionais (do inglês, *Relational Frame Theory* - RFT) é uma teoria sobre linguagem e cognição, baseada nos princípios do Contextualismo Funcional. Foi apresentada em 2001, com a publicação do livro *Relational Frame Theory*, dos organizadores Steven Hayes, Dermot Barnes-Holmes e Bryan Roche. Embora a publicação do seu principal manual tenha ocorrido dois anos depois do lançamento do primeiro livro da Terapia de Aceitação e Compromisso (ACT), pode-se dizer que ACT e RFT coevoluíram, sendo a segunda apresentada como uma teoria sobre linguagem e cognição que embasaria os princípios apresentados pela primeira, trazendo bases experimentais para a questão do sofrimento abordada pela ACT a partir do foco no responder relacional, isto é, à nossa capacidade de responder a estímulos em função das relações entre eles.

O responder relacional arbitrariamente aplicado (RRAA) é o conceito-base para a compreensão da RFT. A partir desse conceito, pode-se trabalhar com respostas a *relações entre estímulos*, em detrimento de respostas a um estímulo particular. Enquanto humanos e animais irracionais podem ser ensinados a discriminar entre estímulos por propriedades formais (p. ex., escolher o maior entre dois objetos), os humanos, cujo comportamento está sob controle verbal, podem discriminar entre estímulos por propriedades contextuais ou sociais arbitrárias (Hayes, Barnes-Holmes & Roche, 2001).

O RRAA é caracterizado a partir de três propriedades: vínculo mútuo (se A está, de alguma forma, relacionado a B, então pode-se dizer seguramente que B também está relacionado a A), vínculo combinatório (se A está relacionado a B e B está relacionado a C, pode-se entender que A está relacionado a C) e transformação de função de estímulos (a modificação da função de uma das partes da relação acarretará em transformações das funções das outras partes a ela relacionadas) (Hayes, Barnes-Holmes & Roche, 2001). Essas propriedades possuem importância particular para a compreensão dos fenômenos clínicos.

Consideremos, por exemplo, que Luiza é uma estudante do primeiro ano de engenharia. Ela está conversando com Carlos, que é do segundo ano, e Malu, do terceiro. Luiza fala como se sente ansiosa com a matéria de Cálculo I, que está sendo bem difícil. Carlos então fala que, se ela tem dificuldades com Cálculo I, deve se preparar para Cálculo II, que é bem mais difícil. Malu, por sua vez, destaca que Cálculo II não foi nada. A matéria difícil mesmo é a que ela está cursando, que é Cálculo III. A partir desse exemplo, podemos derivar a compreensão das propriedades do RRAA. Se Cálculo II é pior que Cálculo I, podemos entender, a partir da propriedade de vínculo mútuo, que Cálculo I é *melhor* que Cálculo II. Além disso, se Cálculo II é pior que Cálculo I, e Cálculo III é pior que Cálculo II, pode-se compreender que Cálculo III é *bem pior* que Cálculo I – embora Malu nunca tenha falado isso diretamente (vínculo combinatório). Por fim, se Luiza se sentia ansiosa com Cálculo I, a partir da transformação de função de estímulos, podemos supor que ela ficou ainda mais ansiosa ao pensar em Cálculo III, ainda que não tenha tido qualquer experiência direta com a matéria.

A partir do momento em que estímulos estão verbalmente relacionados, pode-se dizer que eles fazem parte de uma *moldura relacional* (ou "*relational frame*"), termo que se refere a uma classe particular de RRAA, controlada pelo contexto específico que evoca sua ocorrência (Perez et al., 2013). Existem diversos tipos de molduras relacionais, que indicam o tipo de relação entre os estímulos envolvidos: coordenação, oposição, distinção, comparação, hierarquia, moldura temporal, espacial e dêitica[1]. A moldura relacional é estabelecida a partir de um histórico de reforçamento de múltiplos exemplares e, uma vez estabelecida, constrói-se como um *operante generalizado*, podendo ser aplicada junto a qualquer estímulo a partir da utilização de dicas contextuais (Barnes-Holmes, Barnes-Holmes & McEnteggart, 2020). Assim, uma vez que a criança vai aprendendo as suas primeiras palavras a partir da relação de coordenação (p. ex., na presença da mãe, um adulto nomeia "essa é a mamãe"), a utilização da dica contextual "é igual a"[2] poderá ser usada para estabelecer infinitas relações entre estímulos.

Dicas contextuais são estímulos que exercem controle sobre quais funções comportamentais são evocadas a partir de um determinado RRAA. A matéria

---

[1] Os tipos de molduras ficarão mais claros ao longo do texto, porém, para uma visão mais completa sobre o tema e os estudos experimentais envolvidos no estabelecimento das categorias, ver Hughes e Barnes-Holmes (2016).

[2] "É igual a" é um dos tipos possíveis de dicas contextuais para estabelecer relações de coordenação. Essa relação pode ser estabelecida com inúmeras possibilidades de dicas, como no exemplo "essa *é* a mamãe" ou mesmo se o adulto somente apontar para a mãe e disser "mamãe".

"Cálculo I", por exemplo, poderia evocar respostas diferentes se perguntássemos a Luiza quão difícil ou quão importante ela é para sua formação no curso. Aqui, dois tipos de dicas contextuais estão envolvidos: Crel (i. e., dica ou contexto relacional) é o nome dado ao estímulo que evoca o tipo de relação envolvida, enquanto Cfunc (i. e., dica ou contexto funcional) se refere ao estímulo que exerce controle sobre quais funções comportamentais específicas estão sendo evocadas por aquele exemplar específico de RRAA. Assim, quando Carlos diz a Luiza que Cálculo II é mais difícil que Cálculo I, podemos inferir que o Crel indica uma relação de *comparação* (i. e., a estrutura "mais que" indica o tipo de relação estabelecida), enquanto o Cfunc indica a característica do estímulo "Cálculo II" referida nessa relação, estabelecendo as funções que serão evocadas pelos estímulos através da relação de comparação (i. e., a palavra "difícil" indica que os dois estímulos estão sendo comparados em termos de sua facilidade ou dificuldade para o aprendizado e a comparação nesses termos terá impacto para a função que os estímulos exercerão sobre o comportamento de Luiza).

Um fenômeno importante a ser observado quando se pensa no trabalho clínico, e que tem relação direta com a compreensão das molduras relacionais, é a emergência da noção de *self*. A partir do reforçamento diferencial de respostas relacionais do tipo "eu-você" (dêiticas), "aqui-ali" (espaciais) e "agora-então" (temporais), o indivíduo passa a desenvolver uma noção verbal sobre si mesmo, a partir da distinção entre a perspectiva de "eu-aqui-agora" e do "outro-ali-então". Uma história de reforçamento limitado dessas classes de respostas pode acarretar problemas para o indivíduo, que variam em sua gravidade, desde a dificuldade em discriminar seus próprios pensamentos e sentimentos até a ocorrência de dissociações (Barnes-Holmes et al., 2018; McEnteggart et al., 2017).

Sendo assim, imaginemos Guilherme, um cliente que chega para um terapeuta com a seguinte queixa (simplificada): "Sou uma pessoa explosiva. Não aguento mais ser assim, me sentir irritado o tempo todo". Como seria possível pensar nessa queixa em termos de princípios abordados pela RFT? Poderíamos pensar em que tipo de moldura relacional se enquadraria a palavra "explosiva". Talvez esteja em uma moldura de distinção ou mesmo oposição com termos como "normal", "tranquilo", ou com ideias como "bem-sucedido" ou "saudável". É possível que esteja em molduras de coordenação com o próprio "eu". Dessa forma, "eu sou uma pessoa explosiva" implica que, pelas propriedades do RRAA, "eu" não sou "normal", "tranquilo", "bem-sucedido" ou "saudável". Como terapeutas, parte do nosso trabalho envolveria ajudar Guilherme a emoldurar seus sentimentos e pensamentos acerca de si mesmo como hierarquicamente submetidos ao "eu". Assim, **eu** posso sentir muitas coisas, dentre elas, "irritado", por exemplo, o que significa que essa não é uma característica que me define ou controla majoritariamente a forma como me comporto.

DESENVOLVIMENTOS POSTERIORES: AVANÇOS CONCEITUAIS E A PROPOSTA DO MDML

Em 2017 Barnes-Holmes, Barnes-Holmes, Luciano e McEnteggart publicaram um artigo no JCBS (*Journal of Contextual Behavioral Science*) com a proposta de uma estrutura de análise complementar de pesquisa em RFT, chamada *multi-dimensional multi-level* (MDML), na qual criam especificações que podem enriquecer a contribuição dos princípios da RFT à prática clínica. Essa estrutura de análise propõe caracterizar o RRAA em dimensões (derivação, coerência, complexidade e flexibilidade) e níveis (vínculo mútuo, molduras relacionais, redes relacionais, relações entre molduras e relações entre redes). A ideia é que, ao criar essas subcategorias, possamos observar sutilezas e características do RRAA "em movimento", o que não seria possível se apenas o tratássemos como uma unidade geral.

Ao falar dos diferentes níveis, a distinção essencial se dá em termos de complexidade das relações. A relação de coordenação entre o animal gato e a palavra "gato" seria um exemplo de vínculo mútuo, uma relação simples entre dois estímulos. À medida que se aumenta o número de estímulos e a complexidade das relações, é possível pensar nos outros níveis, passando da relação simples entre animal e palavra até uma elaboração complexa de um cliente sobre o que o leva a se comportar de uma determinada maneira. Quando o foco é estabelecido na experiência clínica, é natural que se entenda que falamos sempre sobre relações entre redes relacionais, uma vez que mesmo uma simples afirmação como "eu sou uma pessoa explosiva" já implica uma série de relações envolvendo cada um de seus estímulos componentes – só o estímulo "eu", por exemplo, já pode estar envolvido em inúmeras outras relações.

A distinção entre níveis pode direcionar o foco clínico para que elementos ainda necessitem de clarificação em uma conceitualização de caso. Assim, podemos classificar "eu sou uma pessoa explosiva" como um vínculo mútuo estabelecendo uma simples relação de coordenação entre "eu" e "explosiva", como uma forma de observar que ainda não temos informações suficientes sobre o cliente para compreender outros tipos de relações que possam estar envolvidas. Por exemplo: podemos considerar diversas relações sobre Guilherme como vínculo mútuo – ele é um homem, é heterossexual, é filho, entre outros. Quando obtemos essas informações sobre Guilherme, consideramo-las como vínculo mútuo, porque a relação de coordenação entre o "eu" e esses estímulos é tudo o que sabemos. Porém, à medida que vamos sabendo mais, mudamos nossa interpretação sobre o nível. Assim, na história de Guilherme, "homem" pode ser entendido como "forte" e "sério", e diversas relações são derivadas disso, como "para conseguir o que quer, um homem precisa saber se impor" (moldura condicional) e "é melhor ser um homem que briga do que um homem que chora" (moldura de comparação). A partir disso, a relação de coordenação entre "eu" – agora relacionado a muitas características de Guilherme – e "homem" – que está vinculado a inúmeras outras relações – já pode ser compreendida como uma relação entre molduras relacionais. Se complexificamos e passamos a compreender ainda mais os significados de cada elemento dessas relações, passamos a falar de redes relacionais. Dessa maneira, a classificação pelo MDML em termos de níveis pode ser útil para mapear o nível de profundidade da nossa compreensão sobre a função que a narrativa trazida pelo cliente exerce em sua vida.

Quando falamos em dimensões, *coerência* diz respeito ao quanto aquela relação é consistente com outros padrões de resposta na vida do sujeito. Quanto mais pervasiva e presente ela for, maior sua coerência. *Complexidade* diz respeito ao nível de detalhamento daquela relação e à quantidade de tipos de relações envolvidas. Um vínculo mútuo de comparação, por exemplo, é mais complexo que um de coordenação, uma vez que o primeiro envolve dois tipos de relações (A é *melhor* que B, logo B é *pior* que A), enquanto o segundo envolve apenas um (A é *igual* a B, logo B é *igual* a A). *Derivação* diz respeito a quão nova ou "praticada" aquela relação é. Em outras palavras, podemos dizer que o nível de derivação varia se a resposta verbal foi recentemente aprendida ou se já foi emitida outras vezes no histórico de interações verbais daquele indivíduo. Quando um sujeito aprende algo verbalmente, uma resposta é derivada. Na medida em que ele volta a emitir essa resposta, ela passa a sofrer consequências naturais do contexto, diminuindo então seu nível de derivação. Por último, *flexibilidade* diz respeito à facilidade com a qual a resposta em questão pode ser modificada a partir do seu contexto. Respostas mais rígidas e difíceis de mudar teriam um nível mais baixo de flexibilidade (Barnes-Holmes et al., 2021).

Podemos compreender melhor as dimensões propostas no MDML a partir da continuação da análise do caso de Guilherme. Suponhamos que, diante do pedido do terapeuta por mais informações, Guilherme conte que sua experiência é muito difícil, porque qualquer coisa o irrita e a qualquer momento sente que pode explodir. Poderíamos inferir aqui que essa relação possui um nível alto de *coerência*. Quando o terapeuta pergunta desde quando o cliente se sente dessa forma, ele pode se descrever como alguém explosivo desde a infância, levando a supor que a relação tem um nível baixo de *derivação*, afinal a relação já foi derivada há muito tempo e é mantida a partir de consequências do ambiente.

O terapeuta poderia, então, perguntar: "por que você se considera uma pessoa explosiva?", ao que o cliente relataria diferentes situações e ambientes em que se sentiu irritado, falando também sobre diferentes momentos em que agiu em função dessa irritação; poderíamos dizer a esse respeito que há um alto nível de *complexidade* naquela relação, isto é, existem muitas relações – e de diversos tipos – envolvidas. Se, por fim, o terapeuta apontasse que naquela sessão o cliente não parecia irritado, isso poderia causar algum tipo resistência por parte do cliente (p. ex., "Você é que não percebeu, você não tem a menor noção de como eu sou"), ao que poderíamos inferir que a relação teria um baixo nível de *flexibilidade*.

LIMITAÇÕES DO MDML E ATUALIZAÇÕES

A interação de cada nível com cada dimensão gera 20 unidades de análise do RRAA que possibilitam o estudo desse comportamento em suas diversas nuances[3]. As unidades de análise refletem dinâmicas que já vinham sendo exploradas pela pesquisa básica de maneira implícita. É a partir justamente de avanços experimentais, mais especificamente por meio de estudos com o *Implicit Relational Assessment Procedure* (IRAP), que algumas limitações de foco do MDML são explicitadas e um modelo experimental é desenvolvido: o *Differential Arbitrarily Applicable Relational Responding Effects* (DAARRE). Enquanto campo, a RFT se desenvolveu principalmente a partir de sua pesquisa básica, sempre trazendo importantes implicações para a compreensão do trabalho clínico[4].

A partir do desenvolvimento do modelo DAARRE, algumas limitações de foco do MDML são explicitadas. Até aqui, o foco adotado estava no *tipo* de relações envolvidas (i. e., coordenação, distinção, comparação etc.). Se resgatarmos os tipos de dicas contextuais, podemos dizer que nosso foco até então está na Crel. Porém, os avanços experimentais resgatam a importância de também ampliarmos o foco para a Cfunc, isto é, para as funções exercidas pelos estímulos produzidos pelo comportamento de relacionar.

A partir dessa ampliação, a literatura passa a se referir à estrutura MDML como *H*DML. Em vez de *multi*dimensional multilevel, falamos de *hyper*dimensional multilevel, como uma maneira de destacar não simplesmente a adição de novas dimensões, mas de novos focos de análise (Barnes-Holmes, Barnes-Holmes & McEnteggart, 2020).

Com a incorporação desse foco, um novo conceito é desenvolvido para se referir aos eventos psicológicos envolvendo seres humanos verbais: o ROEing. O "R" se refere ao *relacionar*, isto é, à função já anteriormente incorporada do Crel, que indica o tipo de relação envolvida no responder. O "O" e o "E" se referem a duas nuances do Cfunc: "O" vem de *orientar* e se refere à função de orientação

---

[3] Para maior compreensão sobre a utilização das referidas unidades de análise na pesquisa básica, conferir Barnes-Holmes, Finn, McEnteggart e Barnes-Holmes (2018).

[4] Para o propósito do presente capítulo, porém, o foco será mantido nas implicações clínicas. Caso o leitor queira se aprofundar a respeito dos avanços que embasam esse entendimento, existe uma vasta literatura a ser consultada. Conferir Barnes-Holmes, Barnes-Holmes, McEnteggart e Harte (2021), Barnes-Holmes, Finn et al (2018) e Kavanagh, Barnes-Holmes, Barnes-Holmes, McEnteggart e Finn (2018).

que um estímulo exerce sobre a atenção do indivíduo, isto é, o quanto esse estímulo possui função discriminativa para o sujeito, adquirida por intermédio de um histórico prévio de reforçamento; e E vem de *evocar*, que indica se aquele estímulo que controla o sujeito exerce uma função apetitiva, aversiva ou relativamente neutra. O *ing* ao final vem do inglês para transformar a palavra em verbo, indicando que o conceito representa uma ação. O ROEing foi desenvolvido enquanto unidade geral de análise do comportamento, utilizada para caracterizar comportamentos governados pela linguagem e cognição.

Para ilustrar a utilização do ROEing, voltemos ao exemplo de Luiza, estudante de engenharia. Imagine que Malu, a amiga de Luiza que já está no final do curso, faz o seguinte comentário: "Cuidado com prof. Tiago. Ele praticamente não dá aula e depois é superexigente nas provas". A partir dessa interação verbal, algumas coisas poderiam acontecer com Luiza: considerando que ela compreendeu o que lhe foi dito, uma *relação* (R) poderia ser formada, talvez de coordenação entre "prof. Tiago" e "perigo" ou "problema". Essa relação estabelecida poderia aumentar a probabilidade de que Luiza ficasse mais *atenta* (O) ao escolher suas matérias para o nome indicado do professor responsável. Por fim, ao ver a opção da matéria dada pelo prof. Tiago, a probabilidade é de que a reação *evocada* (E) de Luiza fosse de se afastar dessa opção e escolher a matéria dada por outro professor.

A interação entre os elementos do ROEing é dinâmica e não possui uma ordem específica de ocorrência. Poderia acontecer de, por exemplo, não tendo recebido o alerta de Malu, Luiza cursar uma matéria ministrada com o prof. Tiago e ter uma aula muito ruim, em que o professor chega atrasado no primeiro dia e anuncia uma avaliação surpresa. O evento pode exercer a função de *orientar* (O) a atenção de Luiza para o prof. Tiago e levar à *relação* (R) de coordenação entre "prof. Tiago" e "problema" ou "estresse". A partir disso, a reação *evocada* (E) poderia ser de imediatamente pegar o celular e solicitar o trancamento de outra matéria na qual estava matriculada e seria ministrada por ele.

Como implicações clínicas, a adição desses focos de análise pode orientar o olhar do terapeuta, direcionando-o e instrumentalizando-o para que possa se manter em constante análise e pensar sobre o melhor caminho para uma intervenção. O caminho poderia ser menos claro ou fomentar menos reflexões se nos limitássemos a dizer que o cliente está "em fusão com pensamentos sobre sua ansiedade". As intervenções derivadas desse tipo de análise não necessariamente seriam diferentes de intervenções guiadas pelos princípios da ACT, mas a compreensão dos mecanismos subjacentes às intervenções contribui para alguns pontos importantes.

Quando falamos de RFT, não estamos falando de uma abordagem clínica, mas de uma teoria de compreensão da linguagem. Assim, a compreensão dos princípios abordados e sua aplicação ao contexto clínico não terá sua utilidade na formação de um terapeuta ACT, mas sim de um terapeuta que se guia pelos princípios do Contextualismo Funcional (Villatte, Villatte & Hayes, 2015). Dessa maneira, um terapeuta que compreende como estímulos adquirem função pela linguagem se encontra em um lugar privilegiado para compreender e formular intervenções, ganhando assim maior flexibilidade e instrumentalização (Villatte, Villatte & Hayes, 2018). Como um exemplo, podemos pensar em uma intervenção voltada para o que a ACT chama de "ação comprometida". Pensando em termos de princípios da RFT, o terapeuta poderia buscar estratégias que visassem a estabelecer relações de hierarquia entre ações específicas e noções mais abstratas de valores. Assim, a partir de intervenções do terapeuta, um sujeito que assume como valor "estabelecer uma relação de companheirismo com sua esposa" poderia derivar uma relação de hierarquia entre "lavar os pratos" e "ser um parceiro companheiro". Dessa maneira, a função aversiva que lavar os pratos poderia ter anteriormente seria diminuída pela relação com o valor assumido, sendo esta uma ação realizada *a serviço de uma vida valorosa*[5]. Saber sobre esses princípios permite que o terapeuta crie suas próprias estratégias para alcançar o objetivo desejado e tenha autonomia para adaptar intervenções que não venham a alcançar esse objetivo.

Para a fixação dos conceitos apresentados até aqui, de forma a favorecer a discussão sobre aplicações clínicas a seguir, um resumo é apresentado na Figura 1.

APLICAÇÕES CLÍNICAS DO MODELO ATUALIZADO

Os avanços que contribuíram para a formulação do HDML têm impactos importantes no trabalho clínico. Quando pensamos no *setting* terapêutico, o discurso do cliente está repleto de possibilidades de análise e formulação de caminhos de intervenção. A partir de uma perspectiva de avaliação funcional, a narrativa do sujeito pode ter funções apetitivas, aversivas ou relativamente neutras. Aqui existe um ponto importante: percebe-se, a partir do discurso clínico, que a narrativa não seria necessariamente uma unidade coerente com apenas uma função, isto é, partes da narrativa podem ter função apetitiva enquanto outras podem ter função aversiva. O papel do terapeuta seria, então, identificar a função das diferentes partes na narrativa do cliente e ajudá-lo a entrar em contato com elas, trabalhando na direção de um repertório mais flexível e buscando construir a compreensão acerca das maneiras pelas quais a narrativa que ele construiu o aproxima ou afasta de uma vida valorosa (Barnes-Holmes, Barnes-Holmes & McEnteggart, 2018).

[5] Para uma maior reflexão sobre o que é chamado aqui de "vida valorosa", conferir Ferreira et al., 2019.

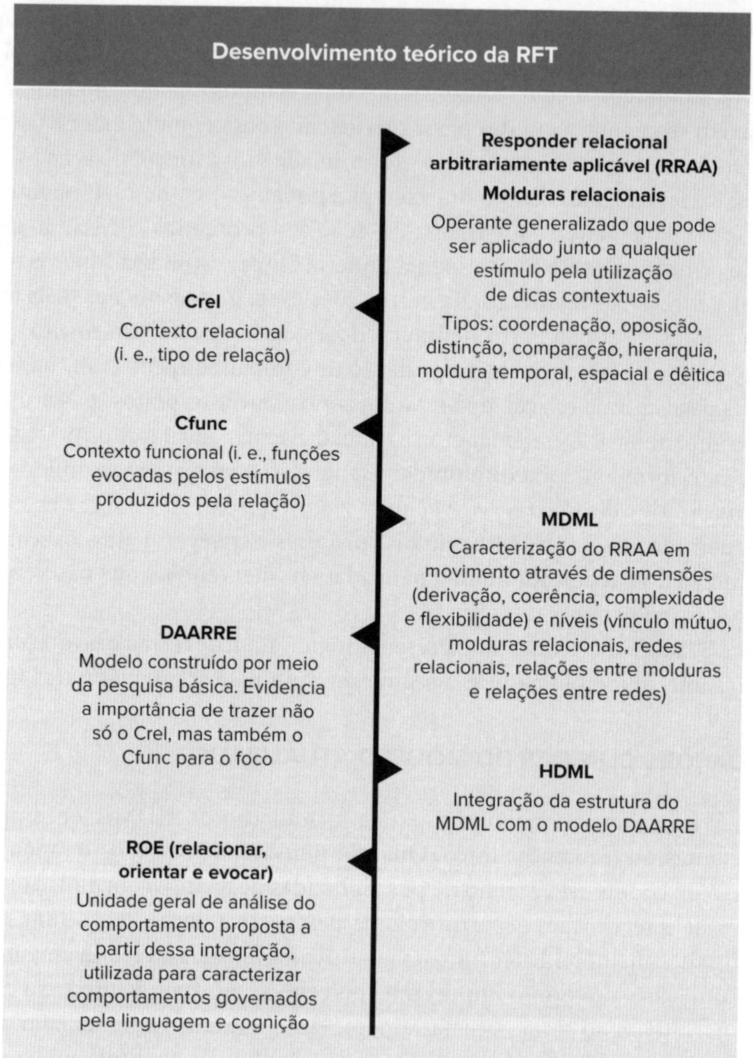

Figura 1 Infográfico sobre o desenvolvimento teórico da RFT.

Para melhor compreender como esse trabalho acontece, Barnes-Holmes, Barnes-Holmes e McEnteggart (2018) dividem o processo terapêutico em dois momentos importantes: a *análise funcional verbal* e o *aprofundamento* (ou "*drill-down*").

A *análise funcional verbal* possui, de maneira geral, dois focos: (1) fazer uma avaliação funcional verbal e (2) ajudar o cliente a descrever as fontes de controle do próprio comportamento. Quando focamos em uma *avaliação funcional verbal*, temos como objetivo identificar os estímulos verbais centrais que participam das redes relacionais que têm funções apetitivas e aversivas para o cliente, ou seja, em que consiste a narrativa central daquele cliente e de que maneiras ela pode controlar seu comportamento. Quando falamos de funções apetitivas e aversivas, não significa dizer que aquele elemento da narrativa é "agradável", mas que pode ser menos aversivo que outros e, por esse motivo, ser mais facilmente abordado pelo cliente. Para Guilherme, por exemplo, a rede relacional que envolve o comportamento agressivo pode ser menos aversiva do que falar sobre sentimentos de tristeza e solidão. Inicialmente o terapeuta se engajaria em falar sobre a rede relacional de agressividade, considerando a importância do fortalecimento de vínculo e levantamento de informações. À medida que a relação terapêutica fosse fortalecida, porém, o terapeuta começaria a tentar estabelecer relações entre as duas redes, com colocações como, por exemplo: "Imagino que esses comportamentos agressivos possam fazer com que seja difícil para as pessoas se aproximarem de você. Como é isso para você?". O objetivo de intervenções como essa seria promover a transferência das funções apetitivas de uma rede, de forma a diminuir a aversividade da outra. Dessa maneira, poderíamos aumentar a probabilidade de que o cliente se aproximasse dessa rede, falando sobre ela.

O segundo foco da análise funcional verbal seria a construção de um repertório de autoconhecimento por parte do cliente, de maneira que ele consiga estabelecer relações consistentes entre o "eu" e as variáveis que controlam seu comportamento. Voltando a Guilherme, podemos imaginar uma situação em que ele tenha vivenciado um dia difícil na faculdade e, chegando em casa, reaja agressivamente quando um familiar questiona por que chegou tão tarde. A resposta agressiva pode ser acompanhada de sentimentos de raiva e frustração e pensamentos como "Não aguento mais me sentir assim e minha família só atrapalha". O problema de pensamentos como esse é que eles não instrumentalizam o cliente para lidar com seus sentimentos ou com a situação desafiadora na qual se encontra. O objetivo do terapeuta aqui seria ajudar o cliente a estabelecer relações causais entre variáveis ambientais e seu comportamento, de forma a gerar possibilidades de ação para que o cliente se aproxime da vida que gostaria de viver.

No momento do *aprofundamento*, o terapeuta trabalha mais diretamente no vínculo, ao mesmo tempo que busca a construção de um repertório de tomada de perspectiva com o cliente por múltiplas diferenciações entre "eu-outros", que se localizam no espaço ("aqui" ou "ali") e no tempo ("agora" ou "então"). São criadas "narrativas coordenadas" entre cliente e terapeuta, o que envolve o terapeuta validar a narrativa do cliente ("consigo entender por que você se sente assim", "se eu estivesse no seu lugar, provavelmente me sentiria da mesma forma"). Essa etapa é importante também para criar uma estabilidade na narrativa de *self* do indivíduo, algo que muitas vezes não é construído durante sua história[6]. O terapeuta deve promover um contexto verbal cooperativo e compartilhado (narrativa), no qual o eu dêitico, claramente distinto, possa ser estabelecido através do tempo. O *self* aqui se torna algo que pode ser observado e discutido de diversas maneiras. Esse processo pode ser visto como terapeuta e cliente construindo uma nova narrativa sobre a antiga narrativa do cliente, que o afastava de uma vida valorosa.

CASO CLÍNICO: GUILHERME, 19 ANOS

Guilherme é um rapaz de 19 anos que busca a terapia após insistência da família por suas explosões e atitudes agressivas. Os comportamentos descritos como problema têm acontecido em frequência cada vez maior. Além de dar respostas "ácidas" ou em tom de voz elevado em casa, o rapaz também tem se envolvido em brigas na rua durante saídas sociais e comumente discute com professores na faculdade.

Guilherme mora com os avós e um tio. Após o parto, sua mãe teve complicações de saúde e mudou de cidade para que pudesse fazer um tratamento. Em razão dessa complicação, o pai de Guilherme encontrou dificuldades em se vincular ao filho e o deixou aos cuidados da sogra, que tomava conta de mais duas crianças da família.

Já no início da investigação de história de vida, a terapeuta consegue perceber que o padrão de respostas agressivas e explosivas é comum na família, estando também presente tanto nos avós quanto no tio de Guilherme, embora em níveis diferentes. Resgatando e expandindo a análise desse padrão a partir das dimensões do HDML, podemos estabelecer que ele apresenta: *alta coerência*, já que existem muitos estímulos que evocam a ocorrência desse comportamento e ele acontece com alta frequência; *baixa derivação*, já que desde que Guilherme era criança a família já relatava ter dificuldades com o seu "temperamento", o que indica que a resposta foi derivada há bastante tempo e já passou por processo de reforçamento, sendo mantida pelo contexto; *alta complexidade*, uma vez que esse padrão ocorre em diferentes contextos e está atrelada a diferentes narrativas (p. ex., Guilherme dá várias explicações sobre por que explodiu de determinada forma em determinado momento); *baixa flexibilidade*, considerando que Guilherme se mostra um tanto irritado inclusive ao pensar em respostas alternativas com o terapeuta e que tentativas de amigos de ajudá-lo com essas questões já foram recebidas com resistência e hostilidade.

---

[6] Para uma maior compreensão das implicações clínicas de uma história de relações dêiticas incoerentes, ver Barnes-Holmes et al. (2018) e McEnteggart et al. (2017).

A partir de uma análise preliminar da terapeuta, compreende-se que a narrativa sobre seu temperamento explosivo, apesar de trazer sofrimento para o cliente, possui funções reforçadoras positivas, uma vez que o assunto é abordado em sessão com alguma facilidade. Guilherme passa bastante tempo falando sobre episódios em que explodiu com alguém e consegue discriminar razoavelmente os sentimentos e pensamentos envolvidos. A partir de mais investigação, a terapeuta tem acesso à dinâmica familiar na qual Guilherme está inserido: em sua casa, as pessoas têm pouca privacidade e interferem bastante nos assuntos e tarefas umas das outras. Seus avós abrem a porta do seu quarto sem avisar, seu tio dá conselhos sem que ele solicite e eventualmente há discussões entre os membros da família em tom elevado. O padrão fica ainda mais claro após Guilherme citar um momento em que presenciou uma discussão entre seu avô e seu tio: acreditando que seu avô fazia uma reclamação descabida, Guilherme intercede em favor de seu tio, falando em tom baixo e ponderando argumentos. Seu avô lhe responde que a argumentação não faz sentido e se exalta, dizendo que ele não deveria se meter onde não é chamado. A partir daí, Guilherme se sente extremamente irritado e responde aos gritos, dando um murro na parede, ao que o avô se cala e sai da sala.

A condução até aqui teve como objetivo a análise funcional verbal, que levou à compreensão da narrativa sobre o comportamento explosivo enquanto possuindo função apetitiva para Guilherme. A partir disso, a terapeuta se engaja na investigação dessa narrativa, com o objetivo tanto de colher informações para uma análise mais profunda quanto de construir o vínculo. Compreendendo um pouco mais sobre a construção do padrão, a terapeuta consegue se colocar no lugar do cliente, trazendo intervenções como: "faz muito sentido que você tenha se comportado dessa forma, especialmente considerando a sua história", e "se eu estivesse no seu lugar, acho que teria feito a mesma coisa". Aqui, a terapeuta estabelece uma narrativa coordenada entre o seu "eu dêitico" e o do cliente, caracterizando o fortalecimento de vínculo, característico da etapa de aprofundamento.

A partir do fortalecimento do vínculo, a terapeuta pode avançar na sua investigação e tem acesso a outra narrativa: em um momento em que a terapeuta tem um atraso significativo para iniciar a sessão, Guilherme demonstra grande irritação e age de forma agressiva, acusando a terapeuta de ser negligente e irresponsável. Por terem um vínculo forte, a terapeuta consegue abordar a situação enquanto representativa do padrão "explosivo" e questiona Guilherme sobre o que ele estaria sentindo naquele momento, ao mesmo tempo em que valida sua irritação e pede desculpas pelo atraso. Em um momento de vulnerabilidade, Guilherme diz ter se sentido "deixado de lado". Esse se torna um contexto para o aparecimento de uma outra narrativa: em sessões seguintes, Guilherme fala sobre os repetidos "abandonos" sofridos por ele (de sua mãe, que se ausenta após o parto; seu pai, que o deixa aos cuidados da avó; e do abandono da própria avó, que não dá muita atenção à criança por estar ocupada com outras duas).

Em uma análise da nova narrativa, a terapeuta observa que parece ser mais difícil para Guilherme falar sobre esse assunto. Ele dá sinais de insegurança e muitas vezes retorna ao padrão "explosivo". A terapeuta conclui, portanto, que essa narrativa possui função aversiva para ele. Podemos nos referir a essas narrativas por intermédio da metáfora de "porta da frente" e "porta dos fundos". Enquanto a narrativa de porta da frente seria relacionada ao sentimento de irritação e aos estímulos que o causam, a narrativa de porta dos fundos diz respeito ao histórico de abandono e sentimentos derivados dele.

Aqui está, então, uma importante oportunidade para que a terapeuta possa retomar a análise funcional verbal, estabelecendo uma relação de coordenação entre as duas narrativas, de forma que a função apetitiva da primeira possa ser transferida para a segunda. Ela poderia fazer isso enquanto estabelece também uma coordenação entre seu "eu dêitico" e o do cliente, como: "Faz sentido para mim que você reaja dessa forma. Considerando a sua história, imagino que se sentir 'deixado de lado' seja muito difícil. Acho que, se estivesse no seu lugar, também faria o que fosse possível para não me sentir assim, e me parece que 'explodir' é uma maneira de fazer isso. Faz sentido para você?".

Com o tempo, intervenções como essa podem fazer com que seja menos aversivo para Guilherme falar sobre sua história e com que as redes relacionais envolvendo o padrão que o trouxe para a terapia se tornem mais flexíveis. Uma vez que consideramos que esse padrão tinha alta coerência e complexidade e baixa derivação e flexibilidade, dificilmente ele seria facilmente modificado sem uma análise mais profunda das funções envolvidas nas diferentes narrativas de Guilherme. Ao longo do processo, outro objetivo terapêutico seria trabalhar molduras dêiticas, de forma que a terapeuta e Guilherme pudessem, juntos, estabelecer uma nova narrativa que o aproximasse de uma vida que faça sentido.

CONCLUSÃO

Em um contexto de desenvolvimento das terapias contextuais e encaminhamento para a construção de uma psicoterapia baseada em processos (Hoffman & Hayes, 2019), as contribuições da Teoria das Molduras Relacionais são de valor essencial para a compreensão dos processos de linguagem e cognição, centrais em qualquer prática clínica. As ferramentas discutidas neste capítulo foram formuladas a partir de uma comunicação extensa com a pesquisa básica e possuem forte orientação pragmática. A RFT foi testada e atualizações foram propostas desde sua apresentação em um primeiro manual, publicado em 2001. Suas atualizações têm como base uma articulação entre pesquisa básica e trabalho clínico e é argumentado que esse trabalho é feito alinhado à retomada do foco original estabelecido pela Terapia de Aceitação e Compromisso, voltado para a utilização da análise funcional para a predição e influência do comportamento, com precisão, escopo e profundidade (Barnes-Holmes et al., 2018).

Com a retomada desse foco e a constante evolução e avaliação dos seus conceitos, a Teoria das Molduras Relacionais se constitui como um modelo explicativo consolidado sobre a linguagem e desenvolvimento, ao mesmo tempo que propõe avanços e elaborações que deverão ser avaliados de acordo com a utilidade demonstrada em sua aplicação prática, tanto no laboratório quanto no trabalho clínico.

REFERÊNCIAS

Barnes-Holmes D, Barnes-Holmes Y, Luciano C, McEnteggart C. From the IRAP and REC model to a multi-dimensional multi-level framework for analyzing the dynamics of arbitrarily applicable relational responding. Journal of Contextual Behavioral Science. 2017;6(4):434-45.

Barnes-Holmes Y, Barnes-Holmes D, McEnteggart C. Narrative: its importance in modern behavior analysis and therapy. Perspectives on Behavior Science. 2018;41(2):509-16.

Barnes-Holmes D, Barnes-Holmes Y, McEnteggart C. Updating RFT (more field than frame) and its implications for process-based therapy. The Psychological Record. 2020;70:605-24.

Barnes-Holmes D, Barnes-Holmes Y, McEnteggart C, Harte C. Back to the future with an up-dated version of RFT: more field than frame? Brazilian Journal of Behavior Analysis. 2021;12(1).

Barnes-Holmes Y, Boorman J, Oliver JE, Thompson M, McEnteggart C, Coulter C. Using conceptual developments in RFT to direct case formulation and clinical intervention: two case summaries. Journal of Contextual Behavioral Science (Special Section on "Conceptual Developments in Relational Frame Theory: Research and Practice"). 2018;7:89-96.

Barnes-Holmes D, Finn M, McEnteggart C, Barnes-Holmes Y. Derived stimulus relations and their role in a behavior-analytic account of human language and cognition. Perspectives on Behavioral Science (Special Issue on Derived Relations). 2018; 41(1):155-73.

Ferreira TA, Simões AS, Ferreira AR, dos Santos BOS. What are values in clinical behavior analysis? Perspectives on Behavior Science. 2019;1-12.

Hayes SC, Barnes-Holmes D, Roche B. Relational frame theory: a post-Skinnerian account of human language and cognition. New York: Plenum; 2001.

Hofmann SG, Hayes SC. The future of intervention science: process-based therapy. Clinical Psychological Science. 2019;7(1):37-50.

Hughes S, Barnes-Holmes D. Relational frame theory: the basic account. In: Zettle RD, Hayes SC, Barnes-Holmes D, Biglan A, editores. The Wiley Handbook of Contextual Behavioral Science. West Sussex: Wiley-Blackwell; 2016. p. 129-78.

Luciano C. Evolución de ACT. Análisis y Modificación de Conducta. 2016;42:3-14.

Perez WF, Nico YC, Kovac R, Fidalgo AP, Leonardi JL. Introdução à Teoria das Molduras Relacionais (Relational Frame Theory): principais conceitos, achados experimentais e possibilidades de aplicação. Perspectivas em Análise do Comportamento. 2013;4(1):32-50.

McEnteggart C, Barnes-Holmes Y, Dillon Egger J, Oliver J. Hearing voices, dissociation and the self: a functional analytic perspective. Journal of Trauma and Dissociation. 2017;18(4):575594.

Villatte M, Villatte JL, Hayes SC. Mastering the clinical conversation: language as intervention. New York: Guilford Publications; 2015.

Villatte M, Villatte JL, Hayes SC. A reticulated and progressive strategy for developing clinical applications of RFT. The Psychological Record. 2018;68:119-21

SEÇÃO 2

Psicoterapia Analítica Funcional (FAP)

3

A Psicoterapia Analítica Funcional (FAP)

Claudia Kami Bastos Oshiro
Joana Figueiredo Vartanian
Mariana Salvadori Sartor
Elisângela Ferreira da Silva

A Psicoterapia Analítica Funcional (FAP, do inglês *Functional Analytic Psychotherapy*) faz parte das terapias comportamentais denominadas "terceira onda", caracterizada por um foco em princípios analítico-comportamentais derivados dos pressupostos filosóficos do Behaviorismo Radical e, inicialmente direcionada para pessoas com queixas de problemas de relacionamentos interpessoais (Kohlenberg & Tsai, 1991). Fundada por Robert Kohlenberg e Mavis Tsai no final da década de 1980, ao longo dos anos foi conseguindo muitos adeptos no mundo, entre pesquisadores e clínicos, interessados em saber como a relação terapêutica poderia ser usada como instrumento de mudança clínica e não apenas como contexto para a aplicação de análises e intervenções (Follette, Naugle & Callaghan, 1996).

Nos anos de seu desenvolvimento, os fundadores da FAP, em conjunto com muitos pesquisadores, foram fortalecendo-a enquanto psicoterapia que apresentava evidências sobre sua efetividade e eficácia para diversas queixas clínicas (Ferro, 2008; Kanter et al., 2017; López-Bermúdez et al., 2021; Mangabeira et al., 2012). Achados robustos passaram a indicar uma forma especial de utilizar o que ocorria na interação entre terapeuta e cliente para a promoção de melhoras clínicas que iam muito além da diminuição de sintomas psicológicos.

Na FAP, os terapeutas modelam comportamentos mais eficazes no estabelecimento de relacionamentos interpessoais significativos do cliente após a identificação de respostas em seu repertório que têm a função de afastar ou inibir relações mais saudáveis. Para tal, o terapeuta precisa, a cada sessão, estar atento à avaliação funcional individualizada do cliente. Também requer que o terapeuta seja capaz de evocar em sessão e responder contingente a quaisquer melhoras que os clientes emitam, ou seja, reforçando instâncias do comportamento de melhora no contexto da relação terapêutica. Estratégias adicionais da FAP visam à generalização de melhoras emitidas em sessão com o terapeuta para a vida cotidiana do cliente. A aplicação direta da descoberta da pesquisa básica à psicoterapia sugere que a resposta contingente do terapeuta ao comportamento-alvo do cliente à medida que ocorre na sessão, particularmente o reforço positivo do comportamento efetivo do cliente, é o mecanismo de mudança clínica envolvido na FAP (Follette, Naugle & Callaghan, 1996; Kohlenberg & Tsai, 1991; Oshiro et al., 2012).

O presente capítulo tem como objetivo apresentar a FAP de uma maneira um pouco diferente dos textos e artigos sobre ela. Será destacada a relevância dos estudos sobre conexão social no seu desenvolvimento e no fortalecimento do modelo de intimidade e vulnerabilidade interpessoal tanto salientado por essa psicoterapia. Serão também apresentados os quatro pilares (filosófico, de formulação de caso, de psicopatologia e de saúde mental) que a sustentam enquanto um sistema psicoterápico integrado e, por fim, como essa compreensão da FAP afeta o ensino e a prática clínica[1].

A IMPORTÂNCIA DA CONEXÃO SOCIAL NO DESENVOLVIMENTO DA FAP

Ao retomarmos a história do surgimento da FAP, sabemos que ela nasceu da observação sistemática dos atendimentos de uma aluna de estágio, Mavis Tsai, e da descrição, sistematização e operacionalização por Robert Kohlenberg, da relação genuína, íntima e intensa que emergia com cada cliente que ela atendia. Com um referencial filosófico pautado nos pressupostos do Behaviorismo Radical, Kohlenberg descreveu em termos analítico-comportamentais a relação terapêutica e sistematizou seu uso como uma ferramenta para a mudança clínica e que poderia ser usada de forma consciente pelo psicoterapeuta (Kohlenberg & Tsai, 1991).

No primeiro livro sobre a FAP, publicado em 1991, seus fundadores propuseram uma psicoterapia voltada para pessoas com problemas interpessoais, uma vez que a relação entre terapeuta e cliente poderia "tratar" esses problemas. A premissa da FAP era de que o padrão de interação que o cliente estabelece com as pessoas no seu cotidiano também ocorreria com o terapeuta e, portanto, paralelos funcionais entre a relação do cliente com o terapeuta e com as pessoas de seu cotidiano poderiam ser traçados (Villas-Bôas, Oshiro & Vartanian, 2018). Embora na FAP já houvesse a concepção de que a qualidade das conexões sociais que estabelecemos importa para a manutenção de nossa saúde psicológica, os autores e pesquisadores foram se debruçando cada vez mais em estudos de outras áreas

[1] Para uma introdução à FAP, ver o capítulo de Villas-Bôas et al., 2018.

do conhecimento (p. ex., sociologia, antropologia, medicina etc.) que apontavam de forma empírica para o papel da conexão social na vida dos seres humanos.

A FAP, então, ao longo dos anos, foi integrando a Ciência Comportamental Contextual (CBS) com a Ciência da Conexão Social (CCS), justamente para explicar como as conexões sociais afetam nosso funcionamento psicológico. Vale ressaltar que a inclusão do fator social em sua base direciona nossos olhares para a conceituação da relação terapêutica e para a postura do clínico no aqui e agora com seus clientes (tema que será abordado no Capítulo 4 sobre Formulação de caso).

Em uma metanálise sobre os impactos da variável "relacionamento social" no risco de mortalidade que incluiu 148 estudos e 308.849 participantes, encontrou-se um dado interessante: a solidão, o isolamento social e a ausência de um vínculo significativo aumentam o risco de mortalidade, sendo este o mesmo quando comparado a fumar em excesso e duas vezes maior quando consideramos os índices de obesidade. O isolamento social também aumenta nosso risco de vida quando comparado à bebida em excesso e à exposição constante à poluição (Holt-Lundstad, Smith & Layton, 2010). Em estudo posterior do mesmo grupo de pesquisadores, constatou-se que o isolamento social mata mais do que fumar 15 cigarros por dia (Holt-Lundstad & Smith, 2012), além de afetar negativamente os hormônios do estresse, o funcionamento do nosso sistema imunológico e o funcionamento do sistema cardiovascular (Kiecolt-Glaser, Gouin & Hantsoo, 2010). Ou seja, a influência das relações sociais no risco de mortalidade é comparável a fatores de risco já bem estabelecidos na literatura (Holt-Lundstad, Simth & Layton, 2010).

Tais dados permitem concluir que as relações sociais são muito importantes para os seres humanos, e que elas nos moldam e influenciam diretamente nosso comportamento e bem-estar (Holman et al., 2017). Mas, afinal, como compreender a relação entre dificuldades sociais com conexão social e o desenvolvimento de problemas psicológicos? A ideia central é que estressores sociais causam impactos psicológicos e estes, por sua vez, criam estresse social. Dessa maneira, as relações sociais são o contexto para modelar o funcionamento psicológico e, consequentemente, o bem-estar ao longo da vida dos indivíduos (Holman et al., 2017).

Partindo dessa premissa, que a conexão social é tão importante para a saúde mental, qual é a definição de "saudável" em um relacionamento? A lógica da conexão social introduz um modelo do que é esperado do indivíduo para um funcionamento saudável, ou seja, o estabelecimento de relações interpessoais relevantes e com características de intimidade. Uma conexão social com o outro é facilitada quando o indivíduo se relaciona de maneira genuína e autêntica, características essenciais nas relações de intimidade compreendidas como saudáveis. Esse aspecto será discutido na seção seguinte.

INTIMIDADE

Especificamente, como a FAP visa amplamente ao funcionamento social e aos problemas de intimidade, foram investigados os dados oriundos da pesquisa básica sobre o desenvolvimento de relações íntimas da tal "ciência do relacionamento" como fonte primária. Essas descobertas de pesquisa foram organizadas em termos de relações funcionais que especificam antecedentes, comportamentos e respostas-chave em termos clinicamente úteis, para que comparações com as observações clínicas e experiências conduzindo a FAP pudessem ser feitas.

Consistente com o modelo de processo interpessoal de intimidade apresentado por Reis e Patrick (1996), a construção central desse modelo é o processo de relações de vulnerabilidade-responsividade (VRR), que é empiricamente estabelecido como fundamental para relacionamentos íntimos, um alvo frequente na FAP (Reis & Shaver, 1988). Os VRR descrevem um processo diádico recíproco no qual um membro da díade (o "falante") exibe vulnerabilidade contextualmente evocada e o outro (o "ouvinte") responde de uma forma segura, acolhedora, compreensiva e carinhosa. Teoricamente, essa resposta do ouvinte é considerada naturalmente reforçadora, aumentando a probabilidade de revelação vulnerável do falante no futuro e aumentando a experiência de intimidade na díade (Cordova & Scott, 2001). As funções de reforço da resposta do ouvinte foram demonstradas experimentalmente em vários estudos (p. ex., Forest & Wood, 2011; Haworth et al., 2015).

Essa relação fundamental entre vulnerabilidade e responsividade é a base de muitas das descobertas de longo alcance do campo da ciência do relacionamento (Reis, 2007; Reis, Collins & Berscheid, 2000). Por exemplo, quando um indivíduo está envolvido em um relacionamento caracterizado por VRR recíprocos, as melhoras ocorrem na intimidade e na satisfação do relacionamento em todos os tipos de relacionamento, incluindo estranhos (Sprecher et al., 2013), estranhos inter-raciais (Page-Gould, Mendoza-Denton & Tropp, 2008), companheiros de quarto (Canevello & Crocker, 2010) e românticos/casais (Gable, Reis & Downey, 2003; Gable et al., 2004; Laurenceau, Barrett & Rovine, 2005). Assim, o construto de VRR demonstra um escopo expansivo por meio dos domínios da interação social, em que pode ser observado em diferentes topografias nas relações de amizade, família, romântica e terapeuta-cliente. O construto também demonstra profundidade, na medida em que é consistente com construtos e descobertas transdisciplinares (Reis, 2007).

Nesse modelo de intimidade uma ressalva precisa ser feita: se o terapeuta ficar apenas sob controle das relações comportamento-comportamento, poderá produzir uma análise funcional incompleta, sem a análise de antecedentes e consequentes (Hayes & Brownstein, 1986). A ideia é que o clínico possa ficar mais sob controle de uma análise molar e não apenas direcionado a uma análise molecular, implicando identificar classes de eventos antecedentes, classes de consequências e suas relações. Por exemplo, ao analisar o comportamento de um cliente que relatou sentimentos de ansiedade diante de uma demanda de trabalho para seu líder e este diminuiu o trabalho desse cliente, um terapeuta poderia identificar uma VRR observando apenas a relação comportamento-comportamento. Contudo, diante de uma análise funcional histórica desse comportamento, o terapeuta poderia identificar como função desse relato de sentimento do cliente como um mando disfarçado para remoção de demanda, o que anularia a identificação de uma relação de vulnerabilidade e responsividade. Assim, podemos concluir que a identificação de estímulos antecedentes e contextuais, além da observação do comportamento-comportamento, implicam uma análise molar mais completa das relações funcionais entre eventos.

Resumidamente, no processo de desenvolvimento da intimidade, a sequência completa começa com eventos históricos, contextuais e ambientais com funções de estabelecimento, eliciação e evocação. As emoções eliciadas participam de cadeias comportamentais complexas e a consciência dessas características parece ser clinicamente importante. Esse movimento é consistente com uma série de habilidades de atenção plena e aceitação vistas como fundamentais nas intervenções da terceira onda das terapias comportamentais (Hayes, 2004), bem como habilidades de automonitoramento de intervenções comportamentais tradicionais. Em geral, a autoconsciência e a consciência de outrem aumentam o contato com antecedentes importantes para trocas recíprocas de vulnerabilidade (expressão emocional, autorrevelação e perguntas) e responsividade (segurança/aceitação, validação e doação) que são hipotetizadas como relações funcionais naturais altamente prováveis quando o resultado desejado é a intimidade social entre dois indivíduos em um relacionamento.

Na tentativa de descrever e operacionalizar as classes de antecedentes e de respostas envolvidas no estabelecimento de relações íntimas saudáveis, Callaghan (2006) criou um Sistema Modelo de Avaliação Funcional e Idiográfica (FIAT), com vários questionários e instrumentos para a avaliação de cinco classes funcionais importantes nessa interação com o outro (ver Capítulo 4), oferecendo a oportunidade para o terapeuta montar uma análise funcional mais precisa e completa.

OS PILARES DA PSICOTERAPIA ANALÍTICA FUNCIONAL

Embora seu nome carregue a palavra "psicoterapia", ou seja, *Psicoterapia* Analítica Funcional, alguns questionamentos surgiram, principalmente no Brasil, sobre quais eram os pilares que a sustentam enquanto um modelo psicoterápico, e não como simplesmente uma técnica ou intervenção derivada da tradicional Terapia Analítico-comportamental (TAC). Afinal, o que é uma técnica? O que é uma psicoterapia?

Sabemos que, na psicologia, todas as abordagens teóricas têm suas técnicas para serem utilizadas na prática profissional a depender da demanda clínica. Quando as intervenções são sistematizadas com o objetivo de obter resultados diante de situações específicas, essa sistematização é denominada técnica. Assim, a partir de uma descrição padronizada e resultados empiricamente comprovados sobre sua efetividade, as técnicas funcionam como regras para o clínico responder sob controle delas e tentar produzir consequências semelhantes àquelas por elas especificadas (Del Prette & Almeida, 2012).

De acordo com essa definição, utilizar uma técnica originalmente concebida em outra abordagem, para aplicar os procedimentos conforme sua sistematização, pode ser considerado um ecletismo técnico que, ao ser interpretado à luz do referencial teórico de outra teoria, não implica um problema em si. Por exemplo, se um terapeuta orientado pela FAP avaliar a partir da análise funcional do caso que a técnica da cadeira vazia (proveniente da Gestalt-terapia) tem uma função específica para determinado cliente, pode valer-se desse recurso, desde que a interpretação seja funcional e coerente com os princípios teóricos da FAP.

As múltiplas influências técnicas de terapias com bases filosóficas e teóricas diversas foram assimiladas pela FAP dentro de um entendimento filosófico e conceitual próprios do Behaviorismo Radical e do Contextualismo Funcional. Os procedimentos e técnicas de intervenção utilizados na FAP são tratados mais como uma possibilidade de intervenção, dada determinada avaliação funcional idiográfica. Essas observações levam à conclusão de que existe um ecletismo técnico na FAP, com a absorção de conceitos e técnicas de outras propostas psicoterápicas, mas não um ecletismo teórico. Como Skinner (1953) já dizia, "teorias afetam práticas... Confusão na teoria significa confusão na prática" (p. 9).

Vale ressaltar que esse tipo de estratégia de interpretação de técnicas e conceitos advindos de outras propostas psicoterápicas não é incompatível com a proposta skinneriana, tendo sido adotada até mesmo por Skinner quando ele escreve sobre psicoterapia no livro *Ciência e comportamento humano*, de 1953. Skinner interpreta na linguagem analítico-comportamental conceitos e procedimentos psicanalíticos. Robert Kohlenberg, outro analista do comportamento comprometido com seu referencial teórico-conceitual, também fez uma releitura analítico-comportamental da "aliança terapêutica", transferência e contratransferência, processo advindo da psicanálise. Portanto, nesse sentido, as influências ocorrem no nível técnico e não nos níveis conceitual e filosófico, ou seja, as interpretações são sólidas e baseadas em um sistema filosófico-conceitual coerente e não eclético.

A visão que a FAP proporciona sobre a relação terapêutica e sobre o processo de mudança tem implicações fundamentais para o tratamento, que a distingue marcadamente, por exemplo, da psicanálise e de outros sistemas terapêuticos. Mais do que isso, ela deve ser compreendida como um sistema integrado de, minimamente, quatro pilares fundamentais para que uma prática seja considerada uma psicoterapia: apresentar claramente suas bases filosóficas, a formulação de caso, sua compreensão de psicopatologia e de saúde mental; pilares discutidos nas próximas seções.

Pilar 1: bases filosóficas

Logo na publicação do primeiro livro, Kohlenberg e Tsai (1991) colocaram a relação terapêutica no papel central na produção de mudanças clínicas afirmando que essa leitura da interação entre terapeuta e cliente estava embasada na Análise do Comportamento (Skinner, 1953). Na perspectiva filosófica do Behaviorismo Radical, compreende-se o comportamento como a relação entre a resposta e o ambiente, sendo que um elemento afeta o outro e é afetado por ele (Skinner, 1953). De acordo com os autores, a FAP foi chamada de "um tratamento que tem um referencial conceitual claro e preciso [...] e talvez possa causar uma certa surpresa o fato de ele derivar de uma análise funcional skinneriana do ambiente psicoterapêutico típico. Seus fundamentos estão na obra de B. F. Skinner (p. ex., 1945, 1953, 1957, 1974)" (Kohlenberg & Tsai, 1991, p. 1).

Como bem descrito pelos autores da FAP, inicialmente essa psicoterapia apresentava uma influência clara e declarada pela proposta filosófica e científica skinneriana (Dougher & Hayes, 2000; Kohlenberg, Hayes & Tsai, 1993; Kohlenberg, Tsai et al., 1993; Kohlenberg et al., 2005; Vandenberghe, 2017) e, posteriormente, a incorporação da FAP (fortemente influenciada especialmente por autores envolvidos com a ACT) como um movimento baseado nos fundamentos da CBS, fundada por Hayes, Barnes-Holmes e Wilson, em 2012. Segundo Hayes et al. (2012) e Kanter, Holman e Wilson (2014), a CBS assume suas raízes no sistema filosófico e nos princípios básicos da Análise do Comportamento de Skinner, mas expande seus horizontes ao adotar o Contextualismo Funcional e a teoria de molduras relacionais (Hayes et al., 2012; Kanter et al., 2014).

Para Hayes et al. (1999), a base filosófica do Contextualismo Funcional foi derivada e adaptada do filósofo Pepper (1942) e apresenta três componentes nucleares: "1) foco no evento como um todo; 2) a sensibilidade ao papel do contexto no entendimento da natureza e da função de um evento; e 3) um forte compromisso com um critério de verdade pragmático" (p. 18). O contextualismo é uma forma de interpretação do mundo que se caracteriza pelos componentes supracitados;

assim, diversas ciências podem ser classificadas como contextualistas, desde que sejam compatíveis com seus três componentes nucleares.

Retomando brevemente os pressupostos filosóficos do Behaviorismo Radical skinneriano que embasam a FAP, podemos afirmar que é uma filosofia que preza pela interpretação filosófica de dados obtidos por meio da investigação sistemática do comportamento (definida como Análise Experimental do Comportamento). De acordo com Matos (1999), essa interpretação descreve basicamente relações funcionais entre o organismo e o ambiente e, como produto, temos a construção de sequências regulares de eventos.

Há uma rejeição ao mentalismo por ser materialista. Busca compreender a raiz do comportamento, ou seja, como as variáveis ambientais afetam os comportamentos do organismo, sejam eles públicos, sejam privados. Dessa forma, o Behaviorismo Radical, enquanto filosofia, rompe com a noção dualista de que o comportamento do organismo é causado por uma mente distinta do corpo, assumindo, portanto, uma visão monista (Skinner, 1953).

Segundo Matos (1999),

> O behaviorista radical propõe que existam dois tipos de transações entre o Comportamento e o Ambiente: a) consequências seletivas (que ocorrem após o comportamento e modificam a probabilidade futura de ocorrerem comportamentos equivalentes, i. e., da mesma classe); b) contextos que estabelecem a ocasião para o comportamento ser afetado por suas consequências (e que portanto ocorreriam antes do comportamento e que igualmente afetariam a probabilidade desse comportamento). Essas duas classes possíveis de interações são denominadas "contingências" e constituem as duas classes conceituais fundamentais para a análise do comportamento (p. 7).

Relações funcionais são estabelecidas na medida em que registramos mudanças na probabilidade de ocorrência dos comportamentos que procuramos entender em relação a mudanças quer nas consequências, quer nos contextos, quer em ambos. Por lidarmos com explicações funcionais e não causais, o importante é coletar informações ao longo do tempo, repetidas do mesmo evento, com os mesmos indivíduos (Matos, 1999). Assim, com o rompimento da visão mecanicista do comportamento, inaugura-se uma visão interacionista, selecionista, funcional e histórica do comportamento. Ou seja, ao longo da história do organismo seu comportamento será selecionado pelas consequências que produzirá diante de determinados contextos e assim será constituído o repertório comportamental do organismo.

Embora não seja escopo do presente capítulo, há controvérsias sobre se a FAP, ao longo de seu desenvolvimento histórico, não se distanciou cada vez mais da

Análise do Comportamento e do Behaviorismo Radical skinneriano, ao utilizar termos intermediários (*middle-level terms*) – descritos por Hayes et al. (2012) como uma das características da ciência comportamental contextual (p. ex., coragem e amor), para descrever topograficamente os mecanismos de funcionamento da FAP. Esse tipo de descrição, para Vandenberghe (2011, 2017), embora possa ser traduzido para uma linguagem analítico-comportamental, dificulta a operacionalização dos processos e princípios envolvidos e a identificação de relações funcionais, além de perpetuar uma visão internalista e subjetiva do processo de mudança terapêutico (Vandenberghe, 2017). No entanto, de acordo com Weeks et al. (2011), o excesso de confiança nos princípios sem atenção ao seu efeito na disseminação pode ser o que tem impedido a pesquisa de FAP até o momento.

É essencial que o psicoterapeuta tenha conhecimento das bases filosóficas que embasam a FAP para que ele compreenda seu objeto de estudo e, portanto, derive uma formulação de caso coerente, que guiará suas intervenções pautadas em uma análise funcional histórica das questões de seu cliente.

Pilar 2: formulação de caso

Com a clareza do referencial filosófico-conceitual do qual esse tratamento derivou, a FAP se propôs a modificar os comportamentos do cliente dentro da sessão de psicoterapia e, então, generalizá-los para seu cotidiano. Tal processo ocorre por meio de estratégias que possibilitem o acesso e a intervenção do terapeuta sobre esses comportamentos na sessão. A intervenção para promoção de mudanças clínicas ocorre no nível interpessoal, ou seja, na relação entre terapeuta e cliente.

De acordo com Kohlenberg e Tsai (1991), os comportamentos-alvo do cliente são chamados comportamentos clinicamente relevantes (CCR), que incluem os comportamentos-problema (CCR1), os correspondentes comportamentos de melhora (CCR2) e as descrições funcionais realizadas pelo cliente a respeito das variáveis que controlam seu comportamento (CCR3). Os CCR são classes de respostas que incluem respostas topograficamente diferentes, mas com a mesma função e que ocorrem na relação com o terapeuta, no contexto da relação terapêutica. Os paralelos funcionais entre os padrões de interação do cliente com o terapeuta e com as pessoas de seu cotidiano são as pontes necessárias para a derivação das análises funcionais.

Nesse sentido, todo o raciocínio da FAP é embasado nessa similaridade funcional entre o ambiente terapêutico e os demais ambientes da vida do cliente: o terapeuta acessa as classes de respostas-alvo que trazem dificuldades para o cliente, a mudança é iniciada e fortalecida na relação com o terapeuta e, posteriormente, é generalizada para o cotidiano fora da sessão. Dessa maneira, são objetivos finais da FAP: 1) em sessão: diminuição de CCR1 e aumento de CCR2 e CCR3;

2) no cotidiano: mudanças dos comportamentos funcionalmente semelhantes aos CCR seguindo as mesmas tendências descritas no item anterior.

Para atingir esse fim, o comportamento do terapeuta em sessão é o elemento essencial. O terapeuta deve: 1) observar CCR; 2) evocar CCR; 3) consequenciar CCR; 4) observar os efeitos potencialmente reforçadores do comportamento do terapeuta em relação aos comportamentos do cliente; e 5) fornecer interpretações funcionais e implementar estratégias de generalização. As 5 regras da FAP visam ao aumento da consciência do terapeuta em relação aos seus comportamentos e aos do cliente, bem como o aumento da probabilidade de que os CCR ocorram em sessão, a fim de que o terapeuta se engaje em sua modelagem e, em seguida, promova sua generalização.

As respostas do terapeuta são funcionalmente estabelecidas, ou seja, a depender da conceituação de caso daquele cliente específico naquele momento único de terapia, o terapeuta também definirá sua forma de responder. Evidências de pesquisas em FAP apontam a evocação e a consequenciação (Regras 2 e 3, respectivamente) como as respostas do terapeuta que são mais frequentes em sessão (Aranha et al., 2020; Kohlenberg & Tsai, 1991; Oshiro et al., 2012; Vartanian, 2017). O terapeuta FAP evoca diretamente (Regra 2) e, em seguida, fornece consequência contingente (Regra 3) ao CCR do cliente, promovendo assim um processo de aprendizagem que resulta em mudança comportamental na sessão. Tal responder caracteriza a modelagem da classe de respostas-alvo, que será mais bem discutida nos próximos capítulos.

Entretanto, para que o terapeuta seja capaz de conduzir esse processo, é de extrema relevância considerar seu papel enquanto indivíduo dentro da sessão. Assim como o cliente, o terapeuta também possui uma história de vida que o leva a ter pontos fortes e dificuldades na relação com outras pessoas. Consideremos um cliente que na relação com outras pessoas se engaja em comportamentos agressivos com a função de afastá-las, evitando o aprofundamento de uma relação de intimidade. No mesmo cenário, pode-se considerar seu terapeuta, uma pessoa que possui determinada história que o leva a evitar confrontações ou conflitos, acatando o que o outro demanda ou evitando falar de tópicos que levem a tensões nos relacionamentos. Quando em sessão, a meta desse terapeuta seria a mudança desse comportamento agressivo, modelando formas de se relacionar com as pessoas que não produzam afastamento delas em relação ao cliente. Entretanto, isso esbarra em dificuldades do próprio terapeuta: o CCR1 do cliente evoca no terapeuta respostas de fuga-esquiva, o que impede que a relação se aprofunde e que esses comportamentos de melhora do cliente sejam mais difíceis de serem evocados e modelados em sessão.

Por esse motivo, ao falar de conceituação de caso em FAP, os comportamentos do terapeuta também podem ser classificados dentro de problemas (T1) ou melhoras (T2). Esses comportamentos não são definidos topograficamente, ou seja, não existem T1 preestabelecidos. As dificuldades do terapeuta são estabelecidas na relação com a conceituação de caso de cada cliente específico. O que é T1 com um cliente pode ser um T2 com outro ou mesmo não ser um impeditivo para o avanço do processo terapêutico. O terapeuta do exemplo acima poderia não ter dificuldades em manejar um cliente que não produzisse conflitos. Assim, nesse tipo de caso, esse não seria um T1 desse terapeuta.

Ainda no que tange à conceituação de caso, o segundo livro da FAP introduz os termos intermediários consciência, coragem e amor (do inglês *awareness, courage and love*) a fim de descrever os comportamentos de terapeuta e cliente em sessão. As iniciais de tais termos compõem a forma de apresentar a FAP pelo modelo conhecido como ACL (Tsai et al., 2009). A ideia é que as regras que direcionam as ações do terapeuta em sessão referem-se aos termos discutidos acima. Também o FIAT ou Sistema Modelo de Avaliação Funcional e Idiográfica (*Functional Idiographic Assessment Template* - Callaghan, 2006) descreve cinco classes de respostas interpessoais e será aprofundado no Capítulo 4.

É possível perceber que o raciocínio funcional permeia a formulação de caso dentro da FAP, tanto no que se refere ao cliente quanto ao terapeuta e como cada um é afetado pelo outro em sessão. Nesse sentido, é dito que esse é o processo interpessoal crítico na produção de melhoras clínicas. Para além da função, ainda é importante destacar a relevância dos conteúdos discutidos em sessão. Enquanto o processo interpessoal diz respeito ao aspecto funcional da relação, o conteúdo dos relatos, temas e tópicos discutidos por terapeuta e cliente dão contexto para que a modelagem de respostas interpessoais mais efetivas ocorra.

Pilar 3: psicopatologia

Sabemos que o entendimento do termo "psicopatologia" na Análise do Comportamento refere-se à concepção monista de ser humano e não a uma visão mecanicista, estruturalista de funcionamento "psíquico" (ver seção Pilar 1). Enfatizamos então que o uso da palavra psicopatologia aqui está pautada na compreensão funcional do termo, nas relações organismo-ambiente, que envolvem qualquer descrição de "transtorno psicológico" (para mais detalhes, ver Meyer et al., 2015).

A FAP tem como ponto de partida o conceito de intimidade aqui descrito, compreendendo que a ausência de conexão social na vida dos indivíduos é fator relevante que leva ao desenvolvimento de transtornos psicológicos. Nesse sentido, do ponto de vista funcional, o desenvolvimento de repertórios na relação com outras pessoas pode tornar o funcionamento desse indivíduo mais ou menos "patológico". É importante aqui destacar que a compreensão do que é patológico também é funcional, ou seja, refere-se à facilidade ou dificuldade de acesso a reforçadores importantes para o indivíduo.

Pilar 4: saúde mental

Além de apresentar a concepção de psicopatologia, todo modelo psicoterápico precisa descrever também sua compreensão do que é um resultado final da psicoterapia. O conceito de saúde mental, em termos funcionais no caso da FAP, é fazer com o que o cliente consiga estabelecer relacionamentos mais íntimos, vulneráveis e genuínos com algumas pessoas de seu cotidiano, e que estas consigam reforçar padrões de vulnerabilidade e intimidade, valendo-se de acolhimento, compreensão e validação de sentimentos como reforçadores, aumentando assim a probabilidade de que a vida do indivíduo se torne mais significativa e mais valorosa (por ter pelo menos um relacionamento interpessoal que valha a pena ser vivido).

Relacionar-se com o outro está ligado a valores, mas também ao primeiro nível de seleção de comportamentos, a filogênese. Assim, o entendimento de saúde mental dentro da perspectiva da FAP é corroborado com os estudos sobre o quanto a solidão, o isolamento social e relacionamentos precários são fatores de risco para a qualidade de vida, aumentando a taxa de mortalidade (Holman et al., 2017).

A descrição de um modelo de saúde mental é, portanto, o oposto do modelo de psicopatologia descrito no Pilar 3. Assim, se por um lado a falta de conexão social é fator importante para o desenvolvimento de transtornos psicológicos, a presença de relacionamentos interpessoais íntimos, genuínos e significativos é fator de proteção para transtornos psicológicos e outras doenças (Holt-Lundstad, Smith & Layton, 2010).

Seguindo os raciocínios contidos nos Pilares 3 e 4, o objetivo da FAP vai muito além de tratar "sintomas psiquiátricos" descritos em categorias nosológicas. O clínico é guiado pelo propósito de promover repertório de relacionamentos de intimidade e vulnerabilidade que produzam reforçadores positivos nos relacionamentos interpessoais e uma vida mais significativa. É possível observar, como comentado anteriormente, que a FAP parte de uma perspectiva única sobre a relação terapêutica como poderoso instrumento de mudança clínica. Se o adoecimento psicológico está intimamente ligado à qualidade dos relacionamentos e na contramão dessa premissa está o estabelecimento e a manutenção de um relacionamento saudável como fator de proteção, a FAP só poderia intervir via interação terapeuta-cliente. O desenvolvimento de relacionamentos interpessoais íntimos e significativos passa, então, a ser um norte importante para essa psicoterapia, a começar pela interação que ocorre em sessão.

PSICOTERAPIA ANALÍTICA FUNCIONAL COMO UM SISTEMA INTEGRADO

Os quatro pilares descritos resumem elementos presentes nos modelos de psicoterapia. Ainda, para além dos pilares, o ideal seria que esse sistema integrado também considerasse quatro níveis de análise, como proposto por Hayes (1978). O autor discute que o paradigma da Análise do Comportamento engloba os níveis tecnológico, metodológico, conceitual e filosófico, e cada nível de análise conta com diferentes variáveis. Para que uma prática seja considerada baseada na Análise do Comportamento, ela deve seguir todos os níveis.

Meyer (1995) utilizou esse sistema de categorias para caracterizar, com base em sua experiência como psicoterapeuta, a prática clínica de consultório do analista do comportamento. Meyer destacou as seguintes variáveis em cada um dos seguintes níveis de análise: (a) filosófico: concordância entre asserções filosóficas do Behaviorismo Radical e os mecanismos explicativos da prática profissional, no mínimo as explicações mentalistas devem ser rejeitadas; (b) conceitual: utilização de princípios do comportamento para orientar a prática do analista do comportamento; (c) metodológico: análise funcional, descritiva ou experimental, enquanto método de investigação das variáveis das quais os comportamentos são função; método derivado de estratégias de pesquisa; e (d) tecnológico: intervenção orientada pela avaliação do caso (análise funcional); as técnicas são diversas com manipulações diretas de eventos antecedentes e consequentes (p. ex., programas de treino de habilidades específicas, *time out* e uso de sistema de pontos).

Nessa proposta de Hayes (1978), existiria ainda uma hierarquia de dependência, e o nível tecnológico necessitaria dos outros três níveis, o nível metodológico precisaria do conceitual e filosófico e, por sua vez, o nível conceitual dependeria do filosófico. O autor ainda observa que essa hierarquia não significa uma atribuição de importância maior de um ou outro nível e não significa que os níveis não podem se influenciar mutuamente (Hayes, 1978).

Observando-se a FAP, poderíamos pensar que o nível filosófico seria representado pelos pressupostos filosóficos do Behaviorismo Radical de Skinner (1953) e o Contextualismo Funcional (Hayes et al., 2012); o nível conceitual conteria elementos como contingência de três termos, reforçamento, punição e extinção; o nível metodológico seria constituído de delineamentos de caso único, medidas repetidas, observação direta e inspeção visual dos dados e no nível tecnológico se referiria aos procedimentos de manipulação de eventos antecedentes e consequentes, como modelação, *fading* e modelagem e o uso de outras técnicas derivadas de outras abordagens.

Mais recentemente tem ganhado força a perspectiva transdiagnóstica, que propõe a existência de mecanismos subjacentes responsáveis pela emergência e manutenção de problemas psicológicos aparentemente distintos na classificação psiquiátrica tradicional. Nesse cenário, Hofmann e Hayes (2019) levantaram a seguinte questão: "Quais processos biopsicossociais centrais devem ser direcionados ao cliente, tendo em vista tal meta em tal situação e como podem ser mudados de maneira mais eficiente e eficaz?" (Hofmann & Hayes, 2019).

Hayes e Hoffman (2018) apresentaram a Terapia Baseada em Processos (TBP) enfatizando a importância da identificação dos processos comportamentais centrais existentes em cada "patologia" descrita de forma nomotética. Coloca-se muito menos foco nos protocolos para tratamento das "síndromes" e mais foco sobre processos baseados em evidências ligados a procedimentos baseados em evidências (Klepac et al., 2012; Hayes & Hofmann, 2018). A TBP abrange os processos centrais do cliente e os procedimentos de tratamento que são comuns a muitas abordagens específicas. Como exemplos, podemos citar gerenciamento de contingência, controle de estímulo, modelagem, autogerenciamento, redução ou manejo da excitação, flexibilidade atencional, enfrentamento e regulação de emoções, resolução de problemas, estratégias de exposição, ativação comportamental, habilidades interpessoais, flexibilidade cognitiva e reavaliação, modificando ou abordando crenças centrais, desfusão cognitiva, aceitação psicológica, valores, *mindfulness*, estratégias motivacionais e gerenciamento de crises, entre outros (Hayes & Hofmann, 2018; cf., Klepac et al., 2012). Cada uma dessas competências derivadas e testadas teoricamente se concentra em mediadores e moderadores que vinculam esses métodos aos domínios e princípios do processo.

Considerando os quatro pilares nos quais a FAP se apoia e os níveis de análise propostos por Hayes (1978), fica evidente que essa psicoterapia está se adentrando no campo da TBP, uma vez que apresenta claramente os entrelaçamentos de sua base filosófica com a derivação de uma formulação de caso específica e coerente com o sistema conceitual, e a compreensão do que é funcionalmente patológico e saudável, considerando os relacionamentos interpessoais e a intimidade como centrais nessa discussão. Se formos falar em termos de processos, o mecanismo de mudança clínica na FAP não se resume apenas ao aumento de CCR2 por meio da modelagem. Podemos considerar que há outros processos subjacentes ocorrendo, como controle de estímulos, treino discriminativo, modelação, modelagem, entre outros.

CONCLUSÃO

A Psicoterapia Analítica Funcional parte da importância dos relacionamentos interpessoais para a saúde mental das pessoas. Essa psicoterapia embasa-se na filosofia do Behaviorismo Radical e do Contextualismo Funcional, possui uma forma própria de formulação de caso que engloba o relacionamento entre terapeuta e cliente como fonte de mudanças clínicas e possui uma compreensão funcional clara do que é "saudável" e "patológico" que considera a existência de vínculos de intimidade como fator de proteção para a saúde física e psicológica dos indivíduos.

Considerando, então, que a questão dos relacionamentos interpessoais permeia esses aspectos dessa psicoterapia, as intervenções propostas para conduzir o tratamento também serão no nível interpessoal. Essa coerência interna que está presente no raciocínio clínico da FAP é o que a torna uma prática analítico-comportamental e, acima de tudo, uma proposta psicoterápica com seus próprios pilares. É claro que são necessárias pesquisas teóricas, conceituais e empíricas para o aprofundamento dos tópicos aqui discutidos.

Uma vez que o terapeuta tenha consciência desses pilares e os compreenda com propriedade, mais direcionada será sua prática em FAP como um sistema integrado entre filosofia, psicopatologia e saúde mental. Nesse sentido, o processo psicoterapêutico deixa de ser voltado apenas para a redução de sintomas e passa a ter como objetivos construir repertórios para relacionamentos interpessoais íntimos e genuínos que, no cotidiano do cliente, serão fatores de proteção importantes. Conduzir o ensino de terapeutas orientado por esse raciocínio pode tornar a FAP uma prática mais sólida, além de orientar pesquisas para a produção de conhecimentos que refinem a prática clínica.

Possíveis falhas no ensino produzem falhas na prática clínica, uma coisa retroalimenta a outra. A clareza desses pilares e dos níveis de análise (conceitual/teórica/filosófica/tecnológica) trará clareza na execução da FAP.

Dentro da perspectiva aqui construída, fica clara a sistematização da FAP como uma prática que possui elementos necessários para ser considerada uma psicoterapia e também que segue um fio condutor próprio. A ideia é que, uma vez que o terapeuta tenha consciência desses pilares e os compreenda com propriedade, ele seja direcionado para uma prática da FAP com maior precisão, tendo clareza de que os objetivos terapêuticos não serão apenas diminuir sintomas e sim fazer com que os clientes sintam e experienciem o que devem experienciar e consigam, de fato, ser efetivos nos seus relacionamentos mais íntimos.

Compreender e descrever esses aspectos é importante para a disseminação e o ensino de terapeutas (Oshiro & Aranha, 2021). Pode-se discutir que falhas no ensino produzem também falhas na prática clínica, afetando inclusive a condução dos processos terapêuticos e os resultados obtidos com os clientes.

REFERÊNCIAS

Aranha AS, Oshiro CKB, Wallace E. A single-case quasi-experimental design of Functional Analytic Psychotherapy (FAP) for substance abuse. Psicologia, Teoria e Prática. 2020;22:263-86.

Canevello A, Crocker J. Creating good relationships: responsiveness, relationship quality, and interpersonal goals. Journal of Personality and Social Psychology. 2010; 99(1):78-106.

Callaghan GM. The Functional Idiographic Assessment Template (FIAT) system. The Behavior Analyst Today. 2006;7(3):357-98.

Cordova JV, Scott RL. Intimacy: a behavioral interpretation. The Behavior Analyst. 2001;24(1):75-86.

Dougher MJ, Hayes SC. Clinical behavior analysis. In: Dougher MJ, organizador. Clinical Behavior Analysis. Reno: Context Press; 2000. p. 11-26.

Del Prette G, Almeida TAC. O uso de técnicas na clínica analítico-comportamental. In: Borges NB, Cassas FA, organizadores. Clínica analítico-comportamental: aspectos teóricos e práticos. Porto Alegre: Artmed; 2012. p. 147-59.

Ferro RG. Recent studies in functional analytic psychotherapy. International Journal of Behavioral Consultation and Therapy. 2008;4:239-49.

Follette WC, Naugle AE, Callaghan GM. A radical behavioral understanding of the therapeutic relationship in effecting change. Behavior Therapy. 1996;27:623-41.

Forest AJ, Wood JV. When partner caring leads to sharing: partner responsiveness increases expressivity, but only for individuals with low self-esteem. Journal of Experimental Social Psychology. 2011;47(4):843-8.

Gable SL, Reis HT, Downey G. He said, she said: a quasi-signal detection analysis of daily interactions between close relationship partners. Psychological Science. 2003;14(2):100-5.

Gable SL, Reis HT, Impett EA, Asher ER. What do you do when things go right? The intrapersonal and interpersonal benefits of sharing positive events. Journal of Personality and Social Psychology. 2004;87(2):228-45.

Hayes SC. Theory and technology in Behavior Analysis. Behavior Analyst. 1978;1:25-33.

Hayes SC. Acceptance and Commitment Therapy, relational frame theory, and the third wave of behavior therapy. Behavior Therapy. 2004;35:639-65.

Hayes SC, Brownstein AJ. Mentalism, behavior-behavior relationships and a behavior analytic view of the purposes of science. The Behavior Analyst. 1986;9(2):175-90.

Hayes SC, Strosahl KD, Wilson KG. Acceptance and Commitment Therapy: an experiential approach to behavior change. New York: The Guilford Press; 1999.

Hayes SC, Barnes-Holmes D, Wilson KG. Contextual behavioral science: creating a science more adequate to the challenge of the human condition. Journal of Contextual Behavioral Science. 2012;1:1-16.

Hayes, SC, Hoffman, SG. Process-based CBT: the science and core clinical competencies of cognitive behavioral therapy. Oakland: New Harbinger; 2018.

Haworth K, Kanter JW, Tsai M, Kuczynski AM, Rae JR, Kohlenberg RJ. Reinforcement matters: a preliminary, laboratory-based component-process analysis of Functional Analytic Psychotherapy's model of social connection. Journal of Contextual Behavioral Science. 2015;4(4):281-91.

Hofmann SG, Hayes SC. Functional analysis is dead: long live functional analysis. Clinical Psychological Science. 2019;7(1):63-7.

Holman G, Kanter JW, Tsai M, Kohlenberg R. Functional analytic psychotherapy made simple: a practical guide to therapeutic relationships. Oakland: New Harbinger; 2017.

Holt-Lunstad J, Smith TB. Social relationships and mortality. Social and Personality Psychology Compass. 2012;6(1):41-53.

Holt-Lunstad J, Smith TB, Layton JB. Social relationships and mortality risk: a meta-analytic review. PLoS Medicine. 2010;7(7):e1000316.

Kanter JW, Holman G, Wilson KG. Where is the love? Contextual behavioral science and behavior analysis. Journal of Contextual Behavioral Science. 2014;3(2):69-73.

Kanter JW, Manbeck KE, Kuczynski AM, Maitland DWM, Villas-Boas A, Ortega MAR. A comprehensive review of research on Functional Analytic Psychotherapy. Clinical Psychology Review. 2017;58:141-56.

Kiecolt-Glaser JK, Gouin JP, Hantsoo LV. Close relationships, inflammation, and health. Neuroscience and Biobehavioral Reviews. 2010;35:33-8.

Klepac RK, Ronan GF, Andrasik F, Arnold KD, Belar CD, Berry SL, et al. Guidelines for cognitive behavioral training within doctoral psychology programs in the United States: report of the Inter-organizational Task Force on Cognitive and Behavioral Psychology Doctoral Education. Behavior Therapy. 2012;43(4):687-97.

Kohlenberg RJ, Tsai M. Functional Analytic Psychotherapy. In: Jacobson NS, organizador. Psychotherapists in clinical practice: cognitive and behavioral perspectives. New York: Guilford; 1987. p. 388-443.

Kohlenberg RJ, Tsai M. Functional Analytic Psychotherapy: a guide for creating intense and curative therapeutic relationships. New York: Plenum; 1991.

Kohlenberg RJ, Hayes SC, Tsai M. Radical behavioral psychotherapy: two contemporary examples. Clinical Psychology Review, 1993;13:579-92.

Kohlenberg RJ, Tsai M, Dougher MJ. The dimensions of clinical behavior analysis. The Behavior Analyst. 1993;16:271-82.

Kohlenberg RJ, Tsai M, Ferro-García R, Valero-Aguayo L, Fernández-Parra A, Virués-Ortega J. Psicoterapia analítico-funcional y terapia de aceptación y compromiso: teoría, aplicaciones y continuidad con el análisis del comportamiento. International Journal of Clinical and Health Psychology. 2005;5:349-71.

Laurenceau J, Barrett LF, Rovine MJ. The interpersonal process model of intimacy in marriage: a daily-diary and multilevel modeling approach. Journal of Family Psychology. 2005;19(2):314-23.

López-Bermúdez MA, Ferro-García R, Calvillo-Mazarro M, Valero-Aguayo L. Importance of the therapeutic relationship: efficacy of functional analytic psychotherapy with different problems. Clínica y Salud. 2021.

Mangabeira V, Kanter J, Del Prette G. Functional analytic psychotherapy (FAP): a review of publications from 1990 to 2010. International Journal of Behavioral Consultation and Therapy. 2012;7(2-3):78-89.

Matos MA. O behaviorismo metodológico e suas relações com o mentalismo e o behaviorismo radical. In: Banaco RA, editor. Sobre comportamento e cognição. Santo André: ARBytes; 1999. p. 54-67.

Meyer SB. Quais os requisitos para que uma terapia seja considerada comportamental? Revisão do texto apresentado no IV Encontro Paraense de Psicologia em 1990, Curitiba: Paraná. 1995.

Meyer SB, Villas-Bôas A, Franceschini ACT, Oshiro CKB, Kameyama M, Rossi PR, et al. Terapia analítico-comportamental: relato de casos e de análises. São Paulo: Paradigma; 2015.

Oshiro CKB, Kanter J, Meyer SB. A single-case experimental demonstration of Functional Analytic Psychotherapy with two clients with severe interpersonal problems. International Journal of Behavioral Consultation and Therapy. 2012;7(2-3):111-7.

Oshiro CKB, Aranha AS. Psicoterapia analítica funcional (FAP) para os problemas de inter-relacionamento: Considerações a partir do modelo didático. In: Abreu PA, Abreu JHSS, organizadores. Transtornos psicológicos: terapia baseada em evidências. Barueri: Manole; 2021. p. 47-63.

Page-Gould E, Mendoza-Denton R, Tropp LR. With a little help from my cross-group friend: reducing anxiety in intergroup contexts through cross-group friendship. Journal of Personality and Social Psychology. 2008;95(5):1080-94.

Pepper SC. World hypotheses: a study in evidence. Berkeley: University of California Press; 1942.

Reis HT. Steps toward the ripening of relationship science. Personal Relationships. 2007;14(1):1-23.

Reis HT, Collins WA, Berscheid E. The relationship context of human behavior and development. Psychological Bulletin. 2000; 126(6):844-72.

Reis HT, Patrick BC. Attachment and intimacy: component processes. In: Higgins ET, Kruglanski AW, editores. Social psychology: Handbook of basic principles. New York: Guilford Press; 1996. p. 523-63.

Reis HT, Shaver P. Intimacy as an interpersonal process. In: Duck SW, editor. Handbook of personal relationships. New York: Wiley; 1988. p. 367-89.

Skinner BF. Science and human behavior. Cambridge: The B. F. Skinner Foundation; 1953.

Sprecher S, Treger S, Wondra JD, Hilaire N, Wallpe K. Taking turns: reciprocal self-disclosure promotes liking in initial interactions. Journal of Experimental Social Psychology. 2013;49(5):860-6.

Tsai M, Kohlenberg RJ, Kanter JW, Kohlenberg B, Follette WC, Callaghan GM. A guide to Functional Analytic Psychotherapy: awareness, courage, love, and behaviorism. New York: Springer Science & Business Media; 2009.

Vandenberghe L. Terceira onda e terapia analítico-comportamental: um casamento acertado ou companheiros de cama estranhos? Boletim Contexto ABPMC. 2011;34:33-41.

Vandenberghe L. Três faces da psicoterapia analítica funcional: uma ponte entre Análise do Comportamento e terceira onda. Revista Brasileira de Terapia Comportamental e Cognitiva. 2017;19(3):206-19.

Vartanian JF. Efeitos da evocação sobre os comportamentos clinicamente relevantes na psicoterapia analítica funcional [dissertação]. São Paulo: Universidade de São Paulo; 2017.

Villas-Bôas A, Oshiro CKB, Vartanian JF. Psicoterapia Analítica Funcional (FAP): mudança clínica evocada e modelada pela vivência terapêutica. In: Antúnez AEA, Safra G, organizadores. Psicologia Clínica: da Graduação à Pós-graduação. Rio de Janeiro: Atheneu; 2018. p. 87-94.

Weeks CE, Kanter JW, Bonow JT, Landes SJ, Busch AM. Translating the theoretical into practical: a logical framework of Functional Analytic Psychotherapy interactions for research, training and clinical purposes. Behavior Modification. 2011;36(1): 87-119.

4

Avaliação e formulação de caso clínico na FAP: a Análise Funcional orientando o processo terapêutico

Amanda Raña Ferreira
Julia Cafalli Favati
Claudia Kami Bastos Oshiro

Desde sua criação por Kohlenberg e Tsai em 1991, a Psicoterapia Analítica Funcional (FAP) apresenta um modelo de formulação de caso clínico fortemente vinculado à concepção de que a qualidade dos relacionamentos interpessoais estabelecidos durante a vida afeta diretamente a saúde mental do indivíduo (Kohlenberg & Tsai, 1991). Tendo a conexão social como tema principal em seu modelo de psicopatologia, a formulação de caso proposta por essa psicoterapia enfatiza a compreensão dos paralelos existentes entre os padrões de interação do cliente com as pessoas de seu cotidiano com os padrões de interação do cliente com o terapeuta para, a partir daí entender as variáveis fundamentais no surgimento e manutenção dos problemas interpessoais responsáveis pelo sofrimento psicológico.

Este capítulo apresenta uma proposta de avaliação e formulação de caso clínico na perspectiva da FAP, ressaltando a centralidade da análise funcional como ponto de partida organizador da proposta psicoterápica, tanto com relação à compreensão do caso clínico quanto com relação ao planejamento das intervenções. Para tal objetivo, discorreremos sobre: a) o passo a passo da formulação do caso clínico, entendendo que a primeira etapa de tal percurso é a escolha do modelo de conceituação de caso; b) os modelos de conceituação nomotético e idiográfico entendendo quais as bases da formulação na FAP dentro do Behaviorismo Radical; c) qual o papel de manuais psiquiátricos dentro do behaviorismo; e d) o Questionário de Avaliação Funcional Idiográfica (FIAT) como modelo idiográfico de conceituação FAP a partir de um exemplo de caso clínico.

CONSIDERAÇÕES SOBRE O MODELO NOMOTÉTICO E O MODELO IDIOGRÁFICO

Atualmente, há inúmeros tratamentos psicológicos efetivos para variados transtornos psicológicos e psiquiátricos como a Ativação Comportamental para o tratamento da depressão (Chambless et al., 1998). Essa diversidade apresenta um desafio para o profissional escolher qual seria o tratamento mais adequado para cada cliente que o procura. Uma forma possível de começar a desenvolver este desafio é, primeiro, escolher o modelo de classificação das queixas (trazidas pelo cliente) a ser assumido: o modelo nomotético ou o idiográfico.

O modelo nomotético usa taxonomias nosológicas produzidas em comparações intragrupo, como o *Manual de Diagnóstico e Estatístico de Transtornos Mentais 5ª edição*, ou DSM-5 (American Psychiatric Association, 2013) ou a Classificação Estatística Internacional de Doenças e Problemas Relacionados com a Saúde (CID; OMS, 1997). Esse modelo está estritamente relacionado ao modelo biomédico e entende que o comportamento é uma manifestação da psicopatologia subjacente (Sturmey, 1996). A patologia teria origem em uma série de mal-funcionamentos fisiológicos internos ao indivíduo e, portanto, deve ser tratada por um fármaco e/ou uma psicoterapia específica (Sturmey, 1996).

Para o modelo nomotético, a definição do que é patológico ou saudável se dá por critérios estatísticos, isto é, o comportamento normal é aquele mais frequente e o patológico é aquele que difere significativamente da média da população (Banaco et al., 2010). Dessa forma, a validade do modelo nomotético supõe que o grupo normativo funciona como uma referência comparativa para classificar o funcionamento do sujeito como normal ou patológico. Os ensaios clínicos randomizados, as metanálises, as revisões sistemáticas dos tratamentos baseados em evidências como os realizados pela Cochrane e descritos nas diretrizes da APA (APA, 2006) são, em geral, estudos organizados em torno de tais categorias diagnósticas. Os dados oriundos das pesquisas que seguem esse modelo geram algumas conclusões do tipo: dado diagnóstico 1, o tratamento A é mais eficaz; dado diagnóstico 2, o tratamento A é ineficaz e o tratamento B é eficaz.

De acordo com o modelo nomotético, abusar de substâncias, por exemplo, seria o comportamento de quem sofre de transtorno por uso de substâncias segundo o DSM- 5 (APA, 2013) e seu tratamento consistirá no encaminhamento dessa pessoa para o grupo terapêutico "transtorno por uso de substâncias". O comportamento de pessoas que apresentam baixo engajamento nas atividades cotidianas, sofrimento intenso etc., teria sua origem no transtorno depressivo maior (APA, 2013) e o paciente deverá ser encaminhado para o terapeuta especializado em "depressão". Provocar o expurgo após episódios em que se come muito, por sua vez, seria sintoma de bulimia e, para tratá-la, o paciente deverá ser encaminhado para o tratamento de "transtornos alimentares", e assim por diante.

Goldman e Anderson (2007) e Meyer et al. (2015) afirmam que é necessário reconhecer a importância das funções informativas e de comunicação de manuais nomotéticos biomédicos. No entanto, eles também alertam para o fato de que, justamente por tais manuais partirem de uma descrição nomotética de comportamentos, eles são incompatíveis com a filosofia do Behaviorismo Radical. Nesse sentido, para psicólogos que seguem tal linha, a adoção exclusiva de manuais enquanto diretriz de tratamento para psicopatologias produziria entendimento superficial do sofrimento dos clientes, uma vez que tal concepção não se atenta às particularidades de cada sujeito na descrição de sua patologia.

Recebendo um cliente no consultório com o diagnóstico de transtorno de ansiedade generalizada (TAG), já é possível supor a presença de alguns comportamentos do cliente, como agitação, sensação de nervosismo ou tensão, fadiga, dificuldade de concentração e irritabilidade (APA, 2013). Podemos derivar também que a dificuldade de concentração pode estar gerando prejuízos no trabalho, a irritabilidade pode dificultar relações interpessoais com presença de diálogos irritadiços etc. No entanto, todas essas derivações necessitam ser confirmadas a partir de análises provenientes da história de vida específica de cada cliente.

Isso porque o modelo idiográfico fundamenta-se em comparações intrassujeito, partindo da premissa de que as informações relevantes para a determinação do comportamento patológico provêm da própria observação do comportamento do indivíduo em momentos diferentes de sua vida e não da comparação do comportamento dele com o de outras pessoas. Suposições, contraposições e comparações também são desenvolvidas, mas tendo o próprio sujeito como referência. Tal modelo torna a formulação de caso mais adaptada às particularidades do cliente, mas também mais demorada e mais difícil de replicar (Bonow et al., 2012; Follette & Bonow, 2009; Maitland & Gaynor, 2012).

Enquanto modelo psicoterápico, a FAP é uma psicoterapia pautada nos pressupostos filosóficos do Behaviorismo Radical (p. ex., Skinner, 1953) e, mais recentemente, no Contextualismo Funcional (Hayes et al., 2012). Desse modo, para a FAP, a formulação de um caso clínico está fundamentada em uma compreensão monista, interacionista e funcionalista do comportamento, diferente da concepção de que uma causa interna origina sintomas externos, assumida por outros modelos psicoterápicos e pelo modelo biomédico comentado anteriormente. Isso quer dizer que a FAP propõe que a compreensão do caso clínico seja feita a partir da descrição das funções dos comportamentos do cliente e do entendimento das interações históricas entre sujeito e ambiente.

Dessa forma, a avaliação e formulação de caso clínico têm como foco a observação e descrição dos comportamentos clinicamente relevantes (CRB1: comportamento-problema e CRB2: comportamento de melhora, ambos emitidos no contexto da relação terapêutica) e de suas variáveis controladoras. Mas tal processo só será possível se o terapeuta tiver conhecimento suficiente sobre os princípios comportamentais básicos, para que possa, a partir deles, definir funcionalmente os CRB, reconhecer a especificidade de cada caso, definir idiograficamente as metas da terapia para, enfim, traçar o curso de suas intervenções. Contemplados esses requisitos, a avaliação dará ao terapeuta a oportunidade de responder efetivamente aos CRB no momento em que ocorrerem em sessão.

A CENTRALIDADE DA ANÁLISE FUNCIONAL NA AVALIAÇÃO E FORMULAÇÃO DE CASO NA FAP

A partir da década de 1990, algumas propostas terapêuticas (terceira onda das terapias comportamentais) aplicadas ao *setting* de consultório emergiram no cenário das terapias comportamentais, entre elas, a FAP (Kohlenberg & Tsai, 1991), a Terapia de Aceitação e Compromisso (Hayes et al., 2012), a Terapia Comportamental Dialética (Linehan, 1993), a Terapia de Ativação Comportamental (Martell, Addis & Jacobson, 2001) e a Terapia Comportamental Integrativa de Casais (Jacobson & Christensen, 1996).

De acordo com Hayes (2004), esses modelos psicoterápicos romperam com os traços dualistas e internalistas da psicologia cognitiva (segunda onda das terapias comportamentais) e resgataram os pressupostos funcionais e contextualistas do Behaviorismo Radical de Skinner e do Contextualismo Funcional (Hayes, 2004; Pérez-Álvarez, 2012), reinterpretando fenômenos cognitivos, emocionais e comportamentais à luz de interações entre organismo e ambiente. Assim, a análise funcional do comportamento, já presente no nascimento das terapias comportamentais (primeira onda), retoma sua centralidade.

No âmbito das terapias comportamentais de primeira e terceira onda, a análise funcional se constituiu como a principal ferramenta de avaliação clínica. De acordo com Meyer et al. (2015), "o momento de sistematizarmos análises funcionais é o momento em que fazemos a ponte com os princípios de aprendizagem" (p. 145). Em uma análise funcional, analisar significa decompor o comportamento em estímulos antecedentes (incluindo operações estabelecedoras), respostas e estímulos consequentes, além de descrever a resposta de interesse de forma clara e objetiva. Esta última deve ser identificada em termos de ações do indivíduo, o que inclui descrever sua frequência, duração e intensidade (Meyer et al., 2010). Ao final, torna-se necessário estabelecer as relações ordenadas entre as variáveis ambientais e as respostas de interesse (Meyer, 2003; Meyer et al., 2010).

No entanto, pela dificuldade em conduzir uma análise funcional experimental na clínica (quando as possibilidades de teste são muito reduzidas), a análise funcional interpretativa seria uma forma de conduzir uma análise funcional na psicoterapia com a finalidade prática de favorecer a ação efetiva do terapeuta (Malavazzi, 2018). Skinner (1953) argumenta a favor do uso de interpretações no trabalho clínico, uma vez que é impossível lidar experimentalmente com eventos históricos, dada sua inacessibilidade: "Falta-nos informação necessária para uma análise funcional [experimental], embora possamos fazer suposições plausíveis quanto às variáveis que operaram em cada caso" (p. 40). Segundo Schnaitter (1978), a interpretação é uma alternativa à análise do comportamento aplicada (com seus métodos experimentais de análise funcional) para oferecer descrições funcionais do comportamento que podem ser úteis para ações práticas possibilitando, em alguma medida, previsão e controle no *setting* clínico.

Além da adoção da análise funcional interpretativa, diante do reduzido rigor e controle experimental, é necessário descrever o mais fielmente possível quais são as características do comportamento de interesse. O objetivo de tal descrição é tornar possível a identificação de padrões comportamentais a partir de episódios vivenciais singulares relatados pelo cliente nos seguintes termos: a) se ele ocorre ou não; b) sua frequência (se ele ocorre várias vezes ou muito raramente); c) latência (tempo que ele demora para ser emitido quando evocado); d) tempo de duração; e) magnitude (se o comportamento ocorre de forma muito intensa ou de forma mais contida); f) topografia (como aquele comportamento acontece, sua forma); e, finalmente, g) o contexto em que ele ocorre (em quais situações essa resposta aparece).

O passo a passo de construção da análise funcional é exatamente o que guia a avaliação em sessão e, consequentemente, a formulação de caso na FAP. É a análise funcional que, de fato, organiza as informações coletadas em sessão em um todo coerente, passível de interpretações pelo terapeuta para derivação de intervenções efetivas (Oshiro & Aranha, 2021). No exemplo do cliente que procura terapia com queixas de ansiedade, ao observar o comportamento do cliente na interação consigo, o terapeuta nota que o cliente não mantém contato visual, tem as mãos agitadas e a fala acelerada. A observação dessas respostas (descritas em sua topografia) permite que o terapeuta tenha acesso dentro de sessão ao que o cliente traz como queixa vivenciada fora do *setting*.

AVALIAÇÃO IDIOGRÁFICA FUNCIONAL E A FORMULAÇÃO DE CASO NA FAP

Atualmente há uma série de modelos de formulação de caso (p. ex., Eells, 2007 e 2015; Kanfer, 1970; Sturmey, 2008). Um deles foi proposto por Eells (2015):

> A formulação de caso na psicoterapia é um processo para o desenvolvimento de uma hipótese sobre, e um plano para abordar, as causas, os antecedentes e as influências mantenedoras dos problemas psicológicos, interpessoais e comportamentais de uma pessoa no contexto [específico] da cultura e do ambiente do indivíduo. Enquanto hipótese, a formulação de caso é a melhor

segurança do terapeuta para a compreensão dos problemas do cliente: por que o cliente está passando por eles, o que precede o início de sintomas e por que os sintomas continuam a ocorrer ao invés de serem resolvidos (p. 16).

Segundo Eells (2015), uma formulação de caso é muito mais do que um resumo da história do indivíduo sobre seus problemas e dificuldades. A partir do conjunto de informações que o cliente traz para a sessão, a construção da formulação do caso envolve produzir uma narrativa coerente (para além de uma linha cronológica de vivências) que considere todas as informações relevantes. Tais tipos de informações são aquelas que podem oferecer ao terapeuta uma compreensão ampla sobre o cliente, explicando o motivo dos problemas e construindo um plano de tratamento produto das narrativas que funcionam como hipóteses explicativas. A formulação de caso será feita sempre a partir da interação com o cliente, da observação do terapeuta sobre si mesmo e sobre o cliente e da utilização de teorias já existentes aliadas à construção de uma relação genuína de intimidade e confiança na qual as técnicas terapêuticas serão aplicadas (Kohlenberg & Tsai, 1991; Rosenfarb, 1992; Follete, Naugle & Callaghan, 1996; Oshiro et al., 2012; Oshiro & Aranha, 2021).

CASO CLÍNICO

No contato inicial entre a terapeuta e cliente, é iniciado o processo de coleta de dados sobre a queixa apresentada pelo cliente. Essa coleta pode ser feita de forma direta ou indireta (de-Farias, Fonseca & Nery, 2018). A coleta direta é realizada com o uso de instrumentos, formulários e/ou pelas observações do comportamento do cliente em sessão que ocorrem na interação com a terapeuta. A coleta indireta é feita por meio do relato da cliente sobre suas vivências fora do *setting* terapêutico. Cabe ao terapeuta integrar os dois conjuntos de dados com os fundamentos teóricos/conceituais da FAP para iniciar a construção de uma formulação de caso coerente e útil sobre o cliente. Veja o exemplo a seguir.

Cristina, 45 anos de idade, casada, 2 filhos, procura terapia em razão de sintomas que a acometiam há cerca de 10 anos. A terapeuta começou o processo de coleta de dados nos contatos iniciais via contato telefônico e logo na primeira sessão, de forma direta, a terapeuta pôde coletar dados perguntando a Cristina o que a motivou a procurar terapia. Reportou a perda precoce do pai, aos 12 anos de idade, e da mãe há 2 anos. Havia sido tratada com muito mimo pela família nuclear (pai, mãe e irmãos), pois era a única filha. Contou como havia sido cuidada tanto pela mãe quanto pelos irmãos após a morte de seu pai e disse que ela era a filha preferida da mãe, que sempre a priorizou diante das necessidades da família. Sorriu brevemente ao lembrar como sua mãe cozinhava todos os seus pratos favoritos e como sempre guardava "um chocolate escondido na gaveta" para ela. Culpava-se por não ter podido cuidar da mãe doente, já que também se sentia enferma.

Na juventude, era muito alegre, gostava de sair, de dançar e de beber com os amigos. Relatou que um dos seus *hobbies* favoritos era viajar. Orgulhava-se de ter conseguido entrar na faculdade logo em seguida do colégio no curso que mais queria (publicidade). Disse que lá fez seus melhores amigos, conheceu seu marido e passou os melhores anos de sua vida. Apesar de se animar ao contar do passado mais distante, Cristina descreveu sua situação familiar atual como causadora de muito sofrimento, pois ninguém a entendia nem a ajudava a resolver seus problemas, inclusive seu marido que, segundo ela, já não lhe dava muita atenção.

Contou ser dona de casa e disse que o marido sempre trabalhava longas horas. Seu primeiro filho nasceu quando tinha 24 anos, logo após a formatura em publicidade, quando decidiu deixar sua carreira para dedicar-se à maternidade. Disse que a gravidez não havia sido programada. Três anos depois, com o filho já mais velho, voltou a procurar emprego e decidiu fazer cursos para se aprimorar e voltar ao mercado de trabalho, quando descobriu que estava grávida de seu segundo filho.

Inicialmente não aceitou a gravidez tendo, inclusive, fantasias de aborto. Passou, então, a apresentar taquicardia e respiração ofegante que só se agravaram conforme passava o tempo de gestação e mesmo depois que o filho nasceu. Relatou que, nesse mesmo período, ela e o marido decidiram que Cristina passaria a dedicar-se exclusivamente às tarefas de casa e aos cuidados com os filhos em razão da intensa demanda. Com o passar do tempo, os sintomas pioraram e Cristina passou a sentir também dores no peito e o que descreveu como "sensação de morte". Depois disso, começou a ficar mais em casa e a não sair sozinha por medo de ter alguma crise na rua.

Contou que aos 35 anos parara de se dedicar tanto aos afazeres e disse sentir-se incapaz de cuidar de sua casa e de seus filhos tão bem quanto fora cuidada por sua mãe. Distanciou-se das pessoas quando as crises ficaram difíceis demais de manejar. Disse que nesse período recebeu apoio da família, principalmente do marido, que entendeu que Cristina realmente não estava bem. Cristina relatou ser excessivamente apegada ao segundo filho e não admitia a hipótese de que ele, algum dia, ficasse longe dela. Ela se recusava a se alimentar normalmente "por não sentir fome". Disse que o marido e os filhos tentavam motivá-la, sem muito sucesso.

Enquanto Cristina relatava sua queixa e contava sobre sua vida, a terapeuta, além de ouvi-la, ficou atenta aos comportamentos de Cristina em sessão de modo a acessar dados sobre a cliente também de forma indireta. Ainda na sala de espera, quando a terapeuta a convidou a entrar no consultório, Cristina perguntou se o filho podia entrar com ela. Justificou-se com fala rápida e meio atropelada dizendo que não queria ficar sozinha, pois estava muito nervosa e o filho saberia como ajudá-la caso ela passasse mal. A terapeuta concordou e ambos entraram no consultório. Cristina esfregava as mãos uma na outra constantemente e periodicamente as enxugava na calça. Parecia suar bastante tanto nas mãos quanto na testa. Com frequência, olhava para o filho, que dizia prontamente em tom baixo que estava tudo bem e, por vezes, passava a mão em suas costas parecendo tentar acalmá-la.

Seguindo o modelo de conceituação proposto por Tsai et al. (2009) e as premissas da análise baseada no Behaviorismo Radical, ainda que a avaliação e a formulação de caso partam da descrição topográfica dos comportamentos da cliente que aparecem em sessão e fora dela, ela não será o bastante para uma compreensão abrangente do fenômeno comportamental em questão. Para além da descrição fiel do comportamento, o objetivo principal do terapeuta na formulação de caso será a identificação das relações funcionais dos comportamentos-alvo com seus antecedentes e suas consequências. Como dito anteriormente, para a FAP, a função será sempre mais importante que a topografia. Assim, falar sobre a função de determinado comportamento significa falar sobre seu efeito no ambiente considerando seu contexto, que inclui, pelo menos, a ocorrência de estímulos antecedentes, o próprio comportamento e suas consequências.

A primeira informação que chama a atenção quando nos deparamos com o caso de Cristina são as reações fisiológicas, como a taquicardia, a respiração ofegante e a "sensação de morte". Tais reações fisiológicas devem ser entendidas em seus contextos. A primeira pista vem do relato de Cristina em sessão: elas se iniciaram com sua segunda gravidez e se acentuaram com o passar do tempo, enquanto Cristina exerceu a função de dona de casa. Qual seria a função dessas reações nesse contexto? O que manteve e acentuou tais reações ao longo do tempo? Uma vez construídas hipóteses sobre o comportamento de Cristina, elas deverão, em sequência, ser testadas a partir da manipulação sistemática das variáveis antecedentes e consequentes do comportamento da cliente e a terapeuta deverá observar se as mudanças no comportamento ocorrem de acordo com o previsto. Caso sim, a análise funcional mostra-se coerente e efetiva.

SISTEMA MODELO DE AVALIAÇÃO FUNCIONAL E IDIOGRÁFICA (FIAT)

Entendendo a importância da conceituação de caso baseada na análise dos CRB, Callaghan (2006) criou o Sistema Modelo de Avaliação Funcional e Idiográfica (FIAT). O FIAT tem como objetivo identificar e especificar comportamentos relevantes para a criação e manutenção de relações interpessoais significativas servindo como um guia para os terapeutas no momento da formulação de caso. Callaghan (2006) divide os comportamentos relevantes em cinco classes a partir de suas funções básicas: a) asserção de necessidades; b) comunicação bidirecional; c) conflito; d) autorrevelação e intimidade; e e) expressão e experiência emocional. A importância do FIAT consiste na "captura de pontos fortes e déficits interpessoais específicos do cliente para que o terapeuta possa melhor adaptar o curso do processo a ele, levando a uma melhoria mais eficiente e eficaz dos problemas do cliente" (Callaghan, 2006).

Descrição das classes do FIAT

As definições das classes do FIAT, exibidas na Figura 1, foram retiradas do próprio manual (Callaghan, 2006). É importante lembrar que todos os exemplos aqui mencionados são só algumas topografias de como tais déficits ou excessos podem ocorrer, para fins didáticos, e que todo déficit também pode ter seu oposto, o excesso, e vice-versa.

Voltemos agora ao caso de Cristina. Pensando nos comportamentos observados em sessão, o que pode ser derivado?

Pensemos, primeiro, na classe A. Conviver com sintomas que acometem Cristina há 10 anos para só então buscar ajuda pode sinalizar dificuldade em identificar suas necessidades e dificuldade em pedir ajuda. Não se sentir entendida por ninguém e sentir que ninguém na família a ajuda a resolver seus problemas pode indicar dificuldade em expressar suas necessidades de forma clara para que elas possam ser atendidas.

Em termos de classe B, pensando que em sessão Cristina contou, na frente do filho, o sentimento de que ninguém a entendia nem a ajudava a resolver seus problemas. Podemos supor que ela não observa o impacto do que diz no outro e que não há controle contextual sobre o que ela diz: quem está perto, de que maneira ela diz o que quer etc. Nesse momento, também pode ser derivada a expectativa irreal do outro, pois Cristina tanto quer que a família entenda do que ela precisa sem que ela seja direta quanto quer que o filho saiba lidar com suas necessidades acima do que ele pode estar sentindo.

Quanto à classe C, nenhum comportamento chama muito a atenção pelo relato, mas, pelo perfil de Cristina, pode ser derivado que ela evita conflitos, uma vez que, mesmo quando pensou em voltar ao mercado de trabalho, ao saber da segunda gravidez, conversa com o marido e os dois decidem que era melhor que ela ficasse em casa. A dúvida que surge aqui é: será que Cristina realmente não se importava ou será que ela teve medo de emitir uma opinião que possivelmente geraria conflito?

Classe A: asserção de necessidades	**Classe B: comunicação bidirecional**	**Classe C: conflitos interpessoais**	**Classe D: autorrevelação e intimidade**	**Classe E: expressão e experiência emocional**
Dificuldade na discriminação de contextos: quando, como e para quem se pode pedir ajuda?	Inabilidade na descrição de seu impacto nos outros	Dificuldade na discriminação de situações em que conflitos (e suas resoluções) são benéficos	Dificuldade na identificação da importância de uma rede de apoio social	Nomeação imprecisa da experiência emocional ou expressão emocional restrita
Dependência/ independência excessiva em suas relações	Repertório de esquiva com hipersensibilidade ao impacto de *feedbacks*	Excessiva submissão com excessivas respostas conciliatórias ou demasiada expressão de raiva e desinteresse na conciliação	Medo de proximidade excessivo ou confiança demasiada em relações em que tal vínculo não foi previamente estabelecido	Descrição ineficaz ou pouco clara da experiência emocional ou expressão afetiva excessiva
Esquiva e/ou fuga de uma necessidade presente	Falta de responsabilização do impacto causado nos outros pelo *feedback* dado	Expressão demasiada de raiva e/ou desinteresse na conciliação	Relutância em assumir riscos emocionais, deixando seu "eu verdadeiro" ser visto	Engajamento em autorrelato negativo diante de sentimentos e emoções
Pedidos de ajuda pouco eficazes ou excessivos	Expectativas irreais do Eu e/ou do outro, com uma tendência ao perfeccionismo	Assunção de toda a culpa da situação conflituosa ou sua atribuição ao outro	Minimizar a importância do que é dividido com o outro ou falas demasiadas sobre si	Sensação de descontrole e sobrecarga diante da experiência emocional

Figura 1 Classes interpessoais propostas pelo FIAT.

Sobre a classe D, pode-se observar que ela demanda bastante e não se atenta às necessidades do outro, por exemplo, quando relata ser excessivamente apegada ao segundo filho, ou quando ele tem que acompanhá-la na sessão de terapia. Quando pede para que o filho entre no consultório, fala de forma rápida e meio atropelada, minimizando a importância de seu pedido e, ao contar sua história para a terapeuta, o faz de forma inquieta, esfregando as mãos uma na outra e suando bastante, o que demonstra dificuldade em se autorrevelar.

Na classe E, a própria dificuldade em se autorrevelar indica a dificuldade de entrar em contato com o que ela está sentindo, o que também é observado pela demora de 10 anos para pedir ajuda. Outra topografia dessa esquiva experiencial são a negação da segunda gravidez, a taquicardia, as dores no peito e a respiração ofegante, o que faz com que ela tenha que lidar com experiências físicas e fisiológicas, em substituição à frustração com a vida que levava, tristeza por não se sentir acolhida e a sensação de ser insuficiente, por não sentir que cuidava dos filhos tão bem quanto sua mãe cuidara dela.

Aplicação do Questionário de Relacionamento Interpessoal de Avaliação Funcional e Idiográfica

Além de o FIAT poder ser utilizado para a formulação de caso a partir das cinco classes de comportamentos necessárias para criação e manutenção de relações interpessoais de qualidade, Callaghan (2006) também criou o Questionário-FIAT, ou FIAT-Q, uma forma interessante de coletar informações para a conceituação do caso. A ideia é que a própria cliente responda ao questionário para que tenha acesso a sua perspectiva sobre si mesma.

Ao utilizar o FIAT-Q, a definição de quais são os comportamentos clinicamente relevantes vem a partir das respostas do cliente às afirmações presentes no questionário, que permitirão a avaliação do cliente no contexto fora de sessão. A cada pergunta, o cliente responderá em uma escala qualitativa: discordo fortemente, moderadamente, levemente ou concordo levemente, moderadamente e fortemente. Cada uma dessas opções corresponderá a um número para que se possa avaliar, em termos quantitativos, a extensão dos comportamentos do problema do cliente (correspondentes às notas 4, 5, 6) e de seus comportamentos mais pró-sociais (correspondentes às notas 1, 2, 3).

Exemplos de afirmações presentes no questionário são: a) classe A: Eu sei quando preciso de ajuda ou suporte de outras pessoas; b) classe B: Quando eu estou interagindo com outra pessoa, eu não tenho certeza de como eu estou afetando-a; c) classe C: Eu me sinto desconfortável ao sentir (experimentar) desacordo com outra pessoa; d) classe D: Eu converso sobre mim e minhas experiências com outras pessoas; e) classe E: Eu evito situações que podem trazer à tona sentimentos intensos.

DIRECIONAMENTOS FUTUROS PARA O FIAT

Atualmente, o Laboratório de Terapia Comportamental da Universidade de São Paulo, o Departamento de Psicologia da Universidade de Nevada, Reno, e o Departamento de Psicologia da San José State University trabalham conjuntamente para a produção de um novo Sistema Modelo de Avaliação Funcional e Idiográfica, o FIAT 2. O projeto configura uma tentativa de deixar o sistema mais uniforme e pragmático, com diferentes níveis de precisão, e é uma possível solução para a dicotomia entre os dois modelos mencionada aqui para a formulação de casos, o nomotético e o idiográfico (Haynes & O'Brien, 2000).

O FIAT 2 pretende tornar mais fácil a implementação e replicação da formulação de caso por sua estrutura, ao mesmo tempo que promove uma abordagem individualizada para avaliar em específico as respostas de cada cliente. Congruente com o modelo de saúde mental da FAP que se baseia na qualidade das relações interpessoais do cliente, o novo FIAT pretende a análise do repertório fundamental dos clientes para a criação e manutenção de suas relações e inclui a avaliação dos três termos da contingência: antecedente, resposta e consequência.

O novo FIAT continua com as cinco principais classes definindo importante repertório comportamental para o estabelecimento e manutenção de relações interpessoais. As principais mudanças, em termos de organização, são: a) a uniformização das antigas classes em cinco áreas interpessoais, em ordem: asserção de necessidades (A), *feedback* bidirecional (B), resolução de conflito e concessão (C), compartilhamento de informação pessoal (D) e experiência e expressão emocional (E); b) a divisão de cada uma das áreas em classes: 1) perguntar, 2) explicar e 3) reagir; c) organização mais padronizada, com a utilização de uma linguagem comum para todas as classes que possibilite e facilite a aprendizagem do sistema.

Para fins didáticos, comecemos com a primeira área interpessoal, "asserção de necessidades". No campo de "perguntar" (A1), deve ser avaliada a capacidade do cliente de perguntar sobre as necessidades dos outros; em termos de "expressar" (A2), se o cliente sabe expressar suas necessidades; e, em termos de "reagir à expressão" (A3), se o cliente é capaz de atender às necessidades dos outros, ou pelo menos fazer o esforço de atender.

Em "*feedback* bidirecional", "perguntar" (B1) diz respeito a perguntar ao outro sobre o impacto que o cliente causa, pedindo *feedback* de forma direta; "expressar" (B2) seria expressar *feedback*, seja ele positivo ou negativo, dizendo ao outro o que ele causa no cliente; e "reagir à expressão" (B3) é reparar o impacto causado, pedindo desculpas e tentando mudar, ou agradecer pelo *feedback* positivo recebido.

Na área interpessoal C, "resolução de conflito e concessão", C1 é perguntar sobre potenciais conflitos que podem estar ocorrendo ou mesmo fazer um pedido que a outra pessoa possivelmente não vá querer atender; C2 é expressar a ocorrência de um conflito, ou mesmo recusar um pedido ou discordar de uma opinião; e C3 é buscar acordo diante dele.

Na área interpessoal D, de "compartilhamento de informação pessoal", D1 é perguntar sobre alguma informação pessoal de alguém próximo; D2 é expressar informação pessoal; e D3 é compreender o que foi ouvido ou mesmo facilitar o relato.

Por fim, na área E, "experiência e expressão emocional", E1 é perguntar sobre como o outro está se sentindo ou se sentiu em determinado momento; E2 é expressar emoções, o que não precisa ser feito somente vocalmente, mas, por exemplo, em forma de um abraço ou de choro; e E3 é acolher emoções, validando o que o outro está sentindo.

Faz-se importante destacar que tais áreas, divididas em 15 classes (de A1 a E3), foram criadas a fim de facilitar a compreensão e formulação de caso, mas que, na prática, pode haver sobreposições, ou seja, uma mesma resposta pode caber em mais de uma classe. Por exemplo, o cliente compartilhar algo (D2) ou expressar emoções (E2)

No caso supracitado de Cristina, pode ser dito que, na subclasse A2, ela não sabe expressar necessidades quando esperou tanto tempo para procurar terapia para tratar de sintomas que a acometiam há 10 anos; na subclasse B1, ela não pergunta sobre seu impacto nos outros, por exemplo, quando pede para que o filho entre no consultório e na frente dele diz que não consegue conceber ficar longe dele e na subclasse B3 também não agradece que ele o tenha feito; na subclasse C2, ela rapidamente desiste de voltar a investir em sua carreira para cuidar das tarefas de casa ao conversar com o marido sobre o tema, indicando que ela possivelmente tem dificuldade em expressar discordância; na subclasse D2, ela expressa informações pessoais de maneira um tanto superficial; e na E2, ainda que ela conte sua história com certa riqueza de detalhes, tal relato é feito de maneira muito distanciada, sem que ela expresse como se sentiu ao longo dos momentos que descreve.

Por fim, uma grande mudança que o novo FIAT propõe é que não somente o comportamento do cliente seja avaliado, mas também sua comunidade social, expandindo-se o escopo da análise. O FIAT 2 é um instrumento de análise do comportamento da comunidade social do cliente, isto é, a avaliação do controle pela consequência da comunidade, uma vez que ela também modela o comportamento do cliente. Os comportamentos-alvo aqui focam na comunidade social que libera consequências às respostas do cliente no seu ambiente natural, fora da sessão de terapia.

As respostas sociais do cliente podem ser reforçadas, punidas ou extintas pelo grupo social no qual ele está inserido. Geralmente, os três tipos de controle pela consequência ocorrerão em vários níveis e serão bem variáveis entre situações e pessoas. Embora haja essa variabilidade, é possível identificar padrões gerais em como a comunidade usualmente libera consequências para as melhoras do cliente. Torna-se importante avaliar as variáveis: a) segurança do cliente ao emitir o comportamento de melhora em sua comunidade; b) quantidade de reforçamento e o acesso a múltiplas fontes de reforçadores; c) consistência do reforçamento e o acesso à taxa de reforçamento e punição; d) sensibilidade do cliente às consequências; e) repertório comportamental dos membros da comunidade, por exemplo, a sensibilidade do grupo às caraterísticas relevantes das melhoras do cliente (avaliar alta ou baixa sensibilidade), melhoras do cliente não são reforçadas pelo grupo (avaliar alta magnitude ou a frequência de punição e/ou extinção às melhoras dos déficits e dos excessos do cliente) e a falta de repertório do grupo social em adequadamente reforçar as melhoras do cliente (avaliar diversidade e qualidade do reforçamento, ou seja, se as consequências reforçadoras são naturais ou arbitrárias).

CONCLUSÃO

Como enfatizado no início deste capítulo, a FAP é uma psicoterapia pautada nos pressupostos filosóficos do Behaviorismo Radical (p. ex., Skinner, 1953) e, mais recentemente, no Contextualismo Funcional (Hayes et al., 2012), o que faz com que a avaliação e formulação de caso clínico na FAP tenha a análise funcional do comportamento como o principal guia tanto para a definição dos CRB quanto para a derivação de intervenções.

Portanto, evitando a lógica biomédica, nomotética, estruturalista baseada em síndromes, a FAP propõe a compreensão dos mecanismos de mudança clínica a partir de uma análise funcional idiograficamente construída, convergindo para a nova proposta da Terapia Baseada em Processos (TBP) (Hayes & Hofmann, 2018, 2020), proposta que rompe com a vigente, a das Psicoterapias Baseadas em Evidências (PBE) (cf. Capítulo 1).

REFERÊNCIAS

American Psychiatric Association. Manual diagnóstico e estatístico de transtornos mentais: DSM-5. 5. ed. Porto Alegre: Artmed; 2013.

American Psychological Association. Evidence-based practice in psychology. American Psychological Association. 2006;61(4):271-85.

Banaco RA, Zamignani DR, Meyer SB. Função do comportamento e do DSM: terapeutas analítico-comportamentais discutem a psicopatologia. In: Tourinho EZ, Luna SV, organizadores. Análise do comportamento: investigações históricas, conceituais e aplicadas. São Paulo: Roca; 2010. v. 1. p. 175-91.

Bonow JT, Maragakis A, Follette WC. The challenge of developing a universal case conceptualization for Functional Analytic Psychotherapy. International Journal of Behavioral Consultation and Therapy. 2012; 7(2-3):2-8.

Callaghan GM. The Functional Idiographic Assessment Template (FIAT) System. The Behavior Analyst Today. 2006;7 (3):357-98.

Chambless DL, Baker-Ericzen M, Beutler LE, Calhoun KS, Crits-Christoph P, Daiuto A, et al. Update on empirically validated therapies (Part II). Clinical Psychologist. 1998; 51:3-16.

de-Farias, Ana Karina CR, Fonseca, Flávia Nunes, Nery, Lorena Bezerra. Teoria e Formulação de casos em Análise comportamental clínica. Porto Alegre: Artmed, 2018. E-pub

Organização Mundial da Saúde. CID-10 Classificação Estatística Internacional de Doenças e Problemas Relacionados à Saúde. São Paulo: Universidade de São Paulo; 1997.

Eells TD. Handbook of psychotherapy case formulation. 2. ed. New York: The Guilford Press; 2007.

Eells TD. Psycotherapy case formulation. American Psychological Association; 2015.

Follette WC, Bonow JT. The challenge of understanding process in clinical behavior analysis: the case of functional analytic psychotherapy. The Behavior Analyst. 2009;32(1): 135-48.

Follette WC, Naugle AE, Callaghan GM. A radical behavioral understanding of the therapeutic relationship in effecting change. Behavior Therapy. 1996;27:623-41.

Goldman G, Anderson T. Quality of object relations and security of attachment as predictors of early therapeutic alliance. Journal of Counseling Psychology. 2007;54(2):111-7.

Hayes SC. Acceptance and commitment therapy, relational frame theory, and the third wave of behavior therapy. Behavior Therapy. 2004;35:639-65.

Hayes SC, Strosahl KD, Wilson KG. Acceptance and commitment therapy: The process and practice of mindful change. 2. ed. Guilford Press; 2012.

Hayes S, Hofmann S. Process-Based CBT: the science and core clinical competencies of cognitive behavioral therapy. Oakland: New Harbinger Publications Inc.; 2018.

Hayes S, Hofmann S. Beyond the DSM: toward a process-based alternative for diagnosis and mental health treatment. Oakland: New Harbinger Publications Inc.; 2020.

Haynes SN, O'Brien WH. Principles and practice of behavioral assessment. New York: Kluwer; 2000.

Jacobson NS, Christensen A. Integrative couple therapy: Promoting acceptance and change. New York: W W Norton & Co; 1996.

Kanfer FH. Self-monitoring: methodological limitations and clinical applications. Journal of Consulting and Clinical Psychology. 1970;35(2):148-52.

Kohlenberg RJ, Tsai M. Functional analytic psychotherapy. New York: Springer; 1991.

Linehan MM. Cognitive-behavioral treatment of borderline personality disorder. New York: Guilford Press; 1993.

Malavazzi DM. Interpretação: objetivo e método da ciência de B. F. Skinner [tese]. São Paulo: Pontifícia Universidade Católica de São Paulo; 2018.

Maitland DWM, Gaynor ST. Promoting efficacy research on Functional Analytic Psychotherapy. International Journal of Behavioral Consultation and Therapy. 2012; 7(2-3):63-71.

Martell CR, Addis ME, Jacobson NS. Depression in context: Strategies for guided action. New York: W W Norton & Co; 2001.

Meyer SB. Análise funcional do comportamento. Primeiros passos em análise do comportamento e cognição. Santo André: ESETec; 2003.

Meyer SB, Del Prette G, Zamignani DR, Banaco RA, Neno S, Tourinho EZ. Análise do Comportamento e Terapia Analítico-Comportamental. In: Tourinho EZ, Luna SV, organizadores. Análise do comportamento. investigações históricas, conceituais e aplicadas. São Paulo: Roca; 2010. v. 1. p. 153-74.

Meyer SB, Villas-Bôas AA, Franceschini ACT, Oshiro CKB, Kameyama M, Rossi PR, et al. Terapia analítico- comportamental: relato de casos e de análises. São Paulo: Núcleo Paradigma; 2015.

Oshiro CKB, Aranha AS. Psicoterapia Analítica Funcional para os problemas de inter-relacionamento: considerações a partir do modelo didático. In: Abreu PR, Abreu JHSS, organizadores. Transtornos psicológicos:

terapias baseadas em evidências. Barueri: Manole; 2021. v. 1. p. 47-63.

Oshiro CKB, Kanter J, Meyer SB. A single-case experimental demonstration of Functional Analytic Psychotherapy with two clients with severe interpersonal problems. International Journal of Behavioral Consultation and Therapy. 2012;7(2-3):111-6.

Pérez-Álvarez M. Third-Generation Therapies: Achievements and challenges. International Journal of Clinical and Health Psychology. 2012;12(2):291-310.

Rosenfarb IS. Uma interpretação analítico comportamental da relação terapêutica. Psychological Record 1992;42:341-54.

Schnaitter R. Private causes. Behaviorism. 1978; 6(1):1-12.

Skinner BF. Ciência e Comportamento Humano. São Paulo: Martins Fontes; 1953.

Sturmey P. Functional analysis psychology. Chichester: John Wiley & Sons; 1996.

Sturmey P. Behavioral case formulation and intervention: a functional analytic approach. Chichester: John Wiley & Sons Ltd.; 2008.

Tsai M, Kohlenberg RJ, Kanter J, Kohlenberg B, Follette W, Callaghan G. A guide to Functional Analytic Psychotherapy: Awareness, courage, love and behaviorism. New York: Springer; 2009.

5

Aplicação da FAP em um caso de abuso sexual infantil

Fernanda Resende Moreira
Claudia Kami Bastos Oshiro

O abuso sexual infantil (ASI) trata-se de qualquer ato de natureza sexual com criança ou adolescente, como manipulação de órgãos genitais, mama e ânus, relação sexual com ou sem penetração, assédio sexual, exposição da criança a cenas sexuais ao vivo ou por meio virtual (Putnam, 2003; Serafim et al., 2011; https://www.mpdft.mp.br/portal/, recuperado em 09 de setembro de 2020). Dentro dos parâmetros que compõem o conceito de ASI, destacam-se: a intenção de estimular/controlar a sexualidade da vítima sem que ela tenha compreensão do que ocorre ou tenha fornecido consentimento, o poder do agressor em relação à vítima por ocupar uma faixa de desenvolvimento acima (adultos em relação a crianças e adolescentes; adolescentes em relação a crianças e pré-adolescentes), a gratificação sexual voltada para o agressor, presença de elementos de coerção e até mesmo a legislação vigente sobre a idade de consentimento sexual que, no Brasil, é 14 anos (Finkelhor & Hotaling, 1984; Friedman, 1990; Kristensen, 1996; Lei n. 12.015, 2009; Watson, 1994).

O relatório do Disque 100, sistema telefônico que recebe denúncias de violação aos direitos humanos, apontou que no ano de 2019 houve 17 mil ocorrências sobre ASI no país. Na maior parte dos casos, as vítimas têm entre 12 e 17 anos de idade e são do sexo feminino, os suspeitos da agressão são compostos, em sua maioria, por pais e padrastos e a violência ocorre mais frequentemente na casa da própria vítima.

As consequências negativas para o indivíduo que passou por ASI são heterogêneas e variam de acordo com os fatores prévios de risco e de proteção da criança, bem como a reação da sua comunidade social à revelação do abuso (Kendall-Tackett, Williams & Finkelhor, 1993). No entanto, é frequente a presença de autoculpabilização e sentimento de vergonha da criança/adolescente pelo fato de a violência ocorrer geralmente de forma velada, haver a desvalorização da vítima por parte do abusador e pelo caráter de tabu que a temática sexual tem em nossa sociedade (Banaj & Pellicano, 2020).

A estigmatização (associação do indivíduo a uma devida condição) da criança/adolescente após um trauma é comum por parte dos membros que compõem seu círculo social. Tal condição fragmenta o senso de *self* prejudicando, portanto, a construção de vínculos sólidos e recíprocos nas relações que se estabelecerão, e a dificuldade em confiar e construir relações de intimidade muitas vezes resulta no isolamento social (Amazarray & Koller, 1998; Banaj & Pellicano, 2020; Borges & Dell'Aglio, 2008).

Tendo o conhecimento de que a Psicoterapia Analítica Funcional (FAP) é um modelo de terapia comportamental com enfoque especial no desenvolvimento de repertórios de conexão social e intimidade (Tsai et al., 2009), compreende-se sua indicação para a aplicação nos casos clínicos de ASI.

CLIENTE E QUEIXA

Miguel (nome fictício), 11 anos de idade, iniciou psicoterapia após ser avaliado pelo Programa de Atendimento e Pesquisa em Violência da Unifesp (PROVE). Residia com os pais e uma irmã mais nova. A mãe contou que aos 8 anos de idade o filho apresentou mudanças comportamentais importantes. Ao ser pressionado, relatou um episódio de abuso sexual na escola em que estudava.

Um grupo de adolescentes mais velhos realizava atividades sexuais com Miguel, dentro do banheiro, em troca de lanches, enquanto as tentativas posteriores de fuga da criança foram impedidas por meio de coerção do grupo. Ao longo da psicoterapia, Miguel revelou outros dois fatos anteriores que continham interações de cunho sexual abusivas com o cliente, realizadas por crianças mais velhas e adolescentes, no ambiente escolar e em seu condomínio.

Essas experiências trouxeram consequências negativas subsequentes para a criança: o processo criminal aberto pela mãe culminou em uma exposição pública do menino no ambiente escolar, isolamento do pai e aumento dos sintomas psiquiátricos da mãe, aumento dos conflitos entre o par parental e na família e o isolamento da criança em relação aos pares.

No início da psicoterapia as queixas da mãe se delineavam por: comportamento opositor em casa e na escola, comportamentos disruptivos em sala de aula, baixo desempenho escolar, isolamento social, respostas restritas de engajamento em atividades reforçadoras positivas, busca excessiva por aprovação social dos pais e por contato físico e comportamento poliqueixoso com conteúdo de autodepreciação e lamentação. Já as queixas da própria criança se configuravam em: distanciamento do pai, ausência de uma figura de apoio e confiança, crítica aos pares, excesso de demandas por parte dos pais e professores, oscilações de humor, sentimento frequente de ser traído e facilidade em se "viciar" (*sic*) em vídeos e jogos.

A figura materna descreveu que antes dos episódios ocorridos Miguel se mostrava alegre, com facilidade em confiar nas pessoas, mas com um padrão passivo diante de comportamentos dos outros que lhe causavam dano.

A mãe se mostrava interessada no cuidado com o filho, entretanto era agressiva e pouco afetiva. Contou que recebeu diagnóstico de transtorno do pânico, depressão e transtorno de personalidade *borderline*. O pai apresentava dificuldades na interação social geral e comportamento infantilizado. Era afetivo, porém muito calado e ausente na educação das crianças. A terapeuta suspeitou de um quadro de transtorno psicótico, entretanto ele recusava ajuda médica e psicológica. Miguel sentia ciúmes da atenção que as pessoas forneciam à irmã e, frequentemente, era agressivo física e verbalmente com ela. Ao longo dos atendimentos, Miguel revelou outras situações que evidenciaram que, para além do ASI ocorrido, muitas vezes era negligenciado em suas necessidades por parte do par parental.

DELINEAMENTO DO TRATAMENTO COM A FAP

O atendimento psicoterápico de Miguel foi realizado a partir da perspectiva da FAP com o objetivo principal de modelar as respostas que compreendem o repertório de relacionamento interpessoal, na relação terapeuta-cliente, e produzir a generalização desse repertório para o ambiente natural da criança.

Era esperada a redução do valor aversivo que as relações interpessoais adquiriram após as experiências de abuso sexual, tornando-se mais reforçadoras em contrapartida. Como resultado, seria possível que Miguel construísse suas relações sociais com intimidade e durabilidade.

Foram realizadas 17 sessões FAP no formato individual com a criança, uma vez por semana, por 50 minutos. Além disso, foi feito contato com a escola para obter informações que ajudariam nas hipóteses funcionais e algumas sessões de orientação de pais e coleta de informações.

HIPÓTESES FUNCIONAIS E SISTEMATIZAÇÃO DOS COMPORTAMENTOS CLINICAMENTE RELEVANTES

A partir das descrições de comportamentos de Miguel, trazidas pela criança e sua mãe, foi construída uma análise funcional de duas classes de respostas, geralmente emitidas pelo cliente diante da possibilidade de relacionamentos interpessoais (comportamentos problemáticos que ocorrem fora da sessão – O1): "superficialidade" (classe A) e "comportamento poliqueixoso" (classe B).

Nas contingências sociais em que Miguel se relacionava com os pares, como no período da escola, era frequente a emissão de respostas com a função de produzir pouco ou nenhum conhecimento sobre si mesmo. Esse padrão de superficialidade produzia a esquiva de ser abusado, enganado ou traído pelo outro. De imediato, também possibilitava o acesso de Miguel a alguns reforçadores sociais de atenção e brincadeiras. Em médio e longo prazo, afastava-o dos colegas, já que não havia a construção de um vínculo sólido de amizade.

A alta frequência de respostas verbais com conteúdo de queixas (lamentações sobre a vida) e críticas aos outros, compreende o comportamento poliqueixoso. Desse modo, o cliente recebia ajuda materna para a resolução de problemas e atenção dos professores, mesmo que na topografia de repreensão. Pode-se pensar que Miguel causava algum dano indireto às pessoas que lhe produziram estimulação aversiva anteriormente, por meio de acusações e críticas, porém em um ambiente protegido onde tais pessoas estavam ausentes (Sidman, 1995/1989; Skinner, 2003/1953). Por exemplo, reclamar da mãe para os professores, xingar os professores para a mãe. Havia redução de demandas e punições pelos seus comportamentos, uma vez que ele direcionava o ouvinte para a estimulação aversiva que ele sofreu e não para as que ele produziu no outro – padrão popularmente chamado de "falta de responsabilidade" ou "vitimismo". No outro polo, em longo prazo, as consequências aversivas desse padrão envolviam a manutenção de seu repertório pueril para a resolução de problemas (passividade), o afastamento das pessoas e o possível agravamento de seu isolamento social e baixa ativação comportamental.

Os relatos da mãe sobre Miguel ser "cansativo" (*sic*) – "as crianças não têm paciência com ele" (*sic*), "os professores não gostam dele" (*sic*) – e da própria criança – "às vezes eu sou chato" (*sic*) – ilustram as problemáticas citadas anteriormente.

Na relação do cliente com a terapeuta foram observados comportamentos que correspondiam às mesmas funções explicitadas anteriormente (comportamentos clinicamente relevantes problemáticos – CCR1). Ambas as classes de respostas produziam um conhecimento reduzido da terapeuta em relação a Miguel, o que dificultava a aproximação e o estabelecimento de um vínculo terapêutico profundo, a revelação do abuso sexual e outros fatos íntimos, bem como o manejo de contingências para mudanças. Os CCR1 da classe A, "superficialidade", foram definidos como respostas de esquiva do cliente diante das solicitações da terapeuta para reflexões sobre seus eventos encobertos, principalmente aversivos, produzindo uma relação superficial. Os CCR1 da classe B, "comportamento poliqueixoso", foram definidos por respostas de esquiva do cliente diante das solicitações da terapeuta para reflexões sobre as consequências de seu comportamento no mundo e sinalização de demanda para mudança.

Após a especificação dos CCR1 do cliente, os comportamentos clinicamente relevantes de melhora (CCR2) foram sistematizados. Os CCR2 da classe A, "vulnerabilidade", foram definidos por respostas que revelavam o impacto que as situações tinham sobre ele, produzindo maior proximidade interpessoal com a terapeuta. Os CCR2 da classe B, "autorresponsabilização", foram definidos por respostas que revelavam o impacto que o comportamento dele tinha sobre os outros, produzindo situações de demanda para mudança por parte da terapeuta.

As Figuras 1 e 2 mostram a sistematização dos comportamentos do cliente, das classes A e B, respectivamente, de acordo com uma conceituação de caso da FAP. A ficha explicita a relação entre os CCR1 e CCR2, bem como a relação entre os comportamentos externos à sessão (O1 e O2) e os comportamentos clinicamente relevantes funcionalmente similares (CCR1 e CCR2). Ela também fornece as topografias das respostas emitidas pelo cliente em sessão, em cada classe de comportamentos.

MODELAGEM DOS COMPORTAMENTOS CLINICAMENTE RELEVANTES

Após a conceituação do caso, iniciou-se a intervenção terapêutica com o uso sistematizado das cinco regras da FAP na interação lógica descrita por Weeks et al. (2012). Desse modo, a terapeuta ficava atenta à emissão de CCR por parte do cliente, evocava os CCR, fornecia consequência diferencial contingente para os CCR, observava seu efeito e descrevia paralelos entre os CCR e os comportamentos que o cliente emitia no seu cotidiano. A consequenciação dos CCR envolveu o processo de modelagem, em que há reforço diferencial por aproximações sucessivas (Catania, 1999). Vale ressaltar que na FAP o foco é maior sobre o reforço dos CCR2 do que as consequências emitidas para os CCR1 (Tsai et al., 2009).

Em seguida, há trechos de uma sessão que exemplificam os CCR do cliente e algumas respostas da terapeuta no processo de modelagem dentro da FAP. T se refere às falas da terapeuta e C, às falas do cliente.

(Durante uma atividade de construção de uma história em quadrinhos.)

T: *Oi, Mago! Gostaria de entrar, mas você não deixa! Do que você está com receio?* (evocação)

C: *Pronto.* (escreveu "não sei") (CCR1)

T: *Hum. Tá. O que eu falo para esse Mago, já que ele que não sabe o que está acontecendo com ele?* (consequenciação/evocação)

C: *Eu não sei.* (CCR1)

T: *Já gastou o "não sei" aqui (risos).* (consequenciação)

C: *Não sei.* (CCR1)

Ficha de conceituação do caso Miguel para categorização e aferição

O1-A	CCR1-A	CCR2-A	O2-A
"Evitação", "desconfiança" e "superficialidade" nas relações: 1. Quando os colegas produzem algum incômodo, mantém o contato social sem expor o que pensa e sente, mas fica ressentido e não confia mais na relação ou se afasta e evita os colegas. 2. Permanece em casa, fazendo atividades solitárias, em vez de encontrar os amigos fora do ambiente da escola (não os recebe em casa nem vai à casa deles, mantendo uma relação superficial). 3. Aceita os elogios dos pais sem questionar ou conversar a respeito, expondo sua real desconfiança da opinião deles.	Esquiva de relatar o impacto que as situações têm sobre ele, principalmente eventos encobertos, emitindo comportamentos que produzem superficialidade na relação com a terapeuta	Respostas de maior "proximidade" interpessoal com a terapeuta diante de situações que evocam relatos sobre o impacto das situações sobre ele, principalmente eventos encobertos	"Vulnerabilidade", "confiança" e "intimidade" nas relações: 1. Expõe seus incômodos diretamente para os colegas, aumentando as chances de uma real resolução do problema e fortalecimento da relação. 2. Frequenta a casa dos amigos e os recebe em casa. Encontra os amigos em outros ambientes para além da escola. 3. Expõe suas desconfianças e dúvidas com relação às opiniões dos pais sobre ele
	Topografias: Diante da solicitação de reflexão sobre o impacto das situações sobre ele... a. Responde "superficialmente" (monossílabos ou poucas palavras) b. Fala sobre outras pessoas, histórias, filmes, séries etc., para ilustrar algo que acontece com ele c. Muda de assunto d. Minimiza o impacto que os eventos têm sobre ele e. Recusa-se a analisar o impacto das coisas sobre ele f. Fornece respostas sem correlação com o que a terapeuta pergunta	**Topografias:** Diante da solicitação de reflexão sobre o impacto das situações sobre ele... a. Responde de maneira mais refinada (frases mais longas, nomeação de sentimentos) b. Fala de si quando descreve dificuldades e eventos encobertos c. Mantém-se no assunto d. Fala de maneira correspondente sobre os impactos das estimulações aversivas sobre ele e. Analisa o impacto que os eventos têm sobre ele	

Figura 1 Ficha de conceituação FAP da classe de comportamentos A, "superficialidade".

Fonte: Moreira, 2018, p. 82.

O1-B	CCR1-B	CCR2-B	O2-B
"Críticas e queixas excessivas": 1. Critica as professoras e os colegas para a mãe e para outros colegas. 2. Emite falas de lamentação sobre a sua vida no ambiente familiar. 3. Acusa os outros, sem descrever a sua responsabilidade sobre o comportamento de "pegar no pé" que as professoras e as meninas da classe têm com ele.	Esquiva de relatar o impacto (principalmente aversivo) que seu comportamento tem no mundo, evitando punição e demandas da terapeuta **Topografias**: Diante de solicitação de reflexão sobre o impacto dele com relação ao mundo, demanda para mudar ou descrever uma possível mudança... a. Critica as pessoas e outros eventos no mundo b. Recusa-se a analisar o impacto dele no mundo c. Muda de assunto d. Reclama de algum evento aversivo em sua vida e. Relata dificuldades em mudar as contingências de sua vida f. Minimiza o impacto do que faz no outro e no mundo g. Responsabiliza o ambiente ou os outros	Relato do impacto (aversivo) que seu comportamento tem no mundo, expondo-se a possíveis situações de punição e de demandas para modificar as contingências por parte da terapeuta **Topografias:** Diante de solicitação de reflexão sobre o impacto dele com relação ao mundo, demanda para mudar ou descrever uma possível mudança... a. Fala sobre o que ele fez ou poderia ter feito b. Analisa o impacto dele no mundo junto com a terapeuta c. Mantém-se no assunto d. Fala do impacto do comportamento dele no mundo, de maneira correspondente	"Autorresponsabilização": autoexposição sobre o impacto que produz nos outros e no mundo: 1. Descreve seus incômodos com as professoras e os colegas de classe relacionando o que fez para produzi-los. 2. Pede para os pais coisas que possam produzir mudanças para melhorar sua vida, tais como sair para ver os amigos, recebê-los em casa, conversar com as professoras, etc.

Figura 2 Ficha de conceituação FAP da classe de comportamentos B, "comportamento poliqueixoso".

Fonte: Moreira, 2018, p. 82.

T: *Você se lembra da nossa conversa do porquê a gente está fazendo esta atividade?* (evocação)

C: *Mais ou menos.* (CCR1)

T: *Às vezes quando a gente está conversando, eu tenho a sensação de que eu te conheço pouco... Eu fico falando sobre coisas da minha vida, fico tentando conhecer mais sobre você, e sinto que você deixa eu te conhecer, mas só um pedacinho. Tem outro pedacinho que fica muito guardado para você mesmo. E quando eu falo isso eu estou falando de coisas que você sente, coisas que você pensa...* (evocação)

C: *Eu não ligo muito para essas coisas, incomoda um pouco porque eu não ligo, é que eu não sei explicar.* (CCR1)

T: *Como é que é?* (consequenciação)

C: *É que eu não sei como explicar.* (CCR2: o cliente emite um tato mais correspondente. Admite que tem uma dificuldade.)

T: *Uhum. Tem coisas que são difíceis de explicar, acho que é isso que você está me dizendo. É isso?* (consequenciação)

C: *Tem coisa que é difícil de explicar e é ruim. É ruim de explicar mesmo, eu não sei como falar.* (CCR2: tato ainda mais refinado sobre os eventos encobertos.)

T: *Uhum! Você gostaria que eu te ajudasse a conseguir dizer essas coisas que são difíceis de explicar?* (consequenciação)

C: *Mas como você poderia me ajudar?*

T: *Desse jeito! Olha como você está conseguindo me dizer melhor! Você está me dizendo que tem dificuldade de explicar as coisas que você está sentindo, pensando que é difícil. Agora eu estou conseguindo entender um pouquinho mais!* (consequenciação)

C: *O que eu não entendo é que você sempre fala isso: "Agora eu estou entendendo um pouquinho mais". Você sempre fala.*

T: *Isso, exato! Você já viu o saca-rolha? [...] Eu sinto que eu vou fazendo assim com você: "Argh". Abre um pouquinho, aí eu abro um pouquinho mais: "Urgh". [...] Eu sinto que eu vou conseguindo te conhecer de pouquinho em pouquinho. Eu abri uma fresta da porta e cada dia vai abrindo um pouquinho mais. Mas eu sinto que é difícil para você abrir a porta e deixar eu te conhecer. Você sente isso? Sente que é difícil para as pessoas te conhecerem?* (evocação)

C: *Como assim difícil de as pessoas me conhecerem?* (CCR1)

T: *Deixe-me reformular a minha pergunta: você acha, Miguel, que você deixa as pessoas te conhecerem de verdade?* (consequenciação/evocação)

C: *Ahn, não. Na verdade, elas conhecem o que eu sou, não o que eu já passei.* (CCR2)

T: *Tá. Eu sinto isso também! Eu conheço pouco da sua história, do que você sente, de como as coisas te afetam... Aí eu criei essa história [...] de uma camponesa que quer muito ajudar, que tem o poder de cura [...] e esse mago é superpoderoso, cheio das poções secretas. Tem alguma coisa dentro dele que está machucada e ele não quer muito deixá-la entrar para ajudar. Ele quer, mas não quer. Quer deixar só um pouquinho.* (consequenciação/evocação)

C: *Isso do que você fez aqui me lembrou daquela estátua no Havaí.* (CCR1)

T: *Hum (risos). Bem legal. E aí ela está perguntando para ele: "Por que você está com receio de abrir a porta para mim?", ele fala: "Não sei", então ela vai falar assim: "Do que você tem medo que aconteça?"* (consequenciação/evocação)

C: *Nada, é que eu não gosto desse assunto, eu não gosto muito.* (CCR1/CCR2: está tentando se esquivar, mas falou sobre como se sente.)

T: *Eu acho que você está com alguma coisa em mente, não é?* (evocação)

C: *É, é um assunto que você quer saber. Eu nem ligo de contar, é que eu não sei, eu tenho receio.* (CCR2: está tentando se esquivar, mas falou um pouco mais sobre como se sente.)

T: *Aham! Entendi, entendi!* (consequenciação)

C: *Eu tenho receio de contar.* (CCR2: tato ainda mais refinado sobre o evento encoberto)

T: *Eu acho que você já está me contando uma coisa muito importante! Eu tenho um assunto que eu tenho receio de contar por aí. Então eu sei como você está se sentindo, é muito ruim... Mas eu não estou querendo tocar num assunto específico, tá? Eu não sinto que tem um assunto específico que você não quer me contar, eu sinto que você se fechou para um monte de coisas. Eu sinto que é difícil te conhecer... conhecer o que você sente, sobre quem é o Miguel de verdade.* (consequenciação/evocação)

C: *É que eu fiquei muito tempo sozinho, por assim dizer. Por causa dessas coisas que aconteceram... Eu descia no condomínio quando eu era pequeno, só que depois que aconteceu algumas coisas eu não desci mais [...], aí tinha vezes que eu saía da escola e ficava dois ou três meses sem ir para a escola, aí voltava a ir.* (CCR2)

T: *Nossa, caramba!* (consequenciação)

C: *Todo dia eu ficava em casa, ficava olhando todo mundo brincar na quadra.* (CCR2)

T: *Nossa! Como que era para você quando você via os meninos brincando?* (consequenciação/evocação)

C: *Chateante, né, se é que essa palavra existe.* – (CCR2)

T: *Uhum! Imagino, né, um saco não poder brincar!*

(Terapeuta faz autorrevelações importantes e emocionadas sobre um acidente que sofreu na infância. Conta que sentiu algo parecido.) (consequenciação)

C: *Eu fiquei até com vontade de contar! Só que aí dá receio também... Eu tenho receio.* (CCR2)

T: *Uhum! Não, tudo bem, cara, eu entendo! Eu acho que você está sendo muito corajoso agora de estar conseguindo me falar que está com vontade, mas está com receio.* (consequenciação)

C: *Eu vou tentar falar de um jeito que eu não fique com receio. Olha, é que as pessoas me zoaram muito, só que não é zoação normal.* (CCR2)

T: *Te maltrataram. Nossa, sinto muito.* (consequenciação)

C: *Só que eu dou um jeito de ninguém saber.* (CCR2)

T: *Uhum. É importante para você guardar. É, eu sei. Para mim também foi muito importante guardar esse segredo.* (consequenciação)

C: *Já aconteceu muitas vezes comigo [...] esse negócio de me zoarem de um jeito ruim.*

(Cliente revela mais informações sobre o abuso.) (CCR2)

T: *É, você falou um pouco hoje, cara. Você já contou. Achei você supercorajoso. Não é fácil falar de um assunto que a gente tem receio de contar, mas você falou, você abriu um pouco mais a fresta.*

(Terapeuta faz ainda mais autorrevelações sobre o seu acidente de carro.) – (consequenciação)

C: *Tá bom, eu vou tentar falar. Mas você pode tentar adivinhar? É que eu não gosto de falar assim mesmo, reto, como falam... o papo reto.* (CCR2)

T: *Posso tentar, posso tentar, sim!* (consequenciação)

C: *É que me zoaram muito. Só que na verdade... O que você está pensando?*

T: *Eu sei um tanto da sua história, né, cara [...] que sua mãe me contou...*

C: *Pode falar, eu não ligo.*

T: *Eu sei que mexeram em você de um jeito que você não queria. É isso?* (evocação)

C: *É... aconteceu muita coisa, mas fazer o quê, né?* (CCR1)

T: *É horrível isso.* (consequenciação/evocação)

C: *É. Só que eu não ligo, contanto que não tenha que explicar mesmo, que eu não tenha que falar, tá ótimo para mim. Se a pessoa conseguir adivinhar, tá ótimo.* (CCR1)

[...]

T: *Uhum. É, eu acho que você tem todo direito de esconder de quem você quiser. Mas eu acho que já é um passo muito grande a gente falar disso, né, Miguel, você conseguiu falar disso aqui comigo.* (evocação)

C: *O que é difícil é falar: "Mexeram comigo".* (CCR2)

T: *Uhum [...] dá o quê?* (consequenciação/evocação)

C: *Não sei, dá um receio. O que as pessoas vão pensar... Não é nem isso, é receio mesmo de falar do jeito normal.* (CCR2)

T: *Uma frase do que aconteceu com você é pesado demais?* (consequenciação/evocação)

C: *Foi pesado.* (CCR2)

T: *Eu entendo... Não é um assunto fácil, né... Então acho que é por isso que você não consegue mesmo. Isso que você está falando que aconteceu com você é algo que eu só consigo dizer que eu sinto muito...* (consequenciação)

(Cliente faz revelações sobre os problemas que viveu com os pais após a revelação do abuso e terapeuta faz mais autorrevelações sobre as consequências de seu acidente.)

T: *Eu estou me sentindo muito mais próxima de você hoje!* (consequenciação)

C: *Que bom!*

T: *Hoje consegui entender um tantão de você e também consegui conhecer você um pouco mais...* (consequenciação)

C: *E agora eu acho que vai ser mais fácil conversar!* (CCR2)

T: *Você sente isso?* (consequenciação/evocação)

C: *Sim, porque a única coisa que eu tinha para esconder era isso!* (CCR2)

T: *Eu também sinto que vai ser mais fácil de a gente conversar. Obrigada pela sua confiança em mim! Como você está se sentindo agora?* (consequenciação/evocação)

C: *Bem. É bom saber que não tem mais nada!* (CCR2)

T: *Dá um alívio, né?* (consequenciação)

C: *Fico feliz.* (CCR2)

T: *Eu também fico feliz por você.* (consequenciação)

RESULTADOS

Como resultado do processo terapêutico FAP, foi observado que Miguel passou a apresentar uma frequência maior de CCR2 e menor de CCR1, correspondendo aos objetivos da terapia em relação ao comportamento do cliente nas sessões. Esses resultados foram mais bem explicitados por meio de gráficos quantitativos em Moreira (2018).

O cliente foi capaz de fazer revelações importantes para a terapeuta, com emoção correspondente, menos respostas de esquiva e mais comprometimento com o processo de mudança comportamental, resultando na construção de um vínculo sólido e de intimidade. Miguel contou sobre os abusos sexuais ocorridos e as consequências posteriores que, segundo ele, foram mais pervasivas do que o próprio abuso em si. Explicitou para a terapeuta o desejo de que a mãe abandonasse o processo jurídico para que ele não precisasse mais se expor contando sobre o caso nem fosse invalidado pelas autoridades quando fazia algum relato confuso. Revelou que foi culpabilizado pela mãe quando houve a repetição do ASI e que sofreu com a hipervigilância dos pais em relação a ele, subsequente ao ocorrido. Explicitou para a terapeuta fatos que eram ocultados pela mãe nas sessões de orientação parental e que representavam grande risco de punição para Miguel: violência doméstica, crises de desregulação emocional e tentativa de suicídio da mãe, e monitoria inconsistente dos pais. Tais exemplos evidenciam a capacidade do cliente em confiar na terapeuta, fator que era uma das principais queixas. Nesse sentido, demonstrou maior habilidade em acessar e descrever seus eventos encobertos, bem como os efeitos do seu comportamento no mundo.

De acordo com os relatos da mãe e dos resultados de uma escala de coleta de informação respondida pela responsável e criada pela terapeuta, Miguel obteve mudanças comportamentais importantes na vida cotidiana que parecem ter sido efeito da generalização do processo terapêutico FAP. O cliente apresentou menos insegurança e retraimento diante das relações interpessoais, redução nas falas acusatórias e queixosas e menos resistência à mudança de seu comportamento. Também demonstrou maior interesse em fazer atividades com outras pessoas e buscar novas fontes de reforçadores. Ao longo da terapia o cliente havia se tornado melhor amigo de um dos meninos de sua classe, foi a uma matinê pela primeira vez, iniciou um curso técnico de computação, passou a cuidar mais de sua aparência física e iniciou acompanhamento com nutricionista. Outro fator que apresentou melhora relacionada diretamente com as sessões da FAP foram os sintomas de ansiedade, medidos pelo questionário *Child Behavior Checklist* (Achenbach, 1991), respondido pela mãe ao longo do tratamento.

Ao fim do acompanhamento com Miguel, ficou nítido que a mãe atribuía grande parte dos problemas de sua família aos abusos sexuais ocorridos com o filho. Frequentemente voltava a atenção da terapeuta para essa questão quando eram evocadas reflexões sobre outros pontos importantes: sistematicidade na frequência de Miguel às aulas da escola e aos tratamentos de saúde, maior monitoria e fornecimento de atenção de melhor qualidade com validação dos sentimentos dele. Levantou-se, portanto, a hipótese de que a mãe usufruía de um ganho secundário na manutenção das dificuldades do filho: esquivar-se de algumas demandas maternas. Diante disso, por fim, a terapeuta fez um encaminhamento para a terapia familiar incluindo o par parental e o cliente.

REFERÊNCIAS

Achenbach TM. Child behavior checklist/4-18. Burlington: University of Vermont; 1991.

Amazarray MR, Koller SH. Alguns aspectos observados no desenvolvimento de crianças vítimas de abuso sexual. Psicologia: Reflexão e Crítica. 1998;11(3):559-78.

Banaj N, Pellicano T. Childhood trauma and stigma. In: Spalletta G, Janiri D, Piras F, Sani G, editores. Childhood trauma in mental disorders. Springer; 2020.

Borges JL, Dell'Aglio DD. Abuso sexual infantil: indicadores de risco e conseqüências no desenvolvimento de crianças. Interamerican Journal of Psychology. 2008;42(3):528-36.

Catania AC. Aprendizagem: comportamento, linguagem e cognição. Porto Alegre: Artmed; 1999.

Finkelhor D, Hotaling GT. Sexual abuse in the national incidence study of child abuse and neglect: an appraisal. Child Abuse & Neglect. 1984;8:23-33.

Friedman SR. What is child sexual abuse? Journal of Clinical Psychology. 1990;46:373-5.

Kendall-Tackett KA, Williams LM, Finkehor D. Impact of sexual abuse on children: a review and synthesis of recent empirical studies. Psychological Bulletin. 1993;113(1):164-80.

Kristensen CH. Abuso sexual em meninos [dissertação]. Porto Alegre: Universidade Federal do Rio Grande do Sul; 1996.

Lei n. 12.015 de 07 de agosto de 2009. Dos crimes contra a liberdade sexual. Disponível em: https://presrepublica.jusbrasil.com.br/legislacao/818585/lei-12015-09.

Moreira FR. Os efeitos da Psicoterapia Analítica Funcional (FAP) no tratamento de uma criança vítima de abuso sexual [dissertação]. São Paulo: Universidade Federal de São Paulo; 2018.

Ouvidoria Nacional de Direitos Humanos. Relatório 2019 disque direitos humanos. Brasília; 2019. Disponível em: https://www.gov.br/mdh/pt-br/acesso-a-informacao/ouvidoria/Relatorio_Disque_100_2019_.pdf.

Putnam FW. Ten-year research update review: child sexual abuse. Journal of the American Academy of Child & Adolescent Psychiatry. 2003;42(3):269-78.

Serafim ADP, Saffi F, Achá MFF, Barros DMD. Dados demográficos, psicológicos e comportamentais de crianças e adolescentes vítimas de abuso sexual. Revista de Psiquiatria Clínica. 2011;38(4):143-7.

Sidman M. Coerção e suas implicações (Tradução de Maria Amália Andery e Teresa Maria Sério). Campinas: Livro Pleno; 1995.

Skinner BF. Ciência e comportamento humano. v. 10. São Paulo: Martins Fontes; 2003.

Tsai M, Kohlenberg RJ, Kanter JW, Kohlenberg B, Follette WC, Callaghan GM. A guide to Functional Analytic Psychotherapy: awareness, courage, love and behaviorism. Seattle: Springer; 2009.

Watson K. Substitute care providers: helping abused and neglected children. Washington, DC: National Center on Child Abuse and Neglect; 1994.

Weeks CE, Kanter JW, Bonow JT, Landes SJ, Busch AM. Translating the theoretical into practical: a logical framework of Functional Analytic Psychotherapy interactions for research, training and clinical purposes. Behavior Modification. 2012;36(1):87-119.

6

Aplicação da Psicoterapia Analítica Funcional em um caso de dificuldades em intimidade

Joana Figueiredo Vartanian
Claudia Kami Bastos Oshiro

Na Psicoterapia Analítica Funcional (FAP) (Kohlenberg & Tsai, 1991), é comum se discutir a relevância do repertório de intimidade. Tal repertório é desenvolvido ao longo da história de vida dos indivíduos por meio da relação com outras pessoas de seu convívio. É, então, por meio de tais relações que as pessoas aprendem formas de estabelecer vínculos ao longo de toda a sua vida, bem como a se expressar e até mesmo identificar e descrever eventos encobertos, como pensamentos e sentimentos (para maior detalhamento, ver desenvolvimento do *self*, em Kohlenberg & Tsai, 1991).

Em 2001, Cordova e Scott propuseram uma definição analítico-comportamental do fenômeno da intimidade. Para os autores, o primeiro aspecto da intimidade tem relação com o estar vulnerável em um relacionamento interpessoal e, a fim de se colocar vulnerável, o indivíduo precisa se engajar em comportamentos que foram punidos em sua história de vida (para maiores detalhes, consultar o Capítulo 3). É importante notar que, porque a definição de intimidade é funcional, o que é um comportamento vulnerável para um indivíduo pode não ser para outro: a depender da história de punição daquele comportamento, ele será considerado muito ou pouco vulnerável quando ocorrer. Ainda, o segundo aspecto da intimidade é que esse comportamento vulnerável quando emitido é reforçado. Assim, essa sequência de eventos é o que caracteriza a intimidade.

A FAP parte dessa perspectiva e se utiliza da relação terapêutica para o desenvolvimento do repertório de intimidade. Para tanto, alguns aspectos são essenciais para a construção da conceituação de caso e a posterior condução das intervenções nessa psicoterapia. O terapeuta estará atento aos comportamentos do cliente em sessão, os impactos que eles exercem sobre o terapeuta e a relação desses comportamentos com aqueles que ocorrem fora da sessão e que foram produzidos ao longo de sua história de vida. O objetivo do terapeuta FAP é fazer com que comportamentos de melhora passem a ocorrer mais do que comportamentos problema dentro da sessão.

Tais aspectos e o raciocínio clínico dessa psicoterapia serão mais bem discutidos em conjunto com o caso clínico a seguir. Os dados a respeito do caso são fruto da dissertação de mestrado de Vartanian (2017) e informações que comprometessem a confidencialidade do cliente foram alteradas por questões éticas, sem que houvesse prejuízos aos dados e discussões aqui desenvolvidas.

CASO CLÍNICO

André (nome fictício) tinha 26 anos no início dos atendimentos e trabalhava na área comercial em um grande centro urbano. Nascido e criado no interior do estado, mudou-se após o término de um relacionamento longo e abusivo. Já morava há alguns anos na nova cidade e residia sozinho. A família (mãe, avó e irmã) permaneceu no interior e ele não tinha contato frequente com o pai, o qual conheceu apenas na adolescência. Já na primeira sessão, contou que estava sofrendo muito com o recente término de seu último relacionamento. Suas dificuldades com o ex-namorado começaram quando André começou a ter crises de ciúmes e a controlar e monitorar Marcos, que acabou por encerrar o namoro. Após o término, André passou a sentir mais ansiedade, além de dificuldades em pensar em outra coisa que não o relacionamento. Nesse contexto, ele então decidiu buscar terapia.

ANDRÉ: *Meu erro é amar além de amar a mim mesmo.*

COMPORTAMENTOS DO CLIENTE EM SESSÃO

A FAP enfatiza a mudança dos comportamentos do cliente a partir da relação com o terapeuta (ver Capítulo 3). Procede-se, então, que o raciocínio clínico do terapeuta será funcional e baseado nos comportamentos do cliente que ocorrem dentro da sessão, desde a conceituação de caso até as intervenções clínicas. Tal traço único dessa psicoterapia traz uma vantagem e um desafio ao mesmo tempo. A vantagem é que o terapeuta é capaz de acessar as classes de comportamentos-alvo. Assim, a partir da definição de metas com base na conceituação de caso, pode planejar intervenções para aumentar a ocorrência das classes de comportamentos de melhora. Entretanto, enquanto essa é uma vantagem, também se torna um desafio, já que o terapeuta passa a se constituir ambiente para as respostas do cliente e, nesse sentido, seu comportamento em sessão torna-se peça fundamental para atingir as metas estabelecidas. Tal aspecto será mais bem detalhado adiante.

No caso do André, nas primeiras sessões, foi possível perceber que ele trazia um relato bastante romanceado e poetizado. Ao ser questionado sobre seus sentimentos ou impressões sobre determinada situação, muitas vezes o cliente falava em termos de metáforas ou analogias. André colocava seus sentimentos descrevendo o que determinados personagens de livros ou filmes haviam vivenciado e sentido em situações parecidas. Muito frequentemente, suas narrativas estavam relacionadas com amor, vingança, tragédia, traição etc., o que tornava seus relatos sobre sua própria vida muitas vezes superficiais ou incompletos.

> ANDRÉ: *Droga, isso dói. Quando vou morrer? Por que não me espancou como disse que faria? Me mata! Não escolhi te conhecer, fui destinado a isso. Então, por favor, acaba logo com essa tortura. Me mata, porque aos poucos não vou morrer.*

Em outros momentos, quando a terapeuta questionava sobre seu sentimento em determinada situação, André tinha dificuldades de nomeá-los de forma direta ou mesmo identificar ter sentido alguma coisa.

> TERAPEUTA: *E quando você está criando, assim, delineando tudo isso* [os planos para reaver o ex-namorado], *como você se sente?*

> ANDRÉ: *Eu preciso ouvir músicas clássicas muito fortes pra poder me manter como um vilão. Porque eu preciso ser frio como o Edmond Dantès do Conde de Monte Cristo. Eu tenho que me manter racional, não irracional. Como se fosse superior, como se fosse, enfim... Até um tempo atrás... um ano atrás, eu me identificava muito com o Alucard* [filho do Drácula].

A própria maneira de relatar do cliente era se referindo aos acontecimentos em termos de "episódios", como em séries de televisão.

> ANDRÉ: *Quando eu falava "eu te amo" nesses últimos episódios em que a gente estava junto, ele não falava.*

> TERAPEUTA: *De onde vêm as...*

> ANDRÉ: *Metáforas? Uma máscara, metáfora. Acho que não por ser mais fácil, por ser bonito, não sei... não sei por quê. Eu me sinto como se eu tivesse em uma história também.*

> TERAPEUTA: *Ah, é? Como que é isso? Tenta explicar um pouco pra mim.*

> ANDRÉ: *É difícil. Ah, que nem... no episódio de hoje vou falar do meu pai ou vamos falar do Marcos?* [risos]. *Sei lá, eu preparo.*

TERAPEUTA: *É, foi mais ou menos... inclusive acho que no meio, em algum momento, você falou "Ah, não, que nem no outro episódio".*

ANDRÉ: *É, acho que é mais simples, não sei. Eu sou um artista, eu vivo disso, eu vivo da arte, então, querendo ou não eu sou isso. É uma coisa que vem de dentro pra fora e não de fora pra dentro.*

TERAPEUTA: *Sim. Dá pra ver que é bem natural mesmo de você. Acho que é importante, de repente, a gente falar sobre o que é isso. Uma coisa que possa ser discutida.*

Muitas vezes os relatos em forma de narrativa pareciam ter sido pensados ou mesmo planejados para a sessão. Também em outros momentos foi ficando claro que André programava o que seria discutido em sessão.

TERAPEUTA: *Você quer me contar a história do seu pai?*

ANDRÉ: *Acho que quero, mas... não agora. Acho que vou ficar com a da Lu* [ex-namorada] *ainda.*

COMPORTAMENTOS DO CLIENTE FORA DA SESSÃO

No relacionamento com Marcos, o cliente descreveu que passou a sentir ciúmes a partir do momento que o então namorado começou a cobrar que ele fosse ciumento. Marcos dizia que gostaria muito de ter um namorado que sentisse ciúmes e André caracterizou esse marco como "o despertar de um monstro" dentro dele. Durante o relacionamento, ele começou a controlar onde o namorado estava por meio do localizador do celular. Também pedia fotos quando Marcos saía ou chegava em algum lugar ou em casa e comparava a roupa que ele estava usando com a foto enviada anteriormente. Foram diversas discussões desencadeadas por esses comportamentos de controle, mas eles sempre permaneciam juntos. Para a terapeuta, afirmou não compreender como podia ter agido assim com Marcos, já que em seus outros relacionamentos nunca havia sido uma pessoa ciumenta e controladora. Em certo momento, Marcos decidiu terminar o relacionamento e eles não reataram mais.

Após a separação e enquanto André já estava em terapia, os comportamentos de monitoramento e controle persistiram. O cliente começou a criar inúmeros perfis falsos no Facebook, cada um com uma personalidade distinta. O intuito era fazer Marcos aceitar as amizades e passar a interagir com ele de formas diferentes para saber de sua vida e também manipulá-lo a retomar o namoro com ele. Além desse plano, havia outros.

> ANDRÉ: *Minha vontade agora é: eu estou correndo, às cinco e meia, minha carteira vai cair, a chefe do Marcos vai pegar essa carteira e vai ver foto nossa e vai ver meu nome, que esse era o plano, vai saber que eu sou homem e o Marcos morre de medo de se assumir no trabalho, pra chefe dele. Eu sei que a chefe dele corre às cinco e meia no parque e eu sei quem ela é.*

Além do ex-namorado, certas formas de controle também aconteciam com outras pessoas, como em suas comunicações esporádicas com o pai e até com colegas de trabalho. Na época da terapia, ainda mantinha contato com um amigo de sua cidade e descrevia que ele e a ex-namorada eram as pessoas mais próximas que tinha. Sua vida social era bastante ativa. Conhecia e conversava com muitas pessoas, mas as relações eram superficiais e as conversas não se aprofundavam.

> TERAPEUTA: *Deixe-me perguntar uma coisa antes: tudo isso que você falou aqui pra mim hoje, toda essa profundidade que você falou, que você consegue se abrir e falar, o quanto disso você consegue falar com as pessoas?*
>
> ANDRÉ: *Nada. Eu acho que nada* [risos]. *Acho que nada mesmo.*
>
> TERAPEUTA: *E com o Marcos?*
>
> ANDRÉ: *Acho que de 30 a 50% do que eu falei.*

VARIÁVEIS DO TERAPEUTA

Conforme citado, para a FAP o terapeuta atua como ambiente para as respostas do cliente. Assim, as variáveis do terapeuta são de grande importância para essa psicoterapia, seja para a construção da conceituação de caso, seja para a condução das intervenções. Em seu primeiro livro sobre a FAP, Kohlenberg e Tsai (1991) descrevem como o fato de o terapeuta estar atento aos seus próprios sentimentos em sessão pode ser importante para avaliação clínica. Isso porque, se o terapeuta se sente de determinada forma em sessão, existe uma possibilidade de que outras pessoas do convívio do cliente também sintam o mesmo quando ele se comporta daquela maneira.

É claro que se parte de uma hipótese inicial a respeito desse comportamento e seus impactos sobre as pessoas, e tal hipótese pode ser confirmada ou não por demais informações ao longo do processo terapêutico. Contudo, nesse processo da construção do caso, o repertório de auto-observação do terapeuta é de extrema importância para levantar indicativos sobre quais as contingências em vigor e, posteriormente, para aplicar algumas intervenções. Alguns exemplos de questões que podem nortear o terapeuta a observar tais impactos são: quais os efeitos do meu comportamento sobre o do cliente? Como meu comportamento está sendo afetado pelo do cliente? Quais os sentimentos produzidos em mim? Em que situações já me senti assim? Qual era a contingência daquela situação? Como isso se relaciona com o que o cliente está fazendo agora?

Em diversos momentos, ficava claro que a opinião da terapeuta era de extrema importância para André. Ainda, havia um constante receio de que ela encerrasse os atendimentos ou decidisse abandoná-lo de alguma forma. Em certo momento do processo, a terapeuta estava prestes a tirar algumas semanas de férias. Para André, isso gerou ansiedade e ele trouxe a preocupação de que ela não quisesse mais voltar a atendê-lo.

> ANDRÉ: *Acho que a palavra certa seria "meu medo é de você desistir"... De mim* [risos]. *Vai tirar férias, vai voltar e falar "olha, não dá mais"* [risos].

Identificar o quanto a relação era importante para André gerava na terapeuta um grande sentimento de proximidade. Era também possível perceber que outras relações em sua vida também o mobilizavam bastante e seus relatos produziam na terapeuta um efeito de grande empatia e vontade de ajudar. Entretanto, ao mesmo tempo isso era seguido de sentimentos de impotência e falta de controle. O cliente procurava conduzir a sessão e invariavelmente a iniciava com um relato pensado e planejado, dando pouco espaço para intervenções da terapeuta.

Outro efeito era a sensação de ser difícil acessar o cliente: era difícil saber exatamente o que André sentia e pensava e se ele estava de fato se colocando na relação com a terapeuta. Ao avaliar os comportamentos do cliente em sessão, pode-se perceber que esse impacto é justificado. André descrevia seus sentimentos com base em terceiros e não se colocava na sessão de forma clara e direta. Seus relatos eram romanceados e, quando descrevia seus sentimentos, era por meio de comparações ou metáforas. Ao buscar mais informações sobre como de fato André se sentiu ou mesmo um relato mais completo sobre determinada situação, era difícil obter informações.

Esse tipo de comportamento pode gerar no ouvinte um sentimento de aproximação em um primeiro momento, já que a topografia do relato é interessante e leve, apesar de descrever sentimentos intensos. Porém, em um segundo momento, pode gerar afastamento, já que o ouvinte não consegue compreender com profundidade os impactos de certas situações sobre André. Dessa maneira, do ponto de vista da intimidade, esse tipo de expressão do cliente não expressava vulnerabilidade e os relacionamentos se mantinham em um nível superficial.

HISTÓRIA DE VIDA RELEVANTE

André nasceu e foi criado pela mãe e avó no interior do estado. A relação com a mãe era muito complicada e o cliente relatava que suas expressões de afeto eram punidas por ela, que invalidava amplamente expressões de sentimentos. Sua oscilação de humor era frequente e, dependendo de como estava, André recebia uma reação de afago ou de afastamento e agressividade.

Além da dificuldade no contato cotidiano com a mãe, aos 10 anos de idade descobriu que ela havia mentido sobre quem era seu pai. Até então, ela contava que seu pai era determinada figura pública da cidade, que não quis assumir a paternidade. Com essa idade, ela decidiu contar que seu pai era outra pessoa, o que deixou André muito magoado e com raiva. Quando mais velho, o cliente chegou a entrar em contato com o pai e eles chegaram a se aproximar, mas já não tinham contato na época da terapia. A relação era instável e André descrevia não poder contar com ele quando precisava.

Assim, já no contato com a mãe é possível observar como foram construídas as relações de intimidade na vida de André. Na dinâmica dessa relação, ela oscilava entre aproximações calorosas e reações agressivas, além de punir demonstrações de afeto e invalidar seus sentimentos. Esse padrão tornou difícil a formação de um vínculo de confiança em que o cliente pudesse se expressar livremente. Pensando no modelo de intimidade proposto pela FAP, pode-se concluir que comportamentos de vulnerabilidade foram pouco reforçados ao longo da vida de André.

Além da família, o cliente teve poucos relacionamentos de amizade. Era muito introspectivo e sozinho e passou por períodos de depressão na adolescência, em que trancou suas janelas com cadeado e não saía do quarto por dias. Quanto a relacionamentos amorosos, teve um relacionamento expressivo com uma mulher, o qual, segundo o cliente, foi o mais amigável até o momento da terapia. Em seguida e logo antes de se mudar de sua cidade natal, relacionou-se por três anos com um rapaz e sofreu diversas traições.

CONCEITUAÇÃO DE CASO

Eells (2007) define a conceituação de caso como a organização de hipóteses sobre as causas e variáveis mantenedoras de problemas psicológicos, interpessoais e comportamentais de uma pessoa. Enquanto a conceituação de caso organiza essas informações, ela também funciona como um guia para o tratamento daquele cliente.

No caso da FAP, a conceituação de caso passa pelo raciocínio dos paralelos funcionais entre comportamentos dentro e fora da sessão (Kohlenberg & Tsai, 1991). Assim, o terapeuta deve estar atento a como o cliente se comporta na relação com ele como parte de uma classe de respostas que também ocorre com outras pessoas e em outros contextos de seu cotidiano.

O cliente André tinha dificuldades de expressar sentimentos, pensamentos, opiniões ou mesmo relatar eventos de forma direta e clara. Na relação terapêutica, isso se transcrevia em uma sensação de que não era possível compreender ou apreender o que o cliente estava vivenciando. Tal comportamento criava um distanciamento em sua relação com a terapeuta, impedindo não só que André estivesse vulnerável a qualquer punição, mas também que pudesse ser compreendido e ajudado. Da mesma maneira, o controle do cliente sobre os temas a serem discutidos também impedia essa vulnerabilidade.

Conforme as sessões foram passando e mais informações foram surgindo, também foi ficando claro na história de vida do cliente como esse repertório se estabeleceu. A mãe tinha um padrão extremamente invalidante, que não favoreceu o desenvolvimento de um repertório de intimidade de forma que o cliente se colocasse vulnerável na relação com outras pessoas. Da mesma maneira, a família falhou em ensinar a discriminação de eventos encobertos por não modelar sua descrição de forma efetiva. André precisava estar atento ao contexto externo para se comportar, já que, a depender do humor da mãe no momento, ele estaria sujeito a sofrer punição. Assim, em vez de aprender a ficar sob controle do que sentia ou do que fazia sentido para ele em determinado momento, André aprendeu a observar o que era esperado dele e o que seria reforçado por outras pessoas.

Em seu cotidiano, isso se transcreveu em comportamentos de manter o outro próximo, evitando se colocar de qualquer forma que resultasse em abandono. Na relação com Marcos, ele passou a monitorá-lo quando entendeu que isso era importante para o namorado. Após o término, buscou se aproximar de formas que sabia que Marcos gostaria, puxando assunto por meio de perfis falsos no Facebook, comprando roupas e perfumes que ele já havia elogiado no passado ou mesmo fazendo uma tatuagem que pudesse atrair Marcos. Suas formas de aproximação eram indiretas, com estratégias e bem planejadas, o que se tornou extremamente desgastante para André.

Assim, era possível perceber que o modelo de intimidade que o cliente aprendeu ao longo da vida envolvia pouca expressão pessoal. A forma de se aproximar das pessoas era estar atento ao que era importante para o outro e se colocar evitando punição e abandono. Parte de suas dificuldades tinha relação com o cliente não discriminar o que era importante para si mesmo e como se sentia.

Isso aproximava as pessoas em um primeiro momento, mas as relações não se tornavam profundas e as pessoas acabavam se afastando posteriormente. André também não recebia dos outros o que precisava.

Com base nessa análise, foram destacados como alguns comportamentos-problema:

- Fala de maneira evasiva, lacônica, continua de onde parou o assunto de que estava falando ou emenda logo em sequência outro assunto diferente.
- Conta histórias em forma de narrativa, de maneira longa, detalhada, romantizada e/ou estabelecendo relações imprecisas entre eventos.
- Descreve sentimentos e pensamentos por meio de comparação com personagens de livros, filmes e outros.
- Emite interpretações sobre comportamentos, sentimentos e intenções dos outros.
- Fala com incoerência entre o relato e a expressão de sentimentos.
- Fala dos próprios sentimentos por meio de relatos de sentimentos de outros.
- Esquematiza situações, realizando indagações sobre impactos de seus comportamentos sobre outros, planejando maneiras de modificar o que outros pensam ou fazem, superestimando o impacto de suas ações sobre os outros etc.

Com base nesses comportamentos-problema, a terapeuta estabeleceu, então, como metas os seguintes comportamentos de melhora:

- Fala de coisas que faz/fez ou que pensa/pensou descrevendo sua importância para si mesmo, sem comparações.
- Demonstra/expressa sentimentos negativos.
- Faz pedidos ou discorda da terapeuta.
- Descreve planos concretos para solucionar situações, envolvendo comportamentos que pode ou pretende emitir de forma efetiva e factível.
- Expressa sentimentos em relação à terapeuta e ao processo de terapia.
- Relata de forma coerente com a expressão de sentimentos negativos.

A sistematização da conceituação de caso do cliente permitiu, então, programar intervenções para que os comportamentos de melhora passassem a ocorrer mais em sessão. Essa primeira etapa é essencial para que o terapeuta FAP inicie as intervenções: saber a função dos comportamentos do cliente é o que permite que sejam estabelecidas metas terapêuticas. Sem essa primeira etapa, a análise e condução do caso podem ficar superficiais ou topográficas e os ganhos terapêuticos são prejudicados.

INTERVENÇÕES

Conforme discutido, a FAP considera funcionalmente o comportamento do cliente em sessão. Esse enfoque funcional é o cerne dessa psicoterapia, norteando tanto a conceituação de caso quanto as intervenções realizadas pelo terapeuta. Em razão desse viés, é impossível falar em intervenções FAP de forma desvinculada da análise do caso. Os tipos de intervenção são planejados de forma específica ao caso daquele cliente naquele momento de vida e na relação com aquele terapeuta.

Assim, com a conceituação de caso em mãos, o terapeuta estará atento aos comportamentos do cliente em sessão e arranjará contingências para que os comportamentos de melhora passem a ocorrer mais. Tal arranjo envolve diversos processos comportamentais básicos e serão discutidos aqui alguns deles com exemplos práticos no caso do cliente. Compreendem-se como processo comportamental as mudanças no comportamento que são produzidas por uma operação ou procedimento (Catania, 1999). Para fins didáticos, serão discutidas duas grandes categorias: modelagem e controle de estímulos.

MODELAGEM

Modelar comportamentos envolve selecionar determinado comportamento no repertório do cliente por meio do reforçamento diferencial (Catania, 1999). A instalação de novas respostas envolve, ainda, aproximações sucessivas: o critério para liberação do reforço é alterado ao longo do tempo conforme o comportamento se aproxima do comportamento final que se pretende instalar. A proposta, então, é uma intervenção nas consequências do comportamento emitido, o qual pode ser comportamento-problema ou de melhora.

Comportamentos de melhora: reforçamento positivo

No caso de comportamentos de melhora, as consequências providas pelo terapeuta sempre deverão ser reforços positivos, já que o objetivo é o aumento desses comportamentos em sessão.

> ANDRÉ: *Porque às vezes eu me vejo, eu mesmo, só que é aquela criança com cabelo até aqui, chorando, com medo.* (comportamento de melhora)
>
> TERAPEUTA: *Eu acho que dá pra entender então por que é tão difícil mostrar esse seu eu, né. Deve puxar muitas lembranças aí dolorosas, desagradáveis.* (consequenciação)

Nesse exemplo percebe-se que claramente o cliente havia emitido um comportamento de melhora. Pensando na conceituação de caso de André e como era difícil que ele falasse sobre seus sentimentos sem se referir a personagens ou sem desviar o foco da pergunta, era importante para o processo que ele conseguisse descrever seus sentimentos de forma direta. Como já discutido, refletindo sobre a definição de intimidade de Cordova e Scott (2001), tal novo comportamento tem uma possibilidade de punição social por colocar o indivíduo em uma posição vulnerável. Contudo, é o tipo de comportamento que também pode produzir empatia, acolhimento, auxílio e outros tantos reforçadores sociais que são importantes no cotidiano.

TERAPEUTA: *Ela te proteger assim fez você se sentir como?* (evocação – ver adiante)

ANDRÉ: *Ah... Querido. Protegido mesmo, claro. Meio que amado.* (comportamento de melhora)

TERAPEUTA: *É gostoso demais ser cuidado assim, né?* (consequenciação)

Mas e quando não ocorrerem comportamentos de melhora? E quando o cliente estiver se engajando muito mais em comportamentos-problema, como frequentemente ocorre no início da terapia? Como lidar quando o comportamento do cliente é o que segue abaixo?

ANDRÉ: *Mas é porque ele é como um diamante que quer ser lapidado, ou ele é a areia da minha concha que caiu lá dentro, e todo esse mal que ele me fez eu posso transformar em pérola. Pra me deixar mais valioso também.* (comportamento-problema)

Comportamento-problema: punição

No recorte do exemplo acima, a resposta da terapeuta a esse comportamento-problema teve por objetivo diminuir a probabilidade de o cliente se engajar nele:

TERAPEUTA: *É, é difícil, pra mim, entender assim no concreto o que tudo isso significaria, André.* (consequenciação)

Pensando que o relato romanceado do cliente tem no ouvinte o efeito de distanciamento e incompreensão, a descrição da terapeuta teve como objetivo clarificar para o cliente esse impacto. Dentro do raciocínio analítico-funcional, se o que é desejado é a diminuição na frequência daquele comportamento, então é lógico pensar no procedimento de punição. Entretanto, o que está sendo discutido é dentro de um contexto aplicado. Mais do que isso, um contexto aplicado em que o vínculo entre terapeuta e cliente precisa ser mantido. Nesse sentido, é importante pensar em formas de punição que não aumentem as chances de o cliente evadir da terapia ou que quebrem o vínculo de confiança com o terapeuta a ponto de tornar o processo terapêutico inviável, improdutivo ou mesmo que tragam prejuízos para o cliente.

Por ser uma tarefa desafiadora, é descrito como regra na FAP que a punição deve ser evitada. Contudo, pensando funcionalmente, pode-se perceber que existem formas de diminuir a probabilidade de emissão de determinado comportamento por meio da punição com a minimização desses possíveis efeitos. Uma dessas formas é associar a punição com a apresentação de um estímulo antecedente para o comportamento de melhora (Vartanian, 2017). Tal manejo será discutido adiante ao falar em controle de estímulos.

Comportamento-problema: extinção

Catania (1999) define extinção como a suspensão do reforço no responder. Se o comportamento-problema continua ocorrendo de maneira frequente no repertório do cliente em terapia, é porque ele continua sendo reforçado. Assim, uma das formas de lidar com comportamentos-problema em sessão é justamente não emitir tal reforço ou simplesmente ignorar o comportamento. Pensando no caso do André, que engloba comportamentos-problema que têm a função de evitar julgamentos, punição ou mesmo evitar entrar em contato com sentimentos, a extinção entra como uma forma de tornar aquele comportamento-problema algo não efetivo para fugir ou se esquivar.

Comportamento-problema: reforçamento positivo

Incluir o reforçamento positivo como forma de lidar com comportamentos-problema pode parecer um contrassenso, mas na verdade está relacionado a um arranjo de contingências para que aumentem os comportamentos de melhora.

> ANDRÉ: *Isso me assusta algumas vezes, por outro lado me faz sentir mais poderoso, como os vampiros que atraem as pessoas e mordem-nas pela sobrevivência.*
>
> TERAPEUTA: *Há esses dois sentimentos, de que te assusta, te dá medo e te faz sentir bem...*

No exemplo acima, o comportamento do André não era um comportamento de melhora exatamente como o descrito na conceituação de caso. Então, por que fez sentido que a terapeuta o reforçasse, acolhendo o relato do cliente? Considerando-se que o intuito era de que o cliente falasse sobre seus sentimentos, o comportamento emitido tinha uma relação um pouco próxima da meta terapêutica. O cliente ainda mencionou a relação do que estava sentindo com os vampiros (comportamento-problema), entretanto, descreveu diretamente dois sentimentos: medo e poder (comportamento de melhora). A terapeuta, então, reforça essa descrição ao mesmo tempo que ignora a analogia com os vampiros.

Como citado, a chave da modelagem é o reforçamento por aproximações sucessivas (Catania, 1999). Se for esperado que o cliente parta de comportamentos-problema que foram amplamente selecionados e fortalecidos ao longo de sua vida para aquele comportamento de melhora ideal e que é a meta final da terapia, provavelmente o processo terapêutico será moroso ou mesmo improdutivo. A proposta das aproximações sucessivas é reforçar instâncias do comportamento-problema que se assemelhem ao comportamento de melhora alvo e mudar esse critério conforme ele for atingido ao longo do tempo.

Dessa maneira, ao longo do tempo o critério da terapeuta para liberar reforço foi sendo modificado. Respostas que são aceitáveis no início do processo já não são reforçadas mais adiante. O exemplo acima ocorreu em um estágio mais inicial da psicoterapia, mas se ocorresse após um longo período no processo, a intervenção da terapeuta provavelmente seria diferente. Esse procedimento seleciona respostas cada vez mais próximas do comportamento-alvo e, por se utilizar de reforçamento positivo, minimiza a aversividade e mantém o vínculo terapeuta-cliente, essencial para a FAP.

CONTROLE DE ESTÍMULOS

Ao aprender, os indivíduos não somente são afetados pelas consequências dos seus comportamentos, mas também aprendem em quais contextos ou situações seu comportamento tem maior probabilidade de ser ou não reforçado. O controle de estímulos refere-se às diferenças no responder na presença de estímulos diferentes (Catania, 1999). Tais estímulos são antecedentes para a resposta. Na FAP, isso é chamado de evocação e o terapeuta pode se utilizar desse processo para criar um controle contextual e potencializar as chances de os comportamentos de melhora serem emitidos.

ANDRÉ: *Eu fiquei 3 anos sem falar com ele* [namorado antigo]*... 2... 3 anos.*

TERAPEUTA: *Foi um relacionamento que te magoou muito, não foi?* (evocação)

ANDRÉ: *Muito. Acho que nenhum outro foi tanto quanto esse.* (comportamento de melhora)

TERAPEUTA: *Sim, doloroso demais tudo que ele fez!* (consequenciação)

No exemplo acima, a terapeuta diretamente cria a oportunidade para o cliente emitir um comportamento de melhora. Falar sobre seus sentimentos em relação ao ex-namorado que o traiu foi uma importante expressão de vulnerabilidade de André e, assim, foi seguido do acolhimento da terapeuta. Apresentar diretamente um estímulo antecedente deu o contexto para André falar sobre seu sentimento de mágoa, um comportamento de melhora, o qual pode então ser reforçado positivamente em sessão.

ANDRÉ: *Esses dias me senti como o Éric do* Fantasma da Ópera, *me senti como Edmond Dantès do Conde de Monte Cristo. Acho que quando eu pego a dor deles, e purifico como se eu pegasse toda a dor daquela história e colocasse para fora, eu me acalmo.* (comportamento-problema)

TERAPEUTA: *Uhum. Como é que você está agora?* (evocação)

ANDRÉ: *Estou bem.* (comportamento-problema)

TERAPEUTA: *É? Está com a carinha meio pra baixo.* (consequenciação e evocação)

ANDRÉ: *É, mexeu bastante.* (comportamento de melhora)

TERAPEUTA: *Mexeu, né? Dá pra entender.* (consequenciação)

ANDRÉ: *Acho que a única coisa que eu queria era abraçá-lo, me envolver e chamar "Oi, amor", "Fala, amor". Ou nem que ele brigasse comigo. Eu queria qualquer reação.* (comportamento de melhora)

Também nesse exemplo é possível perceber como a evocação pode ser importante para o desenrolar do processo de modelagem. Na segunda fala da terapeuta, existe uma consequenciação para o comportamento-problema, apontando para o cliente a incoerência entre seu relato de estar bem e suas expressões faciais naquele momento (consequência punitiva). Contudo, além de consequenciar a resposta anterior do cliente, essa fala também tem uma função evocativa, indicando contexto para que o cliente falasse de seus sentimentos.

TERAPEUTA: *Vamos dar uma olhadinha no que está acontecendo agora, só um segundinho, um parêntese nisso tudo. A gente está falando da sua família, da sua infância, do seu tio, de uma situação de perda muito grande. Aí eu falei umas coisas sobre como podem ter afetado você, né, como podem ter te impactado, e eu acho que devem ter mesmo. E então quando eu te pergunto o que você acha disso tudo, você acaba indo mais pro presente, pro lado do Marcos. Será que tem alguma coisa aí que você não está querendo olhar, que está sendo difícil?* (consequenciação e evocação)

ANDRÉ: (conta episódios em que se lembra do tio – comportamento de melhora)

Como mencionado, as divisões dos processos aqui descritas são meramente didáticas. No contexto aplicado, muitas vezes é difícil isolar a consequenciação da evocação pelo fato de as variáveis comportamentais serem extremamente complexas. Dessa maneira, de tal complexidade se segue a importância de discutir a duplicidade de funções dentro da FAP, relevante para o ensino de terapeutas e também pesquisas e desenvolvimento da área clínica (ver Oshiro, Kanter & Meyer, 2012).

CONCLUSÃO

O repertório de intimidade é de especial importância para o terapeuta FAP. No caso descrito, a terapeuta utilizou o contexto terapêutico para desenvolver esse repertório e favorecer expressões de vulnerabilidade do cliente. Ao final do processo, observou-se em sessão aumento expressivo dos comportamentos de melhora, indicando que esse repertório se fortaleceu com as intervenções realizadas. O cliente passou a se colocar de forma mais direta na relação com a terapeuta.

Ainda, é importante atentar que tais intervenções são realizadas de forma sistemática ao longo do processo de terapia. Não necessariamente uma ou poucas intervenções como essa são realizadas antes de se observar mudanças consistentes no repertório do cliente. Os exemplos mostrados são apenas recortes de momentos em que as intervenções foram utilizadas, mas o processo de terapia é contínuo e, muitas vezes, repetitivo para que se observem mudanças importantes.

REFERÊNCIAS

Catania AC. Aprendizagem: comportamento, linguagem e cognição. Porto Alegre: Artmed; 1999.

Cordova JV, Scott RL. Intimacy: a behavioral interpretation. The Behavior Analyst. 2001; 24:75-86.

Eells TD. Handbook of Psychotherapy Case Formulation. New York: The Guilford Press; 2007.

Kohlenberg RJ, Tsai M. Functional Analytic Psychotherapy: a guide for creating intense and curative therapeutic relationships. Nova York: Plenum; 1991.

Oshiro B, Kanter J, Meyer S. A single-case experimental demonstration of Functional Analytic Psychotherapy with two clients with severe interpersonal problems. International Journal of Behavioral Consultation and Therapy. 2012;7(2-3):111-7.

Vartanian JF. Efeitos da evocação sobre os comportamentos clinicamente relevantes na psicoterapia analítica functional [dissertação]. São Paulo: Universidade de São Paulo; 2017. Disponível em: www.teses.usp.br.

7

Avaliação do repertório interpessoal na Psicoterapia Analítica Funcional

Jocelaine Martins da Silveira
Ana Paula Gumiela Sena

Os relacionamentos interpessoais e a saúde apresentam diversas associações. A influência dos relacionamentos sociais na saúde começou a ser mais claramente estabelecida na década de 1980, quando estudos experimentais e quase-experimentais indicaram o isolamento social como um fator de risco para mortalidade (House, Landis & Umberson, 1988). Com o advento da internet, mais estudos puderam examinar associações entre fatores interpessoais e saúde, como entre o uso de redes sociais e saúde mental (p. ex., Barry et al., 2017; Bekalu, McCloud & Viswanath, 2019; Berryman et al., 2018).

De acordo com Malcolm, Frost e Cowie (2019), o isolamento social e a solidão apresentam associações com a depressão, a ansiedade, a esquizofrenia, o suicídio e a demência. Há também riscos mais elevados em pessoas isoladas para fatores adversos na saúde física, como condições cardiovasculares e associações com mais suscetibilidade a doenças infecciosas e ao câncer.

Com o desenvolvimento de teorias sobre as relações sociais e a saúde, mais associações e efeitos dos relacionamentos na saúde puderam ser estudados (House, Landis & Umberson, 1988). A noção de apoio social ajudou a compreender uma parte dessas associações. A qualidade do apoio social pôde ser entendida como um importante moderador dos efeitos deletérios do estresse. Adicionalmente, foi encontrada associação entre violência por parceiros íntimos (VPI) com sintomas depressivos e tentativas de suicídio (Devries et al., 2013). Além disso, intervenções que reduziram a VPI também produziram melhoras na saúde física das mulheres, além de suas medidas obstétricas, como a diminuição de nascimentos pré-termo (Trabold et al., 2020).

Em sua perspectiva idiossincrática, a análise do comportamento pode agregar àqueles dados evidências sobre o modo como as interações entre as pessoas influenciam estados de humor, de ansiedade, a desregulação emocional e a ideação suicida. Muitas queixas clínicas referem-se direta ou indiretamente a problemas interpessoais, mesmo quando são expressos na forma de sentimentos. Por exemplo, "estou ansioso com um problema no meu trabalho", "estou triste e sozinho" ou "sinto frustração ao ver meu namoro terminar do mesmo jeito que em relacionamentos anteriores". O modo como as pessoas interagem com os outros é central para as terapias com foco interpessoal. A Psicoterapia Analítica Funcional (FAP) (Tsai et al., 2009) e a Terapia Comportamental Interpessoal (IBT) (Callaghan e Follette, 2020) são exemplos de tratamentos indicados para pessoas cujo sofrimento decorre de formas problemáticas de interagir socialmente. Por isso, na conceituação de caso da FAP e da IBT, as interações sociais do cliente precisam ser detalhadamente avaliadas.

No presente capítulo, apresentamos conceituações de caso clínico de duas mulheres com problemas no repertório social, avaliando o Desenvolvimento, a Estrutura e a Função (DEF) de seus padrões interpessoais problemáticos. Apresentamos também o uso de dois instrumentos para avaliação do repertório social dos clientes: o Inventário de Habilidades Sociais (IHS) (Del Prette & Del Prette, 2001) e o *Functional Idiographic Assessment Template Questionnaire* (FIAT-Q) (Darrow et al., 2014) na conceituação de caso de problemas sociais.

Darrow et al. (2014) exploraram as propriedades psicométricas do FIAT-Q com vistas a usá-lo para avaliações idiográficas do comportamento de pessoas em psicoterapias voltadas interpessoalmente. As classes capturadas pelo FIAT-Q são: Asserção de necessidades e valores (Classe A); Comunicação bidirecional ou dar e receber *feedback* (Classe B); Resposta a conflitos em interações sociais (Classe C); Revelação ou intimidade interpessoal (Classe D); Experiência e expressão de emoções (Classe E). Foram conduzidos métodos estatísticos para explorar a estrutura latente do FIAT-Q e foi feita a análise confirmatória de fatores. A análise exploratória de fatores identificou um subconjunto menor de itens que parecem medir problemas interpessoais importantes. Evitação de intimidade interpessoal, Argumentatividade ou discordância, Conexão e reciprocidade, Aversão a conflitos, Experiência e expressão da emoção e Expressividade excessiva foram itens avaliados. O FIAT-Q foi considerado um instrumento capaz de especificar o repertório problemático para guiar o clínico na modelagem de repertórios pró-sociais e suplantar comportamentos inefetivos interpessoalmente.

O IHS (Del Prette & Del Prette, 2001) é um instrumento de autorrelato para aferir o repertório de habilidades sociais usualmente requerido em uma amostra de situações interpessoais cotidianas. O respondente deve estimar a frequência com que reage da forma sugerida em cada item em uma escala tipo Likert, com cinco pontos, variando de zero (nunca ou raramente) a 4 (sempre ou quase sempre). O IHS-Del-Prette produz um escore geral, escores em cinco subescalas de habilidades sociais: (1) Enfrentamento e autoafirmação com risco; (2) Autoafirmação na expressão de sentimento positivo; (3) Conversação e desenvoltura social; (4) Autoexposição a desconhecidos e situações novas; e (5) Autocontrole da agressividade.

Tanto o FIAT-Q quanto o IHS podem auxiliar o terapeuta a levantar áreas problemáticas e áreas consideradas efetivas no repertório de comportamentos interpessoais dos clientes. A identificação de áreas efetivas do funcionamento interpessoal tem o potencial de esclarecer comportamentos-alvo não apenas para casos claramente voltados para problemas interpessoais, como a ansiedade social, por exemplo, mas também para outros transtornos, como a depressão (Corchs & Schilller, 2019; Darrow & Follette, 2011).

AVALIAÇÃO COMPORTAMENTAL DOS RELACIONAMENTOS INTERPESSOAIS

Distinção entre repertórios sociais deficitários e suprimidos

Para avaliar os relacionamentos interpessoais do cliente, é importante verificar se há áreas problemáticas em que as respostas habilidosas estejam faltando. Essa falta pode ser decorrente de problemas nas oportunidades de aprendizagem. Isto é, algumas respostas podem deixar de ser apresentadas simplesmente porque não foram aprendidas. Por outro lado, uma explicação possível para a falta de certas respostas interpessoais é a punição. Em razão de consequências punidoras, algumas respostas interpessoais tornam-se pouco prováveis.

A distinção entre um repertório deficitário e um repertório com áreas de respostas suprimidas é determinante para as decisões quanto à intervenção. As cinco regras da técnica da FAP estão voltadas para um repertório com áreas de respostas suprimidas. Há casos, entretanto, em que são necessárias intervenções que ensinem novas formas de agir, portanto, casos em que a intervenção busca promover um repertório socialmente habilidoso. É comum que os clientes com dificuldades interpessoais requeiram os dois tipos de intervenção: evocação/consequenciação de respostas suprimidas e indução/diferenciação de respostas ainda não aprendidas (ou refinamentos em topografias).

A seguir, apresentamos um modelo didático de avaliação comportamental de clientes com dificuldades interpessoais. A avaliação considera o desenvolvimento do repertório atual do cliente, a estrutura das respostas (habilidade/destreza) na interação com os outros e a função e seus padrões de interação social.

Desenvolvimento, Estrutura e Função (DEF): eixos não ortogonais na avaliação do repertório social

Comportamento e habilidade social

Um comportamento pode ser habilidoso ou não. Skinner (1953/2003) situa a habilidade como resultado de reforços educacionais contingentes às propriedades topográficas ou intensivas do comportamento. De acordo com Skinner (1953/2003), a educação e os reforçadores educacionais são responsáveis pela aquisição de novos comportamentos e pelo refinamento dos comportamentos até que se tornem habilidosos. Depois de instalado, o comportamento habilidoso passa a ser controlado e mantido pela consequência/reforço natural da resposta, ou seja, passa a ser mantido por reforçadores não educacionais. Skinner (1953/2003) ilustra o processo de aquisição de uma habilidade com a aprendizagem de jogar tênis. Inicialmente, os comportamentos do aprendiz ficam sob controle dos reforçadores liberados pelo professor. Ao pegar corretamente a raquete e lançar a bola na direção adequada, o professor pode dizer "boa!", "muito bem!", e isso pode ter efeito reforçador, aumentando a probabilidade de que esses comportamentos voltem a ocorrer. Mais tarde, a própria direção da bola e outros benefícios garantidos pela habilidade e destreza no comportamento do aluno terão efeitos reforçadores e manterão os comportamentos (Skinner, 1953/2003).

Desse modo, podemos deduzir que o comportamento habilidoso socialmente é inicialmente modelado de maneira educacional, como quando nos ensinam a usar as palavras "por favor", "com licença" e "obrigado" ou a evitar falar alto ou baixo demais. E então, mais tarde, ele vai sendo mantido por seus efeitos nas outras pessoas. De certo modo, o plano de tratamento para fortalecimento de um repertório hábil socialmente é compatível com a orientação constitucional de Goldiamond (2002). Ele a definiu como "uma orientação na qual a solução para os problemas é a construção de repertórios, em vez de eliminação de repertórios" (p. 121). De acordo com Goldiamond (2002), para desenvolver repertórios comportamentais, um programa constitucional conteria os seguintes elementos: 1) Metas – comportamentos específicos a serem desenvolvidos; 2) Repertório já existente e relevante – o repertório que o cliente já apresenta e a partir do qual os novos repertórios serão construídos; 3) Consequências mantenedoras – reforçadores que podem ser utilizados no decorrer do programa; 4) Etapas do programa – especificação de uma agenda de intervenção que considere a distância entre o repertório atual e o que se deseja atingir com a intervenção; e 5) Medidas de progresso – critérios de avaliação dos progressos da intervenção.

Para identificar o repertório social já existente e assim determinar os demais elementos da orientação constitucional, é necessária a avaliação comportamental de relacionamentos interpessoais, distinguindo os déficits na aprendizagem daquilo que é um comportamento suprimido e, além disso, analisando o DEF. A seguir, ilustramos esse modo de avaliação com os casos de Ana e de Laura.

Conceituação de caso de acordo com o DEF para relações interpessoais

Ana e Laura (nomes fictícios) foram participantes de um estudo conduzido pela Ana Paula Gumiela Sena. O estudo visou a avaliar um tratamento com a FAP ao qual foi adicionado um Treino de Habilidades Sociais (THS). Ambas atingiram critérios diagnósticos de ansiedade social no início do tratamento.

O CASO DE ANA

Ana era uma jovem universitária, de 21 anos, solteira, que estudava Contabilidade e trabalhava na área. Buscou atendimento após a orientação de uma amiga da igreja que frequentava. A queixa inicial dizia respeito à ansiedade experimentada, especialmente nos contextos de relacionamento com rapazes. Ana relatou que, na última tentativa de se relacionar com um rapaz, ficou muito ansiosa, esperando respostas rápidas dele e sofrendo quando elas não aconteciam. A cliente relatou ser muito chorona, e que as pessoas costumavam dizer que ela era "seca" e estranha na maneira de se comunicar e se relacionar. Ana não tinha relacionamentos interpessoais íntimos. Parecia passar por invalidação em praticamente todas as relações que estabelecia. Na relação com o rapaz que ela paquerava, por exemplo, todas as suas tentativas de pedidos de atenção e afeto, ou mesmo de expressão de sentimentos, foram ignoradas por ele. Seus pais eram separados há anos e, por essa razão, ela morava com a avó paterna. Seu pai, hoje reabilitado, foi usuário de drogas por muitos anos. Ana relatou ter sido abusada sexualmente por um tio quando tinha 10 anos.

A partir da avaliação comportamental realizada nas sessões iniciais, identificou-se que Ana apresentava ansiedade intensa diante de vários contextos, a ponto de perder o apetite. Porém, de acordo com seu relato, aos outros, ela não parecia estar ansiosa. Ana era bastante crítica em relação a si mesma e tinha dificuldade de resolver conflitos. Por exemplo: ela costumava fazer "barraco", dizendo tudo o que pensava, e, no dia seguinte, procurava fazer parecer que tudo estava bem. Ela relatava ter dificuldade em tomar decisões, até mesmo a respeito de coisas simples, como a roupa que iria vestir. Tendia a fugir ou a se esquivar de situações, em vez de resolvê-las. Por exemplo, ela queria mudar de igreja para não precisar mais ver o rapaz por quem estava interessada. Apresentava dificuldades em se inserir em grupos e em iniciar e manter conversas. Evitava chorar e sentir emoções intensas e costumava diminuir a importância dela para outras pessoas.

Em sessão, Ana evitava entrar em contato com seus sentimentos e emoções e apresentava risos nervosos ao falar de coisas difíceis ou para preencher o silêncio. Costumava engajar-se em falas superficiais, usando frequentemente a resposta "normal" diante de perguntas sobre como se sentia. Apresentava dificuldades em trazer um assunto para a sessão, parecendo preferir responder a perguntas. Muitas vezes, falava coisas como: "não sei o que vou falar hoje". Mostrava-se visivelmente tensa e não fazia contato visual com a terapeuta. Tinha dificuldade em manter uma conversa, respondendo com falas curtas, sem fazer perguntas. Parecia esperar aprovação da terapeuta e evitava quaisquer conflitos com ela – mesmo que pudessem ser sutis, como dizer que não queria falar sobre algum assunto, ou falar de algo que pudesse estar incomodando na relação com a terapeuta ou no horário das sessões. Ana não conseguia fazer pedidos claros ou solicitar ajuda e costumava diminuir a dimensão dos seus problemas.

Além da avaliação comportamental realizada pela terapeuta, o FIAT-Q e o IHS indicaram déficits comportamentais. O FIAT-Q indicou que Ana apresentava dificuldades de comportamento nas classes A (afirmação das necessidades – identificação e expressão), C (conflito) e E (experiência e expressão emocional). O IHS, com percentis muito baixos, indicou déficits importantes no repertório de habilidades sociais. Os fatores com percentis entre 01 e 03 foram: F1 – enfrentamento e autoafirmação com risco; F2 – autoafirmação na expressão de sentimento positivo; F3 – conversação e desenvoltura social; F4 – autoexposição a desconhecidos e situações novas.

Avaliação do DEF no repertório social de Ana

O desenvolvimento do repertório comportamental de Ana ocorreu em um ambiente familiar bastante aversivo e invalidante, em decorrência de problemas de relacionamento entre os pais e do abuso de substâncias por parte do pai. Em virtude disso, Ana foi levada, ainda criança, para morar com a avó paterna. Nesse novo ambiente, ela foi abusada sexualmente por um tio e exposta a uma cultura religiosa e regrada, que restringiu muito a variabilidade nas relações sociais. Esses eventos parecem estar ligados às dificuldades que Ana encontrava em expressar seus sentimentos e em sentir-se "validada". Além disso, seu ambiente social empobrecido dificultou o desenvolvimento de respostas interpessoais habilidosas, isto é, de respostas efetivas socialmente, como respostas que levariam a ter suas necessidades atendidas (mandos) ou a sentir-se importante para o outro (tatos).

Quanto à estrutura das suas respostas, a avaliação indica que Ana era pouco habilidosa nas relações interpessoais. Ela contava, por exemplo, que as pessoas consideravam estranha e "seca" a maneira como ela se comunicava. Ela também relatou que costumava mostrar muita intensidade na maneira como se relacionava e que isso era mal compreendido. Por exemplo: em um dado momento, ela havia se chateado com o rapaz de quem gostava. Ficou muitos dias sem falar o que estava sentindo, até que, de repente, resolveu mandar uma mensagem de texto para ele, dizendo tudo o que pensava, sendo bastante rude. A consequência disso foi um rompimento absoluto na relação com o rapaz, que era uma pessoa importante para ela. Ficava muito claro, durante as sessões, que a forma das respostas era muito rudimentar e que raramente suas respostas interpessoais ligadas a pedidos e a expressões de sentimentos eram reforçadas positivamente no ambiente da vida diária.

Boa parte do repertório de Ana, no início do processo, tinha função de fuga/esquiva de condições aversivas advindas do outro, principalmente quanto à sua autoexposição. Comportamentos como silenciar, deixando de expressar seus sentimentos e pensamentos, ou de fazer pedidos de ajuda, entre outros, estavam sendo mantidos por reforço negativo, evitando condições aversivas vindas do outro, diante de avaliações e conflitos. A história de vida de Ana permite hipotetizar também relações respondentes e o modo como eventos ameaçadores foram sendo pareados a situações interpessoais, que passaram a ter propriedades de estimulação aversiva condicionada. Por exemplo, condições de aproximação e intimidade podem ter sido pareadas à estimulação aversiva, como quando fora abusada sexualmente pelo tio.

As áreas de repertório social bem estabelecidas de Ana eram poucas. Considerou-se, como um repertório inicial importante, a capacidade de Ana cumprir seus compromissos sociais, frequentando as sessões de terapia assiduamente. Conforme as noções da orientação constitucional, essa área poderia ser a base para o planejamento da modelagem, tanto na FAP quanto na IBT. No caso específico de Ana, uma parte da intervenção proposta em FAP consistiu em evocar e consequenciar as respostas de expressão de sentimentos e quaisquer falas do tipo "eu X" (eu sinto, eu penso, eu quero), sendo essa uma estratégia para a mudança de funções problemáticas no repertório social – funções de fuga/esquiva de condições aversivas apresentadas pelo outro, mediante autorrevelações e conflitos.

Assim, presumiu-se que as respostas ligadas ao "eu" haviam sido suprimidas, mas que poderiam ser apresentadas em sessão e em outros ambientes, com pessoas confiáveis. Quanto à estrutura, a intervenção baseada no THS refinou algumas respostas sociais, como as de falar sem parecer "seca" e como expor seus sentimentos sem parecer intensa demais ao outro. Por exemplo, fazer cumprimentos cordiais na mensagem de texto enviada para uma pessoa importante, com um breve autoclítico, avisando que trataria a seguir de um assunto delicado etc. Esse refinamento visou a aumentar a chance de a expressão de sentimento e de as solicitações de Ana serem mais bem recebidas pelo outro. Para a instalação desses novos comportamentos, foi importante identificar uma pessoa na vida cotidiana de Ana com quem as trocas interpessoais desejadas pudessem ser feitas de maneira segura.

O CASO DE LAURA

Laura tinha 21 anos, era estudante de Psicologia, trabalhava como assistente em um escritório e morava sozinha. Seus pais faziam uso abusivo de álcool e eram separados. O pai, que era bastante agressivo, morava com a avó e o irmão de Laura. As relações familiares dela eram bastante conflituosas, principalmente com o irmão. A família considerava que Laura não tinha problemas. Além dos problemas com a família, Laura reclamava de sobrecarga em seu trabalho. Ela era assistente de 13 pessoas em um escritório. Eram todos homens e Laura sentia-se abusada pelos colegas e dizia que trabalhava mais do que o necessário, por não conseguir se posicionar. Ela relatou que passava a imagem de uma pessoa calma, mas que, na verdade, era muito ansiosa. Relatou também não se permitir errar ou expressar fraqueza/vulnerabilidade. Disse que esperava ser cuidada nas relações e que, às vezes, queria poder "surtar". Nos relacionamentos românticos, Laura relatou ser muito intensa e que isso parecia assustar os parceiros.

Laura apresentava os seguintes problemas na vida diária: demonstrava ser sempre forte, permitia que as pessoas lhe fizessem demandas abusivas no trabalho – deixando de se posicionar e aceitando todos os pedidos. Tendia a não falar o que sentia/pensava e, quando o fazia, era agressiva. Dizia que os homens constantemente a cortejavam e que isso a incomodava. Apresentava dificuldade em conversar e resolver assuntos importantes com o irmão e permanecia emocionalmente distante dele. Relatava não poder errar ou ser vulnerável e era muito sensível à avaliação do outro. Por exemplo, ela contou que, após realizar provas na faculdade, chegava a perder o sono ao imaginar as coisas que os professores pensariam durante as correções. Não se sentia merecedora das coisas. Costumava cuidar do outro e abrir mão de si. Relatou sentir-se mal ao terminar tarefas e disse que, por essa razão, deixava muitas coisas por terminar. Apresentava dificuldades em se expressar e em manter relacionamentos românticos e parecia ser pouco seletiva quanto aos parceiros, em razão de sua privação afetiva. Evitava falar o que sentia e pensava. Por outro lado, às vezes, sem considerar se seria oportuno ou se havia vínculo suficiente com a pessoa, falava de coisas muito íntimas. Logo nos primeiros encontros com um parceiro afetivo, por exemplo, ela falou sobre tudo o que viveu com os pais alcoolistas e sobre outras questões muito íntimas da sua história.

Em sessão, Laura falava sobre assuntos difíceis sem expressar emoção. Mantinha-se em uma postura firme, como se não sofresse. Evitava contato visual com a terapeuta quando estava sentindo alguma coisa importante, como tristeza ou vergonha. Laura evitava pedir qualquer tipo de ajuda à terapeuta e parecia não estar sensível ao que a terapeuta tinha a dizer. Raramente falava de suas impressões, sentimentos ou opiniões e mantinha discursos racionais, explicando eventos e justificando as coisas. Com frequência, engajava-se em relatos longos sobre outras pessoas, falando de assuntos que não diziam respeito a ela. Além disso, fazia comentários muito críticos a seu respeito.

O FIAT-Q indicou dificuldades de comportamento nas classes A (afirmação das necessidades - identificação e expressão) e E (experiência e expressão emocional). O IHS também indicou que Laura apresentava déficits comportamentais nos fatores: F1 – enfrentamento e autoafirmação de risco; F3 – conversação e desenvoltura social; e F4 – autoexposição a desconhecidos e situações novas.

Avaliação do DEF no repertório social de Laura

Quanto ao desenvolvimento dos padrões socialmente problemáticos, a história de vida de Laura foi marcada por relações conflituosas e invalidantes. Durante o tempo em que morou com a família (pais e irmão), o abuso de álcool por parte dos pais era o principal gatilho para problemas e brigas na família. Por razões como essas, Laura mantinha relações frágeis e distantes com as pessoas da sua casa. Em diversas ocasiões, os pais, mais frequentemente o pai, precisaram de cuidados como banho ou ser levados para a cama, ou mesmo ser ajudados com a alimentação, e, em grande parte das vezes, Laura e seu irmão ficavam responsáveis por essas tarefas. Além disso, com o passar do tempo, ela assumiu todas as responsabilidades domésticas, financeiras e administrativas da casa. O desenvolvimento do repertório social de Laura ocorreu nesse contexto.

Aparentemente, houve poucas oportunidades para aprender diversas respostas de um repertório socialmente habilidoso. Assim, quanto à forma das respostas de Laura nas interações interpessoais, havia problemas, por exemplo, no conteúdo escolhido para falar com determinadas pessoas.

Quanto à função, grande parte dos comportamentos problemáticos de Laura parecia ser de fuga/esquiva. A classe de respostas de evitação da avaliação do outro e de evitação de autoexposição era muito frequente. Tais respostas eram reforçadas negativamente com a retirada da estimulação aversiva, mas gerava outros problemas, como a superficialidade e outras dificuldades nos relacionamentos interpessoais. Assim como no caso de Ana, Laura também apresentava respostas de ansiedade diante de situações sociais. Novamente, podem se hipotetizar pareamentos respondentes entre contextos sociais e ameaças à integridade. Por exemplo, situações domésticas vividas com os pais alcoolistas podem ter eliciado respostas de ansiedade, que foram sendo condicionadas a outros eventos interpessoais.

Em termos de estrutura, alguns comportamentos de comunicação na vida cotidiana da cliente tinham forma não efetiva, como fazer contato visual ao falar, expressar seus sentimentos na forma "eu X", identificar o momento mais apropriado para falar, entre outros. Esses comportamentos foram sendo refinados com o THS.

Avaliando a área de repertório social bem estabelecido de Laura, considerou-se que ela era hábil em relatar eventos (ainda que sem entrar em contato emocional com o que era relatado). De acordo com a orientação constitucional, esse poderia ser um ponto para começar a modelagem de comportamentos de intimidade nas interações com a terapeuta e com os outros. Assim como no caso de Ana, a FAP focou em mudar funções de estímulos aversivos das interações interpessoais. Esperou-se que partes do repertório social controladas por reforço negativo passassem, gradativamente, a ser controladas por reforço positivo.

Processos comportamentais destacados no repertório social

Alguns problemas ditos psicopatológicos podem ser mais bem compreendidos em processos comuns (Corchs & Schilller, 2019; Hofmann & Hayes, 2019). Nos casos de Ana e de Laura, que atingiam critérios diagnósticos de ansiedade social, alguns processos comportamentais relevantes podem ser destacados. Foi notável o processo de fuga/esquiva de interações sociais que lhes exigiam tatos de eventos privados e mandos efetivos. Nos instrumentos aplicados, esse processo parece ter sido captado nas classes do FIAT-Q Afirmação das necessidades/identificação e expressão, Conflito e experiência/expressão emocional, e nos fatores do IHS Enfrentamento e autoafirmação com risco; Autoafirmação na expressão de sentimento positivo; Conversação e desenvoltura social e Autoexposição a desconhecidos e situações novas. Os processos que envolveram o paradigma respondente também foram importantes, com prováveis condicionamentos entre ameaças à integridade física e interações interpessoais.

Quanto aos procedimentos terapêuticos aplicáveis aos referidos processos operantes e respondentes, destaca-se a modelagem de novos padrões funcionais, a partir do repertório social já instalado de Ana e Laura – estratégia presente na FAP, na IBT e no THS. Além disso, destaca-se a criação de condições, tipicamente em ambientes verbais dentro e fora da sessão de terapia, para a instalação de novas respostas interpessoais ou para o refinamento de respostas com topografias ainda rudimentares.

CONCLUSÃO

O presente capítulo apresenta um modelo de avaliação do repertório social de clientes com dificuldades interpessoais. A literatura indica diversas associações entre o relacionamento social e a saúde física e mental. A análise do comportamento, em seu caráter idiográfico, é capaz de lançar luz sobre os processos por meio dos quais as interações interpessoais produzem efeitos deletérios na saúde mental.

Assim, as terapias voltadas interpessoalmente, como a FAP e a IBT, dedicam especial atenção para as interações sociais do cliente. Sugerimos, para fins didáticos, observar o desenvolvimento, a estrutura e a função (DEF) do repertório social do cliente na conceituação de caso de pessoas com dificuldades interpessoais. Para ilustrar, descrevemos o caso clínico de duas mulheres que atingiam critérios diagnósticos de ansiedade social. Primeiramente, foi recomendada a distinção entre repertórios deficitários em razão da falta de oportunidades de aprendizado e repertórios suprimidos por contingências punidoras. Em seguida, descreveu-se o desenvolvimento dos padrões de interação interpessoais das clientes, detalhando eventos importantes em suas histórias de vida nos ambientes da família. Aspectos topográficos das respostas sociais foram observados a fim de checar sua efetividade no outro. A seguir, classes de respostas funcionais foram analisadas. Normalmente, essas classes são mantidas por reforço negativo. A orientação constitucional foi usada na conceituação de caso para indicar as partes do repertório interpessoal que já haviam sido instaladas e que serviriam de base para novas aprendizagens.

Quanto aos processos comportamentais presentes nos dois casos de dificuldades interpessoais, destacou-se a classe de fuga/esquiva de condições aversivas advindas do outro diante de autoexposição (intimidade), afirmação de necessidades (mandos) e conflitos. As respostas de ansiedade diante de situações sociais indicam também a relevância dos processos ligados ao paradigma respondente. Para ambas as mulheres, a estimulação aversiva condicionada em interações sociais parece ter sido aprendida em ambientes familiares ameaçadores, seja por agressões, seja por negligência. Os principais procedimentos terapêuticos usados nos casos de Ana e Laura foram a modelagem de novos comportamentos, mediante estabelecimento de novas classes de resposta e de estímulos, a partir do repertório existente e do treino de respostas sociais mais habilidosas (indução e diferenciação), refinando-as para serem mais efetivas na interação com o outro.

REFERÊNCIAS

Barry CT, Sidoti CL, Briggs SM, Reiter SR, Lindsey RA. Adolescent social media use and mental health from adolescent and parent perspectives. Journal of Adolescence. 2017;61:1-11.

Bekalu MA, McCloud RF, Viswanath K. Association of social media use with social well-being, positive mental health, and self-rated health: disentangling routine use from emotional connection to use. Health Education & Behavior. 2019;42(2):5S-8S.

Berryman C, Ferguson CJ, Negy C. Social media use and mental health among young adults. Psychiatric Quarterly. 2018;89:307-14.

Callaghan G, Follette W. Interpersonal Behavior Therapy (IBT), Functional Assessment, and the value of principle-driven behavioral case conceptualizations. The Psychological Record. 2020;70:625-35.

Corchs F, Schilller D. Threat-related disorders as persistent motivational states of defense. Current Opinion in Behavioral Sciences. 2019;26:62-8.

Darrow SM, Callaghan GC, Bonow JT, Follette WC. The Functional Idiographic Assessment Template-Questionnaire (FIAT-Q): initial psychometric properties. Journal of Contextual Behavioral Sciences. 2014; 3(2):124-35.

Darrow S, Follette W. Starting a Functional Assessment of Depression (FAD): development of a FAD. Behavior Modification. 2011;35:2.

Del Prette ZAP, Del Prette A. Inventário de habilidades sociais: manual de aplicação, apuração e interpretação. São Paulo: Casa do Psicólogo; 2001.

Devries KM, Mak JY, Bacchus LJ, Child JC, Falder G, et al. Intimate partner violence and incident depressive symptoms and suicide attempts: a systematic review of longitudinal studies. PLOS Medicine. 2013;10(5):e1001439.

Goldiamond I. Toward a constructional approach to social problems: ethical and constitutional issues raised by applied behavior analysis. Behavior and Social Issues. 2002;11:108-97.

Hofmann SG, Hayes S. The future of intervention science: process-based therapy. Clinical Psychological Science. 2019;7(1):37-50.

House JS, Landis KR, Umberson D. Social relationships and health. Science. 1988; 241(4865):540-45.

Tsai M, Kohlenberg RJ, Kanter J, Kohlenberg B, Follette W, Callaghan G. A guide to Functional Analytic Psychotherapy: awareness, courage, love and behaviorism. New York: Springer; 2009.

Malcolm M, Frost H, Cowie J. Loneliness and social isolation causal association with health-related lifestyle risk in older adults: a systematic review and meta-analysis protocol. Systematic Reviews. 2019;8(1):48.

Skinner BF. Ciência e comportamento humano. 11. ed. São Paulo: Martins Fontes; 2003.

Trabold N, McMahon J, Alsobrooks S, Whitney S, Mittal M. A systematic review of intimate partner violence interventions: state of the field and implications for practitioners. Trauma Violence Abuse. 2020;2:311-25.

SEÇÃO 3

Terapia de Aceitação e Compromisso (ACT)

8

A Terapia de Aceitação e Compromisso

Daniel Afonso Assaz

A UNIVERSALIDADE DO SOFRIMENTO PSICOLÓGICO

"O fato mais marcante da existência humana é o quão difícil é para seres humanos serem felizes" (Hayes et al., 1999, p. 1). Esta é a primeira frase do primeiro livro publicado sobre a Terapia de Aceitação e Compromisso (ACT, do inglês *Acceptance and Commitment Therapy*). E não é à toa. Quem nunca teve um momento de lazer estragado pela lembrança de obrigações das quais deveria dar conta? Começou a se preocupar com um evento importante, sofrendo antecipadamente por cenários que, no fim das contas, nem aconteceram? Lembrou-se de uma situação constrangedora de anos atrás e sentiu como se ela estivesse acontecendo novamente na sua frente? Cometeu um erro e sentiu que era incapaz ou havia algo de errado e faltando em si? Observou imagens da vida de alguém nas redes sociais e se sentiu inferior na comparação? Ou se sentiu alegre com algo, mas logo julgou que não merecia aquilo ou era um motivo besta para se sentir assim?

Se considerarmos como verdadeiro o fato de que todos os leitores deste capítulo já tiveram e sofreram com uma ou mais (se não todas) das experiências descritas acima, a questão que permanece é: por quê? Como eu poderia prever que experiências similares já aconteceram com você, leitor, mesmo sem te conhecer pessoalmente?

Esse tipo de previsão parte de dois pressupostos. Em primeiro lugar, se você está lendo este livro, é seguro assumir que você seja um ser humano verbalmente capaz. Neste caso, você deve ter nascido com uma capacidade sensoriomotora e predisposições de aprendizagens necessárias para, a partir do contato com uma comunidade verbal, tornar-se falante e ouvinte de uma língua (Rehfeldt & Barnes-Holmes, 2009). Em segundo lugar, também é seguro assumir que você faz parte, junto com outros indíviduos, de uma cultura com práticas recorrentes e que, portanto, submete seus membros a contingências semelhantes (Biglan, 2015).

Obviamente, é inegável a singularidade de cada ser humano, fruto de um complexo entrelaçamento de contingências na história evolutiva da espécie, história pessoal do indivíduo e da cultura na qual está inserido (Tourinho, 2006). Entretanto, são igualmente evidentes os efeitos deletérios decorrentes do comportamento verbal (Törneke, 2010), central nas situações descritas no primeiro parágrafo; e quão comuns são algumas contingências na vida de diversos indivíduos (Biglan, 2015). Ambos são responsáveis por construírem e manterem padrões comportamentais recorrentes na população, vários dos quais acarretam sofrimento psicológico (cf. Hayes & Follette, 1992).

PADRÕES RECORRENTES QUE ACARRETAM SOFRIMENTO (ESTADOS INICIAIS)

A ACT é uma modalidade de terapia comportamental contextual que descreve alguns desses padrões de interação entre indivíduo e ambiente recorrentes na população e que podem acarretar sofrimento psicológico. Esses não são restritos a um quadro psiquiátrico específico, sendo, portanto, transdiagnósticos. Desde 2004, eles são comumente apresentados por meio de seis conceitos que compõem o Modelo de Inflexibilidade Psicológica: esquiva experiencial; fusão cognitiva; atenção inflexível; senso de *self*-como-conceito; falta de contato com valores; e inércia, impulsividade ou esquiva persistentes (Hayes, Strosahl et al., 2012; Luoma et al., 2017).

Esses conceitos são termos de nível intermediário que, apesar de possuírem menor precisão funcional do que processos comportamentais básicos (p. ex., reforçamento), podem ser úteis no ensino, disseminação e aplicação de princípios comportamentais em situações complexas (Hayes, Barnes-Holmes et al., 2012). Porém, recentemente esses termos têm sido criticados, uma vez que são utilizados na literatura para se referir a fenômenos distintos, como estados, procedimentos e processos (McEnteggart et al., 2015). A fim de evitar confusões conceituais, esses termos serão utilizados para se referir a estados disposicionais (Assaz et al., 2018). Ou seja, padrões de interação entre o indivíduo e seu ambiente no qual, diante de certas condições ambientais, o indivíduo tende a reagir de determinado modo (cf. Ryle, 2000; Schwitzgebel, 2002).

Desse modo, os conceitos do Modelo de Inflexibilidade Psicológica são concebidos como estados disposicionais iniciais. Em outras palavras, padrões comportamentais que (a) foram originados e mantidos por contingências históricas e atuais, porém (b) acarretam custos ou efetividade limitada em longo prazo. O segundo ponto justifica por que esses padrões são descritos na conceituação de caso como alvos de intervenção clínica (cf. Capítulo 9), enquanto o primeiro ponto explica por que o indivíduo se comporta desse modo a despeito do sofrimento decorrente.

Para explicar e concretizar os conceitos do Modelo de Inflexibilidade Psicológica, relembre uma interação social recente com uma pessoa significativa na sua vida e na qual era importante para você expressar algo, porém não o fez. Pode ser um momento no qual você queria fazer um pedido, elogiar, criticar, compartilhar algo sobre si ou demonstrar seus sentimentos, por exemplo. Uma vez que a tenha nítida na memória, continue a leitura do texto.

FALTA DE CONTATO COM VALORES E INÉRCIA, IMPULSIVIDADE OU ESQUIVA PERSISTENTE

Nessa situação, o que influenciou sua resposta de evitar se expressar? Se isso era importante, mas você não o fez, é provável que houvesse outra consequência exercendo forte controle sobre seu comportamento. Diferentes estímulos podem adquirir função reforçadora e cumprir esse papel (Bonow & Follette, 2009). Alguns são os resultados de nossas ações. Você deixou de se expressar com a função de atingir um objetivo específico ou evitar um desfecho negativo? Outros são o impacto de nossas ações no comportamento de outras pessoas. Você deixou de se expressar para obter aprovação, reconhecimento ou evitar julgamento, críticas? Se você respondeu sim para alguma dessas perguntas, existia um estado de falta de contato com valores[1] (Plumb et al., 2009).

Ademais, a resposta de expressão era importante para você, mas não foi emitida em razão do controle exercido por essas outras variáveis. Outras respostas, concorrentes à expressão e controladas por consequências como o resultado e o impacto social (p. ex., calar), o foram. Isso caracteriza um estado de inércia, impulsividade ou esquiva persistente, no qual não há um engajamento frequente e consistente em ações congruentes com os valores.

Em certa medida, é importante que essas variáveis exerçam influência. Conforme crescemos, nossos cuidadores progressivamente enfatizam as consequências de nossas ações e os impactos que elas têm no outro. Frases como "pense antes de agir" sugerem que é importante considerar as consequências, seja ao planejar uma estrutura de "Lego" ou compartilhar algo, desenvolvendo o senso de responsabilidade por nossos atos. Já "olhe como fulano ficou" indica que nosso comportamento tem um efeito sobre os outros, um dos pilares iniciais para o desenvolvimento de nossa capacidade empática.

Entretanto, durante o desenvolvimento, a importância dada ao resultado e ao impacto social pode ser excessivamente exacerbada. Conforme passamos da infância para a adolescência e, então, para a vida adulta, o mundo torna-se mais

---

[1] O conceito de valores será definido em um momento posterior do texto.

complexo, mais competitivo e menos previsível. Assim, atingir os resultados almejados é menos provável. Paradoxalmente, a importância dada ao sucesso, a "ser alguém na vida", aumenta. Ademais, as expectativas sociais também crescem progressivamente e podem atingir critérios muito elevados (até perfeccionistas), contraditórios entre si (p. ex., as expectativas dos familiares podem ser bem diferentes das dos amigos) e alinhadas com o bem-estar do outro a um custo tremendo para o indivíduo (Guilhardi, 2002). E ainda que as expectativas sejam atingidas, não há nenhuma garantia de que haverá reconhecimento explícito por parte do outro.

Em ambos os casos, temos consequências que adquiriram alta magnitude, porém cada vez mais fora do nosso controle e, portanto, incertas: temos muito controle sobre o que vamos dizer, mas não se isso vai gerar o resultado desejado nem sequer se as pessoas ao redor vão aprovar a atitude.

ATENÇÃO INFLEXÍVEL

Retomando a situação relembrada, onde estava a sua atenção? A cada momento existe uma grande quantidade de eventos ambientais aos quais podemos nos atentar. O comportamento da outra pessoa (p. ex., conteúdo da fala, expressão facial, gestos, tom de voz), nosso próprio comportamento (p. ex., ações, sentimentos, pensamentos, vontades, sensações físicas), o ambiente físico (p. ex., local, objetos ao redor). Porém, só é possível atentar a uma pequena parcela desse universo por vez. Podemos comparar esse cenário a estarmos em um quarto escuro com uma lanterna que emite feixes de luz focalizados. Sua lanterna ficou presa em uma única parte do quarto, deixando de iluminar outras partes relevantes? Ou ela alternou entre diversas áreas, mas de forma tão rápida que era impossível discernir o que era iluminado? E, ainda que ela tenha alternado de forma pausada para ser possível observar o ambiente em sua integridade, você teve dificuldades em descrever corretamente o que viu? Se você respondeu sim para alguma das perguntas, existia um estado de atenção inflexível (Hayes, Strosahl et al., 2012; Wilson & DuFrene, 2008).

Não é raro que uma fonte de estimulação "sequestre" nossa atenção em razão de suas características, como intensidade e magnitude da função. Um barulho alto no canto do quarto provavelmente nos fará iluminar o local de onde saiu o som. Consequências de grande magnitude e qualidade (que podem ser resultados ou impactos sociais, como mencionado anteriormente) enviesam o indivíduo para se atentar seletivamente a estímulos relacionados a elas (Wray et al., 2009). Isso é um problema porque o mundo em que vivemos é extremamente complexo e dinâmico. Isso significa que ter a atenção restrita a apenas uma pequena parcela dele, deixando de observar nuances situacionais, nos impede de reagir efetivamente a cada situação que se apresenta (Hayes, Strosahl et al., 2012; Wilson & DuFrene, 2008).

Além disso, dificuldades em descrever partes do ambiente, incluindo nosso próprio comportamento, prejudicam a compreensão das contingências nas quais estamos inseridos. Consequentemente, tentativas de alterar essas contingências (se necessário) ou compartilhar claramente a situação e nossa experiência com outras pessoas (promovendo compreensão ou ajuda) são prejudicadas (Skinner, 2003). Porém, para sermos capazes de descrever o que observamos, é necessário um processo de ensino por parte da comunidade verbal. Cuidadores ausentes, negligentes, punitivos ou invalidantes prejudicam esse processo (Darrow & Follette, 2014), especialmente no caso da descrição de eventos privados, cujo ensino de nomeação é, por definição, menos preciso (Skinner, 1945).

ESQUIVA EXPERIENCIAL

Conforme você está recordando a interação social selecionada, observe quais respostas encobertas estão surgindo. Sentimentos como tristeza, culpa, raiva ou ansiedade? Pensamentos de autojulgamento, ruminação? Vontade de se esconder, refazer o passado? Muitas dessas experiências são desagradáveis. Perceba se você está avaliando alguns desses sentimentos e pensamentos como negativos, ruins, imorais ou até pecaminosos; e se há uma vontade de não ter essas experiências, suprimindo-as, pensando em outra coisa, dando risada, fazendo piadas, racionalizando ou até parando de ler o capítulo. Caso essa vontade se transforme em tentativas de fugir ou controlar esses eventos encobertos com função de alterar sua forma, frequência ou intensidade, temos um estado de esquiva experiencial (Hayes et al., 1996).

A compreensão da esquiva experiencial requer explicar como nossas próprias respostas encobertas adquirem função aversiva. Culturalmente, é comum exercermos controle sobre o que outras pessoas fazem e falam (respostas abertas) por meio da coerção, punindo atitudes indesejadas de acordo com critérios éticos, legais, religiosos ou que simplesmente são aversivas para o indivíduo ou agência controladora (Sidman, 2009; Skinner, 2003). Apesar dos complicados custos decorrentes dessa estratégia, ela pode ser eficaz como forma de controle de respostas abertas. Porém, estas possuem uma semelhança funcional com respostas encobertas: falar com pensar, expressar sentimentos com sentir, agir com vontade (tendência à ação), de modo que é fácil imaginar a passagem para a punição social explícita de certas respostas encobertas de acordo com normas prescritivas de como as pessoas deveriam sentir, pensar e querer. Com o tempo, o próprio indivíduo pode imitar essa atitude do meio social, passando a julgar suas próprias respostas encobertas (Chentsova-Dutton et al., 2014; Solomon & Stone, 2002; Soriano et al., 2004.)

O grande problema é que, diferentemente das respostas abertas, das quais temos maior controle voluntário, as respostas encobertas não são tão sensíveis às consequências sociais. Portanto, tentativas de controlá-las são, em geral, ineficazes em médio e longo prazo e/ou acarretam custos para o indivíduo (Aldao et al., 2010; Chawla & Ostafin, 2007; Wenzlaff & Wegner, 2000). Durante o restante deste capítulo, tente suprimir a memória que você estava relembrando da interação social e quaisquer sentimentos e pensamentos associados. É provável que, eventualmente, durante as próximas páginas, essas experiências apareçam contra sua vontade. Caso isso não ocorra, observe qual estratégia você usou para isso. É provável que ela acarrete altos custos: distrair-se dela também tira o foco do texto; abandonar a leitura atrapalha seu processo de aprendizagem; e usar alguma substância psicoativa, como o álcool, troca uma experiência desagradável por uma necessidade contínua de consumi-la para permanecer anestesiado. Em resumo, estratégias de esquiva experiencial possuem efetividade limitada e, caso ocorram de modo persistente, competem com outras atividades, afastando o indivíduo de reforçadores importantes, como valores.

FUSÃO COGNITIVA E SENSO DE *SELF*-COMO-CONCEITO

Agora imagine que uma situação similar à que você relembrou possa ocorrer em um futuro próximo. Talvez a conversa não seja sobre o mesmo tema nem com a mesma pessoa, mas, de qualquer forma, é uma nova oportunidade para se expressar. Quais pensamentos surgem nesse momento? Você pode ter ido para o futuro, imaginando cenários negativos que podem ocorrer (ou até que você tem certeza absoluta de que irão acontecer) e o que você deveria fazer. Você pode ter ido para o passado, relembrando situações nas quais você não conseguiu se expressar. Esses pensamentos vieram acompanhados de outros autodepreciativos, como julgamento de suas ações, desconfiança da sua capacidade de expressão ou seu valor como indivíduo? Independentemente de qual pensamento tenha surgido, quais as suas tendências de ação diante dele? Se uma delas for obedecer àquilo que ele diz (i. e., agir de modo congruente com seu conteúdo), temos um estado de controle verbal sobre o comportamento. Se outras fontes de estimulação presentes no momento, seus valores e outras relações verbais (p. ex., experiências de expressão bem-sucedidas ou potenciais cenários positivos) não estiverem exercendo influência, temos um estado de fusão cognitiva.

A fusão cognitiva não é um problema em si. Ao contrário, é um resultado natural do processo de aprendizagem do comportamento verbal (cf. Capítulo 2). Inicialmente, a criança é ouvinte de outras pessoas que atuam como falante, afetando o comportamento dela por meio de condicionamento direto e, então, responder relacional derivado (Rehfeldt & Barnes-Holmes, 2009). Com o tempo, ela é capaz de interagir de modo mais dinâmico com o outro, alternando entre os papéis de falante e ouvinte com influência mútua. Eventualmente, ela é capaz de atuar como falante e ouvinte de si, falando consigo de modo aberto, em voz alta, ou encoberto, pensando (Skinner, 1957). Nessa etapa do desenvolvimento, muitas dessas falas possuem função autorregulatória. O indivíduo se comporta verbalmente, pois, ao fazê-lo, transforma a função de estímulos, que evocam novas respostas. Se essas respostas auxiliarem o indivíduo a resolver problemas e reagir efetivamente ao ambiente, produzindo reforços, todo o padrão de falar consigo mesmo e agir de modo congruente aumentará de frequência (Diaz & Berk, 2014; Miguel, 2018).

Com o tempo, esse processo é tão reforçado a ponto de o controle exercido pelos pensamentos do indivíduo predominar e reduzir o impacto de outras fontes de influência: passamos a viver em um mundo, em grande medida, verbalmente construído. Nesse universo verbal, preocupações sobre cenários negativos que provavelmente nem ocorrerão são responsáveis por evocar respostas de evitação e controle; pensamentos de procrastinação contribuem para adiarmos tarefas aversivas; e autodepreciações fatalistas e cruéis aumentam a chance de desistirmos de atividades em que poderíamos fracassar. Caso esse comportamento seja reforçado negativamente, tanto o pensar quanto a resposta aberta congruente com o pensar serão mais prováveis no futuro. Porém, nesse caso, em vez de contribuir para que o indivíduo lide de modo mais efetivo com seu ambiente, essas respostas podem afastar o indivíduo de reforçadores importantes ou de ações congruentes com seus valores (cf. próxima seção).

Um tipo específico, porém importante de controle verbal que pode evocar respostas que acarretam sofrimento é aquele relacionado ao *self* (McHugh et al., 2019). Narrativas coerentes a respeito de quem somos ou não somos são muito incentivadas culturalmente como forma de autodescrição. Logo, passamos a generalizar experiências particulares (p. ex., "tive dificuldade em ler este capítulo") para características essenciais a nós mesmos, tanto positivas quanto negativas (p. ex., "não sou bom psicólogo" ou "sou burro"). Entretanto, essas histórias verbais são capazes de nos aprisionar em padrões de comportamento congruentes com as narrativas sobre quem dizemos que somos: evito ser curioso e buscar ler outros textos "porque sou burro". Esse estado é denominado de senso de *self*-como-conceito.

OBJETIVOS TERAPÊUTICOS: ESTADOS FINAIS

Em contrapartida ao Modelo de Inflexibilidade Psicológica, é proposto o Modelo de Flexibilidade Psicológica, composto por outros seis conceitos correspondentes: aceitação, desfusão cognitiva, atenção flexível ao momento presente, senso de *self*-como-contexto, valores e ação comprometida (Luoma et al., 2017). Estes podem ser caracterizados como estados disposicionais finais, padrões de interação entre o indivíduo e o ambiente almejados caso a conceituação de caso indique que o comportamento do cliente seja caracterizado por um dos estados iniciais descritos no Modelo de Inflexibilidade Psicológica (Assaz et al., 2018).

O elemento norteador de uma terapia ACT são os valores do cliente. Para além dos resultados e impactos sociais, é possível descrever verbalmente qualidades de ação importantes para o indivíduo. Também denominados de valores (Ferreira et al., 2020), elas são descrições de como uma pessoa está agindo em determinado momento (e não o que ela está sentindo, o que essa ação está gerando ou como outras pessoas estão reagindo a ela). Em geral, valores são representados por advérbios, podendo ser encaixados na frase "Estou agindo de modo ______". Empático, assertivo, autêntico, parceiro, criativo, cuidadoso e justo são exemplos.

Uma vez que valores estão relacionados ao modo de agir, eles estão sob maior controle do indivíduo e não têm um fim em si, podendo transformar a função reforçadora de suas ações congruentes com eles e constituindo uma fonte de motivação sustentável ao longo de grandes períodos de tempos e em diversos contextos (ações comprometidas). Todos os outros estados finais almejados pela ACT contribuem, direta ou indiretamente, para a postura engajada, na qual o indivíduo frequentemente e consistentemente age de modo comprometido com seus valores.

Além de ter clareza e estar em contato com os valores, a ACT almeja que o indivíduo adote uma postura centrada. Isto é, amplie a gama de eventos à qual está sensível em um dado momento e responda às nuances contextuais de um mundo em constante transformação com autonomia. Para isso, é necessário ser capaz de observar e descrever a complexidade do mundo à sua volta e alternar de modo flexível e intencional entre diferentes fontes de influência (Hayes, Strosahl et al., 2012; Wilson e DuFrene, 2008). Isso inclui o seu próprio comportamento, caracterizado por fluxo contínuo e dinâmico de respostas abertas e encobertas (autoconsciência momento-a-momento denominada de senso de *self*-como-processo), que é sempre experienciado a partir de uma mesma perspectiva, aqui-e-agora (senso de *self*-como-contexto) (McHugh et al., 2019).

Tomando consciência de seus eventos encobertos, também se busca alterar o modo como o indivíduo responde a eles, adotando uma postura aberta, contrária aos padrões de esquiva experiencial e fusão cognitiva quando eles estão afastando o indivíduo de ações comprometidas. De um lado, isso implica parar de fugir e lutar contra eles e começar a se aproximar, ativamente aceitando-os (Cordova, 2001). Nesse sentido, para além das respostas de auto-observação e autodescrição, mencionadas acima, é favorecida a autovalidação. Estas são verbalizações que normalizam a própria experiência ao dar sentido e coerência a ela enquanto uma reação condizente com as contingências atuais, contingências históricas ou até princípios do comportamento humano de modo geral (Linehan, 1997).

Do outro lado, busca-se reduzir a influência rígida de certos pensamentos sobre outras respostas do indivíduo, expandindo o controle de estímulos sobre o comportamento (Assaz et al., 2018). Isso não significa modificar o conteúdo pensado, pensar positivo ou algo similar, mas sim desenvolver a consciência de que obedecer a seus pensamentos (i. e., agir de modo congruente com seu conteúdo) pode afastar o indivíduo de seus valores, e que é possível ter um pensamento e desobedecê-lo. A experiência almejada de desfusão cognitiva é similar ao modo como aprendemos a reagir a sonhos emocionalmente intensos: são experiências reais, que aconteceram, mas não precisam ser levadas a sério: caso seu cônjuge lhe tenha traído no sonho, não brigue com ele(a).

Para ilustrar esses objetivos, imagine que você se depare com uma situação similar àquela que relembrou, na qual deixou de expressar algo relevante. Uma terapia ACT bem-sucedida aumentará a probabilidade de que você adote uma postura centrada no momento presente, sendo capaz observar e descrever, de modo intencional e flexível, seu próprio comportamento, o comportamento da outra pessoa e demais variáveis contextuais existentes; uma postura aberta à sua própria experiência, na qual eventos encobertos são eventos a serem experienciados e compreendidos, mas não necessariamente obedecidos ou utilizados como guia para ação; e uma postura engajada em ações comprometidas com seus valores pessoais clarificados.

O conjunto dos seis conceitos do Modelo de Flexibilidade Psicológica forma o constructo de flexibilidade psicológica (Hayes, Strosahl et al., 2012; Luoma et al., 2017). Este é compreendido como o objetivo global da ACT, ou seja, um princípio normativo sobre qual a finalidade da psicoterapia enquanto prática (Ferreira et al., 2017).

INTERVENÇÃO: DOS ESTADOS INICIAIS AOS FINAIS

Para atingir o objetivo global de flexibilidade psicológica, a ACT emprega uma série de procedimentos construídos para esse fim ou emprestados de outras tradições. Por procedimento se entende a manipulação de variáveis ambientais relevantes (Lopes, 2008). Na ACT, estes são predominantemente experienciais e/ou metafóricos (Hayes, Strosahl et al., 2012; Luoma et al., 2017).

A despeito de dificuldades em definir o que seria uma intervenção experiencial, duas características podem ser abstraídas a partir da literatura (Luoma et al., 2017; Villatte et al., 2015; Villas-Bôas et al., 2015). Em primeiro lugar, são enfatizadas as experiências particulares do cliente em contrapartida a regras do comportamento humano, buscando explorar com curiosidade como o cliente está respondendo a uma dada situação e se isso está produzindo os efeitos desejados (i. e., funcionalidade). Em segundo lugar, são favorecidas intervenções para modelar o comportamento do cliente em sessão, e não instruções para que ele amplie seu repertório somente fora de sessão (ainda que análises e orientações tenham um papel importante no tratamento).

Já metáfora é uma rede relacional composta por duas relações verbais entre estímulos, denominadas veículo e alvo (Foody et al., 2014; Törneke, 2017). Na metáfora "querer controlar pensamentos é que nem pular da janela e querer voar, é impossível", a relação veículo é "voar é impossível". Por meio da coordenação entre "voar" e "controlar pensamentos", é construída a relação "controlar pensamentos é impossível". Metáforas são úteis na medida em que permitem influenciar o comportamento ao salientar algumas propriedades da situação (p. ex., controlar pensamentos é impossível) de modo menos literal e menos diretivo do que instruções (p. ex., pare de controlar seus pensamentos), relacionando-a com uma situação já familiar ao indivíduo (Törneke, 2017).

Porém, mais do que um conjunto de técnicas, a ACT se propõe a ser uma terapia baseada em processos (Westrup, 2014). Definindo processos como alterações nas relações funcionais entre indivíduo e ambiente que caracterizavam um estado a partir da introdução de um procedimento (Lopes, 2008), a compreensão deles permite explicar por que os procedimentos da ACT funcionam e como implementá-los de forma mais precisa e individualizada às necessidades do cliente e ao estilo do terapeuta. Esse conhecimento é informado por princípios básicos do comportamento e fundamentos da Teoria das Molduras Relacionais (RFT; cf. Capítulo 2). A ACT e a RFT evoluíram concomitantemente, com sobreposição de pesquisadores que contribuíram para o desenvolvimento de ambas (Zettle, 2005). Ainda que isso signifique que a construção da ACT não foi sustentada pela RFT, são os conceitos do comportamento verbal oriundos desta que oferecem subsídios para explicar por que uma interação predominantemente verbal entre terapeuta e cliente é capaz de produzir melhoras clinicamente significativas (Villatte et al., 2015).

Para ilustrar os tipos de processos favorecidos durante uma terapia ACT, vamos concretizar o processo de transição dos estados iniciais aos finais na sua experiência pessoal. Antes de mais nada, é necessário clarificar quais qualidades de ação você valoriza ao interagir com outras pessoas. Caso não seja capaz de descrever espontaneamente, lembre-se de momentos de interação social nos quais se lembrar da forma como agiu traz sentimentos de orgulho ou plenitude; ou, ainda, identifique pessoas cuja postura nesses momentos interpessoais você admira. A partir dessas situações, é possível abstrair qualidades de ação valorizadas presentes (cf. LeJeune & Luoma, 2019).

Após clarificar ao menos um valor, descreva um conjunto de ações concretas que estão alinhadas com ele. Selecione uma dessas que é desafiadora, porém realista e alcançável para você. Pare um pouco a leitura e imagine-se realizando essa ação. Tente visualizar esse cenário o mais nitidamente possível. Atente para seu próprio comportamento de realizar essa ação. Agora traga o foco para o comportamento da outra pessoa reagindo à sua atitude. Então, volte a atenção para sua experiência encoberta e tente observar e distinguir quais sentimentos e pensamentos você está tendo aqui-e-agora, conforme foi imaginando essa cena. Se tiver dificuldade em dar um nome para a experiência, descreva as partes que a compõem, como você a sente em seu corpo. Perceba que, por intermédio de perguntas abertas, sua atenção alternou de modo flexível entre seus valores, uma situação concreta imaginada, incluindo suas ações e as reações do outro, e sua experiência nesse momento. Esse tipo de conversa guiada, pausada e com flexibilidade atencional é capaz de evocar respostas de auto-observação e autodescrição, modelando autoconsciência (cf. Wilson & DuFrene, 2008).

Em algum momento durante a leitura do último parágrafo, você percebeu algum sentimento desagradável, que avaliou como negativo ou desejou não ter sentido? Se sim, tente intencionalmente fugir dele ou suprimi-lo agora, da melhor maneira que conseguir. Você conseguiu? É possível que não. Se sim, você seria capaz de se manter fazendo isso e continuar a leitura do texto, prestando atenção nas linhas a seguir? Provavelmente não, afinal, tentar fugir de nós mesmos é como tentar controlar o trânsito: dá vontade de sair do engarrafamento, e podemos gritar, buzinar, usar o GPS, mas essas tentativas não mudarão significativamente a situação e somente nos deixarão mais estressados e incapazes de aproveitar o tempo para escutar uma música, conversar com a pessoa ao nosso lado ou refletir sobre a própria vida.

Por meio de perguntas voltadas para sua experiência com tentativas de esquiva experiencial e uma metáfora para concretizar a inefetividade e os custos dessa estratégia, acabamos de estabelecer um contexto motivacional para a ocorrência de respostas alternativas diante de eventos encobertos desagradáveis. Na ACT, esse procedimento é denominado desesperança criativa (Hayes, Strosahl et al., 2012).

Com base nisso, você consegue intencionalmente se aproximar desse sentimento do qual estava querendo fugir? Permita-se experienciá-lo por um breve momento e perceber, com curiosidade, como ele aparece no seu corpo. Agora, tente compreender qual o sentido de ele existir. Se for ansiedade, por exemplo, a qual perigo você está reagindo? Se for tristeza, existe um senso de que você perdeu algo ou fracassou? Existem elementos da sua história que contribuem para o que você está sentindo agora?

Enquanto você estava se imaginando fazendo a ação alinhada com seus valores, surgiu algum pensamento te puxando para não se engajar nela? Pode ser uma ideia de que isso não é tão importante, não vai dar certo ou de que você não é capaz, por exemplo. Antes de se julgar por ter esse pensamento, tente identificar qual a intenção (i. e., função) dele em te afastar dessa ação. Ele quer te proteger de algum potencial evento aversivo, por exemplo? Você consegue pensar em uma pessoa que tem uma intenção similar à sua "mente"? Um vigia que se assusta facilmente, mas quer evitar qualquer chance de assaltos; um detetive que está juntando as pistas em busca de resolver um grande mistério; um advogado que está tentando a qualquer custo defender um argumento. Concretizando a sua mente, tente agradecê-la pela sua intenção (p. ex., protegê-lo de perigos), ainda que não seja de fato o que é o mais alinhado com seus valores (cf. Assaz et al., 2018).

Por fim, você consegue observar essa escolha que se coloca à sua frente? De um lado, agir de acordo com sua "mente", evitando se expressar e, com isso, possivelmente atingindo algum resultado ou impacto social desejado, mas se afastando de seus valores. Do outro lado, agir de acordo com seus valores, expressando-se, ainda que isso seja desconfortável, porque isso é importante para você? Qual caminho você gostaria de trilhar? Em última instância, este é o convite que a ACT lhe faz, oferecendo as ferramentas para, caso escolha a segunda opção, viver consistentemente uma vida que vale a pena ser vivida.

REFERÊNCIAS

Aldao A, Nolen-Hoeksema S, Schweizer S. Emotion-regulation strategies across psychopathology: a meta-analytic review. Clinical Psychology Review. 2010;30(2):217-37.

Assaz DA, Roche B, Kanter JW, Oshiro CKB. Cognitive defusion in acceptance and commitment therapy: what are the basic processes of change? The Psychological Record. 2018;68(4):405-18.

Biglan A. The nurture effect: how the science of human behavior can improve our lives & our world. Oakland: New Harbinger Publications; 2015.

Bonow JT, Follette WC. Beyond values clarification: addressing client values in clinical behavior analysis. The Behavior Analyst. 2009; 32(1):69-84.

Chawla N, Ostafin B. Experiential avoidance as a functional dimensional approach to psychopathology: an empirical review. Journal of Clinical Psychology. 2007;63(9):871-90.

Chentsova-Dutton YE, Senft N, Ryder AG. Listening to negative emotions: how culture constrains what we hear. In: Parrott GW, editor. The positive side of negative emotions. The Guilford Press; 2014. p. 146-78.

Cordova JV. Acceptance in behavior therapy: understanding the process of change. The Behavior Analyst. 2001;24(2):213-26.

Darrow SM, Follette WC. A behavior analytic interpretation of alexithymia. Journal of Contextual Behavioral Science. 2014; 3(2):98-108.

Diaz R, Berk LE. Private speech: from social interaction to self-regulation. New York: Psychology Press; 2014.

Ferreira TAS, Santos FMS, Matos JPA, Moura MCBL, Rodrigues SS. Qual o objetivo da análise do comportamento clínica?. Acta Comportamentalia: Revista Latina de Análisis de Comportamiento. 2017;25(3): 395-410.

Ferreira TAS, Simões AS, Ferreira AR, dos Santos BOS. What are values in clinical behavior analysis?. Perspectives on Behavior Science. 2020;43; 177-88.

Foody M, Barnes-Holmes Y, Barnes-Holmes D, Törneke N, Luciano C, Stewart I, et al. RFT for clinical use: the example of metaphor. Journal of Contextual Behavioral Science. 2014;3(4):305-13.

Guilhardi HJ. Auto-estima, autoconfiança e responsabilidade. In: Brandão MZS, Conte

FCS, Mezzaroba SMB, organizadores. Comportamento humano: tudo (ou quase tudo) que você precisa saber para viver melhor. Santo André: ESETec; 2002.

Hayes SC, Follette WC. Can functional analysis provide a substitute for syndromal classification? Behavioral Assessment. 1992;14(3-4):345-65.

Hayes SC, Strosahl KD, Wilson KG. Acceptance and commitment therapy: an experiential approach to behavior change. The Guilford Press; 1999.

Hayes SC, Strosahl KD, Wilson KG. Acceptance and commitment therapy: the process and practice of mindful change. 2. ed. New York: The Guilford Press; 2012.

Hayes SC, Barnes-Holmes D, Wilson KG. Contextual behavioral science: Creating a science more adequate to the challenge of the human condition. Journal of Contextual Behavioral Science. 2012;1(1-2):1-16.

Hayes SC, Wilson KG, Gifford EV, Follette VM, Strosahl K. Experiential avoidance and behavioral disorders: a functional dimensional approach to diagnosis and treatment. Journal of Consulting and Clinical Psychology. 1996;64(6):1152-68.

LeJeune J, Luoma JB. Values in therapy: a clinician's guide to helping clients explore values, increase psychological flexibility, and live a more meaningful life. Oakland: New Harbinger Publications; 2019.

Linehan MM. Validation and psychotherapy. In: Bohart A, Greenberg L, editores. Empathy reconsidered: new directions in psychotherapy. Washington: American Psychological Association; 1997. p. 353-92.

Lopes CE. Uma proposta de definição de comportamento no behaviorismo radical. Revista Brasileira de Terapia Comportamental e Cognitiva. 2008;10(1):1-13.

Luoma JB, Hayes SC, Walser RD. Learning ACT: an Acceptance & Commitment Therapy skills-training manual for therapists (2nd version). Oakland: New Harbinger Publications; 2017.

McEnteggart C, Barnes-Holmes Y, Hussey I, Barnes-Holmes D. The ties between a basic science of language and cognition and its clinical applications. Current Opinion in Psychology. 2015;2, 56-59.

McHugh L, Stewart I, Almada P. A contextual behavioral guide to the self: theory and practice. Oakland: New Harbinger Publications; 2019.

Miguel CF. Problem-solving, bidirectional naming, and the development of verbal repertoires. Behavior Analysis: Research and Practice. 2018;18(4):340-53.

Plumb JC, Stewart I, Dahl J, Lundgren T. In search of meaning: values in modern clinical behavior analysis. The Behavior Analyst. 2009;32(1):85-103.

Rehfeldt RA, Barnes-Holmes Y, editores. Derived relational responding: applications for learners with autism and other developmental disabilities, a progressive guide to change. Oakland: New Harbinger Publications; 2009.

Ryle G. The concept of mind. London: Penguin Books; 2000.

Schwitzgebel E. A phenomenal, dispositional account of belief. Noûs. 2002;36(2):249-75.

Sidman M. Coerção e suas implicações. Campinas: Livro Pleno; 2009.

Skinner BF. The operational analysis of psychological terms. Psychological Review. 1945; 52(5):270-7.

Skinner BF. Verbal behavior. New York: Appleton-Century-Crofts, Inc.; 1957.

Skinner BF. Ciência e comportamento humano. São Paulo: Martins Fontes; 2003.

Solomon RC, Stone LD. On "positive" and "negative" emotions. Journal for the Theory of Social Behaviour. 2002;32(4):417-35.

Soriano MCL, Martínez OG, Valverde MR. A proposal for synthesizing verbal contexts in experiential avoidance disorder and acceptance and commitment therapy. International Journal of Psychology and Psychological Therapy. 2004;4(2):377-96.

Törneke N. Learning RFT: an introduction to relational frame theory and its clinical application. Reno: Context Press; 2010.

Törneke N. Metaphor in clinical practice: a professional guide to using language in psychotherapy. Reno: Context Press; 2017.

Tourinho EZ. Private stimuli, covert responses, and private events: conceptual remarks. The Behavior Analyst. 2006;29(1):13-31.

Villas-Bôas A, Meyer SB, Kanter JW, Callaghan GM. The use of analytic interventions in

Functional Analytic Psychotherapy. Behavior Analysis: Research and Practice. 2015; 15(1):1-19.

Villatte M, Villatte JL, Hayes SC. Mastering the clinical conversation: language as intervention. New York: Guilford Press; 2015.

Wenzlaff RM, Wegner DM. Thought suppression. Annual Review of Psychology. 2000; 51(1):59-91.

Westrup D. Advanced acceptance and commitment therapy: the experienced practitioner's guide to optimizing delivery. Oakland: New Harbinger Publications; 2014.

Wilson KG, Dufrene T. Mindfulness for two: an acceptance and commitment approach to mindfulness in psychotherapy. Oakland: New Harbinger Publications; 2008.

Wray AM, Freund RA, Dougher MJ. A behavior-analytic account of cognitive bias in clinical populations. The Behavior Analyst. 2009;32(1):29-49.

Zettle RD. The evolution of a contextual approach to therapy: from comprehensive distancing to ACT. International Journal of Behavioral Consultation and Therapy. 2005;1(2):77-89.

9

Avaliação e formulação de caso na Terapia de Aceitação e Compromisso

Tiago Alfredo da Silva Ferreira

A Terapia de Aceitação e Compromisso (ACT) sofreu, ao longo dos anos, mudanças sucessivas em seus modelos e nos componentes que os constituem. Desde a versão precursora, chamada de *Distanciamento compreensivo* (Hayes, 1987), passando pelo lançamento do primeiro livro-texto publicado em 1999 (Hayes, Strosahl & Wilson, 1999), até versões atuais com ênfase prioritária na análise funcional de processos (Ong, Levin & Twohig, 2020), há uma variedade de propostas para compreensão e formulação de caso clínico. Este capítulo apresenta uma proposta de formulação de caso clínico na ACT compatível com a análise funcional baseada em processos (Hayes, Hofmann & Stanton, 2020), considerando esse modelo clínico como partícipe do grande grupo das Terapias Baseadas em Processos (TBP) (Hayes & Hofmann, 2020; Hayes, Hofmann & Ciarrochi, 2020).

Enquanto um modelo clínico coadunado com a TBP, a avaliação e formulação de caso na ACT possuem ao menos quatro componentes principais: (1) Análise Funcional; (2) Identificação de processos; (3) Planejamento de tratamento; e (4) Avaliação. Para exemplificar cada uma das etapas, utilizaremos um caso clínico fictício de um paciente adulto (40 anos de idade) que procura ajuda psicoterapêutica porque, desde a morte do pai, tem sofrido ataques de pânico repetidos e, tendo se isolado em casa, relata incapacidade de continuar em seu trabalho. Quer seja por uma preocupação genuína com a saúde do paciente, quer seja por questões laborais práticas, seus superiores no trabalho têm tentado contato telefônico com o paciente, sem sucesso. Em geral, a esposa do paciente tem atendido as ligações e tentado mediar essa difícil situação que já ameaça a vida financeira da família. O paciente relata pensamentos acerca de sua própria incapacidade (p. ex., "eu sou um inútil"), bem como a presença de conteúdos extremamente ansiogênicos relativos à possibilidade de morte iminente semelhante à de seu pai (p. ex., "eu também posso morrer").

ANÁLISE FUNCIONAL DO COMPORTAMENTO

A Análise Funcional em contexto clínico é a atividade científica que visa a identificar eventos clinicamente relevantes e a relação entre esses eventos. Inicialmente, o terapeuta identifica eventos psicológicos relevantes (p. ex., comportamentos públicos, sentimentos, pensamentos) e eventos ambientais significativos para o paciente (p. ex., morte de um ente querido, cobrança de um chefe agressivo, o próprio comportamento do terapeuta etc.). Alguns desses eventos são atuais e outros são parte de um passado mais ou menos remoto. Por exemplo, relatos de interações com o pai ocorridas na infância identificam eventos (ou sequências de eventos) relevantes do passado que podem compor explicações funcionais para o surgimento de comportamentos, pensamentos e sentimentos atuais. Ao mesmo tempo, tais relatos, enquanto estímulos verbais, são eventos atuais que influenciam diretamente o repertório do paciente. Isto é, a maneira como os relatos são construídos são fonte de influência para o comportamento do paciente (Ferreira & Matos, 2016).

Nesse primeiro momento, o clínico faz o levantamento desses eventos de forma exploratória sem, necessariamente, identificar relações entre estes, conforme a Figura 1.

De acordo com Skinner (1957), nossa primeira responsabilidade é com a simples descrição para, em seguida, identificarmos relações entre esses eventos. Tais relações são identificadas quando é percebido que um evento exerce influência sobre o outro e que tal influência pode auxiliar na predição de recorrências do fenômeno

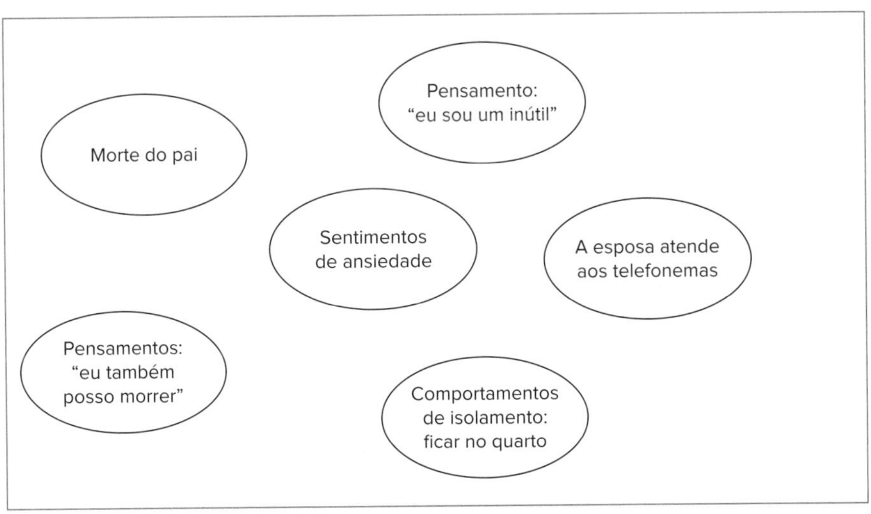

Figura 1 Análise Funcional baseada em processos: eventos.

clínico – é nesse sentido que predição e influência são objetivos primários de uma análise funcional (Hayes, Strosahl & Wilson, 1999). Por vezes, um evento ambiental tem influência sobre eventos psicológicos de forma aparentemente unidirecional (p. ex., a morte do pai influenciando o conteúdo dos pensamentos do paciente), mas geralmente há uma influência das ações do paciente sobre o ambiente em um caráter bidirecional (p. ex., o isolamento do paciente influencia o comportamento da esposa que, por sua vez, também influencia a manutenção do isolamento do paciente). Na Figura 2, influências unidirecionais são representadas por uma seta simples (→) e influências bidirecionais são representadas por setas duplas (↔).

Algumas relações clinicamente relevantes ocorrem entre eventos psicológicos e eventos ambientais externos ao organismo. Em nosso exemplo, a morte do pai (evento ambiental) exerceu forte influência sobre os sentimentos e pensamentos do paciente, assim como sobre alguns de seus comportamentos (p. ex., isolamento social). No entanto, relações funcionais extremamente significativas também decorrem da relação entre eventos psicológicos ou, em outros termos, da maneira como o paciente age de acordo com seus próprios sentimentos e pensamentos. Para alguém que já vivencia um histórico de ataques de pânico, por exemplo, sensações de ansiedade moderadas no despertar (talvez em razão de algum pesadelo) já se constituem como uma fonte de influência importante para alguns pensamentos ("hoje vai ser um dia daqueles!") e comportamentos (p. ex., tomar um ansiolítico).

Nesse sentido, quando Skinner se refere aos fenômenos relativos à ansiedade, afirma que "é possível que a emoção também seja aversiva. As respostas de

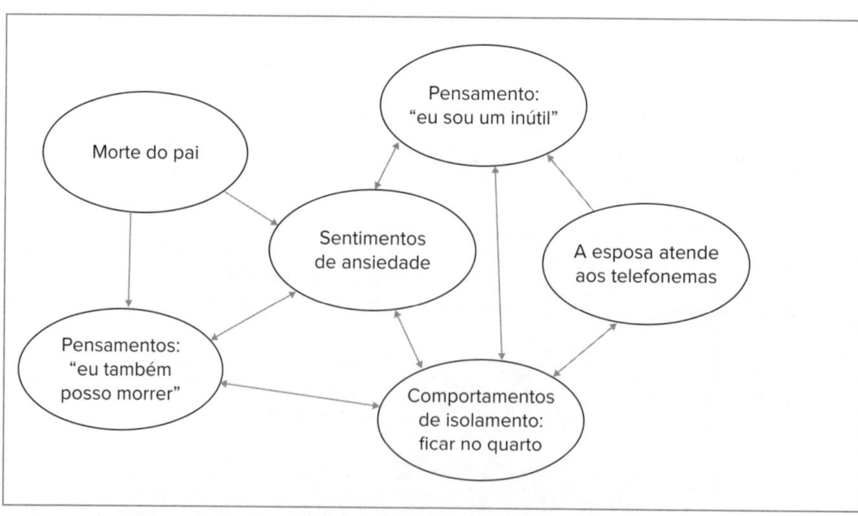

Figura 2 Análise Funcional baseada em processos: relações.

evitação podem ser interpretadas em parte, como uma fuga dos componentes emocionais da ansiedade" (2000, p. 197). Assim também, Skinner ressalta que a ansiedade pode ser autointensificadora e autoperpetuadora (Skinner, 1991), referindo-se ao forte impacto que relações entre eventos psicológicos podem ter na manutenção de fenômenos clínicos. Por exemplo, nosso paciente fictício relata que, ao sentir ansiedade e ter pensamentos difíceis sobre si mesmo (p. ex., "eu sou um inútil"), se isola em seu quarto evitando, assim, contato com outras pessoas da casa. Uma análise funcional não pode ser restrita apenas às relações entre eventos psicológicos, mas também não pode se abster de considerá-las.

Um dos grandes motivos clínicos para considerar tais interações decorre do fato de que relações funcionais entre eventos psicológicos tendem a ser bidirecionais. Isso implica dizer que, por exemplo, tentativas de controle de pensamentos com conteúdo aversivo (p. ex., "eu sou um inútil") tendem a ocupar a rotina de pacientes ansiosos de tal forma que esses pensamentos adquirem uma importância funcional intensificada. Em outras palavras, as tentativas de controle dos pensamentos, contraintuitivamente, aumentam o controle que esses mesmos pensamentos têm sobre o comportamento cotidiano do paciente. Desde o seu surgimento, a ACT ressalta a noção de que comportamentos de evitação dos eventos privados frequentemente influenciam o aumento da importância funcional desses mesmos eventos (Luciano, 2016). Nesse sentido, a Figura 2 apresenta tanto relações funcionais entre eventos psicológicos e eventos ambientais quanto relações entre diferentes eventos psicológicos.

No entanto, a catalogação de relações funcionais não é suficiente para a formulação de caso, porque a acumulação de fatos sobre eventos, por si só, não caracteriza adequadamente o trabalho analítico da psicoterapia. O trabalho do clínico avança para teorizar sobre quais processos explicam a influência que os eventos possuem uns sobre os outros (Hayes & Hofmann, 2018, 2020). Em outros termos, precisamos avançar da descrição de relações funcionais para a explicação funcional baseada em processos (Hayes, Hofmann & Stanton, 2020).

IDENTIFICAÇÃO DE PROCESSOS

A etapa de identificação de processos na ACT é bifurcada em duas direções interligadas: (a) identificação de processos de inflexibilidade psicológica; e (b) identificação de processos de flexibilidade psicológica. Esse modo de análise é pragmaticamente orientado para fornecer condições para levar o paciente do ponto (a) para o ponto (b). Uma nota importante é que, em geral, a ACT propõe uma formulação de caso limitada aos seis processos de flexibilidade psicológica (i. e., aceitação, desfusão, *self* como contexto, contato com o momento presente, clarificação de valores e engajamento com valores) e suas contrapartidas em inflexibilidade psicológica, mas isso não quer dizer que outros processos (p. ex., regulação emocional, autoeficácia etc.) devam ser excluídos da formulação de caso. Pelo contrário, como uma TBP, o diálogo com pesquisas empíricas acerca de uma ampla gama de processos clínicos de mudança é encorajado. Mas é correto dizer que, mesmo no contexto das TBP, a flexibilidade psicológica é a base principal da formulação de caso da ACT, servindo como fundamento para diálogos mais amplos.

Uma vez que a Análise Funcional propicia a identificação das relações funcionais, cabe ao clínico formular hipóteses acerca de quais processos explicam a dependência entre os diversos eventos analisados. Por exemplo, se pensamentos como "*eu sou inútil*" estão vinculados à ansiedade, o processo de *self* conceitual (um dos componentes da inflexibilidade psicológica) pode ser a primeira linha de investigação. Mas como chegar a essa identificação de processos? Algumas etapas são essenciais. Primeiro, o clínico deve observar *loopings* automantenedores (Hayes, Hofmann & Stanton, 2020). Tais *loopings* são seções menores (usualmente compostas de dois ou três eventos) que compõem a Análise Funcional mais ampla. São considerados automantenedores porque, embora dependam de condições mais amplas para se manterem em longo termo, possuem capacidade de interação recíproca suficiente para se perpetuarem e intensificarem com pouco suporte externo.

Em nosso exemplo, o *looping* que envolve o comportamento do cliente de ficar no quarto, os sentimentos de ansiedade e os pensamentos do cliente sobre o seu *self* (i. e., "eu sou um inútil") são uma boa unidade de análise (ver Figura 2). Duas características fundamentais desses *loopings* são a sua relevância para o sistema maior (i. e., a flexibilidade ou inflexibilidade psicológica do paciente) e, de forma pragmática, o quanto possibilitam a intervenção efetiva do clínico. Como Skinner (2000) já afirmou, nenhum sistema é completamente entendido enquanto analisarmos apenas os seus elementos internamente constituídos, o que implica a constatação de que esses *loopings* não se mantêm sem suporte ambiental apropriado. No entanto, para uma formulação de caso clínico, é didaticamente importante localizar pequenas seções da Análise Funcional mais ampla, bem como os processos que os sustentam, para orientar intervenções efetivas (i. e., que produzam resultados significativos para o paciente) e factíveis (i. e., que sejam possíveis de serem executadas nas condições reais da sessão clínica).

Efetividade e factibilidade compõem parte dos critérios pragmáticos que orientam essa etapa da Análise Funcional. Esses critérios são tão importantes que, ao responder a perguntas como "quais *loopings* devem ser os primeiros a serem explorados?", há uma chance de que a resposta seja algo como "aqueles *loopings* que o paciente permitir que o terapeuta possa acessar e intervir". Por exemplo, se falar da morte do pai ainda é muito difícil para o paciente, cabe ao clínico respeitar o estabelecimento do vínculo terapêutico endereçando primeiro *loopings* que sejam mais acessíveis no momento inicial da terapia.

A segunda etapa consiste em hipotetizar ao menos um processo que explique os *loopings* identificados. Isso implica dizer que mais de um processo pode estar vinculado à relação funcional, mas devemos dar prioridade àqueles processos que serão pragmaticamente mais relevantes para construir a intervenção. Existem, ao menos, dois critérios importantes a serem considerados quando o clínico teoriza sobre o processo alvo de sua análise: (1) evidências empíricas disponíveis sobre o processo hipotetizado; e (2) as permissões concedidas pelo contexto atual do paciente. Na Figura 3, estão indicados dois processos (i. e., *self* conceitualizado e esquiva experiencial) que são investigados em uma ampla literatura científica e compõem uma hipótese viável para a manutenção de relações funcionais entre os eventos relatados pelo paciente.

Considerando que estes são processos de inflexibilidade psicológica e que o objetivo terapêutico envolve minar o sistema inflexível, a terceira etapa consiste em identificar a contrapartida em flexibilidade psicológica para os processos de inflexibilidade hipotetizados: trata-se do estabelecimento de objetivos terapêuticos idiográficos baseados em processos. O estabelecimento claro e distinto de objetivos clínicos é indispensável para a motivação do cliente na promoção de mudanças, bem como para a segurança do terapeuta e o oferecimento de melhores parâmetros para a avaliação da terapia (Marçal, 2005; Ferreira et al., 2017). O objetivo global da ACT, isto é, o critério segundo o qual a intervenção clínica pode ser considerada bem-sucedida, é o desenvolvimento de flexibilidade psicológica.

Figura 3 Análise Funcional baseada em processos: Inflexibilidade Psicológica.

No entanto, objetivos locais, adequados a cada paciente singularmente, precisam ser estabelecidos em uma formulação de caso idiográfica. Em nosso exemplo, como processos de *self* conceitualizado e evitação experiencial foram identificados (Figura 3), cabe ao terapeuta propor objetivos relacionados ao desenvolvimento de um *self* contextual e aceitação no repertório do paciente.

Para além da identificação de contrapartidas aos processos de inflexibilidade, o modelo de flexibilidade psicológica pressupõe que quaisquer outros processos devem ser avaliados em razão de sua potencialidade para levar o paciente a uma vida valorosa (Hayes, Strosahl & Wilson, 1999). Tal normativa conceitual tem sido fortalecida, uma vez que a literatura clínica já possui evidências de que processos de inflexibilidade psicológica são atenuados, mesmo sem uma intervenção direta sobre eles, quando há engajamento em valores (Kelso et al., 2020). Isso implica dizer que, para além da identificação de contrapartidas em processos, toda formulação de caso clínica na ACT demanda a mobilização de processos de engajamento em valores. Embora não seja incomum que pacientes procurem a psicoterapia apenas com objetivos negativos, isto é, uma demanda para retirada de eventos psicológicos com função aversiva (p. ex., "eu quero parar de sentir ansiedade"), a formulação de caso clínico não estará completa sem a mobilização dos componentes relativos a valores. Essa proposição está representada na Figura 4.

Situar objetivos globais e locais a partir da mobilização de processos é importante ao menos em dois sentidos. Primeiro, objetivos topograficamente descritos frequentemente escapam ao controle tanto do terapeuta quanto do paciente. Por exemplo, considere que o nosso paciente estabelece como objetivo a manutenção

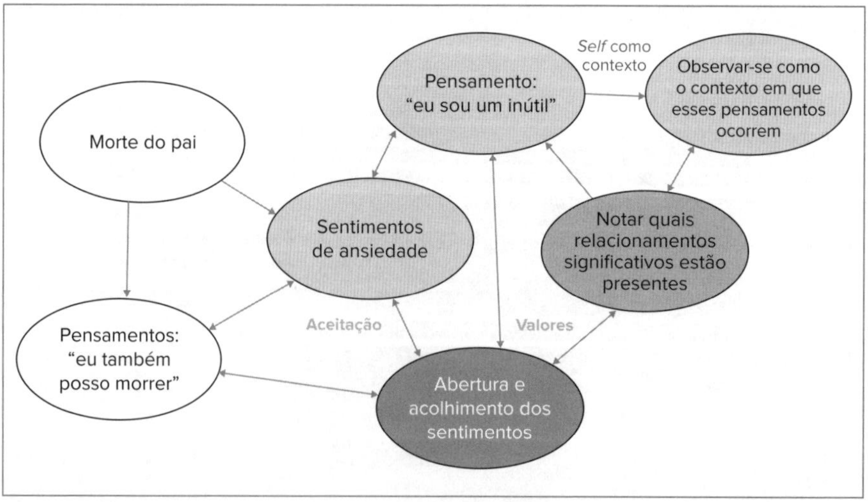

Figura 4 Análise Funcional baseada em processos: Flexibilidade Psicológica.

do seu emprego. Certamente esse evento depende de uma série de variáveis que escapam ao escopo da terapia (p. ex., situação econômica do país, novos candidatos que sejam promissores para a vaga etc.). No entanto, considerar um processo psicológico como alvo (p. ex., clareza de valores) é coerente com o que a psicoterapia pode oferecer e aumenta a capacidade do cliente para lidar com a manutenção do emprego ou com a frustração de perdê-lo. Em segundo lugar, processos são objetivos pragmaticamente relevantes para a psicoterapia porque possibilitam a identificação clara de procedimentos de intervenção empiricamente validados.

PLANO DE TRATAMENTO

Uma formulação de caso clínico é bem-sucedida quando conduz o terapeuta a um plano de tratamento com clareza e responsabilidade. A ACT, eminentemente pragmática, avalia a formulação de caso a partir do seu poder para orientar o clínico na mobilização de processos que estejam vinculados à promoção de flexibilidade psicológica. O Plano de Tratamento, então, é a identificação de procedimentos eficazes (i. e., com validação empírica em pesquisas clínicas) e efetivos (i. e., com impacto passível de avaliação no caso clínico singular) para a mobilização de processos que possam gerar ganhos significativos para o paciente (Ong, Levin & Twohig, 2020).

Essa concepção funcionalmente descrita da ACT enquanto modelo de intervenção é frontalmente oposta a uma perspectiva tecnicista. Como a literatura que descreve procedimentos ACT é bastante ampla, terapeutas podem ser tentados a concentrar sua atenção primordial na aplicação de técnicas em detrimento do entendimento funcional das intervenções. Em outros termos, caso a ACT seja entendida primordialmente como um conjunto de procedimentos técnicos de intervenção, o terapeuta pode inverter a ordem de formulação de caso: em vez de realizar uma análise funcional, identificar processos de flexibilidade e inflexibilidade psicológica e depois realizar um levantamento de procedimentos que estejam vinculados a esses processos, o terapeuta pode tornar-se apenas um aplicador de técnicas de desfusão, aceitação, entre outras, aplicadas arbitrariamente.

A escolha de procedimentos funcionalmente ligados à mobilização dos processos clínicos pode ser descrita em, ao menos, três passos principais: (1) a busca na literatura científica por procedimentos empiricamente validados para mobilização do processo clínico identificado; (2) a escolha de procedimentos que estejam de acordo com as competências atuais e potenciais do terapeuta; (3) a criatividade responsável na adaptação caso a caso dos procedimentos.

Em primeiro lugar, é importante considerar que o volume de artigos e capítulos de livros dedicados a sugerir procedimentos vinculados a cada um dos processos de flexibilidade psicológica é muito grande. Por exemplo, considerando que identificamos o processo de "esquiva experiencial" (componente de inflexibilidade psicológica) e orientamos o objetivo terapêutico local para a mobilização de processos de "aceitação" (contrapartida em flexibilidade psicológica), podemos encontrar na literatura uma grande quantidade de procedimentos possíveis para alcançar esse fim (p. ex., Hayes, Strosahl & Wilson, 1999; Luoma, Hayes & Walser, 2007). Essa diversidade de procedimentos encontrados na literatura auxilia o terapeuta a identificar estratégias que sejam empiricamente validadas e que estejam adequadas às suas competências terapêuticas atuais.

A adequação às competências terapêuticas é um passo essencial da escolha de procedimentos adequados e compõe o segundo passo para a escolha coerente de estratégias de intervenção. Considerando que procedimentos diversos podem mobilizar o mesmo processo e que processos diferentes podem ser mobilizados pelo mesmo procedimento, o terapeuta não precisa dominar todos os procedimentos, mas compor seu repertório pessoal de forma suficiente para abarcar os principais processos relativos à flexibilidade psicológica. Por exemplo, para mobilizar um processo de desfusão cognitiva, é possível utilizar um procedimento eminentemente experiencial (p. ex., práticas de meditação formal com observação dos pensamentos) ou procedimentos predominantemente analíticos (p. ex., utilização de *worksheets* e perguntas reflexivas). Uma vez que são procedimentos validados na literatura para a mobilização do mesmo processo, cabe ao terapeuta avaliar quais as suas habilidades atuais que melhor suportam um ou outro tipo de procedimento, bem como quais intervenções estão mais de acordo com o que é efetivo para esse paciente em particular.

Alguns terapeutas podem se beneficiar de uma história pessoal com treinamento de práticas *mindfulness*, por exemplo, enquanto outros terapeutas podem ter um amplo repertório interpessoal de técnicas de modelagem direta, tipicamente presentes na Psicoterapia Analítica Funcional (FAP). Isso implica dizer que não é a topografia do procedimento que define uma intervenção ACT, mas o seu caráter funcionalmente descrito para mobilizar processos de flexibilidade psicológica relevantes a partir da formulação do caso clínico. Nesse sentido, mesmo com a abundância de literatura científica acerca de tipos de intervenções, a identificação de processos possui prioridade epistêmica na escolha de procedimentos.

O terceiro passo na escolha de procedimentos envolve a criatividade responsável do terapeuta na construção e adaptação de procedimentos. É importante considerar que uma parcela significativa dos procedimentos de intervenção ACT foi desenvolvida em contextos norte-americanos. Isto é, o conteúdo das metáforas, as instruções de práticas de meditação, as instruções presentes em *worksheets*, entre outros, são adaptados a contextos culturais diversos daqueles encontrados nos diferentes estados brasileiros. A utilização de metáforas descritas em manuais, por exemplo, pode ser muito menos relevante do que a utilização de lendas e tradições do folclore popular para uma comunidade específica. Seguindo esse princípio, é importante considerar que mesmo orientações normativas da literatura precisam ser contextualizadas culturalmente. Por exemplo, embora exista, na literatura, um conjunto de indicações para evitar orientações diretas (p. ex., evitar frases como "você não deve deixar seus pensamentos mandarem em sua vida"), a ausência de diretividade pode ser agressiva para uma comunidade específica e a psicoeducação direta pode mobilizar processos mais efetivamente. O critério final é sempre "aquilo que funciona" (i. e., mobiliza flexibilidade psicológica) para esse cliente específico.

Para além disso, existem diversas condições que exigirão do terapeuta uma capacidade flexível de ir além dos procedimentos já descritos na literatura. Por exemplo, um dos procedimentos mais típicos da ACT se refere a evitar questionar o conteúdo dos pensamentos, orientando a ação terapêutica para que o paciente consiga ver o pensamento como um pensamento, em detrimento de uma atenção ao seu conteúdo. No entanto, em situações de relacionamento abusivo, práticas de racismo em ambientes diversos, assédio moral no trabalho, entre outras, pode ser muito importante que o terapeuta questione o conteúdo dos pensamentos (p. ex., "ele me bateu porque eu provoquei", descrito por uma mulher em relacionamento abusivo). O questionamento do conteúdo dos pensamentos pode, nesses casos, ser um procedimento útil para que o paciente desenvolva clareza e compromisso com valores em meio a situações socialmente opressoras. Este não é um procedimento descrito na literatura ACT, mas o terapeuta que orienta sua atuação por uma formulação de caso baseada em processos precisa, de forma responsável, exercer sua criatividade contextualmente situada.

AVALIAÇÃO BASEADA EM PROCESSOS

Ao longo dos anos, diversos instrumentos de avaliação do progresso clínico foram desenvolvidos para a ACT. Alguns deles endereçam o processo de flexibilidade psicológica como um todo (p. ex., AAQII) e outros visam à avaliação dos componentes de forma isolada (p. ex., CFQ-7). Esses instrumentos são úteis tanto para a pesquisa científica quanto para o acompanhamento do processo clínico enquanto serviço de saúde profissional. Para além disso, outros instrumentos que visam à avaliação de outros aspectos do funcionamento do paciente, como qualidade de vida, interações familiares, entre outros, podem ser úteis a partir do tipo de demanda que o paciente traz para a terapia.

No entanto, desde o surgimento da proposta das Ciências Comportamentais Contextuais, há um apelo para que as formas de avaliação de processos clínicos de mudanças sejam aplicadas de uma forma idiográfica (Hayes, Barnes-Holmes & Wilson, 2012). Em geral, a validação dos instrumentos de avaliação clínica é realizada segundo a lógica de que a estrutura de variação interindivíduos é equivalente à variação intraindivíduos (Hayes, Hofmann & Stanton, 2020). Por sua vez, uma avaliação clínica baseada na Análise Funcional é construída para que o sujeito seja o seu próprio grupo controle e os critérios de progresso sejam estabelecidos de forma individual.

A proposta contextualmente situada da ACT implica que o sucesso ou malogro de uma mobilização de processos é verificado a partir de seu potencial em conduzir o paciente enquanto indivíduo (e não enquanto sujeito médio) para uma vida valorosa. Nesse sentido, os instrumentos de avaliação podem ser suportes na identificação de valores ou de processos clínicos vigentes no processo terapêutico, mas a Análise Funcional realizada a partir da relação terapêutica é o critério final de avaliação para a terapia. Para tanto, terapeuta e cliente precisam ter clareza acerca dos objetivos propostos pela terapia de tal forma que possam monitorar continuamente o impacto das intervenções na vida cotidiana do paciente.

Considerando que os vieses de observação de paciente e terapeuta podem dificultar uma visão mais objetiva do processo terapêutico, a interação entre a Análise Funcional e os instrumentos de avaliação clínica, desde que utilizados em uma lógica de sujeito como próprio grupo controle, pode fornecer o melhor cenário para avaliação clínica.

CONCLUSÃO

A formulação de caso clínico compatível com a Análise Funcional baseada em processos é a melhor descrição do estágio de desenvolvimento atual da ACT. Esse modo de análise do caso clínico, que envolve a Análise Funcional, a Identificação de processos de inflexibilidade e flexibilidade psicológica, o Planejamento de tratamento e, por fim, a Avaliação clínica, traz clareza e segurança para a psicoterapia. No entanto, esta é também uma lógica de atuação que demanda uma formação robusta por parte do terapeuta, uma vez que exige muito mais do que a mera aquisição de técnicas psicoterápicas descritas em manuais.

Essa exigência de competências amplas por parte do terapeuta tem sido percebida como um desafio para a formação de novos terapeutas a tal ponto que, em 2012, foi publicado o relatório da *Inter-Organizational Task Force on Cognitive and Behavioral Psychology Doctoral Education* (Klepac et al., 2012) que possuía como objetivo principal desenvolver diretrizes e princípios para educação e treinamento na grande área das terapias cognitivas e comportamentais em nível doutoral nos EUA. Dentre várias diretrizes, a *Task Force* ressaltou a necessidade de promover uma formação clínica baseada nas competências para a Análise Funcional dos processos clínicos de forma ética e tecnicamente embasada evitando, assim, uma formação clínica eminentemente baseada em treinamento de procedimentos manualizados.

No Brasil, cenário em que a formação clínica analítico-comportamental sempre defendeu a centralidade da Análise Funcional como estratégia de compreensão e intervenção no caso clínico, a ACT não pode ser compreendida de outra forma. Enquanto conjunto de procedimentos topograficamente descritos, a ACT não é diferente de qualquer outra modalidade de intervenção, mas, se entendida funcionalmente em relação aos processos que mobiliza, é seguramente uma proposta clínica inovadora e valorosa para terapeutas e pacientes.

REFERÊNCIAS

Faye J. The Nature of Scientific Thinking: on interpretation, explanation, and understanding. UK: Palgrave Macmillan; 2014.

Ferreira T, Matos J. A cultura do diagnóstico e a emergência de subjetividades psicopatológicas. Acta Comportamentalia. 2016; 24(4):509-23.

Ferreira T, Santos F, Matos J, Moura M, Rodrigues S. Qual o objetivo da análise do comportamento clínica? Acta Comportamentalia. 2017;25(3):395-410.

Hayes SC. A contextual approach to therapeutic change. In: Jacoboson N, editor. Psychotherapists in clinical practice: cognitive and behavioral perspectives. New York: Guilford; 1987. p. 327-87.

Hayes SC, Strosahl KD, Wilson KG. Acceptance and commitment therapy. New York: Guilford Press; 1999.

Hayes SC, Barnes-Holmes D, Wilson KG. Contextual behavioral science: creating a science more adequate to the challenge of the human condition. Journal of Contextual Behavioral Science. 2012;1(1-2):1-16.

Hayes S, Hofmann S. Process-based CBT: the science and core clinical competencies of cognitive behavioral therapy. Oakland: New Harbinger Publications Inc.; 2018.

Hayes S, Hofmann S. Beyond the DSM: toward a process-based alternative for diagnosis and mental health treatment. Oakland: New Harbinger Publications Inc.; 2020.

Hayes S, Hofmann S, Stanton C. Process-based functional analysis can help behavioral science step up to novel challenges: COVID-19 as an example. Journal of Contextual Behavioral Science. 2020;18:128-45.

Hayes S, Hofmann S, Ciarrochi J. A process-based approach to psychological diagnosis and treatment: the conceptual and treatment utility of an extended evolutionary meta model. Clinical Psychology Review. 2020;82.

Kelso K, Kashdan T, Imamoglu A, Ashraf A. Meaning in life buffers the impact of experiential avoidance on anxiety. Journal of Contextual behavioral Science. 2020;16: 192-198.

Klepac RK, Ronan GF, Andrasik F, Arnold KD, Belar CD, Berry SL, et al. Guidelines for cognitive behavioral training within doctoral psychology programs in the United States: report of the Inter-organizational Task Force on Cognitive and Behavioral Psychology Doctoral Education. Behavior Therapy. 2012;43(4):687-97.

Luciano C. Evolución de ACT. Análisis y Modificación de Conducta. 2016;42:165-6.

Luoma J, Hayes S, Walser R. Learning ACT: an acceptance and commitment therapy skills training manual for therapists. Oakland: New Harbinger Publications, Inc.; 2007.

Marçal JVS. Estabelecendo objetivos na prática clínica: quais caminhos a seguir? Revista Brasileira de Terapia Comportamental e Cognitiva. 2005;7(2):231-45.

Ong CW, Levin ME, Twohig MP. Beyond acceptance and commitment therapy: process-based therapy. The Psychological Record. 2020.

Skinner BF. Verbal Behavior. Acton: Copley Publishing Group; 1957.

Skinner BF. Questões recentes na análise comportamental. Campinas: Papirus; 1991.

Skinner BF. Ciência e comportamento humano. São Paulo: Cultrix; 2000.

10

ACT e ansiedade: análise contextual de dois casos clínicos

Daniel Afonso Assaz
Amanda Raña Ferreira

DOS TRANSTORNOS DE ANSIEDADE AOS PROCESSOS TRANSDIAGNÓSTICOS

Em sua versão mais recente, o *Manual Diagnóstico e Estatístico de Transtornos Mentais* (DSM-5) descreve onze condições classificadas como transtornos de ansiedade (APA, 2014). Estudos que utilizaram a versão anterior do DSM estimaram que cerca de 7,3% da população mundial preenche os critérios diagnósticos para um ou mais transtornos de ansiedade (Baxter et al., 2013). A depender da metodologia do estudo e do contexto analisado, esse número é ainda maior, podendo ser de quase 20% da população na Região Metropolitana de São Paulo, por exemplo (Andrade et al., 2012).

Entretanto, diversas críticas têm sido feitas ao modelo psiquiátrico tradicional (que fundamenta o DSM-5) a partir da constatação de anomalias nas categorias nosológicas atuais. Entre elas estão: (1) altas taxas de comorbidades, sendo comum que um indivíduo preencha os critérios diagnósticos para mais de um transtorno (Kessler et al., 2005); (2) baixa validade, evidente pela arbitrariedade dos limites entre normal e patológico, heterogeneidade de casos classificados dentro do mesmo transtorno e pluralidade de casos intermediários, que não preenchem adequadamente os critérios para nenhum diagnóstico (Lilienfeld & Treadway, 2016); (3) baixa confiabilidade, de modo que dois avaliadores possuem pouca concordância sobre os diagnósticos atribuídos (Hyman, 2010); (4) baixa utilidade pragmática para planejar a intervenção e prever um prognóstico a partir do diagnóstico (First et al., 2004); e (5) evidências de que diferentes processos psicológicos podem culminar no mesmo diagnóstico final e de que um único fator de risco pode contribuir para o desenvolvimento de transtornos distintos (Cicchetti & Rogosch, 1996).

Diante desses problemas, há uma tendência recente por parte de muitos pesquisadores (mencionados a seguir) em se afastar dos diagnósticos psiquiátricos tradicionais e direcionar sua atenção e seus esforços para os processos responsáveis pelo surgimento e manutenção desses quadros clínicos. Porém, não há uma uniformidade em como conceber esses processos.

De um lado, o projeto Research Domain Criteria (RDoC) delimita cinco grandes sistemas relevantes para o funcionamento humano, cada um associado a circuitos neurais específicos: valência positiva, valência negativa, cognição, social e ativação/regulação (Sanislow et al., 2010). Então, ele se propõe a estudar os processos que compõem cada um dos sistemas a partir de diferentes níveis de análise (p. ex., genético, molecular, celular, fisiológico, comportamental).

Em segundo lugar, outros autores têm defendido uma abordagem bem familiar aos analistas do comportamento, enfatizando a análise funcional, baseada na identificação de relações de dependência entre eventos ambientais e respostas do indivíduo (Callaghan & Darrow, 2015). Esta pode ser puramente idiográfica, construída especificamente para cada cliente (cf. Haynes & O'Brien, 1990) ou embasada em padrões funcionais recorrentes na população e previamente identificados (cf. Hayes & Follette, 1992). A Terapia Baseada em Processos (TBP) adotou essa última opção, utilizando pesquisas de eficácia em psicoterapia que incluem análises de mediação e moderação para identificar variáveis cuja alteração está relacionada à melhora clínica para diversos clientes (Hayes et al., 2019; Hofmann & Hayes, 2019). Denominadas processos, essas variáveis orientam a conceituação de caso e o planejamento de intervenção (cf. Capítulo 9). No restante do capítulo, a ansiedade será abordada sob a perspectiva da análise funcional baseada em padrões recorrentes.

PROCESSOS COMPORTAMENTAIS ENVOLVIDOS NA REAÇÃO AO PERIGO

Em uma análise funcional, a ansiedade se caracteriza como um padrão de respostas do indivíduo que deve ser explicado a partir de suas relações funcionais com eventos ambientais e outras respostas. Porém, parece ser difícil especificar e operacionalizar a ansiedade, distinguindo-a do conceito de medo (Friman, 2007); separando-a de suas origens etimológicas metafóricas e, portanto, pouco precisas (Friman et al., 1998); e identificando as relações funcionais definidoras, incluindo relações respondentes, operantes e o papel do comportamento verbal (Coêlho & Tourinho, 2008).

Parte dessa dificuldade advém dos níveis de complexidade do fenômeno. Tal como a compreensão da depressão por Ferreira e Tourinho (2011), é possível tratar a ansiedade como um arranjo de contingências mais ou menos complexo de acordo com a participação de tipos diferentes de variáveis tendo em vista o modelo causal de seleção por consequências. Partindo da ideia de um *continuum* de complexidade (Tourinho, 2006), se há participação apenas de variáveis filogenéticas, diz-se que o fenômeno é menos complexo e ele se localizaria em um dos extremos do *continuum*. À medida que participam também variáveis ontogenéticas, o nível de complexidade aumenta. Se além de variáveis filogenéticas e ontogenéticas estão presentes também variáveis culturais, a ansiedade, nesse caso, seria um fenômeno mais complexo e estaria localizada no outro extremo do *continuum* (Tourinho, 2006).

Diante desses obstáculos, uma alternativa é, com base na proposta de Skinner (1945), observar o comportamento verbal das pessoas e analisar o que controla a emissão da resposta verbal "ansiedade" (Coêlho & Tourinho, 2008; Friman, 2007; Friman et al., 1998). Alguns autores, inclusive, defendem que a ansiedade (e as demais emoções descritas pelas pessoas) não são experiências discretas, naturalmente distintas entre si, mas sim categorizações verbais socialmente construídas a partir de uma reação do organismo a um evento ambiental (Barrett, 2006; LeDoux & Pine, 2016).

Apesar das divergências existentes (cf. Coêlho & Tourinho, 2008), um aparente consenso na literatura é empregar os termos "medo" e "ansiedade" diante de uma situação de perigo ou ameaça, na qual há a apresentação de um estímulo aversivo; caso esse estímulo seja apresentado de modo contingente a uma resposta, seria caracterizada uma contingência de punição positiva (Linehan, 2018; Millenson, 1975; Rico, Golfeto & Hamasaki, 2012). Alguns autores distinguem "medo" de "ansiedade" em razão da presença do estímulo aversivo no momento ou da mera sinalização de sua ocorrência futura (Craske et al., 2009). Porém, um estímulo que sinaliza a ocorrência de um outro estímulo com função aversiva adquire também essa função, de modo que tal separação entre medo e ansiedade é, no mínimo, questionável (cf. Friman, 2007).

Diante da apresentação de um estímulo aversivo, algumas respostas têm maior probabilidade de ocorrência (ainda que exista uma grande variabilidade inter e intraindividual de acordo com o contexto). Fisiologicamente, são comuns taquicardia, hiperventilação, sudorese, tensão muscular, problemas gastrointestinais, disfunções nos aparelhos excretor e reprodutor. Já a atenção costuma ser inicialmente dispersa, com viés em prol de sinais de ameaça e, então, focada no perigo detectado (Bar-Haim et al., 2007). Cognitivamente, há uma tendência a se preocupar com possíveis cenários futuros negativos (Borkovec et al., 1998), superestimando sua probabilidade de ocorrência e seus efeitos (Aue & Okon-Singer, 2015). Também são frequentes respostas abertas de esquiva, fuga, resolução de problemas, controle, ataque e paralisia (Blanchard & Blanchard, 2008). Por fim, processos de aprendizagem são afetados com facilitação de condicionamento e generalização de estímulos aversivos e enfraquecimento da extinção e sensibilidade a estímulos apetitivos (Corchs & Schiller, 2019).

Funcionalmente, esse conjunto de reações possíveis, ainda que potencialmente desagradável para o indivíduo que o experiencia, é compreensível, uma vez que tem a função de protegê-lo de potenciais ameaças (LeDoux, 2015; Marks & Nesse, 1994; Sapolsky, 2004). Imagine nossos ancestrais, vivendo há 100 mil anos nas savanas africanas. Como caçadores-coletores, o cotidiano dessas pessoas era marcado por buscar recursos para sua sobrevivência (como água e comida) e se proteger de potenciais ameaças provenientes do clima, de animais e de outros seres humanos. Nesse contexto, é muito útil que uma pessoa, a partir de aprendizagens anteriores, preveja a possibilidade de encontrar leões na savana, planeje como evitá-los e, caso não consiga, considere o que fazer nesse caso. Ao sair da proteção de sua tribo, é vantajoso que ela esteja em alerta, atenta ao seu ambiente como um todo e sensível ao menor sinal de uma ameaça em potencial. Caso o temido encontro ocorra, as reações fisiológicas descritas anteriormente preparam o organismo para um iminente esforço energético, aumentando a captação e distribuição de oxigênio, ativando os músculos para agir e temporariamente interrompendo funções não essenciais diante de ameaças (como digestão, excreção e reprodução). Por fim, as ações motoras permitem ao indivíduo evitar a ameaça passivamente, se possível, ou enfrentá-la diretamente, se necessário.

Caso as únicas ameaças que os seres humanos enfrentam fossem concretas, pontuais e, em certa medida, controláveis por meio de respostas de evitação ou enfrentamento, não estaríamos abordando a ansiedade como uma questão clinicamente relevante. Entretanto, a enorme capacidade humana para aprender por meio da experiência direta (condicionamento respondente e operante), observação de outros e, principalmente, do responder relacional derivado (cf. Capítulo 2) significa que, progressivamente, partes cada vez maiores do ambiente sinalizam potenciais ameaças e adquirem funções aversivas (Dymond & Roche, 2009). Então, seres humanos passam a ter medo de eventos infimamente relacionados a ameaças (p. ex., crítica que, eventualmente, poderia levar a abandono), abstratos (p. ex., aprisionamento), que nunca vivenciaram (p. ex., morte) e até de seu próprio comportamento (p. ex., pensamentos indesejáveis, ações socialmente condenáveis).

Nesses cenários, o indivíduo irá reagir às ameaças de acordo com o repertório que foi preparado filogeneticamente e ensinado durante sua vida como descrito acima (cf. Tourinho, 2006). Porém, essas respostas terão sua efetividade limitada diante desses novos tipos de perigo. Imagine um ser humano do século XXI (que compartilha uma história evolutiva comum com o caçador-coletor na savana) dirigindo-se para uma entrevista de emprego. De acordo com suas experiências vividas, entre outras motivações, é importante que ele consiga o emprego para evitar ser julgado como um fracassado. Porém, não é certo que ele irá obter a vaga, o que representa uma ameaça relevante nessa situação.

O repertório de responder relacional derivado significa que um humano adulto verbal é capaz de, rapidamente, imaginar diversos cenários de possíveis ameaças, progressivamente mais remotas no tempo, menos prováveis e mais abstratas (Ehring & Watkins, 2008; Stöber & Borkovec, 2002). E se perguntarem sobre um assunto específico? Quais, dentre cinco opções de resposta que ele poderia dar, aumentaria a chance de os entrevistadores gostarem dele? Será que a entrevista "vai dar certo"? Diante de tantos potenciais perigos, diversas respostas concorrentes têm probabilidade relativa de serem emitidas. Mas é possível que nenhuma seja tão mais provável que outra, ainda mais considerando que medos abstratos tendem a não evocar respostas claras. Nesse caso, o indivíduo pode entrar em um ciclo de preocupação (Ehring & Watkins, 2008), alternando entre possíveis rotas de ação, sem finalmente decidir por nenhuma de modo conclusivo e, enquanto isso, sofrendo ininterruptamente.

Ademais, algumas respostas que podem ter alta probabilidade de ocorrência em razão de sua importância diante de outras situações de ameaça podem ser pouco efetivas nesse contexto. Fugir ou reagir agressivamente a um predador na savana pode ser útil, mas fazer o mesmo com os entrevistadores, embora possa adiar momentaneamente a ameaça, afastará o indivíduo de importantes reforçadores positivos em médio e longo prazo (Zamignani & Banaco, 2005). E, em última instância, muitas variáveis relevantes para alcançar o objetivo desejado (i. e., ser aprovado na entrevista) estão fora do controle do candidato (p. ex., currículo de outros candidatos, perfil do entrevistador, humor do entrevistador no dia da entrevista). Portanto, tentativas de controlar e lutar terão sua efetividade limitada por definição, levando-o a bater de cara no muro e ter seus esforços frustrados (Mahoney & McEvoy, 2012).

DA QUEIXA À ANÁLISE FUNCIONAL

Resumindo o que foi apresentado até aqui, a ansiedade é um conjunto de reações compreensíveis diante de uma ameaça concreta ou potencial (apresentação de estímulo aversivo); e o sofrimento psicológico relacionado ocorre quando: (1) os repertórios de evitação e controle não são eficazes em produzir o resultado esperado de afastar ou eliminar o perigo; ou (2) eles são eficazes e, por isso mesmo, acabam por restringir exageradamente a vida.

Porém, enquanto demanda clínica, a ansiedade não se apresenta na primeira sessão de terapia de maneira clara e explicada como tentamos descrever até aqui. Apesar de se supor que costuma existir a apresentação de um estímulo aversivo nos contextos nos quais as pessoas afirmam estar ansiosas, isso pode aparecer em uma multiplicidade de formas, sob controle de contextos muito variados. Pessoas se dizem ansiosas quando estão aguardando um resultado de exame, esperando por uma viagem ou quando estão com pensamentos acelerados. Também relatam ansiedade quando sentem que precisam fazer algo a mais da vida, quando não veem sentido no caos cotidiano, não conseguem dormir ou sentem um frio na barriga constante.

Essa diversidade requer que, para além de conhecer os padrões recorrentes de ansiedade, a análise do terapeuta deva sempre considerar a queixa e os contextos de vida daquele sujeito de forma específica e única. Estamos falando, em outras palavras, na necessidade imprescindível de formular uma análise idiográfica, que servirá como norte para o planejamento do tratamento e a condução da intervenção.

Isso começa com a análise funcional do repertório-problema e de outros que podem ser úteis para as intervenções terapêuticas (p. ex., repertórios alternativos). Inicialmente, são descritos eventos da vida do sujeito de modo exploratório para então identificar as relações de dependência entre: a) eventos ambientais e respostas (abertas e encobertas); e (b) diferentes respostas (cf. Capítulo 9). Como primeiro passo, identificamos uma unidade molecular da ansiedade. Quais instâncias de ansiedade estão ocorrendo atualmente? O cliente é, portanto, solicitado a descrever eventos concretos da sua vida nos quais experiencia ansiedade. Em cada um deles, o terapeuta deve identificar (junto com o cliente) unidades de ação e as relações de dependências entre tais ações e possíveis contextos. Trata-se da análise molecular.

Posteriormente, o terapeuta deve supor que algumas unidades compartilham semelhanças funcionais e que podem, por isso, ser agrupadas em um mesmo conjunto de ação – classe de resposta. Isso quer dizer que tais unidades participam de relações de dependência funcionalmente semelhantes no presente e também no passado. Trata-se da análise molar, que descreve grandes padrões recorrentes na interação entre o indivíduo e seu ambiente (de-Farias et al., 2018; Meyer et al., 2015).

Como já mencionado, a ansiedade é um fenômeno complexo, no qual participam variáveis filogenéticas, ontogenéticas e culturais. Desse modo, uma análise funcional puramente idiográfica pode ser extremamente desafiadora e pouco prática em termos de aplicação, ensino e pesquisa (Bonow et al., 2012; Hayes & Follette, 1992). Por outro lado, a Terapia de Aceitação e Compromisso (ACT) descreve alguns padrões molares recorrentes que produzem sofrimento psicológico e podem ser utilizados para informar e facilitar a análise molar (Eifert & Forsyth, 2005; cf. Capítulo 9), a saber, esquiva experiencial, fusão cognitiva, *self* conceitualizado, atenção inflexível, pouca ou nenhuma clareza sobre os valores e desengajamento de ações valorosas (cf. Capítulo 8).

Nesse sentido, pode-se imaginar que caso a pessoa esteja muito focada nas ameaças concretas (atenção rígida) ou potenciais (atenção dispersa), sua capacidade de intencionalmente focar na diversidade de eventos ambientais (atenção inflexível) e estar conectada com seus valores é prejudicada (falta de contato com valores). Ademais, ela pode ter preocupações sobre potenciais ameaças (fusão cognitiva). Esses pensamentos podem gerar uma cadeia de preocupação, que reduz ainda mais a sensibilidade da pessoa ao momento presente e seus valores; promover inércia ao concorrer com ações valorosas; ou até afastar a pessoa de seus valores por evocar respostas de evitação e controle. Por fim, as próprias respostas envolvidas na ansiedade podem adquirir função aversiva, tornando-se ameaças e evocando tentativas de suprimir ou evitar essas experiências sem sucesso em longo prazo ou com grande custo (esquiva experiencial).

Compreendendo a ansiedade como um conjunto de reações normais diante de ameaças, a ACT não almeja eliminá-la, mas ampliar o repertório do indivíduo para reagir a situações de perigo. Isso inclui expandir sua sensibilidade a diversos eventos do ambiente para além das possíveis ameaças (postura centrada); mudar o modo como ele responde ao próprio comportamento (postura aberta); e aumentar a frequência e a consistência de ações congruentes com seus valores (postura engajada) (cf. Capítulo 8).

A seguir serão apresentados dois exemplos de casos clínicos atendidos pelos autores[1]. O objetivo é ilustrar possibilidades de conceituações de caso na ACT em dois casos com queixas clínicas diferentes, ainda que ambas preencham critérios diagnósticos de transtornos de ansiedade.

CASO CLÍNICO: CATARINA

Catarina chegou à terapia aos 26 anos, relatando queixas diversas: intensa tristeza, cansaço e ansiedade constantes, solidão, desesperança, dores crônicas, principalmente no rosto, além de insatisfações com a pós-graduação e com a vida profissional como um todo. Catarina expressava tais sintomas por seu relato e por expressões faciais e corporais que transmitiam tristeza e cansaço, com olheiras, corpo curvado e caminhar lento. Inicialmente as dores apareceram no maxilar à época do vestibular e já duravam sete anos no início da terapia. Catarina falava frequentemente sobre a ausência de sentido na vida. Segundo ela, não conseguia entender as pessoas, suas motivações, seus comportamentos, o próprio sofrimento e o funcionamento do mundo em geral. Despendia muito tempo pensando sobre isso e se aborrecendo com a aparente aleatoriedade da vida.

A partir da queixa inicial, a terapeuta buscou informações básicas sobre a história de vida de Catarina, como a composição da família, histórico de mudanças

[1] Por questão de sigilo, os nomes das clientes foram alterados e outras informações foram omitidas.

de moradia, bem como de medicações psiquiátricas. Ela morava na cidade de São Paulo havia cinco anos. Os pais eram casados, tinham outro filho poucos anos mais velho que Catarina e ainda moravam em uma cidade no interior de São Paulo com menos de 150 mil habitantes, onde Catarina nasceu e residiu até a adolescência. Ela se mudou para uma cidade também no interior de São Paulo aos 19 anos, pois passou na seleção do curso de Exatas em uma universidade pública. Ficou descontente com o curso e prestou seleção novamente, mas para outro curso na mesma universidade na qual fazia mestrado. No início da terapia Catarina estava em acompanhamento psiquiátrico para tratamento medicamentoso para depressão e ansiedade.

Com relação à dinâmica familiar, Catarina descreveu que seus pais tinham uma visão conservadora sobre gênero e, por isso, tratavam-na de forma distinta ao irmão. Tendiam a validar os comportamentos dele, por ser homem, e invalidar os comportamentos dela, por ser mulher. Ele não sofria grandes cobranças, tinha mais liberdade para sair de casa e fazer escolhas de maneira geral, enquanto ela devia seguir padrões de comportamento "adequados" ao gênero feminino, como realizar tarefas domésticas, por exemplo. Catarina relata que os pais a tratavam bem apenas quando ela realizava alguma tarefa em casa ou na escola. Era muito cobrada pelo bom desempenho escolar e só se sentia validada nessa condição.

Diante dessas primeiras informações, chamou a atenção da terapeuta como a dinâmica familiar pode ter sido importante para entender o que aparentava ser sintomas de ansiedade e depressão. Então, buscou-se conhecer mais sobre a família.

Catarina contou que o irmão batia nela e não era punido por isso. Ao contrário, parentes zombavam de marcas de agressão em seu corpo. O pai era inconstante na relação com ela, ora tratando bem, ora sendo grosseiro e invalidante. Em alguns momentos, chegou a deixá-la esperando em lugares públicos por longos períodos quando havia combinado de ir buscá-la. Em outros, não apareceu e ela foi para casa sozinha. Mais recentemente ele parava de falar e de se dirigir a ela completamente, sem motivo aparente. Catarina parecia não conseguir entender as motivações do pai, nem como prever o que lhe agradaria ou desagradaria. Além disso, ele se comportava de forma ambígua com relação a ela no que diz respeito ao contato visual direcionado ao seu corpo e demonstração de ciúme quando ela estava fora de casa e em companhia de colegas, principalmente do gênero masculino. Isso a deixava confusa e insegura com relação ao pai.

Segundo Catarina, a mãe sempre fora acelerada e ansiosa. Puxava a responsabilidade na resolução de problemas domésticos, laborais e do cuidado dos filhos para si, ao mesmo tempo que reclamava dessas atividades. Requeria de Catarina atenção e compreensão ao longo da vida toda, contando sobre suas angústias e frustrações. Por outro lado, quando Catarina emitia opinião ou contava algo sobre si, era ignorada ou repreendida. Não havia diálogo com o pai, muito menos com o irmão. Catarina relatava em sessão dificuldade em se expressar com quaisquer pessoas quando algo a desagradava. Sentia sufocamento no momento de interação e posteriormente, quando estava sozinha, sentia dores no corpo. Em sessão, a terapeuta pôde perceber dificuldades de Catarina em falar sobre seus sentimentos. As opiniões apareciam agressivamente e, na maioria das vezes, em tom crítico e pessimista com relação ao mundo. Quando solicitada a discorrer mais sobre o que sentia, frequentemente Catarina ria, independentemente do conteúdo da fala e do sentimento relatado.

Catarina estudou na mesma escola desde a infância até o ensino médio na cidade onde nasceu. Ao longo desse período era envolvida e interessada nas atividades escolares, ocupando posição de destaque entre alunos pelo excelente desempenho. Relatou que os professores acompanhavam de perto os alunos, ensinando-os individualmente quando necessário e acompanhando suas evoluções. Para ela, isso era fonte de muito prazer e satisfação.

Com o vestibular e o início do curso de graduação, Catarina foi exposta pela primeira vez a situações diferentes em diversas áreas da vida. Com relação ao contexto de aprendizagem (escolar/acadêmico), na universidade as regras e critérios relacionados ao bom desempenho ficaram mais heterogêneos (p. ex., a depender do professor) e incertos (ora existia critério, ora não). O acompanhamento dos professores com relação à aprendizagem dos alunos era mais distante, requerendo autonomia do aluno em buscar fontes de aprendizagem alternativas, como bibliografias. Catarina diminuiu a frequência de participação nas aulas e não conseguiu manter o mesmo desempenho visto na escola. No primeiro curso de graduação fez amigos próximos. Mas quando ingressou no segundo curso, mudou-se para a cidade de São Paulo e teve dificuldades em construir amizades. Como os amigos permaneceram nas cidades onde morou anteriormente, sentia-se sozinha, sem muito contato social desde então.

Com o conhecimento maior do contexto de vida de Catarina, a terapeuta pôde hipotetizar acerca das relações funcionais envolvidas nos comportamentos analisados. Compreendeu que a aprovação e validação dos pais foi contingente ao bom desempenho escolar/acadêmico e à atenção que ela despendia à mãe como uma ouvinte interessada e passiva. Além disso, a relação com os três (pai, mãe e irmão) era instável, bem como se tornou o contexto acadêmico e social após o ingresso na universidade. Tais contingências juntas parecem ter selecionado dois repertórios-problema: racionalização e autocobrança por desempenho. Esses repertórios vinham acompanhados de sentimentos de desamparo, solidão e muitas dores corporais, como dito antes.

É possível entender a racionalização como uma esquiva experiencial de sentimentos de insegurança e desamparo. A racionalização era expressa como tentativas confusas de compreender as pessoas, o mundo, o sentido da vida e o próprio sofrimento com frases como "*as pessoas querem coisas sem sentido. Elas não fazem o correto*" e "*isso que você está falando é apenas abstração. Não entendi. O que eu devo fazer?*". Tais pensamentos eram recorrentes, acompanhados de angústia e pessimismo com relação ao mundo, aos outros e a si mesma. Ela relatava não conseguir se livrar deles, dificultando, inclusive, o sono. Parece haver, portanto, uma fusão cognitiva com os questionamentos sobre esses assuntos. Talvez a verbalização "*eu só consigo descansar com alguém*" descreva parte de uma relação de dependência entre solidão/desamparo e racionalização, uma vez que os pensamentos diminuíam quando estava acompanhada.

Com relação à autocobrança, Catarina relatava sentimentos de insatisfação, fruto do baixo desempenho na pós-graduação. Reclamava que os professores eram ausentes, que os assuntos não eram interessantes e não se sentia pertencente àquele universo. Ao mesmo tempo, cobrava de si mesma um melhor desempenho. Desejava desistir do curso. A frustração e a autocobrança pareciam ser, portanto, decorrentes de privação de uma contingência de reforçamento positivo contingente ao desempenho, com participação próxima dos professores e critérios claros de avaliação, experimentado até o fim do ensino médio.

A partir dessa conceituação de caso, foram programadas intervenções terapêuticas mesclando procedimentos experienciais com outros mais descritivos. Inicialmente a terapeuta investiu em construir uma relação estável com Catarina de modo a ser criado um vínculo de confiança por meio de um contexto menos inseguro e aversivo, se comparado com o contexto familiar. De modo geral, as intervenções tinham os seguintes objetivos:

1. Promover desfusão cognitiva com relação às racionalizações. Foram utilizadas técnicas terapêuticas de diferenciação entre o eu e os pensamentos como uma maneira de diminuir o controle exercido por esses repertórios encobertos (dialogar com os pensamentos) e abertos (distanciar-se de pessoas que pareçam incoerentes) de Catarina.
2. Promover um contexto compreensivo de contato com as dores por meio de uma análise funcional. O procedimento foi falar sobre as dores de modo historicamente contextualizado com o intuito de diminuir as avaliações negativas e aumentar repertórios de compreensão e acolhimento com relação ao próprio corpo, promovendo aceitação por meio da autovalidação.
3. Oferecer contextos para discriminação e expressão oral de sentimentos, principalmente solidão, frustração e desamparo. Foram feitas perguntas sistemáticas sobre sentimentos, oferecendo possibilidades de nomeações de acordo com a vivência relatada.
4. Relatos sobre sentimentos foram consequenciados com interesse e respeito para estabelecer uma comunicação aberta e segura sobre eles, alterando assim

seu caráter aversivo, diminuindo, consequentemente, a esquiva experiencial e promovendo aceitação.
5. Desenvolver identificação, construção e relato sobre valores, além de descrever e consequenciar positivamente ações valorosas.

CASO CLÍNICO: LAÍS

Ao buscar terapia, Laís tinha 24 anos e era estudante na área de Ciências Humanas em uma universidade pública. Ganhava bolsa na faculdade, trabalhava como tutora e era ativa no movimento estudantil. Suas queixas iniciais giravam em torno de preocupações constantes que tinha a respeito de sua família, seus amigos, seu antigo relacionamento, o movimento estudantil, seus estudos e sua carreira.

Inicialmente, algumas características do comportamento de Laís em sessão chamaram atenção. Seu relato era marcado por discursos longos cujo conteúdo girava em torno de possíveis cenários futuros, geralmente negativos, a respeito de seus relacionamentos sociais (familiares, amorosos e de amizade) e seus projetos acadêmicos e profissionais (movimento estudantil, faculdade, carreira profissional), pulando de um tema para outro rapidamente, sem concluir o anterior e tornando-se nitidamente agitada durante o processo. A partir da hipótese de que ela estava se preocupando de forma aberta em sessão, similarmente como o fazia encobertamente quando estava sozinha, a atenção foi direcionada para possíveis perigos e ameaças aos quais Laís estava respondendo.

Para isso, foi observado, por exemplo, o conteúdo das preocupações da cliente (frequentemente relacionado ao impacto que seu comportamento teria em outras pessoas, possíveis julgamentos e abandonos decorrentes) e o sentimento de alívio relatado e demonstrado quando uma ação sua era socialmente aceita (sinalizando uma contingência de reforçamento negativo). Assim, a partir dessas análises moleculares, foi feita a análise molar de que seu comportamento estava sob bastante controle de evitar julgamentos e abandonos de outras pessoas (e, portanto, descrições de qualidades de ação reforçadores, ou valores, exerciam pouca influência).

Extremamente relevante era identificar, para além da preocupação e da ansiedade, como a cliente reagia diante de situações em que havia potencial para julgamento e abandono (i. e., interações sociais). A partir do relato de várias situações concretas fora da sessão, foi possível realizar a análise molar, agrupando as topografias de calar (evitando expressar sentimentos, opiniões ou vontades), concordar com o outro ou atender às suas expectativas em uma classe de respostas única de esquiva de julgamento e abandono. Já em sessão, ela se expressava com maior frequência, porém o fazia de forma excessivamente analítica, humorística (rindo mesmo em situações cujo relato era incongruente com essa demonstração) e invalidando seus sentimentos, opiniões e vontades. Essas respostas foram categorizadas dentro de uma classe de respostas com dupla função: fuga de julgamentos e abandonos e esquiva experiencial.

Tanto a esquiva quanto a fuga foram conceituadas como problemas clínicos porque, ao tentar evitar julgamentos e abandonos de modo rígido, na maioria das interações sociais acabava se desgastando fisicamente e se afastando de reforçadores importantes para ela. A despeito da rigidez, o conjunto de situações concretas e suas análises moleculares correspondentes permitiu identificar variáveis que aumentavam a probabilidade das respostas de esquiva e fuga descritas anteriormente. Entre elas estavam características da outra pessoa (expectativas claras, posição hierárquica, inteligência e agressividade), operações motivacionais (solidão e julgamentos recentes) e respostas verbais encobertas, como pensamentos de preocupação e invalidação (caracterizando fusão cognitiva).

Então, era importante compreender por que o julgamento/abandono dos outros tinha função aversiva a ponto de exercer muito controle sobre o seu comportamento e como ela aprendeu a reagir diante dessa ameaça. Isso foi feito a partir do relato e análise da sua história de vida. Ela cresceu em um ambiente familiar com modelos parentais de julgamento e esquiva de expressão. Logo no início da trajetória escolar, seus pais e professores demonstravam preocupação, descrevendo-a como esforçada, porém "lerdinha". Ela também recorda se sentir sozinha nesse período, permanecendo isolada dos colegas. Com o tempo, passou a integrar um grupo de amigas no qual uma das meninas exercia grande controle sobre as demais e era valorizada pelos benefícios que o dinheiro de sua família podia oferecer.

Esse cenário foi alterado após uma forte crise econômica na família. A partir desse momento, ela assumiu muitas responsabilidades do lar, como o cuidado com a casa e da irmã, e se sentiu progressivamente desconectada dos colegas de classe em razão da diferença econômica, intensificada em momentos nos quais essa barreira era mais nítida (p. ex., corte de bolsa esportiva após lesão e de bolsa acadêmica após mudanças na escola), permanecendo até a faculdade.

Antes de entrar na faculdade, teve uma experiência de trabalho no exterior, onde sofreu abuso sexual do dono de uma moradia onde estava ficando. Retornando ao Brasil, ingressou na faculdade, onde se aproximou do movimento estudantil. Apesar de se sentir realizada nas lutas sociais e reconhecida pelos estudantes, descreve o movimento como um ambiente hierárquico e julgador, com expectativas do que fazer e falar e duras críticas caso não as atenda. Essas características são personificadas pelo ex-namorado, que também integrava o movimento e adotava uma postura vertical e invalidante em relação a ela.

Em resumo, muitas das contingências históricas na vida de Laís foram caracterizadas por aceitação condicional. Ou seja, as pessoas a aceitariam e amariam, desde que cumprisse algumas expectativas relacionadas ao desempenho, condição econômica e passividade; e, em caso de desobediência, julgamentos e, às vezes, até abandonos eram frequentes.

A partir dessa conceituação de caso, a intervenção planejada consistiu em algumas etapas progressivas, nas quais a seguinte era incorporada na anterior, de modo a construir um repertório mais amplo e flexível por meio do qual Laís pudesse responder a interações sociais sem se afastar de importantes reforçadores:

1. Aumentar a sensibilidade aos seus eventos encobertos, desenvolvendo respostas de auto-observação e autodescrição por meio da evocação dessas respostas em sessão.
2. Desenvolver a aceitação de seus eventos encobertos por meio da validação dessas respostas, normalizando-as por meio do contexto atual e sua história de vida; bloqueio de falas analíticas, humorísticas e invalidantes; incentivo da autovalidação por parte da cliente.
3. Identificar os valores, descrevendo qualidades de ação importantes para a cliente por meio de momentos de vitalidade e pessoas admiradas (eventualmente descritas como autocuidado, respeito e reciprocidade).
4. Promover desfusão cognitiva, descrevendo pensamentos recorrentes (preocupar, invalidar e ruminar) e salientando sua função (proteger de possíveis julgamentos e abandonos) e seus custos (afastamento de valores e atividades importantes), encorajando que ela respondesse à função desses pensamentos em vez de seu conteúdo.
5. Promover expressão de sentimentos, opiniões e vontades para o terapeuta e para outras pessoas de modo alinhado com seus valores, deixando claras as possíveis consequências envolvidas em suas ações e retomando o trabalho de aceitação e desfusão para ajudá-la a agir de acordo com seus valores em interações sociais progressivamente mais desafiadoras.

CONCLUSÃO

A partir das diferentes abordagens descritas até aqui, é possível concluir que, quando a ansiedade se refere a sofrimento psicológico e, consequentemente, se constitui em demanda clínica, ela deve ser entendida como tipos de relações funcionais que compartilham características específicas e, por isso, estão descritas sob a mesma nomenclatura. Em geral, isso se refere a como o indivíduo está respondendo a eventos que, em decorrência de contingências filogenéticas, ontogenéticas e culturais, sinalizam perigo (apresentação de estímulo aversivo); porém, esse modo de reagir está sendo ineficaz em longo prazo ou restringe a vida da pessoa ao ponto de afastá-la de seus valores e outros reforçadores importantes.

Considerando o *continuum* de complexidade de eventos psicológicos, as relações funcionais podem envolver diferentes processos comportamentais e devem, portanto, ser analisadas de modo idiográfico, considerando a unicidade de cada pessoa e sua história. Esse olhar individualizado permite realizar análises funcionais moleculares, de situações concretas e pontuais, e então expandir para análises molares, que integram conjuntos de análises moleculares em padrões de comportamento recorrentes. Diversos padrões molares que contribuem para o sofrimento psicológico são descritos pela ACT e podem, desse modo, facilitar a conceituação de caso e o planejamento da intervenção.

As breves descrições de duas clientes que buscaram terapia com diagnósticos de transtorno de ansiedade ilustram como esse processo pode ocorrer. A partir de seus comportamentos verbais e não verbais em sessão, foram investigadas as relações (históricas e atuais) de dependência entre as respostas e eventos ambientais. Percebe-se o quão diferentes eram seus padrões comportamentais e histórias de vida. Os conceitos da ACT contribuíram para conduzir uma conceituação de caso articulando características individuais e específicas de cada cliente com padrões comportamentais (p. ex., fusão cognitiva) envolvidos recorrentemente em sofrimento psíquico. A integração entre esses dois aspectos (individualidade e conceitos pré-identificados) permite possibilidades enriquecedoras na conceituação de caso norteando o planejamento das intervenções terapêuticas com objetivos bem definidos.

REFERÊNCIAS

American Psychiatric Association. DSM-5: Manual diagnóstico e estatístico de transtornos mentais. Porto Alegre: Artmed; 2014.

Andrade LH, Wang YP, Andreoni S, Silveira CM, Alexandrino-Silva C, Siu ER, et al. Mental disorders in megacities: findings from the São Paulo megacity mental health survey, Brazil. PloS One. 2012;7(2):e31879.

Aue T, Okon-Singer H. Expectancy biases in fear and anxiety and their link to biases in attention. Clinical Psychology Review. 2015; 42:83-95.

Bar-Haim Y, Lamy D, Pergamin L, Bakermans-Kranenburg MJ, Van Ijzendoorn MH. Threat-related attentional bias in anxious and nonanxious individuals: a meta-analytic study. Psychological Bulletin. 2007; 133(1):1-24.

Barrett LF. Solving the emotion paradox: categorization and the experience of emotion. Personality and Social Psychology Review. 2006;10(1):20-46.

Baxter AJ, Scott KM, Vos T, Whiteford HA. Global prevalence of anxiety disorders: a systematic review and meta-regression. Psychological Medicine. 2013;43(5):897-910.

Blanchard DC, Blanchard RJ. Defensive behaviors, fear and anxiety. In: Blanchard RJ, Blanchard DC, Griebel G, Nutt DJ, editores. Handbook of anxiety and fear. Amsterdam: Academic Press; 2008. p. 63-80.

Bonow JT, Maragakis A, Follette WC. The challenge of developing a universal case conceptualization for functional analytic psychotherapy. International Journal of Behavioral Consultation and Therapy. 2012; 7(2-3):2-8.

Borkovec TD, Ray WJ, Stober J. Worry: a cognitive phenomenon intimately linked to affective, physiological, and interpersonal behavioral processes. Cognitive Therapy and Research. 1998;22(6):561-76.

Callaghan GM, Darrow SM. The role of functional assessment in third wave behavioral interventions: Foundations and future directions for a fourth wave. Current Opinion in Psychology. 2015;2:60-4.

Cicchetti D, Rogosch FA. Equifinality and multifinality in developmental psychopathology. Development and Psychopathology. 1996;8(4):597-600.

Coêlho NL, Tourinho EZ. O conceito de ansiedade na análise do comportamento. Psicologia: Reflexão e Crítica. 2008;21(2):171-8.

Corchs F, Schiller D. Threat-related disorders as persistent motivational states of defense. Current Opinion in Behavioral Sciences. 2019;26:62-8.

Craske MG, Rauch SL, Ursano R, Prenoveau J, Pine DS, Zinbarg RE. What is an anxiety disorder? Depression and Anxiety. 2009; 26(12):1066-85.

De-Farias AKCR, Fonseca FN, Nery LB. Teoria e formulação de casos em análise comportamental clínica. Porto Alegre: Artmed; 2018.

Dymond S, Roche B. A contemporary behavior analysis of anxiety and avoidance. The Behavior Analyst. 2009;32(1):7-27.

Ehring T, Watkins ER. Repetitive negative thinking as a transdiagnostic process. International Journal of Cognitive Therapy. 2008;1(3): 192-205.

Eifert JH, Forsyth JP. Acceptance and commitment therapy for anxiety disorders. Oakland: New Harbinger Publications, Inc.; 2005.

Ferreira DC, Tourinho EZ. Relações entre depressão e contingências culturais nas sociedades modernas: interpretação analítico-comportamental. Revista Brasileira de Terapia Comportamental e Cognitiva. 2011; 13(1):20-36.

First MB, Pincus HA, Levine JB, Williams JB, Ustun B, Peele R. Clinical utility as a criterion for revising psychiatric diagnoses. American Journal of Psychiatry. 2004; 161(6): 946-54.

Friman PC. The fear factor: A functional perspective on anxiety. In: Sturmey P, editor. Functional analysis in clinical treatment. Amsterdam: Academic Press; 2007. p. 375-97.

Friman PC, Hayes SC, Wilson KG. Why behavior analysts should study emotion: the example of anxiety. Journal of Applied Behavior Analysis. 1998;31(1):137-56.

Hayes SC, Follette WC. Can functional analysis provide a substitute for syndromal classification? Behavioral Assessment. 1992; 14(3-4):345-65.

Hayes SC, Hofmann SG, Stanton CE, Carpenter JK, Sanford BT, Curtiss JE, et al. The role of the individual in the coming era of process-based therapy. Behaviour Research and Therapy. 2019;117:40-53.

Haynes SN, O'Brien WH. Functional analysis in behavior therapy. Clinical Psychology Review. 1990;10(6):649-68.

Hofmann SG, Hayes SC. The future of intervention science: process-based therapy. Clinical Psychological Science. 2019;7(1):37-50.

Hyman SE. The diagnosis of mental disorders: the problem of reification. Annual Review of Clinical Psychology. 2010;6:155-79.

Kessler RC, Chiu WT, Demler O, Walters EE. Prevalence, severity, and comorbidity of 12-month DSM-IV disorders in the National Comorbidity Survey Replication. Archives of General Psychiatry. 2005;62(6): 617-27.

LeDoux JE. Anxious: using the brain to understand and treat fear and anxiety. New York: Penguin; 2015.

LeDoux JE, Pine DS. Using neuroscience to help understand fear and anxiety: a two-system framework. American Journal of Psychiatry. 2016;173(11):1083-93.

Lilienfeld SO, Treadway MT. Clashing diagnostic approaches: DSM-ICD versus RDoC. Annual Review of Clinical Psychology. 2016;12: 435-63.

Linehan MM. Treinamento de habilidades em DBT: manual de terapia comportamental dialética para o terapeuta. 2. ed. Porto Alegre: Artmed; 2018.

Mahoney AE, McEvoy PM. A transdiagnostic examination of intolerance of uncertainty across anxiety and depressive disorders. Cognitive Behaviour Therapy. 2012;41(3):212-22.

Marks IM, Nesse RM. Fear and fitness: an evolutionary analysis of anxiety disorders. Ethology and Sociobiology. 1994;15(5-6): 247-61.

Meyer SB, Villas-Bôas AA, Franceschini ACT, Oshiro CKB, Kameyama M, Rossi PR, et al.

Terapia analítico-comportamental: Relato de casos e de análises. São Paulo: Paradigma Núcleo de Análise do Comportamento; 2015.

Millenson JR. Princípios de análise do comportamento. Brasília: Coordenada/ Thesaurus; 1975.

Rico VV, Golfeto R, Hamasaki EIM. Sentimentos. In: Hübner MMC, Moreira MB, organizadores. Temas clássicos da psicologia sob a ótica da Análise do Comportamento. Rio de Janeiro: Guanabara Koogan; 2012. p. 88-99.

Sanislow CA, Pine DS, Quinn KJ, Kozak MJ, Garvey MA, Heinssen RK, et al. Developing constructs for psychopathology research: research domain criteria. Journal of Abnormal Psychology. 2010;119(4):631-9.

Sapolsky RM. Why zebras don't get ulcers. 3. ed. New York: St. Martin's Griffin; 2004.

Skinner BF. The operational analysis of psychological terms. Psychological Review, 1945; 52(5):270-277.

Stöber J, Borkovec TD. Reduced concreteness of worry in generalized anxiety disorder: findings from a therapy study. Cognitive Therapy and Research. 2002;26(1):89-96.

Tourinho EZ. Private stimuli, covert responses, and private events: conceptual remarks. The Behavior Analyst. 2006;29(1):13-31.

Zamignani DR, Banaco RA. Um panorama analítico-comportamental sobre os transtornos de ansiedade. Revista Brasileira de Terapia Comportamental e Cognitiva. 2005;7(1): 77-92.

11

Valores e recontextualização da subjetividade materna: um caso clínico

Catiele Paixão
Tiago Alfredo da Silva Ferreira

A Terapia de Aceitação e Compromisso (ACT) é um tratamento empiricamente testado da terceira onda das terapias comportamentais e cognitivas, que se destaca no âmbito das terapias contextuais (Hayes, 2019). Trata-se de um modelo psicoterápico que, a partir de uma abordagem transdiagnóstica do sofrimento, utiliza procedimentos baseados em evidências para intervir em processos de mudança clinicamente relevantes (Hayes & Hofmann, 2020). Isso significa dizer que a ACT não se restringe a qualquer classificação sindrômica ou protocolos específicos e pode ser utilizada em diversos quadros clínicos, desde os casos mais graves até aqueles que não possuem qualquer classificação nos manuais de diagnósticos de transtornos mentais (p. ex., DSM-5). As intervenções ACT são eficazes em desenvolver habilidades de flexibilidade psicológica, as quais produzem resultados positivos de longo alcance em diferentes psicopatologias, bem como na qualidade de vida e em hábitos saudáveis (p. ex., alimentação e atividade física) (Gloster et al., 2020).

Achados empíricos sugerem que uma grande parcela do sofrimento psicológico é explicada por comportamentos evitativos (Kelso et al., 2020; Sairanen et al., 2018), os quais têm origem em repertórios rígidos e limitados, com valores inconsistentes, e a redução de sintomas (p. ex., depressão, ansiedade ou pânico) não necessariamente promove uma vida plena, cheia de significado e propósito (Hayes, 2019). Portanto, a ACT prioriza a identificação das funções dos comportamentos na vida do indivíduo (i. e., variáveis mantenedoras do comportamento) e da forma como o indivíduo se relaciona com o contexto no qual está inserido (i. e., em quais ambientes os comportamentos ocorrem e quais benefícios em curto, médio ou longo prazo esses comportamentos proporcionam ao cliente) (Hayes & Hofmann, 2020).

O engajamento em valores individuais equivale a um importante preditor da redução de comportamentos de esquiva e, consequentemente, do sofrimento emocional (Kelso et al., 2020). A promoção de habilidades relacionadas a valores tem sido investigada em diversos contextos clínicos (p. ex., LeJeune & Luoma, 2019; Sandoz & Anderson, 2015) e na parentalidade esses tratamentos adquirem maior relevância porque os impactos diretos na subjetividade materna produzem consequências de longo prazo no desenvolvimento infantil (Flujas-Contreras & Gómez, 2018; Paixão & Alvarenga, 2019). Este capítulo discute os componentes de valores e procedimentos de recontextualização verbal a partir de estudos que abordam: (a) o impacto do engajamento na subjetividade de adultos; e (b) como descobrir, explorar e promover o compromisso com ações valorosas. Em seguida, o capítulo apresenta um caso clínico que ilustra os benefícios de uma intervenção baseada em valores a partir da recontextualização verbal da subjetividade materna.

O IMPACTO DO ENGAJAMENTO NA SUBJETIVIDADE DE ADULTOS

Promover e desenvolver a flexibilidade psicológica é o objetivo final de intervenções ACT. Esse processo psicológico pode ser compreendido como a capacidade de responder de forma adaptativa aos desafios da vida, vivenciando ampla consciência e engajamento em valores pessoais, mesmo em contextos nos quais a pessoa experimenta eventos privados profundamente dolorosos (Hayes, 2019). Embora o processo de flexibilidade psicológica envolva habilidades nos seis componentes da ACT de forma interligada, os componentes de engajamento (i. e., clarificação de valores e ações comprometidas) têm sido consistentemente destacados não apenas como parte de um modelo de flexibilidade psicológica, mas como a própria base desse processo de mudança (LeJeune & Luoma, 2019).

Valores podem ser descritos como a maneira de viver e ser ou como a direção que a pessoa escolhe dar para a própria vida ao considerar o que é importante e significativo para sua trajetória. Estão sempre disponíveis no momento presente e, por serem inesgotáveis, diferenciam-se de metas ou objetivos, os quais estão sempre projetados no futuro ou passado e servem apenas como indicadores de quão plenamente o indivíduo está seguindo em direção ao propósito escolhido do (Hayes, 2019). A definição técnica desse construto sugere se tratar de "qualidades estáveis e abrangentes do comportamento, descritas pelo próprio indivíduo em regras do tipo *augmental*, que estabelecem uma função de reforço positivo para seu próprio comportamento descrito" (Ferreira et al., 2020, p. 184). Assim, ao trabalhar valores no contexto clínico, o cliente é encorajado a assumir maior autonomia da própria vida, inclusive por esclarecer o principal objetivo de seu processo terapêutico.

Não obstante os componentes "clarificação de valores" e "ações comprometidas" estarem tão profundamente interligados, a ponto de serem descritos como se fossem apenas etapas de um mesmo construto (Barney et al., 2019), tratam-se de conceitos distintos, cujas repercussões clínicas se manifestam de forma diferente em qualquer dos dois componentes. Enquanto o componente clarificação de valores envolve, essencialmente, o campo da linguagem (i. e., identificar o que importa, o que a pessoa deseja para a própria vida), o componente ações comprometidas se refere às atitudes congruentes (i. e., a construção contínua de hábitos alinhados com as aspirações pessoais) (Hayes, 2019). Por exemplo, uma mãe que tenha baixa clareza sobre seus valores maternos pode apresentar ações comprometidas (p. ex., levar o filho à escola ou cozinhar alimentos preferidos da criança), mas vivenciar esses comportamentos com sofrimento pelo fato de as funções de estímulo não estarem relacionadas a algo valoroso (p. ex., ser uma mãe cuidadosa), mas como algo desencorajador e até oneroso.

Mais recentemente, particularmente ao longo dos últimos três anos, temos observado um crescente interesse científico em examinar os efeitos do engajamento na subjetividade de adultos (LeJeune & Luoma, 2019; Levin et al., 2020). Isso se deve principalmente às mudanças clínicas observadas a partir de intervenções em valores. Ao promover o contato com escolhas valorosas, o clínico estimula um aumento na vontade de experimentar contextos de vulnerabilidade em prol de viver uma vida valorosa e essa disposição está diretamente interligada aos componentes de abertura (i. e., aceitação e desfusão cognitiva) e de consciência (i. e., contato com o momento presente e *self* como contexto) (Sandoz & Anderson, 2015). Especialmente em contextos mais dolorosos, ao fazer escolhas conscientes sobre o que é importante para a própria vida, o indivíduo tende a apresentar maior clareza sobre eventos desafiadores, maior abertura para enfrentar os desafios que a vida lhe impõe e demonstra maior eficácia comportamental e comprometimento diante desses eventos (Berghoff et al., 2018; Smith et al., 2018). De forma oposta, em contextos de menor engajamento em valores, os indivíduos tendem a apresentar maior esquiva experiencial, menor sensibilidade aos estímulos do momento presente e, portanto, apresentam maiores prejuízos em seu funcionamento comportamental (Berghoff et al., 2018).

A esquiva experiencial, que se refere à indisposição para permanecer em contato com pensamentos e sentimentos aversivos, tem sido revelada como um importante fator de risco e manutenção de sofrimento psicológico (Grau et al., 2020; Kelso et al., 2020). Em pais de crianças com condições crônicas de saúde a esquiva experiencial explica cerca de 48% da variação nos diferentes sintomas psicológicos (p. ex., sintomas de ansiedade, depressão e estresse) (Sairanen et al., 2018). Todavia, os comportamentos de esquiva deixam de ser um fator de risco para a saúde mental em pessoas que experimentam uma vida consistentemente valorosa. Por exemplo, em um estudo longitudinal conduzido com 317 adultos nos EUA ao longo de 4 meses, o maior engajamento em comportamentos valorosos moderou significativamente os efeitos deletérios que a esquiva experiencial exerce em sintomas de ansiedade em longo prazo (Kelso et al., 2020). Nesse contexto, mais do que favorecer a redução de sintomas emocionais, o trabalho clínico com valores intervém diretamente na qualidade de vida, promovendo uma existência amplamente consciente e valorosa (Grau et al., 2020). O contato com valores pessoais promove maior consciência sobre a dor e o sofrimento, ao mesmo tempo que aumenta a abertura para experimentar eventos de vida aversivos inerentes ao contexto vivenciado (Smith et al., 2018). Esses benefícios clínicos são possíveis porque o engajamento está direta e inversamente relacionado à esquiva experiencial (Berghoff et al., 2018), bem como à redução na produção de cortisol, também reconhecido por hormônio do estresse (Gregg et al., 2014).

No contexto da parentalidade, as intervenções voltadas para a promoção do engajamento em valores revelam importantes benefícios para a interação entre mãe e criança. Mães com maior flexibilidade psicológica, em especial nas habilidades de aceitar emoções desagradáveis e se envolver em ações valorosas, tendem a apresentar maior sensibilidade às necessidades da criança e, portanto, utilizam estratégias mais adaptativas para a regulação do comportamento infantil, mesmo na presença de demandas estressantes (Flujas-Contreras & Gómez, 2018; Fonseca et al., 2020). Outros benefícios individuais das habilidades de aceitação e engajamento são consistentemente verificados na saúde mental e na qualidade de vida dos pais (Benjamin et al., 2020; Sairanen et al., 2018). Ademais, é importante destacar que esse tipo de tratamento com pais assume um caráter bidirecional, de modo que podem ser verificados tanto benefícios diretos na flexibilidade psicológica de mães quanto benefícios indiretos no comportamento da criança (Flujas-Contreras & Gómez, 2018).

COMO DESCOBRIR, EXPLORAR E PROMOVER O COMPROMISSO COM AÇÕES VALOROSAS

Da perspectiva da análise comportamental clínica, o conceito de valores enfatiza que são qualidades "livremente escolhidas" e não virtudes pré-atribuídas (Ferreira et al., 2020). Isso não sugere que seja algo aleatório e desconectado da história de vida do indivíduo, mas uma dimensão sem a proeminência de normas socialmente impostas. Nesse contexto, para o desenvolvimento de um repertório de vida significativo, é essencial tanto a criação de oportunidades na sessão para que o cliente mantenha contato com valores quanto ajudar o cliente no estabelecimento de contingências favoráveis ao contato com valores fora da sessão (Sandoz & Anderson, 2015). Os especialistas em ACT sugerem que o trabalho clínico em valores deve seguir algumas etapas: (a) o esclarecimento e a construção de valores; (b) a identificação de comportamentos consistentes com valores; e (c) o engajamento ativo e consciente em comportamentos valorosos (Barney et al., 2019). Em todo esse processo de mudança, a história de vida é utilizada como âncora para favorecer a amplitude e a manutenção do novo repertório.

Os procedimentos empiricamente testados para a promoção de engajamento envolvem abordagens experienciais e analíticas. As intervenções experienciais se caracterizam por estratégias que viabilizam o contato com experiências valorosas, dentro ou fora do *setting* terapêutico (p. ex., por intermédio de metáforas, meditação, a própria relação terapêutica ou experiências artísticas). Por exemplo, em um estudo de intervenção baseada em valores, os participantes foram solicitados a fazer fotografias de "coisas que tornam sua vida significativa" e descrever a importância de cada uma. Os resultados revelaram benefícios nos níveis de clareza sobre valores, de satisfação com a vida e de afeto positivo (Steger et al., 2014). Em outro procedimento, os personagens do filme *Frozen* foram utilizados para promover ações comprometidas. A partir dessa proposta, a terapeuta compara os prejuízos de agir com impulsividade e os benefícios de agir orientado por valores (Monteiro & Pereira, 2015).

Por sua vez, as intervenções analíticas são reconhecidas por enfatizar a descrição e análise de eventos, produzindo explicações sobre o comportamento do cliente ou de outras pessoas (p. ex., por meio de *worksheets*, textos de autoajuda ou psicoeducação). Em programas de intervenção estruturados, essa abordagem costuma ser utilizada para promover a autorreflexão sobre clareza de valores, bem como o engajamento em comportamentos valorosos (Levin et al., 2017, 2020). Ambos os tipos de abordagens de procedimentos (i. e., experienciais e analíticas) podem ser explorados pela recontextualização verbal.

A noção de recontextualização verbal foi apresentada desde o surgimento da ACT, quando o modelo ainda era reconhecido como Terapia de Distanciamento Compreensivo, e sua usabilidade foi descrita para os principais componentes desse modelo terapêutico (Hayes, 1987). Trata-se de uma estratégia, essencialmente analítica, que visa à alteração da maneira como as regras funcionam no contexto no qual ocorrem (i. e., à medida que um determinado tipo de controle por regra passa a ser enfraquecido, outros são fortalecidos), em benefício do cliente. Partindo do pressuposto de que controlar a ocorrência de eventos privados é inexequível, a recontextualização verbal pode ser utilizada para moderar ou interromper relações de literalidade com pensamentos e sentimentos pela adição de novos contextos verbais (Hayes et al., 1989).

Por exemplo, imaginemos um caso fictício de uma mãe que ao procurar terapia diz que deseja ser mais paciente para não perder a guarda de seus filhos, mas não consegue parar de pensar que vai perder a chance de conviver com os filhos. Embora seja uma demanda saudável, tem como função predominante a esquiva experiencial (p. ex., tentar parar os pensamentos difíceis) e, portanto, pode gerar uma série de prejuízos que incluem o aumento da desregulação emocional. Por outro lado, ao recontextualizar verbalmente a presença dos pensamentos e a autorregulação emocional, estabelecendo-os como parte do que para ela significa ser a melhor mãe possível, será viável criar o contexto necessário para expandir o repertório funcional. Um novo contexto verbal para a ocorrência dos pensamentos difíceis pode ser manejado pela terapeuta, por exemplo, em: "A presença desses pensamentos difíceis, e do medo que vem com eles, me mostra o quanto te importa ser uma mãe presente. Cada vez que você os vir (pensamentos e sentimentos), tenha a certeza de que está caminhando na direção de ser a mãe que você deseja ser". Ademais, em diferentes casos, o uso de metáforas segue amplamente encorajado para viabilizar a recontextualização verbal porque esse instrumento facilita a observação de derivações arbitrárias e o contato com contingências não verbais (Hayes, 2019).

Em suma, as intervenções baseadas em valores são amplamente indicadas para adultos por favorecer maior consciência e abertura para eventos aversivos em prol de uma vida consistentemente valorosa. O engajamento em valores também promove a saúde mental, a qualidade de vida e a flexibilidade psicológica. Esses achados revelam que os componentes de valores estão profundamente interligados aos demais componentes ACT, sendo, portanto, a base da flexibilidade psicológica. As estratégias para o trabalho com valores incluem abordagens analíticas e experienciais, que devem ser utilizadas para estimular a vontade de vivenciar a vulnerabilidade tanto dentro da sessão quanto fora do *setting* terapêutico. Por fim, cabe ressaltar que as estratégias de recontextualização verbal são longinquamente recomendadas e se destacam pela efetividade clínica na promoção do engajamento em terapias contextuais. A seguir, apresentamos um caso clínico atendido por Catiele Paixão, no qual foram utilizadas intervenções baseadas em valores, a partir de técnicas de recontextualização verbal.

CASO CLÍNICO: LAURA

Laura, uma mulher divorciada, 32 anos, mãe de Jonatan, 16 anos, e de Breno, 8 anos, foi encaminhada para atendimento psicológico por prescrição do neurocirurgião de seu filho mais novo. Breno foi diagnosticado com um tumor cerebral aos 5 anos de idade e foi submetido aos tratamentos cirúrgico e quimioterápico, que totalizaram 3 anos de duração. O prontuário médico da criança indicava como sequelas uma perda total da visão do olho esquerdo e uma cicatriz cirúrgica no couro cabeludo. Todavia, os relatos da mãe indicavam que Breno enxergava apenas algumas sombras ou objetos de grande porte, em curta distância.

O tratamento clínico de Breno já havia sido finalizado e a criança estava apenas em acompanhamento médico de rotina, uma conduta comum em casos de tumor cerebral. No encaminhamento para atendimento psicológico, o médico informou que, desde a finalização do tratamento, a mãe estava sendo orientada a retomar as atividades escolares da criança, bem como a buscar atendimento específico para deficientes visuais, porém se mostrava resistente a tais recomendações. Nesse contexto, a mãe foi submetida a um programa de intervenção focal, no qual foram realizadas dez sessões, com duração de 50 minutos cada.

Inicialmente, Laura não apresentou uma queixa específica, mas fez importantes relatos sobre a rotina cotidiana que mantinha com os filhos. Laura referiu que o convívio social de Breno era bastante restrito. Ela tinha receio de que seu filho fosse rejeitado e, como estratégia para se esquivar de tais contextos aversivos, mantinha-o sob seu completo controle e proteção: "*Eu boto ele mais no canto comigo, prefiro que ele fique perto de mim*". Laura explicava as restrições sociais de Breno com base nos problemas de saúde e na possível maior vulnerabilidade do filho, acreditando que a ausência de interações sociais poderia ser compensada com outras atividades, como brincadeiras com bichinhos de pelúcia ou de estimação: "*Ele fica o tempo todo esperando uma criança... mas* [com] *os pintinhos brinca como o quê, que são os amigos dele*". Contudo, seus relatos também indicavam que ela percebia que seu filho tinha vontade de interagir com outras crianças e que sofria por não ter com quem brincar: "*Ele chegou a dar crise, de ficar tristinho, que ele não tinha amigo*".

O discurso de Laura também indicava uma importante relação entre as restrições de convívio social de Breno e sua deficiência visual. Ela percebia déficits ou inadequações nos comportamentos de seu filho, em razão de seu problema de visão: "*Ele toca* [nas pessoas] *pelo fato de não enxergar direito* [...]. *E muitas crianças não gostam, porque as crianças querem correr e ele não pode fazer a mesma atividade*". Também demonstrava preocupação com a possibilidade de que Breno pudesse ser desprezado ou negligenciado por sua deficiência, ou pela inabilidade para lidar com esse tipo de situação: "*Vêm uns menininhos da idade dele* [...] *brincar de bola. Aí eu falo 'ô meu filho, vão rumar a bola em você'* [com o intuito de machucar]. *Porque os meninos ficam olhando para ele, como se ele fosse inusitado*". Além dessas questões, Laura evitava falar sobre a deficiência visual de Breno nos escassos ambientes sociais que ele experimentava e considerava ser "constrangedor" para o filho quando precisava guiá-lo para que ele não esbarrasse em ambientes poucos familiares ou quando não conseguia evitar que terceiros percebessem sua deficiência.

A partir desses relatos, foi possível identificar importantes repertórios prejudiciais da mãe, como baixa autoconfiança, fuga e esquiva de contextos aversivos ou desafiadores e baixo repertório para o enfrentamento, indicando passividade e necessidade de aceitação por parte do outro. Esse padrão de comportamentos estava estruturado como um *looping* (i. e., de forma cíclica) e os processos de inflexibilidade psicológica relevantes incluíam esquiva experiencial, fusão cognitiva e pouco contato com as contingências do momento presente. A Figura 1 ilustra uma representação gráfica do processo de inflexibilidade psicológica do caso clínico Laura. As setas simples destacam a direção única entre os eventos e as setas bidirecionais indicam a influência recíproca que os eventos possuem entre si, promovendo um processo de automanutenção.

Os comportamentos de Laura estavam, principalmente, sob controle da deficiência visual de Breno e de sentimentos e pensamentos, em vez de outros elementos contextuais de sua relação com a criança. Ela tinha pensamentos recorrentes de que o filho seria rejeitado em razão da deficiência visual ou de suas características físicas. Por temer que ele experimentasse tal sofrimento, ela sentia urgência em protegê-lo e, indiscriminadamente, comportava-se de forma pouco encorajadora, evitando a exposição social, mantendo o filho perto de si ou em esquiva das demandas especificamente relacionadas à deficiência. Além de impedir que Breno interagisse com outras crianças, ela continuamente o alertava sobre a possibilidade de que ele poderia experimentar algum tipo de sofrimento, caso escolhesse interagir com outras crianças. Como consequência dessas contingências de reforçamento, Laura não tinha muitas oportunidades para desenvolver o repertório comportamental necessário para apoiar o filho no enfrentamento de situações aversivas ou desafiadoras, portanto se mostrava passiva ou se esquivava da exposição social.

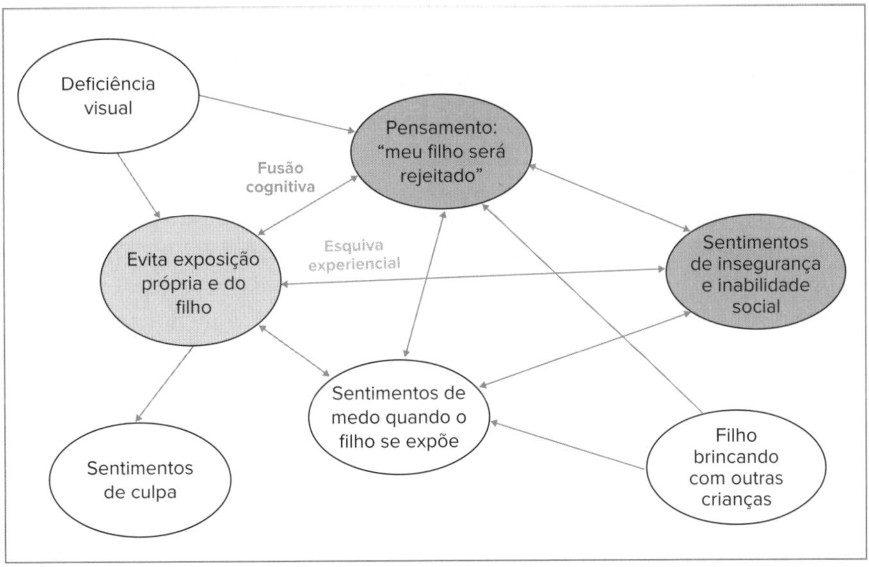

Figura 1 Análise Funcional dos processos de inflexibilidade psicológica.

Os relatos e as escolhas da cliente indicavam que seus valores maternos estavam relacionados a ser uma mãe presente e que apoia o crescimento do filho, porém a forma como ela se relacionava com as regras relativas a esse valor se mostrava bastante inflexível. Os valores não podem ser vividos plenamente se estão em desacordo com os outros processos de flexibilidade, do contrário é possível desenvolver fusão cognitiva com pensamentos de conteúdo valoroso e isso gerar uma inabilidade em ter contato com o momento presente com abertura e significado (LeJeune & Luoma, 2019). Laura nutria sentimento de culpa por não se fazer tão presente quanto idealizava na vida do filho mais velho, especialmente no período em que o filho mais novo demandava maior atenção e cuidado em razão do tratamento para o tumor cerebral. Foi também nesse período que ela se divorciou após descobrir uma traição do marido e, nesse contexto, passou a considerar que, pela ausência do pai das crianças, ela precisaria se fazer ainda mais presente. No entanto, em vez de vivenciar esse valor com flexibilidade e observando os diferentes caminhos que poderia seguir nessa direção, Laura se distanciava dessa dimensão de valor por experimentá-lo de forma rigidamente literal, em fusão cognitiva.

Laura acreditava que somente se pudesse se manter fisicamente perto de seus filhos estaria investindo nessa escolha valorosa. Também por esse motivo, ela sentia urgência em proteger Breno, mantinha-o perto de si e não estimulava sua interação social, a menos que tivesse condições de acompanhá-lo. Ademais, ao se mostrar presa às contingências do passado, a cliente imaginava que o atual contexto de deficiência visual do filho seria um impedimento ao estabelecimento de relações sociais sólidas, tanto para ela quanto para a criança. Nas raras ocasiões em que considerava a possibilidade de retomar sua vida social, para além do ambiente familiar, suas aspirações eram projetadas no futuro, quando fosse possível se mudar de volta para a cidade em que vivia antes do diagnóstico da criança.

Esse ciclo de inflexibilidade psicológica estava sendo mantido por reforçadores momentâneos e pelos estímulos verbalmente construídos ("*ele já sofreu demais, não quero passar por algo parecido novamente*"), mas acarretava uma série de prejuízos em longo prazo, como aqueles relacionados à menor autonomia e independência da criança e à maior resignação e sobrecarga de cuidados para a mãe. Diante dessa conceitualização, foram identificados os seguintes objetivos terapêuticos para o tratamento de Laura: 1) fomentar maior sensibilidade às contingências do momento presente; 2) desenvolver repertório para apoiar o filho na aceitação da deficiência e para lidar com os contextos desafiadores inerentes ao processo de reabilitação social; e 3) enfraquecer os padrões de esquiva experiencial a partir da promoção de clareza sobre os valores maternos e engajamento em uma vida materna valorosa.

INTERVENÇÃO

Inicialmente, foi essencial investir no desenvolvimento da relação terapêutica, qualificada por acolhimento, transparência, confiança e validação dos sentimentos apresentados. Laura revelava um rigoroso padrão de controle sob os comportamentos do filho e mesmo durante as sessões clínicas sua atenção se mostrava dividida entre falar sobre suas angústias e proteger ou corrigir o comportamento da criança. O estabelecimento do vínculo de confiança foi fundamental para que a cliente se dispusesse a experimentar o contato com o momento presente, a princípio no *setting* terapêutico. Nesse sentido, é importante salientar que a relação terapêutica é um lugar privilegiado para desenvolver o contato com o momento presente. Embora as estratégias usuais da ACT para esse processo enfatizem a utilização de metáforas ou práticas de meditação, a modelagem direta a partir da identificação de comportamentos clinicamente relevantes cumpre um papel essencial para que o "aqui e agora" seja desenvolvido em um contexto menos arbitrário e mais próximo das contingências naturais.

À medida que as contingências presentes no contexto clínico foram exploradas, a mãe recebeu psicoeducação sobre o desenvolvimento infantil e foi amplamente estimulada a se posicionar de forma ativa, enquanto agente facilitadora da inserção social de seu filho. Alguns sutis avanços foram observados a partir das primeiras sessões e, em algumas poucas ocasiões, a mãe relatou ter se sentido confiante em permitir que Breno interagisse com outras crianças sem sua supervisão. Porém, até a terceira sessão, seus relatos permaneciam indicando passividade e dificuldade em aceitar e lidar com a deficiência da criança. Por exemplo, ao relatar uma ocasião em que Breno foi impedido de cantar com outras crianças porque a responsável pelo grupo acreditava que, em razão da deficiência, ele não seria capaz de se apresentar em público, Laura relatou não ter interferido, mesmo percebendo a tristeza do filho e sabendo que ele era capaz de participar: "*Não tinha como eu falar 'ó, irmã, ele vai ficar triste', não teve como eu abrir a boca. Eu só fiz 'aham'* [...]. *Eu fiquei chocada, que não conseguia abrir a boca*". Nesse contexto, as estratégias terapêuticas foram revisadas e as sessões seguintes incluíram, predominantemente, procedimentos de recontextualização verbal e de habilidades relacionadas a valores, com enfoque mais experiencial do que analítico.

A recontextualização verbal envolve a atribuição de novos significados (e novas funções psicológicas) à experiência da paciente. Por exemplo, consideremos que a história da cliente tenha atribuído função aversiva a enfrentar uma autoridade (p. ex., o líder de um grupo de canto) e os sentimentos de medo e ansiedade nesses contextos tenham obtido função sinalizadora de esquiva. Ao trazer clareza verbal sobre os valores (Hayes, 2019) e emoldurar verbalmente a experiência de enfrentamento como partícipe desse caminho valoroso, esse novo contexto verbal atribui novas funções tanto para o estímulo público (p. ex., a autoridade se torna contexto evocativo para enfrentamento) quanto para os estímulos privados (p. ex., a ansiedade se torna um sinal de que "estou saindo positivamente da minha zona de conforto").

Outra estratégia importante para recontextualização verbal da experiência atual se refere à identificação das contingências históricas que formaram tanto os repertórios públicos e privados da paciente quanto sua maneira de reagir a eles. Nesse sentido, a narrativa da história de vida traz um novo contexto verbal, e com ele novas funções de estímulo, para a experiência atual. Ao compartilhar experiências de sua história de vida, a cliente revelou memórias dolorosas e sentimento da frustração quanto a sua relação conjugal e a falta de apoio do pai de Breno ao longo do adoecimento da criança. Em sua família, sua mãe teve 16 filhos e ela foi a "*única rejeitada*" e criada pela avó. Apesar de demonstrar profundo amor e gratidão a essa avó, Laura relatava sofrimento por ter sido rejeitada, por não ter convivido com mãe e irmãos e por se sentir diferente de outras crianças da mesma faixa etária. No relacionamento conjugal, a traição e escolha do marido por seguir com um novo relacionamento amoroso, em detrimento de manter o casamento que tinha consigo, também foi vivenciado como uma rejeição pessoal e aos filhos, visto que houve distanciamento físico e afetuoso das crianças.

No mesmo contexto, Laura relatou queixas de seu filho quanto ao distanciamento do pai, mas, como ainda estava sob controle de pensamentos e sentimentos construídos em sua história de vida, apresentava insensibilidade às contingências atuais. Em vez de apoiar os comportamentos do filho que revelavam interesse em buscar reaproximação com o pai, ela buscava controle sob os pensamentos e sentimentos que a criança relatava, cuidando para que não se sentisse triste ou com raiva. Como parte da intervenção, a cliente foi solicitada a listar, em uma coluna à esquerda, os cuidados que mantinha com a criança e, em uma coluna à direita, todos os cuidados que mantinha consigo. Ao receber essa proposta ela se mostrou reflexiva e disse que há muito não pensava em cuidados para si. Foi então estimulada a pensar sobre essa lista e a descrevê-la detalhadamente para a sessão seguinte.

A lista de cuidados foi utilizada para iniciar a clarificação de valores e o engajamento em comportamentos valorosos por meio da recontextualização da subjetividade materna e da relação com as experiências privadas. Ao apresentar os itens listados, a mãe destacou sua dedicação excessiva aos filhos, em detrimento da atenção e cuidado que direcionava a si mesma. Ela inclusive revelou que o filho mais novo dividia o mesmo quarto com ela e que, portanto, já não tinha qualquer privacidade. Também de forma inflexível, Laura explicava essas condições como invariáveis no exercício da maternidade. A fim de facilitar a modificação do controle verbal produzido pela cliente, foi utilizada a metáfora da máscara de oxigênio, a qual tem como eixo central a noção de que, para poder realmente cuidar de alguém, é preciso inicialmente atender às próprias necessidades de cuidado.

A partir dessa intervenção, a cliente foi capaz de discorrer sobre seus desejos pessoais e explicitou o quanto se sentia sobrecarregada pelo excesso de cuidados que dispensava aos filhos. Esse procedimento também esclarece outro ponto central no desenvolvimento de processos psicológicos relacionados a valores: a importância da variabilidade nos domínios de valor. Em geral, os livros-texto da ACT (p. ex., Harris, 2009; Sandoz & Anderson, 2015) trazem listas dos diferentes domínios de valor, classificados de acordo com as diversas áreas da vida, como vida social, profissional, espiritual ou familiar. Cultivar valores nos diferentes domínios favorece a flexibilidade psicológica pela ampliação de repertórios e por reduzir possíveis processos de fusão cognitiva com limitadas regras de valor.

A lista de cuidados também foi ponto de partida para trabalhar a abertura aos eventos privados indesejados. Dentre as inúmeras atividades que desenvolvia ao zelar pelo bem-estar dos filhos, Laura incluiu aspectos que indicavam a constante busca por controlar os pensamentos e sentimentos dos filhos. Por exemplo, ao observar qualquer conflito entre as crianças, ela imediatamente intervinha, antes mesmo de eles experimentarem qualquer tentativa de resolução. Em situações semelhantes, quando seus filhos relatavam qualquer memória difícil e sentimentos como raiva ou tristeza com o pai, Laura instruía as crianças a não falarem sobre esses eventos privados. Ela imaginava não ser justo com outras pessoas, nem mesmo o pai das crianças, ouvir queixas e sofrimentos desagradáveis, e que ela seria capaz de dar conta de tudo. Nesse caso, a recontextualização das experiências privadas foi facilitada pela metáfora da "caça em famílias de leões". O objetivo dessa metáfora é enfatizar que, mais do que proteger os filhos, os pais têm a responsabilidade de favorecer o desenvolvimento de autonomia. A cliente foi convidada a refletir sobre suas autorregras e a considerar a importância de garantir autonomia ao filho, para que ele pudesse desenvolver suas habilidades, especialmente em contato com outras crianças, sem sua constante interferência.

Apesar de ter mudado a forma como se relacionava com as diversas autorregras acima destacadas, os investimentos e expectativas de Laura para Breno ainda permaneciam, em alguma medida, restritas pelas regras que produziu sobre a deficiência visual. Ela já conseguia ter maior clareza sobre o próprio valor materno, mas restava ampliar o engajamento em ações comprometidas com esse valor. Nesse sentido, um recurso audiovisual foi utilizado como instrumento para a promoção do compromisso com valores. O vídeo apresentava a experiência de vida profissional, social e familiar de diversas crianças e adultos com deficiência visual. Ao final do vídeo, a cliente foi questionada sobre o futuro que planejava para seu filho e passou a reconsiderar os investimentos que deveria fazer no presente. Nesse período ela já demonstrava expectativas mais ambiciosas e inclusive conseguiu relembrar um caso semelhante em sua família, de alguém com deficiência auditiva que teria alcançado amplos níveis de autonomia. Durante essas reflexões a cliente tentou se justificar pelo que, a partir daquele momento, considerava terem sido escolhas equivocadas e foi acolhida e encorajada a escolher com base em seus valores, livre de normativas sociais.

MUDANÇAS OBSERVADAS

Ao final da intervenção, a cliente havia apresentado importantes mudanças em relação ao início dos atendimentos. No que se refere à rotina do cotidiano, Breno foi matriculado em uma escola regular, estava fazendo treinamento específico para deficientes visuais, interagia com pares cotidianamente, em variados ambientes sociais, e estava integrado a dois grupos de crianças que se reuniam semanalmente para atividades específicas. Na rotina de casa também houve mudanças. A cliente decidiu comprar uma nova cama e, mesmo diante de alguma resistência à separação, Breno passou a dividir o quarto com o irmão, garantindo assim algum nível de privacidade, tanto para a cliente quanto para seu filho.

Quanto aos processos psicológicos, uma importante mudança pôde ser identificada na maior sensibilidade às contingências do momento presente e compromisso com valores. Antes da intervenção, os relatos maternos sugeriam que ela não percebia os prejuízos decorrentes da restrição de contato social de seu filho. Contudo, após a intervenção, seus relatos indicaram maior engajamento para que seu filho tivesse mais oportunidades de interação social e maior clareza sobre a importância de ele se relacionar com pares: "*Ele vai para escola agora, ele indo para escola eu sei que ele vai se relacionar bem melhor ainda*" (ver Figura 2). Em reiteradas ocasiões, ela relatou perceber melhora nos comportamentos e nas emoções expressas por seu filho. Por exemplo, disse que ele estava mais obediente e considerou o aperfeiçoamento nas habilidades de Breno para interagir com pares porque ele já conseguia estabelecer contato social sem tanta necessidade de tocar no corpo das crianças e porque já conseguia falar sobre a própria deficiência. Laura também já apresentava maior abertura aos eventos privados indesejados e relatou ter apoiado o filho na busca pela aproximação com o pai, inclusive quando a criança manifestava desejo de expressar sentimentos e pensamentos dolorosos na interação com ele.

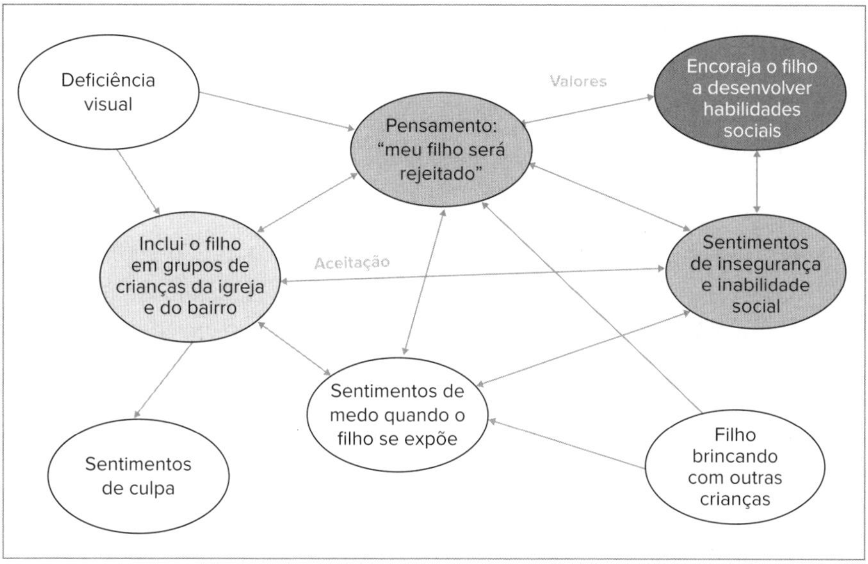

Figura 2 Análise funcional dos processos de flexibilidade psicológica.

Apesar dos benefícios destacados, a inserção de Breno em novos ambientes sociais também gerou alguns conflitos. A mãe relatou que, em algumas ocasiões, seu filho foi rejeitado, agredido fisicamente ou humilhado por outras crianças em razão da cicatriz cirúrgica no couro cabeludo e da deficiência visual. No entanto, diferentemente dos comportamentos de esquiva comuns no início da intervenção, a cliente relatou que incentivava seu filho a permanecer e persistir nas interações por acreditar que seria importante que ele se adaptasse ao convívio social: "*Eu falei para ele, 'não, meu filho, vai continuar, sim. Agora você vai aprender a dizer para eles que você não é louco, não'*". Além disso, Laura demonstrava ciência de que seu compromisso com valores seria uma trajetória e não uma meta a ser alcançada. Ela afirmava que, apesar de ter melhorado, percebia que seu filho ainda precisava aprimorar e adquirir algumas competências e que ela estaria com ele para apoiar seu desenvolvimento.

CONCLUSÃO

As estratégias para promover o engajamento em valores maternos revelam importantes resultados positivos na qualidade da interação entre a mãe e a criança. Esses benefícios não se restringem aos componentes de engajamento (i. e., clarificação de valores e ações comprometidas), mas também podem ser observados nas demais habilidades de flexibilidade psicológica. Isso se deve ao fato de os seis componentes do hexaflex serem inextricavelmente interligados. Assim sendo, ao promover o engajamento, a terapeuta também estará mobilizando estratégias de abertura (aceitação e desfusão cognitiva) e de consciência (i. e., contato com o momento presente e *self* como contexto), o que ressalta a necessidade de a profissional se manter flexível, se movimentando ao longo dos seis componentes, ainda que mantenha maior foco em um ou dois processos de mudança específicos (Hayes, 2019).

Por outro lado, também observamos no caso clínico apresentado neste capítulo que os valores pessoais podem ser experimentados no contexto de inflexibilidade psicológica. Ao utilizar procedimentos para o manejo clínico de ações valorosas, é importante que a terapeuta esteja atenta aos demais componentes desse processo psicológico, a fim de garantir que o cliente não vivencie seus valores pessoais de forma rígida e inflexível. Em diferentes contextos, é comum que, em vez de vivenciar os valores em suas diferentes dimensões (p. ex., vida profissional, familiar, social, amorosa etc.), o indivíduo dedique maior investimento em apenas uma dimensão e sofra por negligenciar outras áreas de sua vida igualmente importantes. Nesses casos, é essencial que a terapeuta promova a flexibilidade estimulando a vivência em valores nas suas diversas dimensões. Por fim, vale salientar que o trabalho clínico com valores no contexto da parentalidade tem uma abordagem bigeracional e, portanto, repercute em efeitos positivos na subjetividade da mãe e também no desenvolvimento da criança.

REFERÊNCIAS

Barney JL, Lillis J, Haynos AF, Forman E, Juarascio AS. Assessing the valuing process in Acceptance and Commitment Therapy: experts' review of the current status and recommendations for future measure development. Journal of Contextual Behavioral Science. 2019;12:225-33.

Benjamin JZ, Harbeck-Weber C, Ale C, Sim L. Becoming flexible: Increase in parent psychological flexibility uniquely predicts better well-being following participation in a pediatric interdisciplinary pain rehabilitation program. Journal of Contextual Behavioral Science. 2020;15:181-8.

Berghoff CR, Ritzert TR, Forsyth JP. Value-guided action: within-day and lagged relations of experiential avoidance, mindful awareness, and cognitive fusion in a non-clinical sample. Journal of Contextual Behavioral Science. 2018;10:19-23.

Ferreira TA da S, Simões AS, Ferreira AR, Santos BOS. What are values in clinical behavior analysis? Perspectives on Behavior Science. 2020;43(1):177-88.

Flujas-Contreras JM, Gómez I. Improving flexible parenting with Acceptance and Commitment Therapy: a case study. Journal of Contextual Behavioral Science. 2018;8:29-35.

Fonseca A, Moreira H, Canavarro MC. Uncovering the links between parenting stress and parenting styles: the role of psychological flexibility within parenting and global psychological flexibility. Journal of Contextual Behavioral Science. 2020;18: 59-67.

Gloster AT, Walder N, Levin M, Twohig M, Karekla M. The empirical status of Acceptance and Commitment Therapy: a review of meta-analyses. Journal of Contextual Behavioral Science. 2020;116544.

Grau PP, McDonald JE, Clark MN, Wetterneck CT. The relationship between three ACT core processes of change, PTSD, and depressive symptoms. Journal of Contextual Behavioral Science. 2020;16:178-82.

Gregg JA, Namekata MS, Louie WA, Chancellor-Freeland C. Impact of values clarification on cortisol reactivity to an acute stressor. Journal of Contextual Behavioral Science. 2014;3(4):299-304.

Harris R. ACT made simple: an easy-to-read primer on Acceptance and Commitment Therapy. Oakland: New Harbinger Publications; 2009.

Hayes SC. A contextual approach to therapeutic change. In: Jacobson N, editor. Psychotherapists in clinical practice: cognitive and behavioral perspectives. New York: Avery; York: Guildford; 1987. p. 327-8.

Hayes SC. A liberated mind: how to pivot toward what matters. New York: Avery; 2019.

Hayes SC, Hofmann SG. Beyond the DSM: toward a process-based alternative for diagnosis and mental health treatment. Oakland: Context Press: An Imprint of New Harbinger Publications, Inc.; 2020.

Hayes SC, Kohlenberg BS, Melancon SM. Avoiding and altering rule-control as a strategy of clinical intervention. In: Hayes SC, editor. Rule-Governed Behavior: cognition, contigencies, and instructional control. New York: Plenum; 1989. p. 359.

Kelso KC, Kashdan TB, Imamoğlu A, Ashraf A. Meaning in life buffers the impact of experiential avoidance on anxiety. Journal of Contextual Behavioral Science. 2020.

LeJeune J, Luoma J. Values in therapy. Oakland: Context Press: An Imprint of New Harbinger Publications, Inc.; 2019.

Levin ME, Haeger J, Pierce B, Cruz RA. Evaluating an adjunctive mobile app to enhance psychological flexibility in acceptance and commitment therapy. Behavior Modification. 2017;41(6):846-67.

Levin ME, Krafft J, Hicks ET, Pierce B, Twohig MP. A randomized dismantling trial of the open and engaged components of acceptance and commitment therapy in an online intervention for distressed college students. Behaviour Research and Therapy. 2020;126:1-11.

Monteiro J, Pereira N. Terapia de Aceitação e Compromisso (ACT) e cinema: proposta de intervenção a partir de "Frozen" "Parcialmente Nublado/Partly Cloudy ". Revista Brasileira de Terapia Comportamental e Cognitiva. 2015;XVII(2):33-45.

Paixão C, Alvarenga P. Effects of an intervention on social competence of children surviving brain tumors. Paidéia. 2019;29(e2914):1-10.

Sairanen E, Lappalainen P, Hiltunen A. Psychological inflexibility explains distress in parents whose children have chronic conditions. PLoS One. 2018;13(7):1-10.

Sandoz EK, Anderson RS. Building awareness, openness, and action: values work in behavior therapy. The Behavior Therapist. 2015;38(3):60-9.

Smith BM, Villatte JL, Ong CW, Butcher GM, Twohig MP, Levin ME, et al. The influence of a personal values intervention on cold pressor-induced distress tolerance. Behavior Modification. 2018;43(5):1-23.

Steger MF, Shim Y, Barenz J, Shin JY. Through the windows of the soul: a pilot study using photography to enhance meaning in life. Journal of Contextual Behavioral Science. 2014;3(1):27-30.

12

ACT com crianças: desafios e possibilidades

Fatima Cristina de Souza Conte
Tauane Paula Gehm

As décadas de 1980/90 configuraram-se como um momento extremamente especial da história da Análise Clínica Comportamental. Assistiu-se ali ao aparecimento de novos modelos de intervenções psicoterapêuticas, que incorporaram conhecimentos, então recentes, produzidos tanto sobre o comportamento verbal e a linguagem como sobre a relação terapêutica enquanto instância de intervenção direta. Tais propostas visavam a responder a questões e críticas feitas aos modelos comportamentais e cognitivos comportamentais das décadas anteriores, relacionadas, sobretudo, aos pressupostos e aos procedimentos utilizados nas abordagens terapêuticas do mundo privado dos clientes. Nesse conjunto, nomeado de terceira onda ou geração das terapias comportamentais, destacou-se expressivamente a terapia de aceitação e compromisso (ACT) (Hayes, 1994). Mais recentemente, as terapias que fazem parte da *Terceira Onda* foram chamadas de Terapias Contextuais, estando ancoradas no Behaviorismo Radical e no Contextualismo Funcional.

A ACT foi criada originalmente para atender à população adulta, havendo, só mais à frente, algumas iniciativas de sua adaptação à população infantil (Conte, 1999; Murrel, Coyne & Wilson, 2004; Greco & Hayes, 2008), e, ainda hoje, diferentes autores apontam para a escassez de materiais sobre o atendimento a crianças, sendo necessárias mais iniciativas nesse sentido (Murrel, Coyne & Wilson, 2004; Ferro-García, Vives-Montero & Ascanio-Velasco, 2009; Cheang, Gillions & Sparkes, 2019). Do ponto de vista das autoras, tal escassez pode ser decorrente de alguns fatores. Em primeiro lugar, na cultura vigente, ainda há dificuldade em reconhecer as crianças como seres humanos completos e complexos que merecem ser ouvidos/compreendidos tanto quanto os adultos e, mais especificamente, terem participação ativa em seu próprio processo de desenvolvimento (Ariès, 1978). Ainda, a não ser por questões específicas, o sofrimento de adultos parece ser sempre prioritário e a pesquisa com a população adulta, principalmente masculina, ainda hoje é a "norma" na área de saúde. Em segundo lugar, as terapias de terceira geração enfatizam a importância do comportamento verbal e da linguagem na determinação do sofrimento humano e esses são aprendidos no decorrer do desenvolvimento de cada indivíduo, em decorrência de uma combinação especial de determinantes ontogenéticos, filogenéticos e culturais. Crianças não se constituem em um grupo "tão homogêneo" como o dos adultos. Assim, as propostas terapêuticas para as crianças deveriam considerar as diferenças, limitações e variações comportamentais que se correlacionam aos vários momentos do desenvolvimento, o que, sem dúvida, traria mais complexidade para a elaboração de uma proposta a elas destinada. Então, por essas razões não parece razoável pressupor que as Terapias Contextuais sejam diretamente aplicáveis a todas as idades e populações, da forma como originalmente elaboradas, sem prévia de adaptação. Realizar tais adaptações não é tarefa simples e certamente demanda um conhecimento profundo de questões relacionadas ao desenvolvimento infantil, temática sobre a qual a abordagem comportamental tem se detido muito pouco até agora (Gehm, 2013).

Dadas essas informações e considerações, neste capítulo, pretende-se ilustrar processos ACT ocorrendo na clínica infantil analítico-comportamental, considerando-se, ali, as especificidades do trabalho com essa população. Contudo, não se pretende aqui delinear um modelo de atuação ou sanar todas as dúvidas em relação a como aplicar a ACT com crianças, tampouco apresentar estratégias que funcionarão indiscriminadamente para todos os casos. O propósito deste trabalho é descrever algumas compreensões, adaptações e práticas realizadas pelas autoras, junto às crianças, baseadas na ACT, na intenção de favorecer o desenvolvimento da flexibilidade psicológica, conforme seu objetivo maior, por considerarem ser esse complexo comportamento de ordem superior e aqueles que o compõem relevantes tanto para o desenvolvimento saudável das crianças quanto para a construção de uma vida de qualidade para elas e por elas. O foco aqui será especificamente o trabalho que terapeutas realizam diretamente com as crianças em sessão, ficando fora do escopo deste capítulo a descrição da atuação conjunta que deve e é sempre feita com a família, em paralelo. Para uma análise a esse respeito, sugerimos a leitura de Coyne & Wilson (2004).

DA ESQUIVA EXPERIENCIAL À ACEITAÇÃO

Processos de fuga e esquiva são observados em diferentes espécies, desde o início da vida, sendo aprendizagens importantes para a sobrevivência do indivíduo e do grupo. Com o desenvolvimento do repertório verbal, contudo, tais processos podem cada vez mais facilmente se desconectar de seu valor de sobrevivência, com eventos neutros adquirindo propriedades e funções aversivas também a partir de relações arbitrariamente estabelecidas (para uma discussão mais aprofundada, sugere-se a leitura de Perez et al., 2013). Esquiva experiencial é um termo cunhado para descrever a emissão de comportamentos que se configuram como tentativas de fuga/esquiva de sentir e/ou de estar em contato com quaisquer outros eventos encobertos (sensações e pensamentos) (Hayes, Strosahl & Wilson, 1999).

A existência de um termo especialmente designado para retratar a fuga/esquiva de eventos internos se deve, entre outras coisas, à importância desse processo comportamental na sociedade vigente, que possui práticas que estabelecem e mantêm a esquiva experiencial desde os primeiros cuidados com o bebê. Por exemplo, é comum que se fale à mãe: "Não fique muito com o teu filho no colo, depois você terá que voltar a trabalhar e ele vai sofrer". Com esse tipo de verbalização, ensina-se à mãe e, já, em paralelo, à criança, que é preferível evitar o bem-estar decorrente de estar no colo dela (contato físico, que é uma estimulação importante e apetitiva, naturalmente reforçadora positiva) para evitar também o sofrimento que poderia advir da ausência temporária desse tipo de contato futuramente (e ser negativamente reforçado em sua escolha) do que ter esse cuidado e carinho (sendo assim, positivamente reforçado em sua escolha) e, posteriormente, ter de enfrentar o sofrimento "natural" decorrente da ausência temporária do colo materno. Assim, pelo treinamento por meio de repetições com vários exemplares, funcionalmente similares, segue-se ensinando que, prioritariamente, deve-se escolher evitar o sofrimento encoberto a acessar reforçadores positivos. Da mesma forma, ensina-se que a esquiva experiencial é desejável e que reforçamento negativo é melhor do que reforçamento positivo. Portanto, regras arbitrariamente estabelecidas em uma cultura podem reger o comportamento de cuidadores e favorecer para que as crianças aprendam, desde cedo, a alocar suas respostas em processos de fuga/esquiva experienciais, em detrimento da alocação em contingências de reforçamento positivo. Tal cenário amplia as possibilidades de sofrimento. Um caso clínico pode ajudar a ilustrar essa questão.

Marcos, um menino de 8 anos, apresentava dificuldade na aprendizagem da leitura/escrita. Enquanto todos os colegas já haviam aprendido os repertórios associados, Marcos havia "ficado para trás" na turma. Na mesma época, começou a mentir muito e a roubar objetos de seus colegas. As mentiras envolviam falar sobre viagens fictícias e bens que a família não possuía; já os objetos roubados eram mostrados aos amigos como se fossem seus, exaltando-os, provavelmente na tentativa de exaltar a si mesmo. Nas situações em que discriminava qualquer possibilidade de ser desmascarado, respondia com bastante agressividade, (p. ex., gritos e agressão física) a quem estivesse por perto. Isso frequentemente fazia com que a atenção dos demais se deslocasse para suas respostas agressivas, temporariamente desviando-a de suas mentiras ou roubos. Quanto mais os pais tentavam ensinar estratégias de autocontrole da raiva, piores os episódios ficavam.

Ao longo das sessões, Marcos demonstrou ter uma sensação grande de desvalia, da qual tentava se esquivar de todas as formas (esquiva experiencial) também em sessão, por meio de respostas agressivas, de mentiras e de roubos, como em outros ambientes. Observou-se que roubar e mentir produziam a sensação imediata de admiração por suas conquistas materiais, reduzindo temporariamente sua sensação de incapacidade/desvalor, que logo se esvaía por pensamentos como "se eles descobrirem a verdade, vão achar que sou pior ainda". Como esperado, a cadeia comportamental de sofrimento só aumentava. Ainda, as tentativas dos pais de lhe ensinarem autocontrole da raiva faziam com que ele se sentisse ainda mais incapaz, o que era contexto para o surgimento de respostas agressivas mais intensas.

Ao mesmo tempo, todas essas contingências eram incompatíveis com o "dizer a verdade" – resposta esta que, se ocorresse, poderia ser consequenciada com demonstrações de afeto e, dessa forma, fazê-lo se sentir amado como pessoa, a despeito de suas dificuldades. Esse processo de fuga/esquiva dos próprios sentimentos e pensamentos também parecia estar representado nos desenhos que fazia. Destaca-se aqui a confecção de duas telas, pintadas por ele. Na primeira, o cliente representou o sentimento de inveja: pintou primeiro um rosto triste; em seguida, cobriu toda a tela com tinta azul, de forma que a face de tristeza não fosse mais visível; por fim, pintou sobre a tinta azul um rosto supostamente feliz. Na segunda, representou a vergonha: na parte de trás da tela, Marcos pintou um coração partido ao meio e, posteriormente, na parte da frente colocou um rosto "com dentes afiados de raiva". Raiva e sorrisos forçados pareciam esconder, assim, muita tristeza e serem respostas que visavam a evitar que ele mesmo e outras pessoas acessassem o sentimento mais difícil para ele: a tristeza e a sensação de que não tinha valor.

Terapeutas de diferentes gerações da terapia comportamental poderiam conduzir um trabalho psicoterápico com Marcos – todos, inclusive, poderiam ter sucesso. Uma terapia mais centrada nos moldes da primeira ou segunda onda poderia estabelecer como objetivos, por exemplo, o ensino de escrita/leitura e o fortalecimento de respostas sociais adequadas, que incluíssem assertividade, falar a verdade, respeitar o que é do outro etc. Eventualmente, um trabalho assim produziria sensações, sentimentos e pensamentos mais agradáveis, reduzindo também a sensação de tristeza e de não ter valor. Mas a terapia nos moldes da ACT não teria somente esses objetivos: ela pretende ir além, reduzindo a esquiva experiencial disfuncional e aumentando a flexibilidade psicológica.

A flexibilidade psicológica é definida como a habilidade de estar em contato com o momento presente, de forma completa, consciente e sem defesas ou esquivas disfuncionais, escolhendo mudar ou persistir em um comportamento de acordo com os valores estabelecidos e não pela presença de encobertos desagradáveis (Hayes et al., 2006), que, inclusive, tendem à extinção com esse proceder. De acordo com tal definição, a ACT tem um objetivo amplo e complexo que, por sua vez, é composto por classes de resposta de menor amplitude que podem facilitar sua ocorrência, dentre os quais podemos destacar: habilidade de tolerar e aceitar os próprios sentimentos, pensamentos e sensações; habilidade de compreender e reagir ao seu *self* como contexto e ponto de partida para a tomada de perspectiva; habilidade de identificar valores e de fazer escolhas de ações comprometidas com eles; habilidades de desfusão e de manter atenção plena ao momento presente. Embora a flexibilidade psicológica seja sempre o foco maior da ACT, cada um dos repertórios citados pode ou não ser alvo de intervenções específicas e tal definição dependerá da análise funcional do caso, que deve compreender não apenas as contingências em vigor, mas também os limites e possibilidades relacionadas ao desenvolvimento daquela criança. No caso de Marcos, fez-se necessário, por exemplo, trabalhar primeiro a aceitação da tristeza e a "desfusão" (quebra de relações de coordenação) entre o "eu/*self*/contexto", o pensamento de "ausência de valor" e o autoconceito historicamente constituído. Só depois desse trabalho Marcos conseguiu estabelecer uma relação hierárquica entre *self* e o autoconceito e conseguiu entrar mais em contato com o momento presente, sentir e identificar as contingências de reforçamento positivo às quais estava exposto e, então, escolher os valores que trariam sentido à sua vida.

No atendimento com crianças, frequentemente a aceitação dos próprios sentimentos/pensamentos passa, primeiro, pelo desenvolvimento de habilidades emocionais básicas. Depois que o ambiente do consultório e a figura do terapeuta são estabelecidos como reforçadores, é possível propor atividades que permitam à criança o contato com seus eventos internos. Técnicas expressivas, como o desenho, a argila/massinha e a própria fantasia podem ajudar nisso, junto com intervenções do psicoterapeuta que possam evocar a descrição de sentimentos e pensamentos (p. ex., "Como essa pessoa se sentiu?", "Puxa, o que será que esse personagem pensou?", "Eu teria me sentido triste no lugar dele. E você?"), bem como fornecer consequências reforçadoras para descrições e nomeações compatíveis (geralmente expressões de empatia, compreensão, validação e outras sinalizações de presença de afeto e aumento de vínculo). Com Marcos, uma das estratégias utilizadas em sessão foi a confecção de uma caixa que seria só dele.

> TERAPEUTA: *Marcos, está vendo essa caixa? Eu forrei toda ela com papel sulfite. Ela vai ser só sua e você pode decorar da forma que quiser e colocar dentro dela o que quiser também. Essa caixa vai ser bastante importante nos nossos atendimentos: eu prometo que durante a semana vou cuidar dela,*

deixando-a em um lugar protegido, sem acesso aos outros pacientes. Prometo também nunca olhar dentro dela sem a sua permissão. O único que poderá abrir e me mostrar o que há dentro é você. Aqui tem canetinha, tinta, lápis de cor, massinha... tudo para você decorar como quiser.

MARCOS: *E o que eu desenho nela?*

TERAPEUTA: *Qualquer coisa que você quiser. Talvez algo que te represente.*

MARCOS: *Farei algo muito colorido e feliz.*

De fato, externamente, a caixa desenhada por Marcos era bastante colorida e agradável aos olhos de quem a via. Ao longo dos atendimentos, Marcos fazia algumas tentativas de escrita de palavras soltas em folhas de papel sulfite. Quando ele tinha certeza de que a palavra escrita estava correta, mostrava à psicoterapeuta; quando tinha dificuldade e/ou errava, colocava rapidamente o papel dentro da caixa sem mostrar à terapeuta e, em seguida, ficava irritado. Quando isso acontecia, a terapeuta imediatamente acolhia suas reações e logo propunha outras atividades, mais fáceis e prazerosas, mas sem explicitar claramente, de maneira que o foco no erro e na raiva não prevalecesse por muito tempo e sim que pudesse logo emitir o comportamento de tentar prosseguir a despeito da dificuldade. Ainda que não falasse diretamente sobre suas dificuldades, Marcos apresentava-as diretamente na interação com a terapeuta: estava errando, entristecendo-se, reagindo com agressividade e sentindo-se sem valor e, ao mesmo tempo, obtendo validação. Assim, a despeito do sofrimento que apresentava, sessão após sessão, a terapeuta observava que o vínculo entre eles só aumentava.

Com o passar das sessões, Marcos começou a guardar na caixa também os desenhos que sentia orgulho de ter feito e, assim, a sentir vontade de mostrar para a terapeuta, de tempos em tempos, o que havia lá dentro. Ao mostrar, inicialmente, passava correndo pelos seus "erros" e detinha-se por mais tempo naquilo que lhe dava orgulho. Depois de algumas sessões agindo dessa forma, os papéis com erros pararam de ser escondidos, e Marcos foi aprendendo a permanecer em contato com seus "erros" e com as emoções que os acompanhava, enquanto continuava a ser estimulado pela terapeuta, em uma contingência de reforçamento positivo e validação, a variar sua *performance* e, desse modo, superar dificuldades.

Nesse ponto, começou a fazer sentido reelaborar todo o processo junto ao cliente, descrevendo a Marcos o que havia sido vivido até então, em terapia: o quanto, no início, ele se envergonhava de seus erros e se sentia sem valor; o quanto ele havia sido corajoso ao se permitir errar, ficar com vergonha e triste na frente da terapeuta; e o quanto isso tudo tinha feito com que os dois se aproximassem, se conhecessem e aprendessem a confiar um no outro. Se, na terapia com adultos, às vezes podemos usar mais recursos verbais na tentativa de elucidar, junto ao cliente, mais rápida e diretamente, que os comportamentos que ele emite, na tentativa de solucionar seus problemas, na verdade somente o afastam daquilo que é importante para ele e fazem crescer seu sofrimento, na terapia infantil isso frequentemente não funciona. Em primeiro lugar, muitas vezes é difícil para a criança identificar o que é importante para ela, então, como estabelecer processos com base nisso? Em segundo lugar, as crianças, sobretudo as menores, geralmente veem o mundo com lentes mais concretas, sendo necessário vivenciar situações com esse perfil primeiro, para depois poderem realizar a análise das contingências e formular novas regras e conceitos, aventarem e/ou tornarem-se dispostas a desenvolver comportamentos alternativos. Ou seja, muitas vezes o papel do terapeuta infantil pode ser menos o de tornar a criança verbalmente consciente previamente das contingências em vigor e propor mudanças comportamentais e mais o de promover a vivência concreta de contingências alternativas com o cliente para, então, ajudá-lo a analisá-la e a fazer escolhas e/ou tornar-se consciente de suas escolhas. Foi o que aconteceu com Marcos.

SELF COMO CONTEXTO E TOMADA DE PERSPECTIVA E DESFUSÃO COGNITIVA

Os processos comportamentais identificados e descritos pela ACT se intercambiam e não são mutuamente exclusivos, sendo a sua separação apenas um recurso didático. Contudo, aqui, pretende-se apresentar outro exemplo clínico para discutir, mais especificamente, a relevância do trabalho com *self* na clínica infantil. Trata-se de Mariana, que chegou à terapia aos 9 anos, depois de ter passado por duas outras terapias. Segundo os pais, ela havia sido um bebê bastante "reativo", que chorava muito e dormia pouco. As coisas melhoraram um pouco aos 10 meses, quando a mãe descobriu que Mariana se incomodava muito com as costuras das roupas e, passando a eliminar tais costuras, houve uma melhora nas questões de choro e sono. Ainda assim, ao longo do desenvolvimento, a filha sempre apresentou respostas que pareciam desproporcionais aos demais. Nas terapias anteriores, Mariana se entristecia quando não se sentia compreendida pelas psicólogas, recusando-se a voltar aos atendimentos. Suas amizades duravam pouco e os pais eram frequentemente chamados à escola em razão dos conflitos interpessoais que ocorriam entre a filha e os colegas. As relações familiares também eram muito conflituosas, com os pais não conseguindo prever as reações da filha e frequentemente descrevendo-a como "dramática", "exagerada", "inadequada".

Após as primeiras entrevistas com os pais, a psicoterapeuta encaminhou a cliente para avaliação sensorial com uma terapeuta ocupacional, que confirmou a hipótese de que Mariana tinha mais sensibilidade e reagia de forma mais intensa a alguns estímulos (sobretudo, táteis) do que a população em geral. As crianças são ensinadas a identificarem e nomearem sensações e sentimentos com base no que os demais sentem em situações similares, nos critérios da comunidade verbal e em respostas observáveis, correlatas às emocionais encobertas, e não com base simplesmente nas suas reações corporais ou na sua intensidade. Uma vez que Mariana apresentava limiares e reatividade diferentes dos de seus pais/cuidadores, eles tinham dificuldade para entender, identificar e nomear os sentimentos dela. Se há um descompasso nessas relações, o desenvolvimento do tato de eventos privados pode ficar prejudicado (Skinner, 1957), e se uma pessoa tem dificuldades de tateá-los (discriminar, nomear) de forma adequada, torna-se difícil para ela entender o próprio comportamento, desenvolver novos repertórios, comportar-se de maneira efetiva, arranjar contingências para mudança, ignorar mudanças em contingências etc. Poderia, então, por exemplo, responder aos seus encobertos de acordo com as regras, conceituação ou avaliação dos demais, de maneira submissa, automática e/ou generalizada, sob controle apenas de reforçamento social para o comportamento de concordância, mas estando insensível às contingências (ver conceito de acedimento em Hayes, 1987). Em decorrência, seria difícil que desenvolvesse um *self* saudável e autonomia.

O *self* saudável pode ser descrito como comportamento complexo, de ordem superior, que implica a presença de um senso de lócus de controle ou ponto de partida para uma tomada de perspectiva única e individualizada na observação de eventos do mundo externo e/ou interno, que é estável no tempo e no espaço e que se dá sob controle de complexa estimulação interna. Ele seria desenvolvido em paralelo ao desenvolvimento da linguagem, em um contexto social de validação de encobertos e seria indispensável para o estabelecimento da flexibilidade psicológica e para que o indivíduo se torne um agente eficaz em seu mundo. A presença de um *self* não saudável tem sido relacionada a uma série de problemas psicológicos na idade adulta, desde os de assertividade até os transtornos de personalidade (Kohlenberg & Tsai, 1991).

Em relação à Mariana, o foco da psicoterapia passou a ser o de aprender a perceber suas sensações, seus sentimentos e seus pensamentos em diferentes contextos e a apresentar descrições do tipo "Eu x" cada vez mais controladas por estímulos internos, tendo a si mesma como lócus de controle de perspectiva, em vez de estabelecer descrições do tipo "Eu x" controladas por aquilo que estaria em concordância e seria aprovado pelos demais, como parecia já ter sempre ocorrido. A psicoterapeuta procurou estar sempre atenta para fortalecer o relato de encobertos da perspectiva da cliente, por meio de validação. Também fazia autorrevelações, até mesmo para dar modelo de expressividade emocional, mas tendo sempre o cuidado de separar sua perspectiva da perspectiva da cliente e de não emitir qualquer juízo de valor.

Mesmo em casos em que não se observa uma questão sensorial de base, é preciso que o terapeuta fique atento para ajudar a criança a estabelecer relações apropriadas entre as respostas abertas e encobertas e os eventos antecedentes e consequentes. Ainda que pareça haver uma boa identificação e nomeação de eventos internos, é interessante que o terapeuta observe os critérios pelos quais a criança aprendeu a classificar e avaliar seus comportamentos. O uso de vários critérios socioculturais atuais, arbitrariamente eleitos, muitos dos quais dicotômicos e que julgam comportamentos abertos e encobertos como bons e maus em si mesmos, parecem relacionar-se à formação de um *self* historicamente conceitualizado, que se estabiliza e pode acabar sendo visto como a verdadeira natureza de alguém. Esse responder pode passar a fazer parte de cadeias comportamentais, estabelecer função causal secundária para outros comportamentos, ou estabelecer relações arbitrárias com outros estímulos, afetar outros comportamentos, limitar a amplitude e flexibilidade psicológica daquela pessoa, entre outros (McHugh, Stewart & Almada, 2019). Por exemplo, a ansiedade pode ser vista como uma resposta ruim, negativa, errada em si mesma. Sentir-se ansioso pode se tornar equivalente a "ser ansioso", a "ruim, errado, negativo". Não podendo evitar sentir-se ansiosa, a criança pode passar a evitar que se isso se torne visível aos demais sob risco de punição. Ao tentar fugir ou evitar tais estados, a esquiva experiencial se estabelece. Ainda, se a ansiedade foi entendida como causa de comportamentos públicos, pode-se estabelecer a regra de que se comportar de forma alternativa envolveria, necessariamente, mudar primeiro o próprio estado interno. Várias relações arbitrariamente estabelecidas entre eventos podem diminuir a amplitude do repertório e a flexibilidade comportamental. Mariana, por exemplo, descrevia-se como "a louca que sempre estraga tudo", contando desistir das amizades e das terapias anteriores porque "não importa o que eu faça, eu sempre estrago tudo. Melhor ir embora logo".

Seriam úteis nesse caso, além de entender o que são e como funcionam os encobertos, desenvolver a desfusão cognitiva, com isso, colocar as regras e conceitos que formulou sobre si mesma (o *self* historicamente conceitualizado como "eu sou louca", "eu sempre estrago tudo") em perspectiva, compreendendo o que o determinou e o mantém. Essas autofalas seriam apenas pensamentos sobre si mesma e, portanto, ela poderia agir ou aprender a agir, inclusive de maneira contrária ao seu conteúdo, dando a si mesma nova oportunidade para o desenvolvimento de comportamentos que propiciassem o estabelecimento de relações de amizade. Uma estratégia bastante usada pelas autoras junto a crianças e adolescentes é pedir que nomeiem esses encobertos, ou sua "mente", com o nome mais engraçado que lhes vier à cabeça – Mariana, por exemplo, nomeou de Astigamitócio.

O cliente é, então, orientado a relatar o que pensa de uma nova maneira, por exemplo, dizendo: "O Astigamitócio está falando, mais uma vez, que eu sempre estrago tudo" ou "Estou vendo o Astigamitócio dizer novamente para mim que eu...". Esse tipo de estratégia (um pouco dualista, certamente) tem se mostrado útil para que a criança discrimine cada um desses eventos encobertos, possa "ver-se tendo um pensamento" e estabeleça uma relação hierárquica entre o *self* e o conteúdo do pensamento.

Outra estratégia nessa direção é pedir que a criança escreva seus pensamentos em folhas de papel toalha ou em lenços de papel, em seguida, transforme cada um deles em um barco, por meio de dobraduras e, posteriormente, coloque-os na água, um de cada vez. Ao pegar o segundo, o primeiro já se desfez; ao pegar o terceiro, o segundo já se desfez e assim por diante. A terapeuta pode estabelecer uma relação entre os barcos e os pensamentos, levando a criança a perceber-se como aquela que pode ver os barcos e os pensamentos e até a si mesma vendo os barcos e seus pensamentos, assim como a transitoriedade dos barcos de papel na água e a transitoriedade de suas sensações, pensamentos e sentimentos. Mas se os pensamentos se esvaem como os barcos de papel na água, o que permanece? Permanece a perspectiva, o lugar, lócus, o contexto no qual ocorrem as experiências, que permite ver os barcos de papel e sua transitoriedade na água. Como pontuado por Moreira et al. (2017, p. 229),

> Ao considerar a multiplicidade de experiências psicológicas ao longo da vida do indivíduo, que apresentam grande diversidade e surgem e desaparecem de forma dinâmica, há um paradoxo com a aparente permanência de um mesmo Eu. Afinal, como algo fluido pode ser coordenado (ou colocado em distinção ou oposição) a algo fixo? A solução é encontrada no estabelecimento de uma relação verbal de hierarquia: o que sinto, penso e tenho vontade de fazer não sou eu, mas é parte de mim.

Esse seria o *self* como contexto. O "eu" seria, assim, o palco no qual diferentes eventos ocorrem, tendo esses eventos internos uma qualidade fluida, que se alternam momento a momento, em razão de inúmeras variáveis (*self* enquanto em processo). Em um processo psicoterápico seria, assim, interessante trabalhar junto à criança a perspectiva do *self* como contexto, conceitualizado enquanto processo, permitindo a relativização de pensamentos e de outros eventos internos.

MINDFULNESS

O termo *mindfulness* é geralmente usado para designar um "estado" da consciência no qual o indivíduo está totalmente atento ao momento presente e ao fluxo de experiências, de forma intencional e com aceitação, sem emitir qualquer julgamento ou questionamento (Kabat-Zinn, 2003). Para a ACT, o *mindfulness* promove um contexto no qual regras verbais poderiam ser identificadas e observadas sem que seu conteúdo precise ser alterado, de forma que respostas abertas não consoantes com elas possam ser emitidas. Dessa maneira, desmontam-se as armadilhas do controle verbal e aumentam-se a flexibilidade comportamental e a desfusão. O mesmo se aplica a sentimentos e sensações.

No processo de desenvolvimento humano, o estabelecimento da capacidade de atenção plena se inicia com o despertar dos órgãos dos sentidos e, nos primeiros meses de vida, a criança apresenta-se quase que totalmente sob controle de estimulação interna. Por volta de 3 meses de idade, em um processo de desenvolvimento típico, ela já teria condições de alocar sua atenção em aspectos específicos do ambiente e mudar seu foco de um estímulo para outro e, a partir de cerca de 6 meses de idade, poderia desviar seu olhar dos estímulos que lhe causam mal-estar e colocá-lo naquilo que lhe propicia bem-estar, acalmando-se sozinha (Mangeslsdorf, Shapiro & Marzolf, 1995 apud Timón, 2013). Com 1 ano de idade, observa-se que as crianças demoram mais tempo para se aproximar de novos objetos, pessoas ou situações, apresentam maior interesse por interações sociais e, por volta de 2 anos, já aprenderam a buscar apoio nos adultos de sua segurança quando se sentem ameaçadas ou quando as situações lhes trazem outros sentimentos ou sensações desagradáveis e a afastarem-se deles em contextos em que se sentem bem e seguras.

Como se pode observar, parece que, quanto menores são as crianças, mais atentas estão ao aqui-agora. Contudo, com o desenvolvimento do repertório verbal, suas atividades cognitivas-verbais (sobretudo pensamentos), tornam-se cada vez mais relevantes e a governança verbal mais concorrente com o controle comportamental pelas contingências diretas. Em outras palavras, quanto mais desenvolvido o repertório verbal, maior a possibilidade de a criança ficar presa à estimulação verbal e a seus encobertos e mais insensível ao que acontece no momento presente. Não é incomum que processos de fusão afetem negativamente o desenvolvimento de um *self* saudável na infância, assim como estabeleçam uma forte tendência à esquiva experiencial e à inflexibilidade psicológica. Nesses casos, o *mindfulness* é uma habilidade que favorece a redução da esquiva experiencial, o aumento da sensibilidade às contingências, o engajamento em processos de mudança e a flexibilidade psicológica (Coyne, Cheron & Ehrenreich, 2008). Ainda, para contatar diferentes sensações físicas e pensamentos e deixá-los ir embora, o indivíduo precisa fazê-lo a partir de uma tomada de perspectiva única, o que fortaleceria o desenvolvimento saudável do *self*, como descrito anteriormente.

Luciana, de 8 anos de idade, apresentava o chamado de "medo de ter medo" e era tida como "medrosa" e por isso ridicularizada até por crianças menores.

Ela evitava ou fugia de quaisquer situações em que respostas de medo poderiam ser eliciadas. Em sessão, apresentava respostas típicas de medo e ansiedade e enchia a terapeuta de perguntas sobre detalhes infinitos de como se daria qualquer atividade que esta lhe propunha e que desconhecia, bem como relacionava detalhes das explicações da terapeuta a outras histórias, adiando ao máximo ou até mesmo inviabilizando a atividade por decurso do tempo. O mesmo acontecia diante da abordagem de determinados temas. Na verdade, a classe funcional de esquiva experiencial era bastante ampla e os exemplares, muito variados e até mesmo extremamente agradáveis, dificultando bastante à terapeuta seu bloqueio e a recondução comportamental. Após realizar uma série de atividades com argila, a terapeuta propôs a ela representar, com esse material, a si mesma de um lado e, de outro, o medo que tem valor de sobrevivência e que chamou de "verdadeiro" e que "merece respeito" e, em separado, aquele que é "falso", que indica situações não perigosas e, portanto, "não merece respeito", destacando que ela mesma (*self*) era quem poderia ver e diferenciar um do outro. Durante todo o processo, a terapeuta tentava estimulá-la a explorar a atividade através de seus órgãos dos sentidos e estar presente, reconhecendo as emoções, sensações e pensamentos que decorriam tanto do significado imbricado no que estava representando quanto nas propriedades físicas do material e as contingências presentes. Após esse processo, foi possível à terapeuta realizar bloqueios da esquiva experiencial em sessão e colocar Luciana mais diretamente em contato com seus encobertos e as contingências presentes ali, bem como planejar com ela sua exposição gradual a situações que poderiam propiciar o aparecimento do medo.

Ao desenvolverem as habilidades de *mindfulness* junto às crianças, além de se embasarem na análise funcional de cada caso, os terapeutas precisam levar em conta as características do desenvolvimento humano e as capacidades comportamentais atuais de cada uma.

McHugh, Barnes-Holmes e Barnes-Holmes (2009) indicam começar os processos de desenvolvimento do *mindfulness* com atividades que possibilitem a observação atenta de eventos externos e concretos, através da estimulação aos cinco sentidos. Healy (2018), por exemplo, sugere pedir-se à criança que tente sentir os cheiros do ambiente como se tivesse o focinho de um cachorro, ouvir os sons como se tivesse ouvidos de morcego, sentir gostos como se tivesse a língua de uma cobra e os estímulos táteis como as aranhas sentem vibrações e ver como se tivesse os olhos de uma águia. Assim, realiza-se o pareamento entre as capacidades especiais desses animais e as propriedades que deverão estar presentes nas respostas das crianças (p. ex., ao degustarem vários alimentos ou tocarem em vários tipos de superfícies). Uma vez estabelecida essa habilidade de atentar para eventos externos, é possível introduzir tarefas que explorem mais a percepção de estímulos internos. Friary (2018) traz a proposta de usar um globo com neve, agitá-lo diante da criança e depois repousá-lo na mesa, até que a neve fique assentada completamente, estabelecendo então um paralelo entre isso e a maneira como se pode lidar com o sofrimento encoberto, ou seja, com aceitação e sem luta direta.

Luísa, de 6 anos de idade, era descrita como extremamente ansiosa pelos pais[1]. Entre os comportamentos que relacionavam à queixa estava não conseguir esperar por qualquer atividade calmamente. Se havia alguma coisa a acontecer (p. ex., um passeio), falava sobre isso todo o tempo, tinha dificuldade para adormecer, pressionava os pais para que adiantassem a ocorrência, se possível, gerando enorme estresse. Por outro lado, quando chegava o momento esperado, não conseguia permanecer nele e aproveitar o momento, fazendo mil demandas e querendo saber o que aconteceria no futuro. A atuação diante da fusão com o futuro e nunca estar presente no aqui e agora é o que será discutido aqui. Luísa adorava vestidos rodados e dançar e a terapeuta introduziu o "estar presente, aqui e agora" com o auxílio do pequeno conto de Adriana Falcão, "Era uma vez... uma menina que só pensava em daqui a pouco", do livro *Sete histórias para contar*. A garota da história apresentava ali um padrão comportamental similar ao dessa cliente e era possível observar suas consequências. Porém, acidentalmente, descobre como era ficar presente ao ter a sua saia rodada e então pôde degustar as consequências positivas de viver o aqui-agora. A dança e as brincadeiras de rodar a saia foram o ponto de partida para uma série de experiências que ajudaram Luísa a aprender a esperar e a ficar presente, enfim, estar mais sensível às contingências.

As fantasias também são atividades interessantes, pois, via estimulação verbal, o terapeuta pode favorecer a ocorrência de uma série de encobertos (operantes e respondentes) e sua observação, bem como propiciar ao cliente a constatação da similaridade entre as respostas apresentadas a partir da estimulação verbal e as que decorrem das contingências equivalentes do mundo físico. Mas, para todas as experiências com o uso das mais variadas estratégias (o que é muito desejável), é preciso que haja âncoras ou um ponto de partida constante. Isso, além de facilitar a condução do processo pelo terapeuta, também ajuda a criança a reconduzir-se ao aqui e agora na sessão e em outros ambientes com autonomia. A respiração, ao lado da exploração do mundo físico através dos cinco órgãos dos sentidos, serve muito bem a essa função, por serem comportamentos operantes que fazem parte dos encadeamentos e das classes comportamentais presentes nos processos de *mindfulness* e de desfusão.

---

[1] Serão excluídas aqui, dados os limites de espaço, as análises funcionais mais amplas.

Dado que a atenção plena, o *mindfulness* e a desfusão devem ser experienciados, devem-se reduzir ao máximo as explicações e interpretações, principalmente com as crianças. Há o risco de verbalizações desnecessárias favorecerem a dispersão e dificultarem a discriminação, bem como que apenas se reforce a fala das crianças sobre os processos ou, até mesmo, se modelem comportamentos de esquiva experiencial sob a topografia de relatos verbais coerentes. No que se refere ao conteúdo teórico, parece suficiente e relevante ensinar a criança a estar presente e observar seus encobertos como parte da natureza humana, como eventos que acontecem em fluxo contínuo e são transitórios, podendo ser aceitos sem luta. Ainda, por ser útil demonstrar como respostas podem estabelecer relações causais secundárias entre si, descoladas das contingências, que são seus determinantes de fato, lembrando sempre da necessidade de se dirigir em cada caso, a partir da análise funcional. Muito da estimulação para o desenvolvimento de tais habilidades depende, além do tipo de atividade que o terapeuta propõe, das perguntas que ele faz à criança, de forma a salientar e conduzir sua observação ao que for mais relevante para cada caso.

Novamente, ressalte-se aqui o papel da respiração e das explorações sensoriais como âncoras para o desenvolvimento do processo de aprendizagem e para dificultar a divagação ou dispersão "neutra" ou mesmo a ocorrência de esquiva experiencial durante as intervenções. Nesse sentido, cabe um alerta aos terapeutas. Observa-se que muitas crianças que estão expostas a ambientes ou experiências de violência em seu dia a dia podem ter o fantasiar como único recurso para lidar com o sofrimento, enquanto as contingências não mudam. Dessa forma, terapeutas precisam ter muito cuidado com tentativas de bloquear respostas de fuga/esquiva experiencial dessa natureza, nesses casos. A experiência das autoras lhes mostrou que, à medida que a criança aprende a confiar no ambiente do consultório e no terapeuta e a responder discriminativamente a eles, sua capacidade de ficar presente em sessão aumenta gradativamente.

A DESCOBERTA DOS VALORES

A ACT trouxe para a Análise Clínica Comportamental uma nova proposta de como lidar com o sofrimento psicológico e novos objetivos terapêuticos, ou seja, o desenvolvimento de repertórios comportamentais que aumentem a competência do cliente para estruturar e viver uma vida que lhe seja significativa e de qualidade, o que significa recuperar sua capacidade de agir na direção de seus valores, a despeito da presença de sofrimento inescapável. Cabe então, aos terapeutas que trabalham com crianças, estender essa proposta a elas desde o início da terapia e ajudá-las a conduzirem-se pelos mesmos princípios, respeitando, para isso, as peculiaridades de sua etapa de desenvolvimento.

Valores são definidos como estímulos verbais que estabelecem ou modificam a função de outros estímulos como aversivos ou apetitivos, estando intrinsecamente relacionados às ações que com eles se relacionam verbalmente. Eles também estabelecem parâmetros que permitem qualificar positiva ou negativamente comportamentos emitidos (Bonow & Follette, 2009). Portanto, valores adquirem função estabelecedora, podendo caracterizar-se como *augmentals*, isso é, um tipo específico de regra que altera a efetividade das consequências (*motivate augmentals*) ou que estabelece a função de um estímulo como aversivo ou reforçador (*formative augmentals*) (da Silva Ferreira et al., 2020). Por exemplo, suponhamos que, para Roberta (personagem fictícia), "defender aqueles que ama" seja um valor e que, um dia, ela se veja diante de uma situação em que observa sua amiga sofrer *bullying* na escola em que estudam. Defender a amiga pode significar tornar-se alvo do *bullying* também (consequência aversiva), mas isso pode perder importância (ou seja, perder ou diminuir seu valor aversivo) no momento em que Roberta pensa: "Tudo bem, porque é mais importante para mim estar com ela, defendendo-a". A satisfação consigo mesma por ter defendido a amiga, a interrupção (ainda que momentaneamente) do *bullying*, a constatação de que a amiga está em um contexto seguro podem tornar-se reforçadores positivos, pela relação verbal que estabelecem com seus valores, aumentando assim a probabilidade de que venha a agir da mesma forma futuramente. Ao mesmo tempo, também pela presença desse valor, a mera imagem das pessoas que cometeram *bullying* com sua amiga pode se tornar aversiva, ainda que o *bullying* nunca tenha sido diretamente praticado com Roberta. Da mesma forma, a notícia de que pessoas que praticaram *bullying* com seus amigos saíram da escola pode se tornar algo extremamente reforçador para ela.

Desde as primeiras sessões, ao explicar à criança sua atuação, o psicoterapeuta já pode criar as primeiras oportunidades para que a criança lhe conte em que e de que forma ela gostaria de ser ajudada por ele. Ou seja, as queixas e desejos da criança e daqueles que lhes são importantes podem ser um ponto de partida para uma reflexão mais ampla, relacionada aos valores. As perguntas do terapeuta, como "se você tivesse uma varinha mágica e pudesse mudar, acrescentar, aumentar, tirar ou diminuir qualquer coisa na tua vida, o que você faria?" também podem levar a criança a entrar em contato com aquilo que é relevante para ela. Outras possibilidades seriam, por exemplo, levá-la a desenhar sua família e depois lhe pedir para descrever o que a tornaria perfeita, ou o que seria uma escola perfeita, amigos perfeitos etc., e a partir disso investigar que propriedades ou valores estão presentes e que os tornariam tão especiais. Também se pode pedir à criança que desenhe, encene ou fale sobre momentos felizes da sua vida (ou, na ausência de relatos, que fantasie sobre um dia feliz). Exercícios de fantasia, por exemplo, em que a criança adquire asas e voa em direção a um mundo imaginário, só seu, no qual se sente totalmente bem, seguido pelo desenho e a sua descrição, podem dar pistas ao terapeuta do que lhe seria relevante[2].

Com frequência, em todos esses exercícios, as crianças tendem a dar respostas pautadas em elementos concretos/palpáveis, cuja presença é importante para elas, como "meus pais", "minha família", "meus amigos", "minha escola", "meu cachorro", "meu *videogame*", "meu celular". Elas raramente mencionam qualidades relevantes que estariam presentes nas diversas interações e esferas, uma vez que perguntas dessa natureza raramente são feitas às crianças em outros contextos que não o terapêutico, ou, quando o são, visam a favorecer sua adesão a princípios morais vigentes. Os valores, como definido nas terapias contextuais, são escolhidos livremente, isto é, na ausência de controle aversivo ou em decorrência de qualquer julgamento de valor associado (como certo ou errado, bom ou ruim em si mesmos) e, muitas vezes, esses condicionantes estão presentes nos valores moralmente adotados pela comunidade verbal e nos processos de desenvolvimento moral. Então, sem um trabalho psicoterápico prévio, dificilmente se ouvirá de uma criança que para ela é importante se sentir amada, estar em relações de acolhimento, acolher os outros, ser gentil etc.

Muitas vezes, para conseguir chegar a respostas dessa natureza, mesmo com adultos, é preciso que o terapeuta acesse também aquilo que lhes traz as maiores dores emocionais, pois geralmente elas estão relacionadas à ausência do que é relevante a cada um. Nesse caso, a descoberta e a escolha de valores caminham juntas com um contato profundo com sentimentos, pensamentos e as sensações mais difíceis. Nesse sentido, não é algo trivial de ser descoberto, devendo ser investigado com o cliente ao longo de todo o processo terapêutico ou mesmo construído. Com crianças, mais ainda.

Uma das estratégias que as autoras têm usado, nessa direção, é incluir as metas ou objetivos ou mesmo as falas parciais e simplificadas das crianças sobre valores dentro de classes comportamentais de ordem superior. Por exemplo, uma criança pode dizer que não quer mais que seus pais briguem tanto com ela e o terapeuta pode ajudá-la a ampliar sua proposta para "manter relações com os pais ou com outras pessoas que sejam mais afetuosas, legais etc.", buscando formular uma regra de maneira que ela entenda que o que está sendo proposto é que, em vez de trocas coercitivas, suas relações com os demais deveriam se dar sob controle de contingências reforçadoras positivas. Os valores devem sempre ser definidos positivamente, indicar comportamentos a serem emitidos, em vez dos que não deveriam ocorrer, apontando sempre na direção da ampliação de repertório comportamental e do aumento da flexibilidade psicológica.

---

[2]O livro *Descobrindo crianças*, de Violet Oaklander (1980), apresenta interessantes fantasias que podem ser adaptadas a esse fim.

Uma vez que pelo menos os valores da criança são elucidados, mesmo que simplificadamente, um trabalho a ser conduzido para que eles funcionem como *augmentals* de fato seria identificar, junto com a criança, comportamentos que a aproximam ou a afastam de seus valores e metas[3]. Um simples jogo de tabuleiro pode ser montado com a criança, para ajudá-la a identificar as ações que estariam relacionadas ou não aos seus valores. Nele, são colocados espaços a serem percorridos com um peão, onde, de comum acordo, se descrevem comportamentos e consequências positivas (para ações que aproximam o jogador dos valores e metas escolhidos) e negativas (para aquelas que o afastam deles). Vence o jogo quem emitir mais comportamentos positivos (isto é, cair mais vezes nas casas que descrevem ações) em direção aos valores.

Conduzir os valores à tomada de ações comprometidas implica, no caso da criança, planejar contingências que podem envolver o uso de consequências arbitrárias e mesmo tangíveis, inicialmente. Sabe-se que agir sob controle de valores, com frequência, é ficar sob controle de consequências não palpáveis, intangíveis, atrasadas, de longo prazo e arbitrariamente estabelecidas. As crianças não têm ainda desenvolvimento suficiente para agir dessa maneira sem um processo de aprendizagem que tende a ser bastante longo e complexo, mas os terapeutas que com elas trabalham podem, ao lado dos pais, estruturar procedimentos para que isso se torne possível gradualmente. Na própria clínica, os processos de monitoria pelo terapeuta, estruturados e ludicamente delineados junto com as crianças, também podem reforçar ações em direção a valores. Por exemplo, o terapeuta pode elaborar com ela um alvo, com ponto central e círculos ao redor, no qual a criança pode posicionar flechas, semanalmente, conforme a avaliação que faz de seu desempenho na semana, localizando-as mais ou menos próximas do ponto central, onde estariam colocados os seus valores.

Não é incomum que, com as crianças, a identificação de valores ou a formulação de uma regra com função de *augmentals* decorra dos processos de mudança comportamental que já aconteceram na terapia. Contudo, tais valores acabam favorecendo a evolução da criança nas próximas etapas e/ou no seu cotidiano.

CONCLUSÃO

A experiência das autoras com o uso da ACT junto a crianças tem se dado de forma combinada e integrada com as demais propostas terapêuticas consideradas de primeira ou segunda geração da Análise Clínica Comportamental. O

[3]Evidentemente, todo esse trabalho deve ser feito com o acompanhamento e consenso com os pais. Como mencionado anteriormente, dados os limites, as atuações terapêuticas junto aos pais não serão discutidas neste capítulo.

ponto de partida do processo continua sendo a análise funcional, que deve incluir tanto determinantes comportamentais culturais como ontogenéticos e filogenéticos. Uma aplicação da ACT na clínica infantil, respaldada em análise funcional e não apenas em pacotes protocolares de atendimento, demanda que os psicoterapeutas desenvolvam repertórios que vão além do conhecimento da aplicação da ACT com a população adulta. Em primeiro lugar, é de extrema relevância o conhecimento sobre o desenvolvimento humano e seus condicionantes biológicos – o que é especialmente desafiador ao psicólogo comportamental, considerando que não tem sido muito comum que terapeutas e pesquisadores dessa abordagem se dediquem a estudar questões dessa natureza. Em segundo lugar, parece ser bastante relevante que os clínicos infantis tenham conhecimento analítico-comportamental que lhes permita realizar decomposições comportamentais com certa facilidade, uma vez que muitos dos comportamentos com os quais se lida na ACT constituem-se de classes comportamentais de ordem superior muito amplas e que ainda não estão claramente operacionalizadas ou decompostas. Espera-se que, mais à frente, se possa encontrar na literatura da área mais contribuições nesse sentido. Contudo, ainda sim, sempre caberá aos terapeutas avaliar o repertório de entrada de seus pequenos clientes e adequar as práticas às suas necessidades, características, peculiaridades, motivações e limitações específicas, entre outros quesitos, de modo a conduzi-los por processos realmente terapêuticos, ou seja, que respeitem seu ritmo de desenvolvimento e lhes proponha dar passos compatíveis com o tamanho de suas pernas! Por fim, adaptar a ACT às crianças também impõe desafios significativos à criatividade, flexibilidade e amplitude comportamental dos terapeutas.

Ainda que a proposta de adaptação pareça complexa, atuar considerando as propostas da ACT tem se mostrado altamente promissor, mesmo com crianças. Essa perspectiva tem trazido mudanças interessantes ao processo, apresentando conhecimentos científicos e filosóficos atualizados que introduzem e ampliam as perspectivas terapêuticas, ampliando as classes comportamentais acessadas no decorrer do processo, introduzindo novos métodos, ressignificando o que se compreende por "resultado" em psicoterapia, ao retirar a remissão de sintomas como objetivo central da terapia e enfatizar objetivos como a construção de uma vida significativa, a busca de ainda mais autonomia por parte do cliente, o aumento da possibilidade de contracontrole da governança verbal quando importante, dentre tantos outros repertórios comportamentais que parecem ser altamente preventivos e favorecedores da flexibilidade psicológica.

Então, por que não trazer tal proposta às crianças? Por seu caráter vivencial, prático e mesmo lúdico, contrariando a impressão de aversividade que se tinha inicialmente com a leitura superficial das suas propostas, ela tem se mostrado bastante adaptável a essa população. As autoras esperam que seu trabalho tenha trazido aos leitores uma amostra interessante do uso da ACT com crianças e que ele os motive a colocá-la em prática, estudá-la e a realizar as pesquisas necessárias para que a ACT e a Análise Clínica Comportamental tornem-se cada vez mais científicas e relevantes, enquanto ferramenta, não só para diminuir o sofrimento psicológico, mas principalmente para impulsionar o desenvolvimento de indivíduos que se tornem capazes e interessados em construir vidas valorosas para si e para os demais.

REFERÊNCIAS

Ariès P. História social da infância e da família. Rio de Janeiro: LCT; 1978.

Bonow JT, Follette WC. Beyond values clarification: adressing client values in Clinical Behavior Analysis. The Behavior Analyst. 2009;32(1):69-84.

Cheang R, Gillions A, Sparkes E. Do mindfulness-based interventions increase empathy and compassion in children and adolescents: a systematic review. Journal of Child and Family Studies. 2019;1-15.

Conte FCS. A terapia de aceitação e compromisso e a criança: uma exploração com o uso de fantasia a partir do trabalho com argila. In: Kerbauy R, Wielenska RC, organizadores. Sobre comportamento e cognição. v. 4. Santo André: ARBytes; 1999.

Coyne L, Cheron D, Ehrenreich J. Assessment of acceptance and mindfulness processes in youth. In: Greco LA Hayes SC, editores. Acceptance & mindfulness treatments for children & adolescents: a practioner guide. Oakland: New Harbinger Publications; 2008. p. 37-62.

Coyne LW, Wilson KG. The role of cognitive fusion in impaired parenting: An RFT analysis. International Journal of Psychology and Psychological Therapy. 2004;4:469-87.

da Silva Ferreira TA, Simões AS, Ferreira AR, dos Santos BOS. What are values in clinical behavior analysis? Perspectives on Behavior Science. 2020;43:177-88.

Falcão A. Sete histórias para contar. São Paulo: Moderna; 2013.

Ferro-García R, Vives-Montero C, Ascanio-Velasco L. Novedades en el tratamiento conductual de niños y adolescentes. Clínica y Salud. 2009;20(2):119-30.

Friary V. Mindfulness para crianças: estratégias da terapia cognitiva baseada em mindfulness (MBTC). Novo Hamburgo: Sinopsys; 2018.

Gehm TP. Reflexões sobre o estudo do desenvolvimento na perspectiva da análise do comportamento [dissertação]. São Paulo: Universidade de São Paulo; 2013.

Greco LA, Hayes SC, editores. Acceptance and mindfulness treatments for children and adolescents: a practitioner's guide. Oakland: New Harbinger Publications; 2008.

Hayes SC. A contextual approach to therapeutic change. In: Jacobson N, editor. Psychotherapists in clinical practice: cognitive and behavioral perspectives. New York: Guilford; 1987. p. 327-87.

Hayes SC. Content, context, and the types of psychological acceptance. In: Hayes SC, Jacobson NS, Follette VM, Dougher MJ, editores. Acceptance and change: content and context in psychotherapy. Reno: Context Press; 1994. p. 13-32.

Hayes SC, Luoma JB, Bond FW, Masuda A, Lillis J. Acceptance and commitment therapy: model, processes and outcomes. Behaviour Research and Therapy. 2006;44(1):1-25.

Hayes SC, Strosahl KD, Wilson KG. Acceptance and commitment therapy: an experiential approach to behavior change. New York: Guilford Press; 1999.

Healy M. My mixed emotions: help your kids handle their feelings. Noida: DK; 2018.

Kabat-Zinn J. Mindfulness-based interventions in context: past, present, and future. Clinical Psychology Science and Practice. 2003;10: 144-56.

Kohlenberg RJ. Tsai M. Functional analytic psychotherapy: creating intense and curative therapeutic relationships. New York: Plenum Press; 1991.

McHugh L, Barnes-Holmes Y, Barnes-Holmes D. Understanding and training perspective taking as relational responding. In:

Rehfeldt RA, Barnes-Holmes Y, editores. Derived relational responding applications for learners with autism and other developmental disabilities. Oakland: New Harbinger Publications; 2009.

McHugh L, Stewart I, Almada P. A contextual behavioral guide to the self: theory and practice. New Harbinger Publications; 2019.

Moreira FR, Silva EF, Lima GO, Assaz DA, Oshiro CKB, Meyer SB. Comparação entre os conceitos de self na FAP, na ACT e na obra de Skinner. Revista Brasileira de Terapia Comportamental e Cognitiva. 2017; XIX: 220-37.

Murrell AR, Coyne LW, Wilson KG. ACT with children, adolescent, and their parents. In: Hayes SC, Strosahl KD, editores. A practical guide to acceptance and commitment therapy. New York: Springer; 2004. p. 249-73.

Oaklander V. Descobrindo crianças: a abordagem gestáltica com crianças e adolescentes. São Paulo: Summus; 1980.

Perez WF, Nico YC, Kovac R, Fidalgo AP, Leonardi JL. Introdução à Teoria das Molduras Relacionais (Relational Frame Theory): principais conceitos, achados experimentais e possibilidades de aplicação. Perspectivas em Análise do Comportamento. 2013; 4(1): 33-51.

Skinner BF. Verbal behavior. New York: Appleton-Century-Crofts; 1957.

Timón M. La autorregulacion emocional. 2013. Disponível em: http://www.monicatimon.com/2013/05/la-autorregulacion-emocional.html.

13

Intervenções focadas em grupo: ACT com profissionais de saúde em contextos ansiogênicos

Catiele Paixão
Fabrício de Souza
Gisele Rodrigues Ferreira
Tiago Alfredo da Silva Ferreira

Contextos ansiogênicos agudos em dimensões socialmente relevantes têm sido associados a fatores diversos de redução da saúde mental, como transtornos mentais variados (Presti et al., 2020), diminuição da qualidade da relação com familiares (Daks et al., 2020), diminuição do bem-estar e qualidade de vida (Dawson & Golijani-Moghaddam, 2020), entre outros. Essas reações psicológicas e interpessoais adversas foram observadas em diferentes situações que demandam a atenção dos profissionais de saúde, com especial destaque para pandemias (Presti et al., 2020). A pandemia de COVID-19 é um exemplo atual que, embora ainda esteja em curso, já possui publicações diversas acerca do seu impacto na saúde mental da população, em geral, e dos profissionais de saúde, em particular.

Por seu caráter recente, a pandemia de COVID-19 possui impactos registrados, mas ainda não passíveis de completa mensuração nas dimensões subjetiva e intersubjetiva da maior parte das pessoas do mundo. Tais impactos decorrem de influência direta da doença ou das medidas para controlá-la adotadas pelos diversos governos mundiais. Por exemplo, no Reino Unido, 72% da população está preocupada com os efeitos da COVID-19 em suas vidas, reportando altos níveis de ansiedade (32%), diminuição do bem-estar (43%) e vivenciamento de solidão (23%) nesse período (Dawson & Golijani-Moghaddam, 2020). Como contraponto, a mesma pesquisa relata que, nessa mesma população, a flexibilidade psicológica e as habilidades de enfrentamento foram fatores preditores para o aumento do bem-estar e redução do sofrimento, ainda que a flexibilidade psicológica tenha índices melhores do que as habilidades de enfrentamento. Em outro estudo, com população predominantemente norte-americana, foi identificado que a inflexibilidade psicológica, a intolerância à incerteza e a supressão emocional foram processos psicológicos que agravaram o impacto do isolamento social na produção de estresse e na redução do bem-estar. Simultaneamente, essa pesquisa também mostrou que a flexibilidade psicológica foi um fator de melhor saúde mental na mesma população e amenizou os impactos do isolamento social nas reações psicológicas adversas (Smith et al., 2020).

Em uma dimensão interpessoal, fatores estressores agudos têm alto impacto em famílias, aumentando conflitos e reduzindo a qualidade de vida de seus integrantes. Em especial, as medidas de controle da pandemia de COVID-19 incorreram em uma multiplicidade de fatores estressores (p. ex., estresse financeiro, demandas de educação em casa, demandas extras de cuidado com a casa), que aumentaram significativa e progressivamente ao longo do curso da doença. Em uma pesquisa com amostra de 742 integrantes de famílias dos EUA, os resultados destacam que os estressores típicos da COVID-19 foram responsáveis por um acréscimo significativo de discórdia familiar, com prejuízos na parentalidade, marcada por interações mais reativas, inconsistentes e agressivas, bem como um aumento do estresse nas crianças. No entanto, a flexibilidade psicológica foi um fator mediador associado a maior coesão familiar, melhor uso de estratégias parentais e redução da discórdia familiar (Daks et al., 2020). Isso implica dizer que, mesmo no cenário pandêmico, é importante investir na flexibilidade psicológica como forma de melhoria das relações familiares e, consequentemente, da saúde mental dos integrantes da família.

Embora os efeitos psicológicos adversos da pandemia sejam investigados em diversos segmentos da população, os profissionais de saúde que lidam diretamente com os pacientes acometidos pela COVID-19 estão em situação de especial vulnerabilidade emocional (Presti et al., 2020). Alguns dos fatores específicos que afetam a saúde mental desses profissionais de saúde são: estigmatização por trabalhar com pacientes com COVID-19, aumento de demanda de trabalho, com maior número de pacientes, de horas em serviço, necessidade de atualização constante quanto às melhores estratégias para o tratamento da doença, informação insuficiente sobre a exposição por longo prazo a indivíduos com COVID-19, entre outros (Secretaria de Saúde do Distrito Federal, 2020). Como consequência desses fatores ansiogênicos específicos, profissionais de saúde no atendimento a pacientes com COVID-19 têm enfrentado altos índices de ansiedade, estresse e transtorno de estresse pós-traumático (Xiao et al., 2020). Em razão dessas e de outras reações psicológicas adversas, há uma necessidade de monitoração e suporte a esses profissionais com estratégias clínicas de prevenção e cuidado que possuam evidências de sua eficácia (Ornell et al., 2020).

Em relação às estratégias de enfrentamento, o contexto da pandemia ressaltou os limites de uma concepção sindrômica acerca do sofrimento humano (Hayes, Hofmann & Stanton, 2020). Tais limites decorrem principalmente da pouca utilidade pragmática em constatar o aumento de diagnósticos (p. ex., depressão e transtorno de ansiedade generalizada), sem que os processos clínicos de mudança sejam identificados. Nesse sentido, uma grande vantagem das pesquisas realizadas sob a abordagem contextual é sua ênfase em processos de mudança clínica

(p. ex., flexibilidade psicológica) que estão vinculados a procedimentos de intervenção já validados em extensa pesquisa empírica (Hayes, Hofmann & Ciarrochi, 2020). As diversas pesquisas já publicadas nesse campo corroboram que a identificação do alto fator preditivo da flexibilidade psicológica para a saúde mental fornece uma clara direção para intervenções individuais, familiares (Daks et al., 2020; Szabo et al., 2020) ou mesmo na elaboração de políticas públicas para a redução do avanço da doença (Stapleton, 2020).

ESTRATÉGIAS DE INTERVENÇÃO EM GRUPO PARA A PROMOÇÃO DE FLEXIBILIDADE PSICOLÓGICA

As evidências de intervenções baseadas nos princípios da Terapia de Aceitação e Compromisso (ACT) indicam efeitos positivos e duradouros no tratamento de diferentes problemas psicológicos. A maioria dos programas de intervenção examinados é voltada para estudantes ou adultos (Rudaz et al., 2017), implementada de forma individual (Strosahl et al., 2012), em sessões presenciais (Glover et al., 2016). Os achados de uma metanálise sobre a ACT revelam sua eficácia em todas as condições de saúde examinadas, e mais amplamente no tratamento de indivíduos com problemas de ansiedade, depressão, abuso de substâncias e dor crônica (Gloster et al., 2020). Os tamanhos de efeito na flexibilidade psicológica variam de pequeno a grande no bem-estar, bem como variam entre pequenos e médios na qualidade/satisfação com a vida. Outros benefícios incluem, principalmente, a redução de sintomas de depressão e ansiedade, cujos tamanhos de efeito variam de pequeno a médio, e são significativos inclusive quando comparados ao placebo ou ao tratamento usual (A-Tjak et al., 2015; Gloster et al., 2020).

Com o intuito de ampliar para uma maior parcela da população, bem como viabilizar a integração desses tratamentos em serviços de saúde da atenção básica, tem-se investido na maximização dos benefícios da ACT por meio de intervenções breves. Ademais, esse formato de intervenção também pode ser uma alternativa para que clientes possam ser beneficiados com mudanças comportamentais significativas, mesmo quando, por motivos diversos, disponham de pouco tempo para o tratamento terapêutico. Em geral, essas intervenções não visam a atender todas as demandas da complexa subjetividade humana, mas são focadas em processos de mudança clínica delimitados. Esse formato de intervenção pode ser implementado em grupo, com uma população mais homogênea que, em algum nível, compartilhe demandas por processos de mudança semelhantes.

A Terapia de Aceitação e Compromisso Focada (FACT, do inglês *Focused Acceptance and Commitment Therapy*) é uma versão abreviada da ACT que utiliza uma abordagem transdiagnóstica para lidar com diversos aspectos do sofrimento humano. Essa abordagem não se restringe aos diagnósticos sindrômicos, uma vez que prioriza a identificação e a intervenção em processos psicológicos centrais que determinam os níveis de sofrimento ou vitalidade humana: a) consciência do momento presente (contato com o momento presente e *self* como contexto); b) abertura para a experiência privada (aceitação e desfusão cognitiva); e c) engajamento em atividades valorizadas (clarificação de valores e ações comprometidas) (Strosahl et al., 2012). Apesar de a literatura ainda não se mostrar homogênea no uso de termos para referir programas de intervenção com as características supracitadas, doravante, neste capítulo, utilizaremos o termo FACT em referência a todas as intervenções breves fundamentadas na ACT.

Os protocolos de intervenção FACT para grupos de adultos, inclusive profissionais de saúde, apresentam ampla variação quanto à estrutura e à ênfase nos processos de mudança. A extensão da intervenção pode variar entre 1 e 12 sessões, mas a maioria dos protocolos incluem ao menos seis sessões, com duração que varia entre 90 minutos e 3 horas cada (Brinkborg et al., 2011; Glover et al., 2016; Rudaz et al., 2017; Strosahl et al., 2012). Protocolos com apenas uma sessão costumam ser organizados em formato de *workshop* e realizados ao longo de um dia, com duração de 6 horas (Rudaz et al., 2017). Os procedimentos utilizados podem apresentar alguma variabilidade em sua apresentação, mas usualmente incluem técnicas de psicoeducação dos conceitos ACT, práticas de atenção plena (i. e., *mindfulness*), exercícios experienciais e discussões dentro do grupo (Glover et al., 2016; Pedersen et al., 2018; Strosahl et al., 2012). Por exemplo, em um exercício experiencial para estimular a observação do *self* como contexto, o terapeuta pode pedir que os clientes tentem imaginar um lugar específico, como uma praia ou um campo arborizado e, a partir dessa visualização, tentem observar as nuvens (ou qualquer outro aspecto do ambiente visualizado) como se fossem suas próprias experiências dolorosas, aproximando-se delas com menor rigidez e maior leveza. Com profissionais de saúde mental, os achados de uma revisão da literatura destacam que as intervenções FACT, com procedimentos semelhantes, favorecem a flexibilidade psicológica (que tende a melhorar ao longo do tempo), a atenção plena e a redução do estresse, mas os resultados sobre *burnout*, autocompaixão e bem-estar psicológico ainda não são consistentes (Rudaz et al., 2017).

As crescentes evidências de eficácia da FACT em grupo abrangem protocolos de intervenção para contextos de sofrimento mais agudos e ansiogênicos. Em um programa de intervenção com duração de 6 semanas, para indivíduos com sintomas de depressão, as taxas de remissão diagnóstica chegaram a 60%, e cerca de 70% dos participantes apresentaram mudanças clínicas relevantes, com tamanho de efeito grande e mantidas até 3 anos após a intervenção (Kyllönen et al., 2018). Nesse protocolo, os seis componentes ACT são trabalhados a partir de procedimentos experienciais, psicoeducação, práticas de atenção plena e incluem exercícios extraintervenção, que são atividades a serem desenvolvidas fora do *setting* terapêutico. Embora esse protocolo tenha sido examinado apenas em intervenções individuais, outras investigações sugerem não existir diferenças nos efeitos positivos de implementações em grupo ou individual (Wharton et al., 2019). Portanto, esses achados nos permitem considerar a investigação dos efeitos de sua implementação em grupo, ainda que sejam necessários alguns ajustes para adequação ao novo formato grupal.

Outra estratégia que visa a ampliar o acesso a tratamentos psicológicos refere-se ao meio de implementação da intervenção. Especialmente em contextos como a atual pandemia da COVID-19, a qual exige maior distanciamento físico, a implementação da FACT via plataformas da internet tem recebido ainda maior destaque e relevância, em nível global. Uma avaliação da FACT *online* para adultos com sintomas de depressão revelou reduções significativas nos sintomas de depressão após a intervenção (Pots et al., 2016). Em outra investigação, a FACT *online* foi amplamente bem apreciada e eficaz no tratamento de prejuízos mentais associados a sintomas de ansiedade, depressão e transtorno de estresse pós-traumático em mulheres adultas que vivenciaram algum tipo de trauma violento ao longo da vida, incluindo abuso sexual ou físico na infância, violência sexual na vida adulta e violência de parceiros íntimos (Fiorillo et al., 2017). Contudo, apesar desses resultados empíricos que sugerem resultados positivos, uma metanálise de intervenções FACT *online* revela que esse formato de implementação pode ser considerado eficaz no tratamento da depressão, mas ainda permanecem inconclusivos os achados sobre os benefícios para ansiedade e bem-estar (Brown et al., 2016). As altas taxas de adesão a esse formato de tratamento (Brown et al., 2016; Fiorillo et al., 2017; Pots et al., 2016), aliadas às demandas pela ampliação da oferta de cuidado (Daks et al., 2020; Ornell et al., 2020; Xiao et al., 2020), inclusive com o necessário distanciamento físico, ressaltam a necessidade de examinar novas estratégias de intervenção *online*, com abordagens que permitam a identificação de processos de mudança empiricamente estabelecidos.

PROGRAMA DE INTERVENÇÃO MAPA DA VIDA

O Mapa da Vida é uma ferramenta de intervenção, desenvolvida pela Gisele Rodrigues Ferreira, autora deste capítulo, que tem o objetivo de mobilizar os seis processos de flexibilidade psicológica a partir da análise funcional molar com ênfase na história de vida do paciente (ver Figura 1). Essa ferramenta pode ser utilizada em nível individual, na clínica tradicional, ou em nível grupal, em intervenções de curta duração. Em geral, a ACT propõe que os seis processos que compõem a flexibilidade psicológica sejam mobilizados a partir de procedimentos diversos, que envolvem diferentes competências por parte do terapeuta. Em muitos protocolos e manuais ACT, por exemplo, pode-se encontrar a indicação de iniciar o tratamento

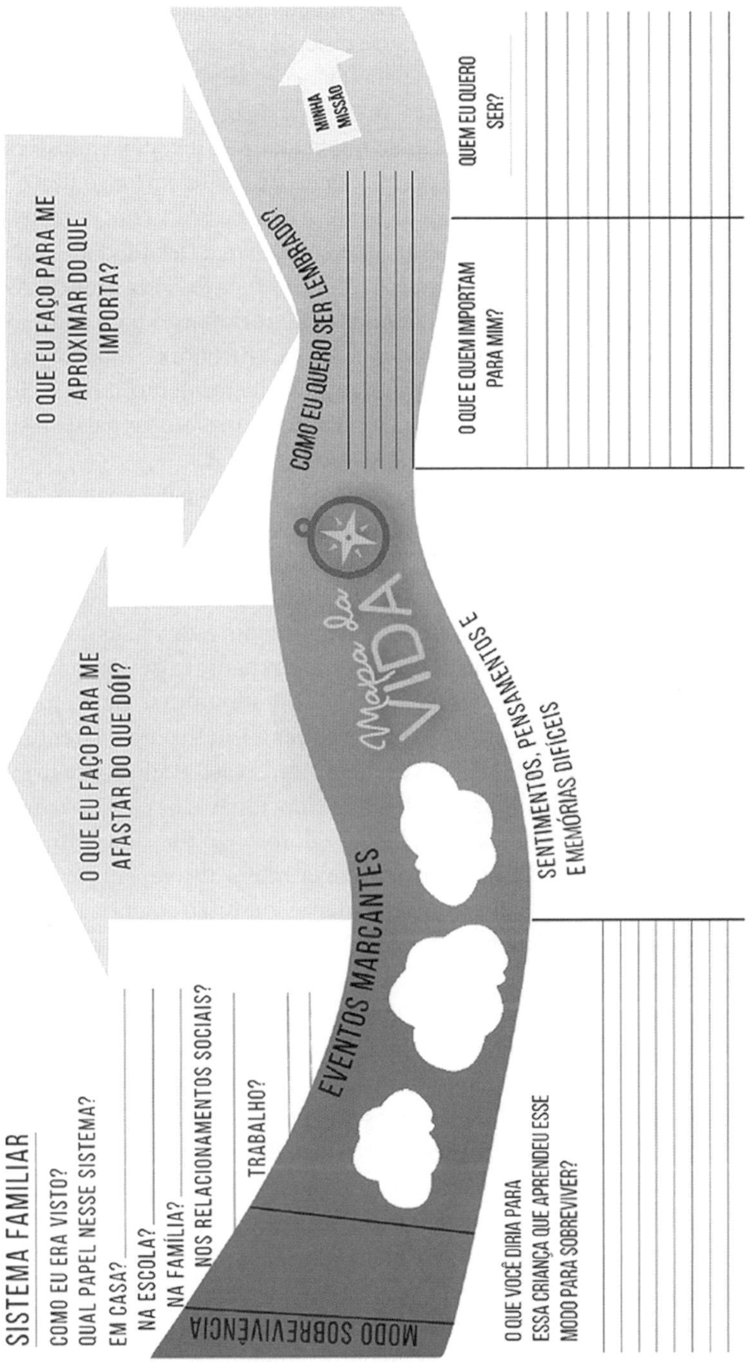

Figura 1 Mapa da Vida.

clínico a partir da identificação das barreiras emocionais (i. e., sentimentos, pensamentos, memórias e sensações consideradas difíceis), prosseguindo com o desenvolvimento das habilidades necessárias para lidar com tais barreiras em contextos atuais relacionados à presença de valores (p. ex., Ciarrochi et al., 2012). Porém, não há, em tais protocolos ACT, a indicação da necessidade de investigar a história de vida do sujeito, bem como de barreiras emocionais existentes ao longo desta.

A literatura destaca que a narrativa da história de vida possui uma importante influência na mobilização dos processos que compõem a flexibilidade psicológica (Barnes-Holmes et al., 2018). Nesse sentido, o Mapa da Vida propõe inserir a investigação da história de vida previamente, como contexto para a utilização dos diversos procedimentos típicos da ACT (p. ex., metáforas, modelagem direta). Por intermédio das reflexões propostas nesse instrumento, a flexibilidade psicológica pode ser trabalhada a partir da recontextualização verbal da história de vida do indivíduo integrada aos seis processos da ACT.

Com base no relato de trechos da história de vida dos participantes, o terapeuta pode observar o padrão comportamental que o indivíduo apresenta e que pode ser identificado no grupo como "Modo Sobrevivência". A utilização dessa expressão é sugerida como uma forma de facilitar a compreensão dos clientes acerca das contingências matriciais, em tratamentos tanto individuais quanto grupais. Tais contingências são "aquelas que produzem padrões de comportamentos e sentimentos fortes (frequentes ou intensos), duradouros (se generalizam no tempo), que ocorrem em múltiplos contextos (generalização para diferentes ambientes)" (Guilhardi, 2015, p. 2). Uma vez identificado esse Modo Sobrevivência, o terapeuta deve buscar identificar as barreiras emocionais e os comportamentos que afastam o indivíduo daquilo que ele julga valoroso em sua vida e, ao mesmo tempo, envolve sofrimento. Essas informações permitem ao terapeuta atuar junto aos clientes considerando os conceitos de aceitação, desfusão cognitiva, *self* como contexto, contato com o momento presente, valores e compromisso com valores.

Para uma intervenção FACT em grupo, o Mapa da Vida pode ser utilizado em seis sessões, uma a cada semana, com duração entre 60 e 90 minutos cada. Recomenda-se que os grupos sejam compostos por no máximo seis participantes, a fim de que seja possível garantir amplo espaço para o compartilhamento de experiências pessoais junto ao grupo. Também é importante a presença de ao menos dois terapeutas, um para facilitar as principais intervenções e outro para dar apoio no acolhimento aos participantes. Os procedimentos para a mobilização dos processos de mudança podem variar em tratamentos individuais ou grupais, mas a investigação da história de vida como base para a promoção da flexibilidade psicológica é comum em ambas as modalidades. A Tabela 1 apresenta um resumo das atividades planejadas para cada uma das sessões de intervenção em grupo. Em seguida, apresentamos os resultados de uma intervenção em grupo que teve como instrumento o Mapa da Vida.

Tabela 1 Sessões de intervenção em grupo Mapa da Vida

Sessão	Objetivo	Método
1	Estabelecimento do contrato terapêutico e formação de vínculo	Apresentação dos terapeutas e solicitação de relato das participantes sobre as queixas mais acentuadas no contexto atual.
	Identificação de experiências psicológicas difíceis e estratégias atuais para lidar com elas	Exercício *mindfulness* sobre as "ondas do mar" e contextualização com os sentimentos e pensamentos das participantes.
2	Identificação e nomeação do Modo Sobrevivência	Perguntas reflexivas sobre o papel que desempenhavam em suas famílias de origem. Solicitação para que nomeiem esse Modo Sobrevivência. Apresentação de um modelo (caso fictício) de identificação do Modo Sobrevivência.
	Proporcionar acolhimento e autogentileza em relação ao Modo Sobrevivência	Exercício experiencial: "Se você pudesse dizer algo para essa criança que precisou aprender esse modo para sobreviver, o que você diria?"
3	Identificação das barreiras emocionais	Perguntas reflexivas sobre quais as experiências psicológicas mais difíceis que o Modo Sobrevivência trouxe para o presente momento.
	Identificação das esquivas experienciais	Perguntas reflexivas sobre "o que eu faço para me afastar do que dói?"
	Identificação dos efeitos das esquivas experienciais	Vídeo *Passageiros no ônibus* e aplicação para a realidade das participantes.
4	Identificação de valores	Preenchimento da seção "O que e quem importam para mim" do Mapa da Vida. Modelagem direta da distinção entre objetivos e valores a partir das respostas.
	Identificação de ações compromissadas	Preenchimento e compartilhamento com o grupo da seção "O que eu faço para me aproximar do que importa" e "Como eu quero ser lembrado".
	Compromisso com o grupo	Solicitação de um compromisso a ser realizado durante a semana. Solicitação de previsão acerca de possíveis barreiras emocionais ao realizar a ação.
5	Modelagem de ação compromissada	Solicitação para compartilhar sucessos e insucessos no compromisso assumido para a semana anterior. Modelagem direta de aceitação dos sentimentos e pensamentos derivados da experiência.
6	*Feedback* do programa	Revisão e consolidação dos processos desenvolvidos. Solicitação de relato acerca das experiências vividas no programa.

RESULTADOS DA INTERVENÇÃO

Como o objetivo deste capítulo não se restringe à apresentação da intervenção, mas também visa à oportunidade de apresentar os processos de mudança clínica ao longo das sessões, optamos por apresentar os resultados do grupo a partir de uma análise qualitativa da experiência clínica em cada momento da intervenção. Esperamos que, dessa forma, possamos transcender a mera constatação dos efeitos da intervenção para uma maior compreensão sobre "como" o Mapa da Vida propiciou tais efeitos.

As participantes dessa intervenção em grupo foram quatro profissionais de saúde brasileiras que atuavam no atendimento a pacientes com COVID-19. Elas serão aqui identificadas por Margarida, Orquídea, Tulipa e Violeta. A intervenção foi realizada em modalidade *online*, em uma plataforma digital de reuniões. As sessões tiveram duração de cerca de 90 minutos cada e foram realizadas semanalmente. Nenhuma participante que tenha iniciado o programa de intervenção desistiu de sua participação no grupo, mas duas participantes estiveram ausentes em ao menos uma das sessões e informaram a ausência ao grupo com antecedência.

O primeiro encontro, com o objetivo de iniciar o vínculo entre terapeutas e participantes, explorou as dificuldades que cada profissional de saúde estava enfrentando no período da pandemia. Margarida e Tulipa estavam afastadas do trabalho em hospitais, respectivamente por ser parte do grupo de risco e por férias, e estavam prestes a retornar ao trabalho em unidades que lidam diretamente com pacientes com COVID-19. As duas participantes puderam falar dos seus medos em lidar com a situação de incerteza das unidades e, ao mesmo tempo, do seu desejo em voltar a atuar com suas equipes de trabalho. Violeta e Orquídea relataram trabalhar ainda mais intensamente no período da pandemia do que fora dela. Nesse momento, Orquídea compartilhou que mora sozinha em uma cidade distante de sua terra natal e não vê a família há meses. Também disse que, embora sinta a distância, tomou a decisão de não visitar os familiares para não os expor ao risco de contrair a doença.

Em seguida, os terapeutas realizaram uma prática *mindfulness* com visualização do mar e das ondas em relação de coordenação com os sentimentos e pensamentos das participantes. Todas relataram alguma dificuldade para iniciar a prática (principalmente por ser o primeiro encontro, com a dificuldade adicional de ser realizado *online*), mas depois puderam relatar suas lutas para simplesmente olhar para os pensamentos e sentimentos sem julgá-los ou sem tentar resolver algum problema trazido pelos pensamentos. Os terapeutas também relataram suas dificuldades para desenvolver essa habilidade de perspectiva e aceitação, tentando gerar um contexto seguro para vulnerabilidade interpessoal no grupo. Esse primeiro encontro foi finalizado com os compromissos de frequência e sigilo em relação aos encontros futuros.

No segundo encontro foram investigadas informações a respeito de como as participantes aprenderam a lidar com as nuances de seus ambientes pessoais e como o repertório adquirido a partir dessas aprendizagens associava-se às vivências atuais. Os repertórios que frequentemente eram reproduzidos em contextos que reforçavam as ações aprendidas em meio a contingências matriciais foram identificados como parte do Modo Sobrevivência e descritos com base no conjunto de atitudes geralmente adotadas para que as pessoas se sentissem seguras para interagir e amadas por aqueles que compunham seus entornos. Esse momento da intervenção caracterizou-se pela identificação: 1) dos eventos considerados sucessos e fracassos por sua família; 2) das qualidades e defeitos que eram avaliados como importantes para chegar ao que se convencionava ser o fracasso ou o sucesso; 3) dos eventos marcantes nas histórias de vida, fossem eles momentos difíceis ou de felicidade; 4) das ocasiões em que cada participante se sentia amada e/ou valorizada pelas pessoas; 5) do que era feito para corresponder a esses ideais de sucesso e aceitação pelos outros; e 6) de quais eram as percepções a respeito da forma pela qual as pessoas as qualificavam.

Quando foi pedido que se lembrassem de fatos marcantes da infância, Margarida disse que não se lembrava desse período. O terapeuta, então, fez uma autorrevelação acerca de um momento difícil de sua infância e, logo em seguida, Margarida disse: "*você falando isso, eu lembrei de uma situação...*". Seu relato continuou com a descrição de uma situação importante para identificação do Modo Sobrevivência. Essa intervenção (i. e., autorrevelação) foi importante para criar um ambiente seguro, uma vez que o comportamento de lembrar também pode estar sob controle de contingências aversivas passadas. Orquídea, por sua vez, relatou que a partir de um acidente na infância, que gerou uma deficiência física, precisou "*provar*" para a família que podia ser independente, o que fez com que sempre tivesse dificuldade para pedir ajuda. Todas as participantes, ao perceberem seu Modo Sobrevivência, puderam notar sua generalização ao longo de sua história, inclusive com uma relação direta com a escolha profissional.

Algo importante nesse processo de identificação do Modo Sobrevivência foi a modelagem direta feita pelos terapeutas para que as lembranças da infância se dirigissem para como as participantes aprenderam a se comportar em seus diferentes contextos de vida. Nesse sentido, quando as participantes enfatizavam como o ambiente agia sobre elas, os terapeutas gentilmente retornavam a enfatizar como elas se comportavam para "sobreviver" nessas situações.

Assim, identificando o Modo Sobrevivência que pouco a pouco foi sendo percebido em suas relações, as participantes iniciaram o desenvolvimento de perspectiva acerca dos padrões comportamentais aprendidos em seus contextos particulares e que estavam diretamente ligados aos sentimentos de segurança para enfrentar as situações e pertencimento a uma rede de acolhimento e valorização. Já nesse segundo encontro, as participantes iniciaram processos de desfusão cognitiva e aceitação, como quando Orquídea relatou que tem dificuldade para colocar limites nas exigências do trabalho porque "*a sensação é de que, se eu me mostrar fraca, as pessoas vão voltar a pensar que eu sou fraca*", fazendo uma referência direta a como precisou aprender a fazer para evitar tais pensamentos e sentimentos. A identificação do Modo Sobrevivência, então, gerou perspectiva suficiente para ver os pensamentos e sentimentos atuais (desfusão cognitiva) e acolhê-los como produto de uma história sem, necessariamente, serem os responsáveis por guiar suas escolhas atuais (aceitação).

No início da sessão seguinte, algumas participantes fizeram importantes relatos sobre mudanças comportamentais escolhidas nas ocasiões em que perceberam seu Modo Sobrevivência em ação. Essas escolhas incluíram principalmente dedicar maior atenção ao autocuidado e evitar a sobrecarga de trabalho. Nesse contexto, além de reforçar as mudanças comportamentais, os terapeutas modelaram a relação estabelecida com o Modo Sobrevivência identificado, ressaltando que não se trata de um repertório prejudicial que deva ser descartado, mas que pode ser vivenciado com flexibilidade (i. e., pela ampliação do repertório aprendido), permitindo que outras respostas possam ser experimentadas nos mais diversos contextos sociais.

Com o intuito de promover maior clareza sobre a função do Modo Sobrevivência, os terapeutas seguiram a intervenção estimulando uma reflexão sobre os sentimentos e pensamentos indesejáveis presentes no dia a dia e que comumente estão associados à história de vida. O medo em situações de imprevisibilidade, incerteza ou falta de controle foi o sentimento mais fortemente relatado por todas as participantes. E nesse contexto, elas acreditavam que tal sentimento frequentemente restringia suas liberdades de viver uma vida plena: "*É um bloqueio, uma barreira para mim. O medo muitas vezes me paralisa*" (Violeta). Os repertórios referidos para lidar com os eventos privados aversivos incluíam essencialmente uma variedade de comportamentos de esquiva experiencial (p. ex., assistir a filmes, assumir mais atividades de trabalho, navegar em redes sociais ou usar medicamentos para dormir).

Apesar do alívio imediato produzido, muitos comportamentos de esquiva experiencial impediam o contato e a observação das próprias condições afetivas, não reduziam o sofrimento em longo prazo e, consequentemente, não estimulavam a aceitação e a desfusão cognitiva em relação a esses eventos aversivos. Por outro lado, as falas das participantes também ressaltavam fortemente que o empenho em se esquivar daquilo que as incomodava também contribuía para que elas apresentassem menor engajamento em buscar o que era importante para elas. Por exemplo, Margarida disse que, para se afastar de pensamentos e sentimentos dolorosos, ela acabou se isolando completamente e nesse contexto teve uma importante "*perda da autonomia, eu não fazia mais as coisas que fazia, que gostava*". Os terapeutas acolheram esses relatos destacando que os comportamentos de esquiva são prejudiciais na medida em que afastam o indivíduo de seus propósitos pessoais. Nesse contexto, promoveram a recontextualização verbal da relação com os eventos privados ao levar a atenção das participantes de volta ao Mapa da Vida (Figura 1), convidando-as a perceber o quanto certos comportamentos de esquiva as distanciavam do que elas consideravam importante para uma vida plena e propondo que experimentassem comportamentos valorosos, mesmo diante de eventos privados indesejados.

O quarto encontro iniciou com um relato de cada uma das participantes sobre sua semana, incluindo as escolhas difíceis que precisaram tomar. Por exemplo, Violeta (que possui o Modo Sobrevivência "Responsável") fez a escolha difícil de abraçar o filho, mesmo lidando com todo o medo de estar sendo "irresponsável" por não seguir rigidamente as recomendações de distanciamento físico, visto que trabalha no atendimento aos pacientes com COVID-19. Margarida, por sua vez, falou do medo e da vontade de voltar ao trabalho, mesmo sendo parte da população de risco para a pandemia. A partir disso, os terapeutas puderam enfatizar a relação entre as barreiras emocionais e o modo sobrevivência como estratégia para aumentar a aceitação dessas experiências difíceis.

Em seguida, um exercício experiencial com a metáfora do barco e da bússola foi feito com algumas características importantes para um grupo com reduzida quantidade de encontros: o exercício experiencial direcionou claramente para a distinção entre valores e objetivos, utilizando diretamente esses conceitos. Por exemplo: "*Os valores são assim, como o norte, mesmo que você precise sair um pouco do rumo, você sempre pode voltar*" (terapeuta). Com esse caráter mais diretivo e menos aberto a diversos significados, as participantes do grupo puderam aplicar a metáfora de maneira mais clara e direta à sua experiência atual. Nessa mesma lógica, os "pontos de parada" do barco foram vinculados aos objetivos, enquanto "o norte da bússola" foi vinculado aos valores. Como resultado, Violeta, em um relato emocionado, disse que sua família de origem é pouco cuidadosa no falar e que ela tenta ser mais cuidadosa e presente com seu filho. A partir desse relato, o terapeuta pôde trabalhar flexibilidade psicológica no estabelecimento de metas, indicando que nem sempre ela conseguirá agir assim, mas sempre poderá voltar ao norte (i. e., ser cuidadosa no falar).

Os terapeutas voltaram para a figura do Mapa da Vida (Figura 1) para relembrar todo o trajeto percorrido até esse encontro e guiar as perguntas sobre "o que e quem importam para mim". Nesse momento, o terapeuta se vulnerabilizou, com uma autorrevelação sobre as pessoas mais importantes da sua vida. Esta foi uma estratégia para criar um ambiente seguro para compartilhamento do grupo, principalmente considerando que o Modo Sobrevivência das participantes, em geral, estava vinculado a pouca vulnerabilidade interpessoal. A estratégia de autorrevelação foi efetiva para evocar diversos relatos e, a partir deles, os terapeutas puderam fazer uma modelagem direta do repertório de clarificação de valores.

Por exemplo, Margarida relatou que o trabalho é muito importante para ela e que deseja estar presente no hospital, mas que o medo do contágio está presente. Para formular valores a partir desse objetivo, o terapeuta inicialmente perguntou: "*Por que é importante estar lá?*". Margarida relatou que ela se sente parte da equipe e que estar com as colegas como parte de uma equipe é importante. Uma vez que o valor "pertencimento à equipe" estava ficando claro, a variabilidade comportamental acerca dos objetivos foi estimulada: "*Mesmo não estando lá, como você pode ser um apoio para a equipe?*" (terapeuta). Margarida então pôde perceber que havia se afastado inclusive dos grupos virtuais de interação com as colegas (p. ex., aplicativos de celular) e que já não estava tão presente com a equipe porque estava mais atenta ao objetivo (i. e., "estar presencialmente no hospital") do que ao valor (i. e., "ser parte da equipe").

Nesse quarto encontro, um ganho importante ocorreu pela capacidade de repensar os próprios objetivos e valores a partir dos relatos das colegas de grupo. Tulipa, por exemplo, ao ouvir Violeta, conseguiu formular melhor suas próprias experiências da semana, identificando valores e objetivos. A modelagem direta, então, ocorreu mediada pelos terapeutas e também pelas colegas de grupo. Ao final dessa sessão, as participantes foram estimuladas a investir em comportamentos consistentes com os valores pessoais identificados ao longo da semana.

Na sessão seguinte, ao serem questionadas sobre a experiência de voluntariamente vivenciar os valores, as participantes relataram importantes repertórios de engajamento em valores e abertura ao medo. Violeta revelou ter escolhido investir em valores de autocuidado e valores maternos iniciando uma prática de esporte radical com o filho. Nessa ocasião, ela já se mostrava claramente consciente sobre as barreiras emocionais mais comuns em sua trajetória e declarou ter escolhido esse esporte para desenvolver sua habilidade de conviver com o medo: "*Cuidar da minha saúde, me movimentar era parte do que eu considero importante para mim e eu escolhi um esporte em que eu pudesse lidar com o meu medo*" (Violeta). Em outro caso, a participante revelou ter experimentado valores familiares e profissionais. Também consciente da presença do medo, ela escolheu experimentar a vulnerabilidade ao retomar contato com familiares e colegas de trabalho: "*Achei que eu não conseguiria ir, que ficaria preocupada e ansiosa, mas eu fui e foi bom. Assim, retomando as coisas que fazem parte do nosso dia a dia, tentando aproveitar as coisas da forma que der, sem ficar preocupada com o que vai acontecer e conseguir ficar bem*" (Margarida). Esses comportamentos de engajamento foram amplamente modelados, tanto pelos terapeutas quanto pelo grupo. Por outro lado, também ficou claro que a descrição do próprio comportamento valoroso foi positivamente reforçadora: "*Eu me sinto até mais segura para fazer outras coisas, e eu estou fazendo. Eu estou conseguindo ir na direção que eu quero*" (Margarida).

Além dessas conquistas, as participantes também demonstraram abertura para falar sobre outros valores com os quais ainda não se sentiam preparadas para investir. Esses valores que exigiam maior disposição à vulnerabilidade estavam relacionados às relações de maior intimidade com os pais. Por exemplo, "*não me aproximei de ser a filha que eu gostaria de ser para ele* [o pai] *porque é bem difícil, então eu me mantive longe*" (Violeta). Como barreira emocional, essa participante revelou sentir "*medo das reações dele, da resposta dele*". De forma semelhante, outra participante disse: "*Eu sei que é uma coisa que eu quero, ficar mais próxima dela* [a mãe], *mas eu não sei se nesse momento vai valer a pena para mim tentar, e, mais uma vez, a gente não sabe o que vem do outro lado*" (Margarida). Nessas ocasiões, a reticência para o engajamento em valores foi acolhida e, por intermédio da recontextualização verbal, as participantes foram estimuladas a perceber que vivenciar valores exige abertura à vulnerabilidade exatamente porque nesse contexto o indivíduo está desprovido de controle sobre a resposta do outro. Considerando que o engajamento em ações valorosas tende a aumentar com o tempo (Vowles et al., 2019), é possível que essas participantes se mostrem mais dispostas a investir nesses valores considerados mais difíceis ao longo do tempo.

O comprometimento com o grupo de intervenção também foi referido como um engajamento em valores. As participantes relataram ter sido difícil iniciar e permanecer em compromisso com o grupo e, diante da clareza sobre os próprios valores, já conseguiam relacionar tal dificuldade ao Modo Sobrevivência claramente identificado. Enquanto Violeta referiu ser difícil não estar disponível para cuidar de outras pessoas por se dedicar ao autocuidado, Margarida declarou que sua maior dificuldade estava em pedir ajuda e, portanto, a participação no grupo para elas estava em sentido oposto ao modo como matricialmente aprenderam a se posicionar no mundo.

Ao final da intervenção, as participantes fizeram importantes relatos sobre sua participação no grupo e avaliaram o programa Mapa da Vida. Todas declararam que as reflexões sobre a história de vida e a identificação do Modo Sobrevivência foi uma experiência bastante transformadora ao longo de todo processo de flexibilidade psicológica. Esse contexto favoreceu maior tomada de perspectiva sobre a forma como se colocavam no mundo: "o Modo Sobrevivência me impediu de ver isso antes". Elas também relataram que conseguiram estabelecer uma nova relação com os eventos internos mais ameaçadores, reconhecer seus próprios valores e, a partir disso, conseguiam perceber com maior amplitude a diversidade de caminhos e possibilidades presentes em toda sua trajetória. Por fim, as participantes ressaltaram a importância do contexto de intimidade e segurança estabelecido no grupo para o compartilhamento e acolhimento das angústias e sofrimentos revelados.

CONCLUSÃO

Profissionais de saúde que lidam diretamente com pacientes acometidos pela COVID-19 estão inseridos em um contexto ansiogênico sem precedentes. Embora a literatura científica possua informações sobre o impacto de diversas pandemias na saúde mental de profissionais de saúde, a experiência atual desses profissionais ainda está longe de ser plenamente compreendida. Isso faz com que uma intervenção em grupo, especialmente dirigida para esse público, possua vantagens que envolvem desde o sentimento de pertencimento a um grupo que compartilha angústias e valores até mesmo o encorajamento mútuo no engajamento nas atividades propostas.

O programa que utilizou o Mapa da Vida como instrumento de mobilização de processos de flexibilidade psicológica produziu ganhos para as participantes, tanto quanto para os membros da equipe de intervenção, que puderam vivenciar experiências significativas e de crescimento mútuo. Não houve barreiras limitando o impacto dessa experiência a terapeutas ou participantes. Isso implica a constatação de que não é possível permanecer intocado em sua subjetividade quando a narrativa da história de vida pessoal é utilizada para a construção de compromisso com uma vida significativa. Esperamos que esse relato de experiência possa encorajar novas propostas que integrem a ACT à análise funcional molar, trazendo consigo toda a riqueza de uma psicologia clínica ética e tecnicamente embasada.

REFERÊNCIAS

A-Tjak JGL, Davis ML, Morina N, Powers MB, Smits JAJ, Emmelkamp PMG. A meta-analysis of the efficacy of acceptance and commitment therapy for clinically relevant mental and physical health problems. Psychotherapy and Psychosomatics. 2015;84(1):30-6.

Barnes-Holmes Y, Barnes-Holmes D, McEnteggart C. Narrative: its importance in modern behavior analysis and therapy. Perspectives on Behavior Science. 2018;41:509-16.

Brinkborg H, Michanek J, Hesser H, Berglund G. Acceptance and commitment therapy for the treatment of stress among social workers: a randomized controlled trial. Behaviour Research and Therapy. 2011;49(6-7):389-98.

Brown M, Glendenning A, Hoon AE, John A. Effectiveness of web-delivered acceptance and commitment therapy in relation to mental health and well-being: a systematic review and meta-analysis. Journal of Medical Internet Research. 2016;18(8).

Ciarrochi J, Hayes L, Bailey A. Get out of your mind & into your life for teens: a guide to living an extraordinary life. Oakland: New Harbinger Publications; 2012.

Daks J, Peltz J, Rogge R. Psychological flexibility and inflexibility as sources of resiliency and risk during a pandemic: modeling the cascade of COVID-19 stress on family systems with a contextual behavioral science lens. Journal of Contextual Behavioral Science. 2020;18:16-27.

Dawson D, Golijani-Moghaddam N. COVID-19: psychological flexibility, coping, mental health, and wellbeing in the UK during the pandemic. Journal of Contextual Behavioral Science. 2020;17.

Fiorillo D, McLean C, Pistorello J, Hayes SC, Follette VM. Evaluation of a web-based acceptance and commitment therapy program for women with trauma-related problems: a pilot study. Journal of Contextual Behavioral Science. 2017;6(1):104-13.

Gloster AT, Walder N, Levin M, Twohig M, Karekla M. The empirical status of Acceptance and Commitment Therapy: a review of meta- analyses. Journal of Contextual Behavioral Science. 2020;116544.

Glover NG, Sylvers PD, Shearer EM, Kane MC, Clasen PC, Epler AJ, et al. The efficacy of focused acceptance and commitment therapy in VA primary care. Psychological Services. 2016;13(2):156-61.

Guilhardi H. Contingências de reforçamento matriciais. 2015 [acesso em 26 out 2020]. Disponível em: http://www.itcrcampinas.com.br/txt/matriciais.pdf.

Hayes S, Hofmann S, Ciarrochi J. A process-based approach to psychological diagnosis and treatment: the conceptual and treatment utility of an extended evolutionary meta model. Clinical Psychology Review. 2020;82.

Hayes S, Hofmann S, Stanton C. Process-based functional analysis can help behavioral science step up to novel challenges: COVID-19 as an example. Journal of Contextual Behavioral Science. 2020;18:128-45.

Kyllönen HM, Muotka J, Puolakanaho A, Astikainen P, Keinonen K, Lappalainen R. A brief Acceptance and Commitment Therapy intervention for depression: A randomized controlled trial with 3-year follow-up for the intervention group. Journal of Contextual Behavioral Science. 2018;10:55-63.

Ornell F, Halpern S, Kessler F, Narvaez J. O impacto da pandemia de COVID-19 na saúde mental dos profissionais de saúde. Cadernos de Saúde Pública. 2020;36(4).

Pedersen HF, Agger JL, Frostholm L, Jensen JS, Ornbol E, Fink P, et al. Acceptance and commitment group therapy for patients with multiple functional somatic syndromes: A three-armed trial comparing ACT in a brief and extended version with enhanced care. Psychological Medicine. 2018;49(6):1005-14.

Pots WTM, Fledderus M, Meulenbeek PAM, Ten Klooster PM, Schreurs KMG, Bohlmeijer ET. Acceptance and commitment therapy as a web-based intervention for depressive symptoms: randomised controlled trial. British Journal of Psychiatry. 2016;208(1):69-77.

Presti G, McHugh L, Gloster A, Karekla M, Hayes SC. The dynamics of fear at the time of COVID-19: a contextual behavioral science perspective. Clinical Neuropsychiatry. 2020;17(2):65-71.

Rudaz M, Twohig MP, Ong CW, Levin ME. Mindfulness and acceptance-based trainings for fostering self-care and reducing stress in mental health professionals: a systematic review. Journal of Contextual Behavioral Science. 2017;6(4):380-90.

Secretaria de Saúde do Distrito Federal. A saúde mental dos profissionais de saúde em meio à pandemia COVID-19. 2020. Disponível em: http://www.saude.df.gov.br/wp-conteudo/uploads/2018/03/Nota-Informativa-A-Sa%C3%BAde-Mental-e-a-Pandemia-de-COVID-19-impactos-e-orienta%C3%A7%C3%B5es-para-profissionais-de-sa%C3%BAde.pdf.

Smith B, Twohy A, Smith G. Psychological inflexibility and intolerance of uncertainty moderate the relationship between social isolation and mental health outcomes during COVID-19. Journal of Contextual Behavioral Science. 2020;18:162-74.

Stapleton A. Choosing not to follow rules that will reduce the spread of COVID-19. Journal of Contextual Behavioral Science. 2020;17:73-8.

Strosahl K, Robinson P, Gustavsson. Brief interventions for radical change: principles and practice of Focused Acceptance and Commitment Therapy. Oakland: New Harbinger Publications; 2012.

Szabo TG, Richling S, Embry DD, Biglan A, Wilson KG. From helpless to hero:

promoting values-based behavior and positive family interaction in the midst of COVID-19. Behavior Analysis in Practice. 2020;13:568-76.

Vowles KE, Sowden G, Hickman J, Ashworth J. An analysis of within-treatment change trajectories in valued activity in relation to treatment outcomes following interdisciplinary Acceptance and Commitment Therapy for adults with chronic pain. Behaviour Research and Therapy. 2019;115: 46-54.

Wharton E, Edwards KS, Juhasz K, Walser RD. Acceptance-based interventions in the treatment of PTSD: group and individual pilot data using Acceptance and Commitment Therapy. Journal of Contextual Behavioral Science. 2019;14:55-64.

Xiao H, Zhang Y, Kong D, Li S, Yang N. The effects of social support on sleep quality of medical staff treating patients with Coronavirus disease 2019 (COVID-19) in January and February 2020 in China. Medical Science Monitor. 2020;26.

SEÇÃO 4

Terapia Comportamental Dialética (DBT)

14

A Terapia Comportamental Dialética

Gabriela dos Santos

A Terapia Comportamental Dialética (DBT) foi criada pela psicóloga e pesquisadora norte-americana Marsha Linehan. A autora começou suas pesquisas inicialmente motivada em entender e auxiliar mulheres com histórico recorrente de comportamentos suicidas e de autolesão. Posteriormente, ela e seu grupo de pesquisa identificaram que muitas das pessoas que tinham essas queixas preenchiam critério para o diagnóstico de transtorno de personalidade *borderline* (TPB), e assim nasceu a DBT, como uma terapia comportamental para TPB, como é nomeado no seu primeiro manual (Linehan, 1993).

O interesse de Marsha por esse público veio de sua história pessoal como alguém que passou por diversos tratamentos psicológicos. Ela mesma teve um histórico de tentativas de suicídio, autolesão e internações psiquiátricas. Sua mudança comportamental foi motivada por uma experiência religiosa e, após sua melhora, ela se debruçou a estudar terapias que pudessem ser efetivas para pessoas que passavam por sofrimentos semelhantes aos seus, uma vez que sua experiência pessoal como paciente foi de que as diversas terapias pelas quais ela havia passado não foram efetivas o suficiente para ajudá-la (Linehan, 2011).

Diante das motivações apresentadas e por meio de diversos estudos nasceu a DBT, esta que é chamada pelos autores como uma terapia norteada por princípios, o que significa que há um manual que norteia a atuação do terapeuta. No entanto, esse manual não provê receitas passo a passo de procedimentos que devem ser feitos em cada sessão, permitindo ao terapeuta selecionar com flexibilidade as estratégias e protocolos da DBT que serão usados em sua prática clínica.

Até o momento, a DBT é o único tratamento com eficácia comprovada para reduzir o comportamento suicida em clientes cronicamente suicidas e com diagnósticos de TPB. É importante destacar que essa terapia começou como um tratamento para pessoas com diagnóstico de TPB, no entanto, atualmente têm sido conduzidos estudos para outros problemas comportamentais, como abuso de substâncias (Linehan et al., 1999, 2002), bulimia (Safer, Telch & Agras, 2001), compulsão alimentar (Telch, Agras & Linehan, 2001) e depressão em idosos (Lynch et al., 2003; Lynch et al., 2007). Hoje, entende-se que o conjunto de princípios e protocolos da DBT pode ser aplicado de forma mais ampla para organizar estratégias de intervenções para tratar transtornos caracterizados por desregulação emocional generalizada (Koerner, 2012). No próximo capítulo sobre conceituação de caso serão discutidos o conceito de desregulação emocional e as intervenções direcionadas.

Um ponto interessante a ser destacado é que o primeiro manual de DBT tem o título de *Terapia cognitivo-comportamental* para TPB. Seu manual não é organizado com estratégias sessão a sessão, como é comum na terapia cognitivo-comportamental, e as estratégias de modificação cognitiva não são as principais abordadas. Em contrapartida, apesar de descrever como um dos seus princípios fundamentais, a Ciência Comportamental, como veremos no próximo capítulo sobre conceituação de caso, o modelo de análise chamado análise em cadeia utilizado na DBT não está exatamente nos moldes das análises funcionais realizadas por terapeutas comportamentais tradicionais. Assim, a DBT tem suas características próprias como uma terapia que escolhe suas práticas de acordo com o que apresenta os melhores resultados, mesmo que essas possam ser vistas por alguns como teoricamente contraditórias. Parece que o mais importante nesse modelo é considerar as práticas que funcionam e produzem resultados mesmo que possa haver alguns desalinhamentos teóricos entre essas práticas. Assim, a DBT pode ser considerada uma terapia pragmática e que talvez cause estranheza tanto aos terapeutas comportamentais tradicionais quanto aos seus colegas terapeutas cognitivo-comportamentais, não se encaixando completamente em nenhuma das concepções teórico-conceituais da terapia cognitivo-comportamental e da Ciência Comportamental, ao mesmo tempo contemplando ambas em sua prática.

Uma vez discutidos o surgimento da DBT e algumas de suas características, para entender como essa terapia funciona, vamos começar por seus três fundamentos norteadores: Ciência Comportamental, Filosofia Dialética e Princípios de Aceitação.

FUNDAMENTOS NORTEADORES DA DBT

Quando nos referimos à Ciência Comportamental como fundamento, compreende-se que a DBT considera que o comportamento do indivíduo pode ser explicado por uma história de aprendizado em três níveis de seleção do comportamento: a filogênese (história evolutiva da espécie e genética); a ontogênese (história de vida do indivíduo); e a cultura (história das práticas culturais). Desse modo, todos os padrões de comportamento que apresentamos são resultado dessas três histórias de aprendizado. Nessa concepção não existe comportamento mal adaptativo, uma vez que todo comportamento responde às leis de reforçamento e, se eles existem, há consequências que os mantêm. Além disso, implica uma postura científica na qual os fenômenos comportamentais devem ser observados e descritos sem acrescentar interpretações ou suposições. Devem-se gerar hipóteses, testá-las, aplicar intervenções com rigor, coletar dados, analisar os resultados e gerar novas hipóteses baseadas nos dados coletados. As bases da ciência comportamental estão mais detalhadamente descritas em outros capítulos deste livro, então aqui haverá destaque às outras características definidoras particulares da DBT.

A filosofia dialética é uma das concepções particulares nessa terapia. Na DBT, a filosofia dialética fornece os meios práticos para que terapeuta e cliente mantenham comportamentos de flexibilidade e equilíbrio. A dialética é tanto um método de persuasão quanto um conjunto de suposições sobre a natureza da realidade. Em ambos, uma ideia essencial é que cada tese ou declaração de uma posição contém em si sua antítese ou posição oposta. Por exemplo, clientes com comportamentos suicidas muitas vezes desejam simultaneamente viver e morrer. Dizer verbalmente em sessão ao terapeuta sobre a vontade de se matar, em vez de se matar em segredo, contém em si a posição oposta de querer viver. No entanto, não é verdade que querer viver seja "mais verdadeiro" do que querer morrer. A pessoa genuinamente não quer viver sua vida como ela é, mas deseja viver uma vida diferente – as duas condições coexistem e são ambas verdadeiras (Dimeff & Koerner, 2007). Essa perspectiva dialética sobre a natureza da realidade e o comportamento tem três características principais: interdependência e totalidade, princípio da polaridade e princípio da mudança contínua.

O princípio da interdependência e da totalidade implica uma compreensão de que a análise das partes de um sistema tem valor limitado, a menos que relacionemos a parte de forma clara com o todo. Desse modo, uma perspectiva dialética sustenta que não se pode dar sentido às partes sem considerar o todo, uma vez que a natureza da realidade é holística, assim precisamos nos atentar ao todo e a como as partes se relacionam, mesmo que se possa atentar de forma significativa sobre um elemento ou parte independentemente (Dimeff & Koerner, 2007; Linehan, 2016). Para ilustrar, vamos imaginar que pessoas cegas que, portanto, nunca viram um elefante, estão cada uma tocando uma parte do animal, e cada uma tendo a certeza de que o todo é exatamente como a parte que estão tocando. "Um elefante é grande e mole" – dito ao tocar a barriga; "Não, não, um elefante é comprido, redondo e magro" – ao tocar o rabo; "Não, não, um elefante é sólido como uma parede" – ao tocar a pele. Todas essas partes são verdadeiras, mas nenhuma delas isoladamente corresponde ao elefante, esse exemplo ilustra bem o princípio da interdependência e da totalidade.

O princípio da polaridade, como o próprio nome diz, refere-se a uma realidade que acontece em polos. Imagine duas forças que se opõem e ambas puxam para lados opostos. Essa compreensão de realidade traz uma percepção de movimento, a ideia de que a realidade não é estática, mas compõe-se por forças opositoras. Desse modo, compreende-se que há sempre uma tese – uma visão de mundo, opinião, ação etc. – uma antítese, algo que se opõe a isso – uma visão de mundo contrária, uma opinião discordante ou uma ação oposta – e que essas tensões de forças opostas geram algo novo, uma síntese (Linehan, 2016). Desse ponto de vista, opiniões divergentes polarizadas devem ser esperadas por parte dos clientes, como querer morrer e querer viver, querer mudar e querer se manter no mesmo lugar, ou gostar do terapeuta e odiá-lo. A polaridade também pode ser vivenciada pelos terapeutas, visto que um cliente com problemas complexos gera fortes reações emocionais em seus cuidadores, então estes podem querer fortemente ajudá-lo e ter vontade de encerrar a terapia por medo de o cliente se matar, assim como podem ter muita empatia pelos clientes e vontade de se aproximar, e ao mesmo tempo se sentirem intimidados pelos clientes e terem vontade de se distanciar deles.

Por fim, o princípio da mudança contínua concebe que a tensão entre as forças dentro de cada sistema produz mudança. A síntese, produto das tensões entre tese e antítese, automaticamente se torna uma tese que gera outra antítese, assim a mudança é contínua. A cada momento existe um equilíbrio temporário entre as tentativas do cliente de manter a si mesmo sem mudar e suas tentativas de mudar mesmo diante das limitações que sua história de vida impõe. A transição para cada estabilidade costuma ser experimentada pelo cliente como uma crise dolorosa e qualquer resolução da crise deve envolver essencialmente uma mudança de comportamento. O terapeuta tem o papel de ajudar o cliente em suas crises validando simultaneamente suas tentativas de autopreservação e de mudança (Linehan, 2016).

Os conceitos da filosofia dialética, por mais complexos que possam parecer e com um linguajar distinto do que os terapeutas comportamentais estão habituados, são ponto central para os praticantes de DBT, pois implicam diretamente sobre a não existência de verdades absolutas, a não existência de verdades que não estejam relacionadas ao contexto e que o processo de mudança é contínuo, aspectos que estão alinhados a uma compreensão comportamental. Assim, um ponto de vista dialético nunca aceitará uma verdade final ou um fato indisputável e um processo que não seja passível de alguma mudança, e essas posturas são imprescindíveis para um terapeuta DBT (Linehan, 2016).

O último fundamento norteador é o Princípio de Aceitação. Esse princípio vem de percepções de filosofias Zen decorrentes do budismo e práticas de *mindfulness* (ou atenção plena). Swenson (2016) destaca cinco princípios relevantes da aceitação na DBT: (1) a importância da consciência no momento presente – a atenção precisa ser treinada para que o indivíduo seja capaz de permanecer no momento presente e não preso às lembranças ou aos traumas do passado, nem conectado às preocupações ou expectativas com relação ao futuro; (2) não apego – compreensão de que o apego a estados emocionais, crenças, percepções, determinados valores, versões da realidade ou expectativas faz parte das raízes do sofrimento; (3) interligação com o todo – o entendimento de que se está conectado a algo mais amplo, como, fazer parte de uma comunidade e ter sensação de pertencimento; (4) impermanência – compreensão de que a natureza da realidade é ser impermanente, desse modo, emoções, pensamentos, ações e situações *mudam* e estão sempre em fluxo de mudança; (5) as coisas são perfeitas como são – esse princípio considera o quanto as coisas são o que são, uma vez que são o resultado de tudo o que aconteceu anteriormente, assim, tudo o que está posto hoje é resultado do que veio antes – não há como mudar o passado e o passado também foi causado pelo que veio antes. É importante destacar que esse princípio não quer dizer considerar que o mundo é justo e que aprovamos tudo; é simplesmente entender que as coisas são produtos de contingências passadas.

Essa concepção implica a compreensão de que a dor é inevitável e que precisamos aceitar a realidade como ela é, não porque a realidade é boa ou positiva, mas porque as coisas são o que são e não aceitá-las não as fará mudar, e, ao contrário, muitas vezes para poder mudar uma realidade é necessário vê-la exatamente como ela é, que tudo muda o tempo todo, e que se apegar – a um momento, ideia etc. – pode produzir mais sofrimento. Como os clientes atendidos por DBT são geralmente pessoas com sofrimento psicológico intenso, que passaram por histórias muito dolorosas, abusos e outras experiências traumáticas, diversos deles têm dificuldade em aceitar que esses eventos ocorreram, passando a ficar presos em pensamentos e ações de negação da realidade que os impedem de mudar sua situação atual. Assim, esse princípio se torna bastante importante para um primeiro passo de produção de mudança terapêutica.

Considerando esses princípios, vamos apresentar a dialética primária da DBT – equilibrar aceitação e mudança. Quando as pesquisas em DBT foram iniciadas, antes do modelo atual, foi notado que uma terapia que focava muito na mudança produzia em seus pacientes invalidação, punição e muitas vezes crises sucessivas, pois os clientes não se sentiam compreendidos e aceitos, enquanto a ênfase terapêutica em aceitação produzia nos pacientes uma sensação de compreensão, mas ao mesmo tempo pouca ou nenhuma mudança, além de produzir sensação de desesperança e fortalecia a convicção de que não poderiam mudar as próprias vidas. A partir dessas observações, a dialética entre mudança e aceitação é primordial em uma intervenção DBT – aceitar que a realidade é o que se apresenta e que brigar com ela não a muda, mas que se pode sim fazer mais para que a realidade do cliente se transforme para melhor.

ESTRATÉGIAS CENTRAIS DA DBT

Uma vez que já discutimos a dialética como filosofia, agora vamos entendê-la também como estratégia. Uma série de estratégias que são incluídas na DBT tem a função de evitar que as posições polarizadas permaneçam. Como mencionado anteriormente, a primeira delas é equilibrar aceitação e mudança, o que implica também equilibrar validação e mudança.

Um exemplo desse balanceamento refere-se à forma de comunicação do terapeuta. A DBT requer que o terapeuta tenha um estilo de comunicação equilibrado entre comunicação recíproca e irreverente. O estilo de comunicação recíproca enfatiza a aceitação. Desse modo, o terapeuta emprega um estilo responsivo no qual fica sensível às nuances do comportamento do cliente, atende às suas necessidades e responde a elas diretamente em vez de interpretá-las por sua função ou significado oculto. Por exemplo, se um cliente pergunta algo pessoal sobre o terapeuta, é mais provável que o terapeuta use a autorrevelação, um envolvimento caloroso e a genuinidade para responder à pergunta ou para recusar-se a responder com base em seus próprios limites (Dimeff & Koerner, 2007; Koerner, 2012).

Em contrapartida à comunicação recíproca, a comunicação irreverente tem a função de "tirar o cliente do eixo" com ênfase em mudança. Nesse estilo inclui-se usar humor ou reformular a comunicação com o cliente de maneira excêntrica ou não ortodoxa. Implica em não ter medo de correr riscos e dizer ao cliente, em linguagem simples e embasada em fatos, coisas que outras pessoas evitam dizer. Por exemplo, o terapeuta pode dizer com naturalidade para a mulher cujo principal gatilho para crises suicidas é a ameaça de perder o marido: "Olha, cortar-se e deixar sangue no banheiro não está te ajudando a ter um relacionamento significativo com seu marido como você gostaria". Ou o terapeuta pode dizer a um novo cliente: "Considerando que você agrediu dois de seus três últimos terapeutas, vamos começar com o que levou a isso e como isso não vai acontecer comigo" (Dimeff & Koerner, 2007; Koerner, 2012). Essa postura com ênfase em mudança provoca o cliente a sugerir soluções, assim a comunicação recíproca é equilibrada pela irreverência que tira o cliente do eixo, variando em uma postura dialética.

Outro equilíbrio dialético importante é entre validação e mudança. A validação na DBT tem um papel muito importante, uma vez que os clientes DBT geralmente sofreram em suas histórias de vida grande invalidação por parte de seu ambiente familiar, com afirmações constantes de que o que eles estavam sentindo ou observando no mundo estava incorreto ou era inadequado. Assim, validar é ensinar que o que o cliente faz ou sente é compreensível. Mesmo que o comportamento pareça inadequado, é importante o terapeuta sempre tentar encontrar algo que seja válido. Por exemplo, pensar em se matar é natural diante de uma vida que parece estar sem sentido; fazê-lo já é uma estratégia inadequada, pois não ensina a lidar com o problema e construir uma vida que valha a pena. Então, até no comportamento mais julgável socialmente, há algo de válido e que faz sentido.

A DBT descreve seis níveis de validação: permanecer atento – escutar e observar com atenção, demonstrando estar presente e se importando com o que está sendo dito; reflexão acurada – parafrasear o cliente comunicando entendimento sem interpretações ou julgamentos; articulação de emoções, pensamentos ou padrões de comportamento não verbalizados – perceber o que foi dito de forma implícita, muitas vezes chamado de "ler a mente", pois ajuda a explicitar aquilo que o cliente não conseguiu falar de forma explícita; validação em termos de aprendizagem passada ou biologia – identificar fatores na história de vida do cliente que provavelmente levaram aos padrões comportamentais do cliente; validação em termos de contexto atual – encontrar os fatores na situação que levou o cliente a se comportar dessa forma; e genuinidade radical – agir de maneira genuína comunicando-se com respeito ao cliente como ser humano e semelhante (Dimeff & Koerner, 2007; Koerner, 2012, Linehan, 2016).

Descrita a relevância da validação e seus níveis, destaca-se a importância de o terapeuta validar no nível mais alto quanto possível e validar com precisão, assim, "validar o que é válido e invalidar o que é inválido". Válidos podem ser emoções, algumas ações, pensamentos e a perspectiva do cliente; o inválido são comportamentos que deixam as situações piores, não resolvem o problema ou colocam o cliente e outras pessoas em risco. Assim, uma cliente que agride o marido em uma situação de ciúmes pode ser validada quanto a sua emoção, e até sobre sua vontade de agredir, mas não sobre sua ação de bater em seu marido. Quando se invalida o inválido, é importante ser descritivo e sem julgamento, articulando como a resposta não faz sentido ou não é efetiva, por exemplo: "É natural que sinta ciúmes do seu marido, você tem muito medo que ele te deixe. No entanto, percebe que quando o agride causa exatamente o que você quer evitar: afastamento, menos afeto e aumenta a chance de que vocês se separem?".

Sobre as estratégias de mudança, como o próprio nome diz, implicam ajudar o cliente a mudar. As ferramentas utilizadas para ajudar os clientes a realizarem mudanças desejadas são estratégias de automonitoramento – como anotar diariamente os comportamentos impulsivos e de risco, análise comportamental –, identificação de variáveis que influenciaram a ocorrência do comportamento, estratégias didáticas de orientação – como a explicação sobre como funcionam as emoções e a desregulação delas, treinamento de habilidades –, aumento de repertório comportamental, procedimentos de exposição, de manejo de contingências e reestruturação cognitiva. Em resumo, uma postura por meio de estratégias dialéticas passará a mensagem de: "você é perfeito do jeito que você é e você precisa mudar".

ESTRUTURA DO TRATAMENTO

O objetivo da DBT é ajudar os clientes a construírem uma vida que vale a pena ser vivida, uma vez que se compreende a vontade de morrer e a motivação em tirar a própria vida como parte de uma vida sem sentido. Desse modo, a estrutura do tratamento é organizada para ajudar os clientes DBT a mudarem seus comportamentos para irem em busca do que é importante para eles construírem uma vida que vale a pena (Koerner, 2012).

A DBT tem uma estrutura de tratamento padrão que será apresentada a seguir. Esse tratamento tem a função de melhorar fatores motivacionais do cliente, aumentar suas habilidades e garantir a generalização dessas habilidades aprendidas para o ambiente natural do cliente, além de melhorar as habilidades e motivação do terapeuta para trabalhar eficazmente. Para atingir esses objetivos, ela é formada pela seguinte estrutura: terapia individual, treino de habilidades, *coaching* por telefone e grupo de consultoria para os terapeutas.

Terapia individual

A terapia individual na DBT é semelhante às terapias tradicionais nas quais o terapeuta se encontra regularmente com o cliente e eles conversam sobre as queixas do último; no entanto, há algumas particularidades. As primeiras sessões são chamadas de período de pré-tratamento. Nesse período o terapeuta, junto com o cliente, identificará quais são as metas do tratamento e irá avaliar e gerenciar riscos. Além disso, o terapeuta e o cliente se conhecem e ambos podem, ao final desses primeiros encontros, decidirem se darão andamento à terapia. Sim, na DBT o terapeuta também usa esse tempo para avaliar se ele se percebe em condições de ajudar esse cliente ou se ele acredita que outro profissional pode fazê-lo melhor. Para iniciar o tratamento, o cliente precisa se comprometer com o processo: estar presente às sessões, trabalhar na redução de comportamentos de risco à vida, participar do treino de habilidades em grupo e utilizar o *coaching* por telefone como forma de generalização de suas habilidades e manejo de crises.

Nas sessões de terapia individual, o terapeuta coloca em prática uma postura de acordo com os princípios da DBT e trabalha para ajudar o cliente a mudar a própria vida. Uma característica importante da terapia é a utilização do cartão diário. Existem alguns formatos em que ele pode ser utilizado, inclusive existem aplicativos de celular que são próprios para realizá-lo. Em resumo, o cartão diário é um instrumento para que o cliente se auto-observe e monitore seus comportamentos de risco. Nele diariamente devem ser anotados quais comportamentos o cliente teve o impulso de fazer –cortar-se, usar substâncias, agredir alguém, tentativa de suicídio etc., –, as emoções que estavam presentes – raiva, medo, tristeza, nojo etc. – e se ele realizou o impulso ou não. Caso não tenha realizado o comportamento, é requerido que o cliente descreva se ele usou alguma habilidade aprendida no treino. A primeira ação que o terapeuta DBT deve ter em sessão é solicitar o cartão diário, pois as informações contidas nele irão direcionar a prioridade do que será tratado em sessão (Dimeff & Koerner, 2007).

Uma vez identificados os assuntos de prioridade em sessão, os primeiros assuntos serão tratados de acordo com a gravidade dos comportamentos que foram descritos. Aquele comportamento que oferece maior risco à vida será o primeiro, seguido pelo segundo de maior risco e assim sucessivamente. Com esses comportamentos, será feita uma análise de fatores que levaram o cliente a se comportar dessa forma – essa avaliação é chamada análise em cadeia.

No capítulo de conceituação de caso, a análise em cadeia será discutida com mais detalhes, mas, de forma geral, o terapeuta ajudará o cliente a descrever e identificar os eventos que ocorreram antes e depois do comportamento e seus sentimentos e pensamentos envolvidos. Trata-se de uma análise aprofundada de eventos e fatores situacionais que levaram o cliente a se comportar daquela forma. Ela é realizada passo a passo com o cliente basicamente descrevendo detalhadamente o encadeamento de eventos, por isso, "análise em cadeia". O objetivo dessa análise é fornecer um relato preciso e razoavelmente completo dos eventos comportamentais e ambientais associados ao comportamento-problema. Enquanto o terapeuta e o cliente discutem a cadeia de eventos, o terapeuta destaca o comportamento problemático, com foco nas emoções, e ajuda o cliente a obter uma visão geral do ocorrido, reconhecendo os padrões comportamentais. Juntos, eles identificam onde um comportamento alternativo do cliente poderia produzir uma mudança positiva e por que essa alternativa mais hábil não aconteceu. Esse processo de identificar o problema e analisar a cadeia de eventos momento a momento ajuda a determinar quais variáveis controlam/influenciam o comportamento-problema e facilita as estratégias de mudança. Se a corrente análise revela um déficit de habilidades, ou seja, se o cliente não possui as habilidades necessárias em seu repertório, ou se o cliente tem a habilidade, mas emoções, contingências ou cognições interferem em sua capacidade de agir habilmente, então o treinamento de habilidades é enfatizado (Dimeff & Koerner, 2007).

Treino de habilidades em grupo

O treino de habilidades em grupo é mais um dos componentes do tratamento DBT padrão. Nesse treinamento são oferecidos aos clientes encontros em que temas são discutidos e habilidades são ensinadas. É importante destacar que não se trata de terapia de grupo, e sim um lugar para aprender habilidades. O treinamento de habilidades tem o objetivo de melhorar as capacidades de habilidades em áreas em que muitos indivíduos com desregulação emocional generalizada têm déficits comportamentais.

Os módulos de treinamento de habilidades DBT incluem habilidades de regulação emocional – para entender suas emoções e aprender a regulá-las; tolerância ao mal-estar – para tolerar sofrimento emocional quando a mudança é lenta ou improvável; efetividade interpessoal – para ser mais eficaz em conflitos interpessoais; e *mindfulness* – para controlar a atenção e participar habilmente do momento presente (Linehan, 2018).

O treinamento de regulação emocional ensina uma série de estratégias comportamentais e cognitivas para reduzir as respostas emocionais indesejadas, bem como comportamentos impulsivos que ocorrem no contexto de emoções intensas, ensinando os clientes a identificar e descrever emoções, parar de evitar emoções negativas, aumentar as emoções positivas e mudar emoções negativas indesejadas. O treinamento de tolerância ao mal-estar ensina uma série de repertórios para controle de comportamentos impulsivos, como autoacalmar-se e técnicas destinadas a sobreviver às crises sem usar drogas, tentar suicídio ou se envolver em outro comportamento que gere danos maiores. O módulo de efetividade interpessoal ensina uma variedade de habilidades de assertividade para que o cliente possa atingir seus objetivos, mantendo os relacionamentos e o autorrespeito. As habilidades de *mindfulness* incluem focar a atenção em observar a si mesmo ou seu contexto imediato, descrever observações, participar (espontaneamente), assumir uma postura não julgadora, focar a consciência e desenvolver comportamentos efetivos. Embora a aquisição e o fortalecimento de habilidades sejam realizados pelos treinadores de habilidades no contexto do grupo de treinamento de habilidades e não pelo terapeuta que atende o cliente em terapia individual, é tarefa do terapeuta individual ajudar a generalizar essas habilidades em todos os contextos relevantes (Dimeff & Koerner, 2007; Linehan, 2018).

Coaching por telefone

Uma das formas de generalização de habilidades para a vida cotidiana dos clientes DBT é o *coaching* por telefone. Além das sessões de terapia individual e do treino de habilidades, o cliente conta também com o auxílio do terapeuta por telefone. Esse atendimento fora do horário de sessão tem por objetivo aumentar a generalização de habilidades e diminuir comportamentos de crises suicidas e comportamento autolesivo. Quando o cliente contata o terapeuta em uma condição de uma crise grave com ideação suicida ou possibilidade de autolesão, o *coaching* por telefone tem a função de ajudar o cliente a se regular, a não se engajar em um comportamento de autolesão ou suicídio. O terapeuta realiza o *coaching* por telefone até que possa garantir que o cliente parou de se engajar no comportamento, que está em segurança e não corre mais riscos no momento. Um cuidado importante da DBT é que o cliente deve acionar o *coaching* por telefone preferencialmente antes de se engajar no comportamento-problema, assim o terapeuta pode ajudá-lo a usar as habilidades para agir de forma diferente. Caso o cliente entre em contato depois de ter se engajado no comportamento-problema, o terapeuta irá auxiliar o cliente para que esteja em segurança e ficará 24 horas sem contato a fim de não reforçar o comportamento de procura após a ação, e sim antes, para que as habilidades sejam utilizadas (Linehan, 2016).

Essas ligações visam auxiliar o cliente a colocar em prática as habilidades que ele aprendeu, pois quando as emoções estão presentes fica mais difícil lembrar e colocar as habilidades em prática. Ao mesmo tempo, é exatamente no contexto da vida real em que as habilidades precisam ocorrer para que o cliente consiga muda a sua vida. As ligações precisam ser breves e objetivas, não devem ser sessões por telefone, e após o manejo de crise ou a generalização da habilidade, o assunto será levado para a próxima sessão.

Uma vez que o terapeuta se disponibiliza a realizar essas intervenções também fora do horário, ele precisa estar bem atento e ciente aos seus limites pessoais para que não haja interferência em sua vida, pois um terapeuta que passa de seus limites tende a adoecer e, portanto, não ter condições de cuidar do seu cliente. Assim, é importante que o terapeuta tenha claros seus limites e, para isso, a equipe de consultoria também pode auxiliar.

Equipe de consultoria

A DBT descreve-se como uma terapia de uma comunidade de terapeutas tratando uma comunidade de clientes; desse modo, o terapeuta DBT é incentivado a trabalhar em equipe, e uma forma de manter esse trabalho em equipe são as equipes de consultoria. A equipe de consultoria é formada pelos terapeutas que atuam em DBT, geralmente formada por grupos de seis a oito membros com encontros realizados semanal ou quinzenalmente. O objetivo dessa equipe é ajudar seus membros a aplicar os princípios da DBT, manter a motivação do terapeuta e oferecer suporte mútuo.

Nas equipes, os membros precisam se comprometer com sua presença e a estudar e aplicar a DBT. É importante salientar que não é um grupo de supervisão em que há alguém que é mais experiente que ensina aos demais, pois no grupo de consultoria todos os membros são voluntários e igualmente vulneráveis; desse modo, não é indicado que exista hierarquia entre os integrantes. Existem alguns acordos da equipe de consultoria com os quais todos precisam consentir, e entre eles está que todos os integrantes concordam em ser responsáveis pelos resultados de todos os clientes tratados pela equipe, não apenas pelos que atendem individualmente, e que todos são falíveis (Koerner, 2012).

Como decisões de tratamento são ainda mais complexas com clientes com comportamento suicida crônico e extrema sensibilidade emocional, o trabalho em equipe se torna essencial. Os clientes DBT frequentemente agem de maneiras que angustiam seus terapeutas, pois tentativas de suicídio, ameaças de tentativas de suicídio e raiva dirigida ao terapeuta podem ser muito estressantes, independentemente de seu treinamento e experiência. Assim, o trabalho em grupo de pessoas que se apoiam mutualmente auxilia o terapeuta a se manter em postura dialética, e perceber e respeitar seus limites pessoais é um cuidado fundamental a um terapeuta que atua em DBT (Dimeff & Koerner, 2007).

CONCLUSÃO

Por fim, a DBT é uma terapia embasada em pesquisas que apresenta resultados significativos para casos graves com desregulação emocional generalizada, com múltiplos problemas graves e crônicos, e até o momento é o único tratamento com eficácia comprovada para reduzir o comportamento suicida em pessoas com o diagnóstico de TPB. Ela tem como objetivo ajudar as pessoas a construir vidas valiosas, que se justifiquem viver. Ela é fundamentada na Ciência Comportamental, na filosofia dialética e nos princípios de aceitação, utilizando-se de diversas estratégias para produzir equilíbrio entre aceitação e mudança e ajudar seus clientes a mudarem suas vidas. Foi discutido neste capítulo um panorama dos princípios norteadores de apresentação da terapia DBT e a estrutura dessa terapia, formada por uma comunidade de terapeutas tratando uma comunidade de clientes. Para mais informações e aprofundamento sobre a DBT, é indicada a leitura dos manuais (Linehan, 2016; Linehan, 2018) e outras leituras como as citadas na bibliografia.

REFERÊNCIAS

Dimeff LA, Koerner K. Dialectical Behavior Therapy in clinical practice: applications across disorders and settings. New York: Guilford Press; 2007.

Koerner K. Doing dialectical behavior therapy: a practical guide. New York: Guilford Press; 2012.

Linehan MM. Cognitive-behavioral treatment of borderline personality disorder. New York: Guilford Press; 1993.

Linehan M. Terapia cognitivo-comportamental para transtorno da personalidade borderline: tratamentos que funcionam: guia do terapeuta. Porto Alegre: Artmed; 2016.

Linehan M. Expert on mental illness reveals her own fight [entrevista concedida a Benedict Carey]. The New York Times. 2011;23:A1.

Linehan MM. Treinamento de habilidades em DBT: manual de terapia comportamental dialética para o terapeuta. Porto Alegre: Artmed; 2018.

Linehan MM, Schmidt H III, Dimeff LA, Craft JC, Kanter J, Comtois KA. Dialectical behavior therapy for clients with borderline personality disorder and drug-dependence. American Journal of Addiction. 1999;8: 279-92.

Linehan MM, Dimeff LA, Reynolds SK, Comtois K, Shaw-Welch S, Heagerty P, et al. Dialectical behavior therapy versus comprehensive validation plus 12-step for the treatment of opioid dependent women meeting criteria for borderline personality disorder. Drug and Alcohol Dependence. 2002;67:13-26.

Lynch TR, Cheavens JS, Cukrowicz KC, Thorp SR, Bronner L, Beyer J. Treatment of older adults with co-morbid personality disorder and depression. A dialectical behavior therapy approach. International Journal of Geriatric Psychiatry. 2007;22:131-43.

Lynch TR, Morse JQ, Mendelson T, Robins CJ. Dialectical Behavior Therapy for depressed older adults: a randomized pilot study. American Journal of Geriatric Psychiatry. 2003;11(1):33-45.

Safer DL, Telch CF, Agras WS. Dialectical behavior therapy for bulimia nervosa. American Journal of Psychiatry. 2001;158(4):632-4.

Swenson CS. DBT principles in action: acceptance, change, and dialectics. New York: The Guilford Press; 2016.

Telch CF, Agras WS, Linehan MM. Dialectical behavior therapy for binge eating disorder. Journal of Consulting and Clinical Psychology. 2001;69(6):1061-5.

15

Avaliação e Formulação de Caso na Terapia Comportamental Dialética (DBT)

Gabriela dos Santos

A avaliação e formulação de caso da Terapia Comportamental Dialética (DBT) é baseada na Teoria Biossocial e no nível de transtorno. A primeira se traduz na compreensão de como se desenvolvem os problemas comportamentais dos indivíduos para os quais a DBT é indicada, e o segundo, na organização do tratamento em estágios, alvos e metas hierarquicamente organizados de acordo com a gravidade do comportamento e impactos na vida do cliente (Dimeff & Koerner, 2007).

Como apresentado no capítulo anterior, a DBT teve início como um tratamento para transtorno de personalidade *borderline* (TPB), mas hoje se entende que o conjunto de princípios e protocolos da DBT pode ser aplicado de forma mais ampla para organizar estratégias de intervenções para tratar transtornos caracterizados por desregulação emocional generalizada, afinal, o protocolo foi adaptado para outros transtornos como abuso de substâncias e bulimia, entre outros, mas a Teoria Biossocial permaneceu crucial para explicar a desregulação emocional comum nesses diagnósticos (Koerner, 2012).

A desregulação emocional é compreendida como a incapacidade, apesar dos melhores esforços, em alterar ou regular as emoções e reações emocionais, e é considerada generalizada quando essa incapacidade se manifesta em uma ampla gama de emoções e contextos (Linehan, 1993; Koerner, 2012; Linehan, Bohus & Lynch, 2007). Para a DBT, essa dificuldade generalizada em regular as próprias emoções é compreendida como comportamentos desenvolvidos ao longo da vida, influenciados por fatores biológicos e ambientais, e o desenvolvimento desses comportamentos é explicado por um modelo chamado Teoria Biossocial.

TEORIA BIOSSOCIAL

Na perspectiva da Teoria Biossocial, a desregulação emocional generalizada é desenvolvida e mantida por fatores biológicos e ambientais. Esse modelo de explicação compreende que essa desregulação ocorre na inter-relação entre vulnerabilidade biológica e um ambiente invalidante pervasivo e generalizado (Linehan, 1993).

No aspecto biológico, acredita-se que os indivíduos sejam mais vulneráveis a dificuldades em regular suas emoções por diferenças no sistema nervoso central, como fatores genéticos, eventos durante o desenvolvimento fetal ou trauma no início da vida (Dimeff & Koerner, 2007). Essas pessoas apresentam uma alta sensibilidade aos estímulos, assim, podem reagir a estímulos aos quais outras pessoas não reagiriam, o que é chamado de baixo limiar; também têm uma alta reatividade e experimentam e expressam intensamente as emoções, além de uma excitação emocional de longa duração com retorno lento à linha de base (Koerner, 2012). Assim, essas pessoas sentem mais, reagem mais e suas emoções perduram mais no tempo comparadas à população média.

Essas dificuldades produzem impactos diretos na vida como um todo, uma vez que muitas atividades sociais dependem da estabilidade de humor e regulação emocional adequada (Koerner, 2012). Estar no ambiente escolar, fazer amigos, lidar com colegas de trabalho, assim como relacionamentos amorosos, implicam sentir emoções por vezes intensas e regulá-las diante dos mais diversos contextos. Lidar com um chefe exigente, por exemplo, pode ser desafiador para a maior parte das pessoas, mas para um indivíduo com dificuldade de regulação das emoções é um desafio à parte. Como suas emoções variam muito, fica difícil prever com qual humor a pessoa que sofre de desregulação generalizada estará, e se será capaz de lidar com as situações que causam desconforto emocional. Assim, diante de uma bronca indevida do chefe, uma pessoa poderia aguardar para conversar em um melhor momento, solicitar uma reunião com dados para demonstrar quão incorreta foi a cobrança ou mesmo sair ao fim do expediente com um colega para desabafar. No entanto, uma pessoa com essa dificuldade muitas vezes não consegue regular suas emoções e pode eventualmente gritar com o chefe, não conseguir ir ao trabalho por dias após esse evento, iniciando um episódio depressivo, resultando em prejuízos no seu relacionamento e desempenho profissional ou mesmo na sua demissão. Essa vulnerabilidade biológica é intensificada pela inter-relação entre a pessoa vulnerável emocionalmente e um ambiente amplamente invalidante, o qual será discutido a seguir.

Nossas emoções acontecem dentro da nossa pele, ou seja, no nosso mundo interno, e aprendemos sobre o que sentimos por meio do nosso ambiente social que nos ensina a nomear nossas emoções (Skinner, 1945). Nossos primeiros cuidadores, frequentemente nossos pais, nos ensinam a dar nomes e aprender a lidar com as diversas emoções que ocorrem durante a vida. Então, ao cair e se machucar, seus pais podem dizer que você está chorando porque está com dor e assim você aprende que o que está sentindo no seu mundo interno é dor, e quando se sente dor, é natural chorar. Da mesma forma os pais ou cuidadores ensinam que quando a criança sorri ela está alegre ou que, quando sua barriga ronca, ela está com fome e que a ação adequada nesse momento é comer. Dessa forma, sem um aprendizado formal, mas no nosso dia a dia, de forma assistemática, aprendemos a nomear nossas emoções, vontades e ações que geralmente ocorrem nas diferentes emoções. Quando sentimos algo em nosso corpo e essa emoção é nomeada erroneamente ou descrita como inadequada, por exemplo, dizer a uma criança que começa a chorar após cair de joelhos "nossa, não foi nada, não doeu e não precisa chorar", seria um ato de invalidação, uma vez que a criança está experienciando a dor.

Todos nós fomos de uma forma ou de outra invalidados pelo nosso ambiente familiar. É impossível imaginar que nossos pais ou cuidadores estiveram completamente atentos e disponíveis para validar todas as nossas emoções corretamente e nos ensinar habilmente como lidar com todas elas. Eventualmente uma mãe pode estar com pressa e, diante da fome da criança, dizer que ela não está com fome porque comeram há pouco tempo ou dizer que algo que visivelmente produziu dor não foi nada e não é motivo para choro. No entanto, situações corriqueiras como essas, que ocorrem em situações específicas e na menor parte do tempo, não são consideradas como invalidação generalizada. Os problemas maiores surgem quando os cuidadores reiterada e persistentemente falham em responder conforme o necessário às emoções e suas expressões, tratando as respostas emocionais como incorretas, imprecisas, inapropriadas, patológicas ou não as levam a sério na maior parte das vezes (Dimeff & Koerner, 2007).

Uma vez que as pessoas podem ter nascido ou desenvolvido nos primeiros anos de vida uma vulnerabilidade biológica, isso coloca o indivíduo em maior risco de invalidação generalizada, pois, como essas pessoas sentem de forma mais intensa, fica difícil para os cuidadores validarem suas sensações, uma vez que para eles aquele evento não traria tanta dor e sofrimento como aquela criança está sentindo, ou não reagiriam na intensidade em que está sendo demonstrada pela pessoa cuidada, e, assim, os cuidadores podem dizer que a pessoa não deveria se sentir daquela forma. Outro ponto, considerando a vulnerabilidade biológica, é que ela pode ser decorrente de fatores genéticos, ou seja, os pais biológicos também podem ter a mesma dificuldade e, dessa forma, não saber validar as próprias emoções e, consequentemente, as do outro. Outras pessoas podem nascer com pouca vulnerabilidade biológica, mas experimentam invalidação tão extrema e persistente ao longo do tempo que desenvolvem problemas de regulação emocional. Por exemplo, o abuso sexual na infância é uma condição de invalidação bastante relacionado ao TPB, todavia, nem todos os indivíduos que atendem aos critérios para o TPB relatam histórico de abuso sexual, e nem todas as pessoas vítimas de abuso sexual infantil desenvolvem TPB, assim, o abuso sexual infantil pode ser uma forma de experiência de invalidação extrema e propiciar o desenvolvimento de comportamentos de desregulação emocional generalizado, mas não é uma regra. Em razão disso, Linehan (1993) defende que o histórico de invalidação generalizada somada à vulnerabilidade biológica é um preditor mais forte à desregulação emocional do que o abuso sexual na infância ou outro tipo de trauma específico (Dimeff & Koerner, 2007).

Essa inter-relação entre vulnerabilidade biológica e história de invalidação generalizada resulta em uma maior sensibilidade, assim um aparente pequeno gatilho pode ocasionar uma dor emocional intensa. Como o ambiente em volta não consegue validar essas emoções e reações emocionais afirmando frequentemente que elas são inadequadas ou exageradas, essa experiência pode resultar em autoinvalidação com julgamentos a si próprio, como pensamentos do tipo "eu não deveria me sentir assim" ou "eu não deveria ser assim", gerando grande sensação de inadequação.

Desse modo, o modelo biossocial apresenta-se como forma inicial de avaliação do caso, compreendendo que os comportamentos de desregulação emocional dos clientes, por mais difíceis que possam parecer, vêm de uma história de vulnerabilidade biológica e invalidação generalizada, e que parte da intervenção será ensiná-los a lidar com suas emoções. Histórias de vida com esse tipo de invalidação frequentemente resultam em inabilidades na resolução de conflito interpessoal, nas habilidades de resolução de problemas e até instabilidades em um senso permanente de identidade (Dimeff & Koerner, 2007). Diante de sofrimento tão extremo e poucas habilidades para lidar com problemas, formas pouco efetivas de resolução de problemas, como machucar-se para lidar com as emoções ou mesmo fazer algo contra a própria vida, surgem como possibilidades. Uma vida inteira de experiências dolorosas resulta em impressões de que a vida sempre será um pesadelo sem fim de descontrole, o que leva algumas pessoas a pensar no suicídio como uma fuga dessa realidade sem aparente perspectiva de mudança (Dimeff & Koerner, 2007; Koerner, 2012).

Os clientes que buscam DBT são descritos como casos com alta gravidade e complexidade, pois frequentemente apresentam prejuízos em diversas áreas de sua vida e sensação de inadequação social, somados a formas inefetivas de regular as emoções e resolver seus problemas, resultando em comorbidades como transtorno alimentar, transtorno de pânico, transtorno de estresse pós-traumático (TEPT), abuso de substâncias, comportamentos autolesivos, ideação suicida ou tentativas de suicídio. Diante de uma dificuldade tão generalizada por parte dos clientes e tal complexidade dos casos, os terapeutas podem se perguntar "por onde começar?" ou "o que priorizar?". Para auxiliar a responder essas perguntas, a DBT conta com uma organização de prioridades hierárquicas sobre estágios, alvos e metas de tratamento que será descrita a seguir.

ESTÁGIOS, METAS E ALVOS DO TRATAMENTO

Diante da gravidade dos casos que frequentemente são atendidos pela DBT e a fim de auxiliar o terapeuta individual a estruturar o tratamento em termos de prioridade, a DBT organiza o tratamento em metas, estágios e alvos. As metas são atribuídas pelo cliente: o que ele quer alcançar, que vida ele quer ter; geralmente envolve metas de uma vida que valha a pena ser vivida pelo cliente. Os alvos são comportamentos identificados que precisam de mudanças, excessos e déficits comportamentais que precisam ser reduzidos ou aumentados. Por fim, os estágios de tratamento são ordenados hierarquicamente priorizando a gravidade dos problemas comportamentais. Há quatro estágios, sendo o estágio 1 os comportamentos de maior risco à qualidade de vida do cliente e 4 o de menor risco. Em cada estágio há alvos comportamentais a serem alcançados, os quais serão discutidos a seguir.

Os estágios de tratamento da DBT baseiam-se em priorizar os problemas de acordo com a ameaça que representam a uma qualidade de vida razoável. O estágio 1 refere-se a descontrole comportamental severo; o estágio 2, a comportamentos que interferem de forma significativa na qualidade de vida; o estágio 3, a problemas com a vida e transtornos menos severos; o estágio 4 refere-se à sensação de incompletude. Os estágios em que a DBT realizou pesquisas e são mais bem descritos pela DBT são os estágios 1 e 2. A respeito dos estágios 3 e 4, além de não estarem tão bem descritos, entende-se que clientes que neles se encaixam seriam indicados também para outras terapias tradicionais de consultório e não necessariamente a DBT (Koerner, 2012).

Uma vez que a DBT está desenvolvida para os estágios 1 e 2, esses estágios serão discutidos no presente capítulo. Para cada estágio há uma hierarquia de alvos. Antes de falar sobre os estágios 1 e 2 e seus respectivos alvos, retomaremos aqui o estágio de pré-tratamento que foi discutido também no capítulo anterior.

O estágio de pré-tratamento corresponde às primeiras sessões e, como foi descrito no capítulo anterior, visa à avaliação inicial na qual terapeuta e cliente avaliam se darão continuidade ao tratamento. No estágio de pré-tratamento os alvos são: cliente e terapeuta se conhecerem para saber se conseguirão trabalhar juntos; entrar em acordo sobre metas do cliente; explicar o funcionamento da terapia; adaptar o plano de tratamento para o cliente e obter o compromisso do cliente em concluir o plano acordado, uma vez que para a realização da DBT se requer consentimento voluntário em vez de consentimento forçado (Dimeff & Koerner, 2007; Koerner, 2012). Os clientes muitas vezes iniciam o plano de pré-tratamento ambivalentes e desconfiados sobre se a terapia poderá realmente ajudá-los diante de frustrações anteriores com outras terapias, desse modo, o terapeuta precisará discutir com o cliente suas preocupações e receios, bem como aumentar a motivação do cliente por meio de estratégias de motivação que estão descritas no manual da DBT (Linehan, 1993).

Após o período de pré-tratamento, será identificado em qual estágio estão os comportamentos do cliente. No estágio 1 são considerados os clientes que apresentam descontrole comportamental severo, e esse estágio representa a maior parte dos clientes que buscam a DBT. Os principais alvos desse estágio são: 1) diminuir comportamentos ameaçadores à vida; 2) diminuir comportamentos que interferem na terapia; 3) diminuir comportamentos que interferem na qualidade de vida; e 4) ampliar competências comportamentais.

Os clientes que estão no estágio 1 e, portanto, apresentam descontrole emocional severo, terão como alvos os comportamentos acima e na ordem descrita. O primeiro objetivo é diminuir comportamentos ameaçadores à vida, afinal o cliente precisa estar vivo para que possa modificar sua vida para que ela valha a pena ser vivida. Esse objetivo como prioridade é discutido com ele diretamente no período de pré-tratamento e retomado durante todo o processo. A ordem de prioridade dos comportamentos que ameaçam a vida são: 1) comportamentos de crise suicida ou homicida; 2) conduta autolesiva sem intencionalidade suicida (CASIS); 3) ideação e comunicação suicida; 4) expectativas e crenças relacionadas ao suicídio; e 4) afeto relacionado ao suicídio (Koerner, 2012). Essa organização de prioridades auxilia o terapeuta a saber quais são os assuntos que serão investigados, discutidos e intervindos em sessão e em qual ordem. Assim, se um cliente conta em sessão que se cortou nos pulsos durante a semana sem a intenção de se matar e tomou todos comprimidos da sua cartela de remédios como uma tentativa de suicídio, o comportamento de tomar os remédios será prioridade.

O segundo alvo para clientes do estágio 1 são comportamentos que interferem em terapia, que se tratam de ações do cliente ou do terapeuta que afetam negativamente a relação terapêutica ou que comprometem a efetividade do tratamento. Alguns exemplos são o cliente chegar atrasado, faltar às sessões, não fazer ou recusar-se a fazer as atividades terapêuticas, agressividade intensa direcionada ao terapeuta ou ligações excessivas em horários inapropriados para o terapeuta. Já alguns comportamentos do terapeuta que interferem em terapia são se atrasar para as sessões, mudar arbitrariamente os combinados, ficar desatento ou sentir-se desmotivado com a terapia. Os comportamentos que interferem na terapia realizados pelo cliente precisam ser observados atentamente pelo terapeuta, e os comportamentos do terapeuta devem ser observados tanto por ele mesmo quanto por sua equipe de consultoria, pois comportamentos do cliente e do terapeuta podem inviabilizar o processo terapêutico (Linehan 1993; Koerner, 2012).

A terceira prioridade do estágio 1 são os comportamentos que interferem significativamente na qualidade de vida. Nesse caso inclui-se qualquer problema de saúde mental sério que interfira consideravelmente na vida do cliente, como transtornos de humor e ansiedade, transtornos alimentares, sintomas psicóticos ou dissociativos, abuso de substâncias ou mesmo dificuldades em manter o funcionamento de atividades importantes da vida cotidiana, como dificuldades em manter o trabalho e situações de risco como violência doméstica.

A quarta e última prioridade está na verdade permeada por todas as outras três, sendo importante ao terapeuta lançar mão das habilidades ensinadas no treino de habilidades em grupo em todas as situações anteriores. É por meio das habilidades que se conduz o cliente para a mudança de padrões comportamentais inefetivos para comportamentos mais efetivos e que o ajudem a conseguir o que espera sem se machucar ou deixar a situação ainda pior. O terapeuta DBT estará sempre atento para se perguntar "qual habilidade poderia ser usada nessa circunstância para que o cliente fosse mais efetivo?". Assim, é importante que ele se atente a situações de crise como oportunidades para o cliente treinar pôr em prática as habilidades aprendidas.

O estágio 2 é chamado pela DBT de desespero silencioso, pois, comparado ao estágio 1, que conta com comportamentos de visível sofrimento e dificuldades, no estágio 2 muitas vezes esse sofrimento não é tão explícito e evidente, no entanto interfere significativamente na qualidade de vida do cliente. Diferente do anterior, nesse estágio os alvos não têm hierarquia, a prioridade é definida de acordo com a conceituação do caso e, portanto, pode variar individualmente de acordo com o que traz mais sofrimento significativo e impactos à vida para cada cliente. Os alvos nesse estágio são sintomas intrusivos, por exemplo, sintomas de TEPT, esquiva de emoções, evitação de situações e experiências, desregulação emocional e autoinvalidação (Linehan 1993; Koerner, 2012). Clientes do estágio 2 podem ser aqueles que não apresentam os comportamentos descritos no estágio 1 ou clientes que iniciaram a terapia no estágio 1 e, à medida que se estabilizaram, ganharam mais controle comportamental, tornaram suas vidas mais funcionais e entraram no estágio 2. Nesse estágio estão clientes que não apresentam risco iminente com relação à morte e danos graves à sua vida, mas ao mesmo tempo estão com impactos significativos em sua vida.

Os estágios e alvos de tratamento são parte da primeira etapa para a formulação de caso da DBT que será discutida a seguir.

FORMULAÇÃO DE CASO NA DBT

Uma formulação de caso é um conjunto de hipóteses a respeito dos fatores que influenciam o comportamento de alguém e suas possíveis causas. Ela ajuda a traduzir os protocolos gerais de tratamento para um plano individualizado, que deve funcionar como um mapa que direciona os passos para chegar ao destino (Koerner, 2012)

Ao formular e planejar o tratamento, é importante considerar o que foi discutido sobre estágios e alvos de tratamento. Koerner (2012) sugere três etapas para a formulação, as quais serão descritas a seguir.

Primeira etapa: uma vez finalizado o período de pré-tratamento e obtenção do acordo e comprometimento entre cliente e terapeuta sobre a continuidade do processo, sugere-se que o terapeuta faça uma avaliação para determinar o estágio apropriado do tratamento com base na gravidade dos comportamentos do cliente e de suas consequências na qualidade de vida do último. Recomenda-se iniciar a avaliação procurando identificar comportamentos do estágio 1 e, caso não seja identificado nenhum dos comportamentos desse estágio, deve-se seguir para o estágio seguinte. Começamos a avaliação buscando identificar os comportamentos mais graves e posteriormente os menos graves. Mesmo que um cliente apresente comportamentos que se encaixem nos estágios 1 e 2, será classificado o nível mais alto de gravidade; desse modo, um cliente que apresenta comportamentos autolesivos (estágio 1) e sintomas de TEPT (estágio 2) será considerado de estágio 1. Uma vez identificado o estágio, identificam-se os alvos. Para identificar os alvos comportamentais, assim como para identificar os estágios de tratamento, é indicado que se inicie procurando comportamentos dos alvos mais elevados em gravidade e ir descendo em hierarquia. Assim, um cliente que se encontra no estágio 1 terá seus alvos priorizados na seguinte ordem: comportamentos ameaçadores à vida, comportamentos que interferem na terapia e em seguida comportamentos que interferem na qualidade de vida.

Segunda etapa: procurar padrões reincidentes nos comportamentos colocados como alvo por meio da análise em cadeia. Com essa análise identificam-se as variáveis de controle do comportamento, ou seja, os fatores que influenciaram a ocorrência de um comportamento específico, quais consequências o comportamento produziu e, portanto, aumentam as chances de que esses comportamentos continuem acontecendo. O foco da análise em cadeia é pragmático: ela visa a entender as variáveis de controle para propiciar mudanças de modo que o comportamento-problema deixe de ocorrer e dê espaço a um comportamento mais habilidoso e efetivo. Os elementos considerados na análise em cadeia serão discutidos no próximo tópico.

Terceira etapa: usar a análise de solução de problemas para realizar o plano de intervenção a fim de alterar as principais variáveis que influenciam os comportamentos-alvo que devem ser modificados. Essa análise de soluções implica encontrar comportamentos mais eficazes para as circunstâncias. Após realizar um somatório de análises em cadeia, torna-se possível observar padrões, então identificar quais as principais circunstâncias que levam ao comportamento-problema e quais as cadeias de respostas mais comuns até chegar a ele. Desse modo, nessa etapa a função é ajudar o cliente a buscar respostas alternativas para os comportamentos que se repetem em momentos de crise. Nessa etapa o terapeuta cria "miniplanos" de tratamento para ajudar o cliente a adotar comportamentos novos em vez dos antigos em momentos críticos. A seguir serão discutidas mais detalhadamente a análise em cadeia e a análise de soluções.

ANÁLISE EM CADEIA

A essência da análise em cadeia é avaliar cuidadosamente a sequência de eventos que levam a um comportamento e as consequências subsequentes (Rizvi, 2019). É muito comum o terapeuta ter a tendência de perguntar abertamente ao cliente: "Conte-me o que aconteceu", e se iniciar uma narrativa aberta por parte do cliente que pode ser cheia de detalhes, alguns relevantes para a análise e outros nem tanto, pois o próprio cliente não tem clareza sobre quais aspectos são relevantes e devem ser destacados para a análise dos fatores que influenciaram sua ação. A fim de evitar relatos que não sejam úteis para as análises e facilitar a identificação dos fatores relevantes, a DBT especifica cinco componentes da análise em cadeia que ajudam a estruturar a avaliação. Esses componentes são fatores de vulnerabilidade, eventos desencadeantes, *links*, comportamento-problema e consequências.

O objetivo principal de qualquer análise em cadeia é obter uma descrição excepcionalmente clara da cadeia de eventos (por isso análise em cadeia) que leva a uma única instância de um comportamento-alvo e as consequências que se seguiram a esse comportamento específico. Como a análise em cadeia é realizada pelo terapeuta juntamente com o cliente, ela fornece uma estrutura para a avaliação que auxilia o terapeuta e o cliente na obtenção de informações relevantes para a compreensão das causas e manutenção dos fatores de um comportamento-alvo (Rizvi, 2019).

A Figura 1 representa uma dica visual para a análise em cadeia. Os cinco componentes são encadeados na sequência cronológica de um incidente. Compartilhar essa imagem com os clientes também é extremamente importante para que eles sejam orientados sobre como realizar o procedimento. Inclusive a análise em cadeia é uma das habilidades ensinada aos clientes no treino de habilidades e há a representação gráfica no manual de habilidades (Linehan, 2018).

O processo de realização de uma análise em cadeia normalmente segue uma sequência diferente da cronologia do evento que será analisado. É indicado que a primeira etapa seja uma definição clara do comportamento-problema ou comportamento-alvo ocorrido na situação a ser analisada. O comportamento-alvo fornece a base de toda a cadeia; a partir da identificação do comportamento a ser analisado, é identificado o que ocorreu antes e depois dele.

Ao fazer uma descrição do comportamento-alvo, é necessário fornecer detalhes específicos do comportamento, e a essa descrição chamamos de "topografia do comportamento" ou forma, desse modo ele precisa ser descrito da forma

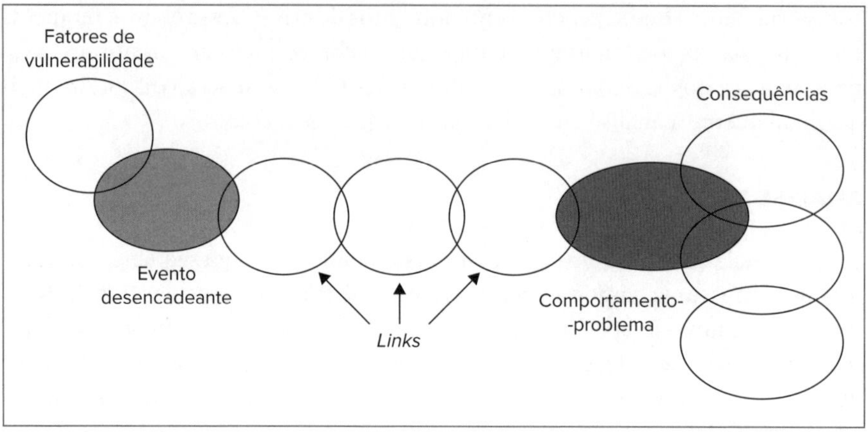

Figura 1 Elementos da análise em cadeia.

mais precisa possível. Por exemplo, não é suficiente que o comportamento seja rotulado como "autolesão" ou "uso de drogas"; em vez disso, o terapeuta deve se concentrar em extrair detalhes específicos do cliente: assim, em vez de "autolesão", poderia ser "um corte na parte interna da coxa com uma lâmina de barbear; o corte tinha cerca de 5 centímetros de comprimento e sangrava um pouco; o corte ocorreu em cerca de 2 segundos" (Rizvi, 2019).

Uma vez que o comportamento-alvo tenha sido claramente definido e descrito comportamentalmente, os próximos passos não seguem uma regra, mas cada um dos elementos deverá ser descrito.

O *evento desencadeante* é aquele que parece ter sido o precipitante para o comportamento-alvo; em outras palavras, é o evento que, se não tivesse ocorrido, o comportamento problemático não teria acontecido (Rizvi, 2019). Os *fatores de vulnerabilidade* referem-se a variáveis que podem ter tornado o cliente mais suscetível aos efeitos do evento desencadeante naquela situação particular. Uma maneira útil de pensar sobre os fatores de vulnerabilidade é considerar os eventos, situações, pensamentos ou estados emocionais que tornam uma pessoa mais propensa a experimentar desregulação emocional. Isso pode incluir sono insatisfatório, não ter se alimentado ou não tomar os medicamentos prescritos naquele dia específico. Os *fatores de vulnerabilidade* também podem consistir em outros eventos recentes da vida que se acumularam e fizeram o cliente se sentir sobrecarregado (p. ex., o dia em que o cliente foi demitido do trabalho pode deixá-lo mais vulnerável a um evento negativo). Os *links* ou elos da cadeia referem-se a quaisquer eventos que conduzem o cliente do *evento desencadeante* ao comportamento-alvo. Esses *links* podem incluir pensamentos, emoções, ações e outros eventos que antecederam o comportamento-alvo. Por último, o terapeuta precisa avaliar as *consequências* do comportamento-alvo. Normalmente, a função de avaliar as consequências é determinar se houve alguma contingência que funcione como reforçadora e, assim, tornar mais provável que o comportamento ocorra novamente no futuro. Geralmente o cliente apresenta dificuldade em identificar as consequências, pois, embora as consequências de longo prazo sejam consideradas mais importantes pelo cliente, as consequências de reforço de curto prazo tornam o comportamento mais provável, então é importante ajudá-lo a descrever o que aconteceu logo depois.

O objetivo da análise em cadeia é auxiliar tanto a identificar as variáveis de controle quanto encontrar padrões comportamentais que se repetem nos momentos de crise. Identificados esses padrões, torna-se viável desenvolver uma análise de soluções para os componentes da cadeia que influenciam no comportamento, ou seja, intervir em mudanças para diminuir a frequência de crises e aumentar comportamentos mais habilidosos em momentos críticos.

ANÁLISE DE SOLUÇÕES

Uma vez realizadas diversas análises em cadeia, terapeuta e cliente passam a ter acesso a padrões de comportamento. Por exemplo, pode-se perceber que, quando uma cliente tem uma noite ruim de sono, ela fica mais propensa a crises, desse modo isso parece um *fator de vulnerabilidade* importante; ou frequentemente após ter passado por um momento difícil – *evento desencadeante* – ela se engaja em comportamentos que levam à crise, como pensamentos de "nada dá certo mesmo na minha vida", "nada vai mudar", "para que eu existo", então ingere bebida alcóolica e se engaja em comportamentos mais arriscados à própria vida, como dirigir alcoolizada.

Após colecionarem algumas análises em cadeia, cliente e terapeuta podem afirmar que há um padrão de uma cadeia comportamental. Na análise de soluções, o terapeuta ajuda a cliente a inserir habilidades nos elos da cadeia ou comportamentos que possam prevenir que esse comportamento ocorra. Por exemplo, no caso descrito, o terapeuta poderia sugerir que a cliente conversasse com o psiquiatra sobre o sono para que ele pudesse medicá-la, ou que em uma situação em que ela possa ter mais estresse, como uma entrevista de emprego, ela faça atividades de higiene do sono como prioridade porque é um fator de vulnerabilidade para crises; ou sugerir intervenções para os elos, como uma habilidade de tolerância ao mal-estar chamada TIP e sugerir que ela mergulhe seu rosto em água fria para ativar o sistema parassimpático, ou mesmo intervenções de manejo ambiental, como sugerir que ela não tenha bebida alcoólica em casa ou que ligue para um amigo antes de beber ou ligue para o terapeuta usando o *coaching* por telefone antes de sair de carro; além disso, o terapeuta pode discutir as consequências com a cliente, dizendo, por exemplo, "como vimos, depois que isso tudo acontece você consegue se distrair da sua sensação de tristeza, as pessoas se preocupam com você, mas ao mesmo tempo depois você se sente péssima e seus pais te proíbem de usar o carro, tirando a sua liberdade".

Nesse momento da conceituação, é importante enfatizar o fortalecimento e a generalização das habilidades ensinadas no treino em grupo para situações enfrentadas no cotidiano, pois pouco resolve o cliente saber que em momentos de crises realizar uma mudança súbita de temperatura funciona para ele sair momentaneamente da situação de crise se ele não conseguir fazer isso no momento de crise em si. Assim, o terapeuta deve identificar o que interferiu para que o cliente não tenha agido de forma mais hábil nas situações: ele não tinha habilidades para realizar a atividade? Isto é, não sabia o que fazer e precisa ainda ser ensinado. Ou ele sabe o que fazer, aprendeu as habilidades, mas as emoções extremas interferem em sua capacidade de lembrar e utilizar as habilidades que aprendeu e, desse modo, investigar quais as emoções e reações emocionais interferem em respostas hábeis pode ser útil. Ou ele já aprendeu a habilidade, consegue se lembrar delas diante das emoções, mas há contingências tão problemáticas que tornam muito difícil colocar as habilidades em prática de forma que elas funcionem, como em casos de violência doméstica em que a cliente pode conseguir colocar as habilidades de efetividade interpessoal e dizer "não", mas isso aumenta as chances de ela ser agredida; ou o cliente já apendeu as habilidades, lembra de usá-las no momento emocional, tem um ambiente em que isso é possível, mas apresenta pensamentos, autorregras ou cognições que interferem nas respostas hábeis, por exemplo, "nada que eu faça vai mudar", ou "por que eu preciso me esforçar tanto se quem errou é o outro?", ou "a única saída é realmente a morte". Para cada uma dessas situações, habilidades diferentes serão exigidas do cliente e do terapeuta. Por exemplo, para a falta de habilidades seria indicado como intervenção o treino de habilidades; para as dificuldades nos momentos emocionais, seriam as habilidades de regulação emocional, tolerância ao mal-estar ou *coaching* por telefone para auxiliar a generalizar as habilidades; no caso das dificuldades nas contingências, o manejo ambiental, como ajudar a mulher que sofre violência doméstica a sair de casa para um lugar protegido; ou, na última situação, em que a dificuldade é sobre pensamentos e cognições, seriam indicadas intervenções de modificação cognitiva.

A análise de soluções é a última etapa da conceituação de caso na DBT. Para colocá-la em prática são exigidos do terapeuta diversas habilidades e o uso de estratégias da DBT como as dialéticas e estratégias de compromisso. A DBT se apresenta como uma terapia para casos de difícil manejo, no entanto sua forma de organização de prioridades para a conceituação de caso facilita ao terapeuta organizar as prioridades e auxiliar o cliente a alcançar suas metas para que este possa construir uma vida que vale a pena ser vivida.

REFERÊNCIAS

Dimeff LA, Koerner K. Dialectical Behavior Therapy in clinical practice: applications across disorders and settings. New York: Guilford Press; 2007.

Koerner K. Doing dialectical behavior therapy: a practical guide. New York: Guilford Press; 2012.

Linehan MM. Cognitive-behavioral treatment of borderline personality disorder. New York: Guilford Press; 1993.

Linehan MM. Treinamento de habilidades em DBT: manual de terapia comportamental dialética para o terapeuta. Porto Alegre: Artmed; 2018.

Linehan MM, Bohus M, Lynch TR. Dialectical behavior therapy for pervasive emotion dysregulation. Handbook of Emotion Regulation. 2007;1:581-605.

Rizvi SL. Chain Analysis in Dialectical Behavior Therapy. New York: Guilford Publications; 2019.

Skinner BF. The operational analysis of psychological terms. Psychological Review. 1945; 52(5):270.

Stiglmayr CE, Grathwol T, Linehan MM, Ihorst G, Fahrenberg J, Bohus M. Aversive tension in patients with borderline personality disorder: A computer-based controlled field study. Acta Psychiatrica Scandinavica. 2005;111:372-9.

16

Terapia Comportamental Dialética e regulação emocional: caso clínico

Marjorie Rodrigues Wanderley

TERAPIA COMPORTAMENTAL DIALÉTICA (DBT)

A terceira onda de terapias comportamentais e cognitivas surgiu como uma resposta a diversas reformulações das Terapias Comportamentais, e é um conjunto de terapias particularmente sensível ao contexto e às funções dos fenômenos psicológicos, não somente às suas formas (Hayes, 2004). Dentro dessa proposta, temos a Terapia Comportamental Dialética (DBT) como um método de tratamento originalmente desenvolvido para pacientes cronicamente suicidas e com automutilações não letais (AMNL), que em sua maior parte fechavam critérios para transtorno de personalidade *borderline* (TPB) (Dimeff & Koerner, 2007).

A DBT tem como alvo direto: (1) comportamentos suicidas; (2) comportamentos que interferem na condução do tratamento; e (3) outros comportamentos de risco severos ou desestabilizadores (Linehan et al., 2006). Uma terapia DBT padrão tem cinco funções: (1) aumentar as capacidades comportamentais; (2) aumentar a motivação para comportamentos hábeis (por meio do gerenciamento de contingências e redução da interferência de emoções); (3) assegurar a generalização de ganhos para o ambiente natural; (4) estruturar o ambiente de tratamento para que ele reforce comportamentos funcionais em vez de disfuncionais; e (5) aprimorar a capacidade e motivação do terapeuta para tratar as pessoas atendidas de forma efetiva (Linehan et al., 2006). Para tanto, a DBT utiliza-se de diversos modos de intervenção: (1) psicoterapia individual; (2) treinamento de habilidades; (3) consultoria por telefone; (4) tratamentos auxiliares; e (5) reuniões de consultoria entre terapeutas, a organização da DBT permite que o terapeuta inclua apenas os componentes que considerar necessários (Heard & Swales, 2015). É importante ressaltar que é um programa baseado em princípios, não em protocolos (Swales & Heard, 2009), o que possibilita a flexibilidade em sua aplicação.

A DBT tem como binômio de trabalho a utilização de procedimentos de aceitação e de mudança. É esse binômio que define o raciocínio dialético, que se fundamenta na necessidade de o terapeuta aceitar as pessoas atendidas como são, mas em um contexto de ensiná-las a mudar. A aceitação de sentimentos, comportamentos e pensamentos é uma técnica fundamental no tratamento do TPB. Na relação terapêutica, o terapeuta ensina a pessoa atendida a rotular e a descrever sentimentos, pensamentos e comportamentos, sempre tendo o cuidado de proporcionar oportunidades para a ocorrência dessas verbalizações. Além disso, reforça a descrição de sentimentos, bem como modela suas expressões (Linehan, 2010).

A forma pela qual esses objetivos são atingidos, na DBT, é pelo treinamento de habilidades, que é realizado em grupo, por padrão, e inclui instruções didáticas, tarefas de casa e revisão de tarefas de casa. As habilidades originais desenvolvidas em um tratamento DBT são: (1) efetividade interpessoal, que é o treino voltado à resolução de problemas interpessoais e assertividade; (2) o treino de habilidades de Regulação Emocional, que se concentra no ensino de habilidade para diminuir o afeto lábil; (3) *mindfulness*, que tem o foco no desenvolvimento de controle atencional, consciência não julgadora e senso do eu verdadeiro; e (4) tolerância ao mal-estar, que ensina a focar na aceitação de emoções dolorosas sem tentar modificá-las (Linehan, 2018).

DESREGULAÇÃO EMOCIONAL NA TERAPIA COMPORTAMENTAL DIALÉTICA

Um pressuposto central da DBT é o de que as pessoas que preenchem critérios para TPB têm déficits de habilidades significativos que contribuem para sua desregulação emocional e comportamental. A tese aqui é que a maioria dos comportamentos tipicamente apresentados por essa população é formada por tentativas, da parte do indivíduo, de regular o afeto intenso ou os resultados da desregulação emocional. A desregulação das emoções é tanto um problema para o indivíduo que tenta resolvê-la quanto fonte de problemas adicionais que possa apresentar (Linehan, 2010).

A regulação emocional é definida como a habilidade de manter, aumentar ou diminuir um ou mais componentes da resposta emocional, incluindo os sentimentos, comportamentos e respostas fisiológicas que constituem as emoções. Refere-se, ainda, à capacidade de compreender e aceitar sua experiência emocional de modo a utilizar estratégias saudáveis para manejar as emoções quando necessário. A desregulação emocional pode acarretar dificuldades nas relações afetivas, familiares, desempenho acadêmico e profissional, além de prejuízo no convívio social. Afinal, atos cotidianos de regulação emocional constituem passos importantes para a civilização (Gross, 2002).

De acordo com a teoria biossocial, na qual se baseia a DBT desenvolvida por Marsha Linehan, a desregulação emocional é resultado da vulnerabilidade emocional (disposição biológica), inabilidade para modular as emoções e a troca entre esses dois fatores no decorrer do desenvolvimento. Esse modelo defende que a desregulação emocional seria desenvolvida e mantida por uma interação entre fatores biológicos e ambientais, compreendendo a desregulação emocional a partir de uma etiologia multifatorial (Dimeff & Koerner, 2007).

Quanto à vulnerabilidade emocional, Linehan (2010) aponta que, embora as emoções sejam fundamentais para transmitir a nós e às pessoas que nos rodeiam nossos estados internos, o temperamento herdado torna algumas pessoas mais sensíveis, fazendo-as oscilar entre inibição ou reatividade emocional intensa. Além disso, apresentam: 1) alta sensibilidade a estímulos emocionais negativos; 2) elevada intensidade à resposta emocional; e 3) lento retorno à calma. Desenvolver a habilidade de regular e modular as emoções consiste em: 1) inibir o comportamento inapropriado relacionado às emoções intensas; 2) realizar ações coordenadas com a finalidade de conseguir uma meta independente da emoção experimentada; 3) regular a ativação fisiológica presente na vivência emocional; e 4) retomar o foco da atenção na presença das emoções intensas.

Sobre a dificuldade para modular as emoções, Linehan (2010) explica que nós aprendemos a regular nossas emoções no decorrer da nossa infância e adolescência, e parte da nossa socialização tem a ver com a capacidade de treinarmos uns com os outros, iniciando pela família. Expressões como "é feio ter raiva" e "meninos não podem sentir medo e chorar" são comumente encontradas na educação das crianças e caracterizam um ambiente invalidante. Essas experiências as levam a evitar ou suprimir essas emoções, sentir culpa por tê-las, não as ensinando a rotular, regular a excitação e tolerar a perturbação emocional. Além disso, impedem-nas de confiar em suas próprias respostas emocionais como reflexos de interpretações válidas dos acontecimentos.

O reconhecimento dessas dificuldades na regulação das emoções, originadas na formação biológica e em experiências inadequadas de aprendizagem, sugere que o tratamento deve se concentrar nas tarefas associadas de ensinar o paciente a (1) a modular a emotividade extrema e reduzir comportamentos desadaptativos dependentes do humor e (2) confiar e validar suas próprias emoções, pensamentos e condutas. A terapia deve se concentrar no treinamento de habilidades e mudança de comportamento, bem como na validação das capacidades e comportamentos atuais do paciente (Linehan, 2010).

Para tanto, a DBT apresenta diversas habilidades específicas de regulação emocional, treinadas tipicamente em grupos de treino de habilidades. As principais habilidades apontadas por Linehan (2018) são descritas a seguir.

1. *Identificar e rotular o afeto*: o primeiro passo na regulação das emoções é aprender a identificar e rotular as emoções atuais existentes. No entanto, as emoções são respostas comportamentais complexas e sua identificação muitas vezes envolve a capacidade não apenas de observar as próprias respostas, mas também de descrever precisamente o contexto em que as emoções ocorrem. Assim, o indivíduo deve observar e descrever: (1) o fato que levou à emoção; (2) as interpretações do fato que levou à emoção; (3) a experiência fenomenológica, incluindo a sensação física, da emoção; (4) os comportamentos expressivos associados à emoção; e (5) os efeitos posteriores da emoção sobre o funcionamento do indivíduo.
2. *Identificar obstáculos à mudança emocional*: parte do princípio de que o comportamento emocional é funcional para o indivíduo, portanto, pode ser difícil mudar comportamentos emocionais quando são seguidos por consequências reforçadoras. Desse modo, é importante identificar quais são as funções e reforçadores para comportamentos emocionais específicos. Em geral, as emoções funcionam para comunicar algo às pessoas e motivar seus comportamentos, mas os comportamentos emocionais também podem ter duas outras funções importantes – em primeiro lugar, podem ter a função de comunicação, influenciando e controlando os comportamentos das outras pessoas, ou então de validar as percepções e interpretações da própria pessoa sobre os acontecimentos. Identificar essas funções das emoções, especialmente das emoções negativas, é um passo importante rumo à mudança.
3. *Reduzir a vulnerabilidade da "mente emocional"*: todas as pessoas são mais suscetíveis à reatividade emocional quando estão sob estresse físico ou ambiental. Dessa forma, busca-se tratar de possíveis fatores de vulnerabilidade, por meio de uma nutrição e hábitos alimentares equilibrados, dormir o suficiente, mas não demais (inclusive tratar a insônia, se necessário), fazer exercícios adequados, tratar doenças físicas, abster-se de drogas não prescritas que alterem o humor, e aumentar seu domínio envolvendo-se em atividades que construam um sentido de autoeficácia e competência. O trabalho com qualquer uma dessas metas exige uma postura ativa dos pacientes e persistência até que os efeitos positivos comecem a se acumular.
4. *Aumentar a ocorrência de eventos emocionais positivos*: a DBT pressupõe que a maioria das pessoas se sente mal por boas razões. Embora as percepções das pessoas tendam a ser distorcidas quando elas estão muito emotivas, isso não significa que as emoções em si sejam resultado de percepções distorcidas. Assim, uma maneira importante de controlar as emoções é controlar as situações que as disparam. Aumentar a ocorrência de eventos positivos na vida da pessoa é uma abordagem para aumentar as emoções positivas. No curto prazo, isso envolve aumentar as experiências positivas cotidianas. No longo

prazo, significa fazer mudanças na vida para que eventos positivos aconteçam com mais frequência. Além de aumentar os eventos positivos, também é importante trabalhar a atenção a experiências positivas quando ocorrerem, além de ignorar a preocupação de que a experiência positiva acabe.

5. *Aumentar a atenção plena à emoção atual*: a atenção à emoção atual significa experimentar as emoções sem julgá-las ou tentar inibi-las, bloqueá-las ou desviar-se delas. A ideia básica aqui é que a exposição a emoções dolorosas ou perturbadoras, sem associação com consequências negativas, extinguirá sua capacidade de estimular emoções negativas secundárias. As consequências naturais de o paciente julgar as emoções negativas como "más" são sentimentos de culpa, raiva e/ou ansiedade sempre que ele se sentir "mal". A adição desses sentimentos a uma situação já negativa simplesmente torna a perturbação mais intensa, e a tolerância, mais difícil. Com frequência, o paciente somente consegue tolerar uma situação perturbadora ou um afeto doloroso se puder não sentir culpa ou ansiedade por se sentir mal em primeiro lugar.
6. *Fazer a ação oposta*: as respostas expressivas comportamentais são partes importantes de todas as emoções. Por isso, uma estratégia para mudar ou regular uma emoção é mudar um componente expressivo comportamental, agindo de um modo que seja oposto ou incongruente com a emoção. O terapeuta deve se concentrar nas ações explícitas da paciente (p. ex., fazer algo bom para alguém de quem está com raiva, aproximar-se de algo de que tem medo), bem como em sua expressividade postural e facial. O terapeuta deve deixar claro que a ideia não é bloquear a expressão da emoção, mas expressar uma expressão diferente.

A IMPORTÂNCIA DA ANÁLISE FUNCIONAL NAS ESTRATÉGIAS DA DBT

Linehan (2010) aponta que as estratégias de análise comportamental são a "espinha dorsal" das estratégias de mudança da DBT, sendo o primeiro passo para a solução de problemas. Aponta que muitos dos erros terapêuticos são erros de avaliação do terapeuta, ou seja, respostas terapêuticas baseadas em uma compreensão e avaliação falhas do problema em questão. Sua função é descobrir qual é o problema, o que o está causando, o que está atrapalhando e quais são a solução e os recursos disponíveis para resolvê-lo.

O processo de conduzir uma análise comportamental pode ser breve, envolvendo apenas algumas questões, ou bastante demorado, exigindo uma ou mais sessões de terapia inteiras. Três aspectos do processo de análise comportamental são críticos: (1) a análise deve ser realizada de forma colaborativa (isso exige o uso concomitante de outras estratégias, como validação e controle das contingências); (2) deve fornecer detalhes suficientes para proporcionar uma visão precisa e razoavelmente completa da sequência de acontecimentos internos e externos associados ao comportamento problemático; e (3) as conclusões devem ser aceitas de um modo que permita seu abandono se forem rejeitadas posteriormente. O objetivo final é ensinar a paciente a fazer uma análise comportamental competente por conta própria (Linehan, 2010).

Para que seja conduzida uma análise comportamental, é preciso seguir uma série de etapas. A primeira delas é a definição de um comportamento-problema alvo e para tanto deve-se levar em conta a hierarquia de metas prioritárias da DBT: (1) reduzir comportamentos suicidas; (2) reduzir comportamentos que interferem na terapia; (3) reduzir comportamentos que interferem na qualidade de vida; (4) promover habilidades comportamentais; (5) reduzir comportamentos relacionados com estresse pós-traumático; e (6) aumentar o respeito pelo *self*. Em seguida, é preciso definir o comportamento-problema em um viés comportamental, de forma descritiva e detalhada. Depois, devem-se definir frequência, duração e intensidade em que o comportamento-problema ocorre (Linehan, 2010).

O próximo passo é o da condução de uma análise em cadeia. A análise em cadeia tem sido a ferramenta de avaliação e intervenção da DBT, e é uma forma de determinar o que causou um comportamento, a partir da investigação de comportamentos que estão conectados. Esse tipo de análise ajuda a identificar os fatores que acarretaram um comportamento-problema e o que o mantém, bem como quais fatores poderiam dificultar sua alteração. As análises de cadeia são feitas ao longo de todos os estágios da DBT para avaliação constante e intervenção (Linehan, 2010).

Para conduzir uma análise em cadeia, é preciso selecionar a ocorrência de um comportamento-problema específico e propor o monitoramento desse problema por intermédio do cartão diário. Nesse cartão será abarcado o horário no qual o comportamento-problema ocorreu, uma definição completa do comportamento, uma descrição de onde o paciente estava, de quem estava com o paciente, do que estava acontecendo, emoções vivenciadas, sensações fisiológicas, pensamentos e impulsos de ação durante a ocorrência.

Em seguida, são estabelecidos os elos da cadeia, elencando o evento desencadeante do comportamento-problema, ou seja, o terapeuta e o cliente buscam aquele evento que, caso não tivesse acontecido, não haveria o comportamento-problema. Uma vez identificado o evento desencadeante, buscam-se os elos que o conectam ao comportamento-problema. Os fatores de vulnerabilidade que ocorreram antes do evento, desencadeante e, portanto, tornaram o paciente vulnerável a esse evento, são listados. Linehan (2010) lista quatro fatores que são analisados quanto a sua preponderância, para que seja dado início à análise de soluções: os comportamentos-problema podem estar sob controle da intensidade emocional, de processos cognitivos, de contingências de reforçamento ou da falta de alguma habilidade específica. Por fim, assim como na análise funcional, são listadas as consequências imediatas e em longo prazo do comportamento-problema, buscando quais fatores mantêm esse comportamento (Linehan, 2010).

Uma das principais funções da análise em cadeia é evidenciar qual fator está relacionado com a manutenção de um dado comportamento-problema. Uma vez que isso acontece, após a identificação da função dos comportamentos problemáticos, o terapeuta e a pessoa atendida deverão pensar estrategicamente em comportamentos alternativos. Para tanto, Linehan propõe um modelo de análise que chamou de "modelo de inibição de respostas" (Linehan, 2010). A autora lista quatro motivos pelos quais um comportamento alternativo é inibido: (1) pelas respostas negativas condicionadas; (2) pelos comportamentos incompatíveis que interferem; (3) pelas contingências que favorecem o reforço do comportamento não desejado; e (4) pelas contingências que punem ou não reforçam os comportamentos adequados. Como possíveis estratégias aplicadas a esses problemas, são sugeridas soluções, como exposição à emoção negativa, treinamento de habilidades, procedimentos de modificação cognitiva e procedimentos de manejo de contingências (Linehan, 2010).

Por fim, utilizam-se as estratégias de análise de soluções, a partir das quais o terapeuta e paciente irão gerar, avaliar e escolher soluções para o comportamento-problema alvo visto na análise em cadeia (Koerner, 2012). As estratégias centrais de solução de problemas são: (1) estratégias de *insight*, que envolvem as interpretações do comportamento baseadas no modelo biossocial ou nas teorias de modificação do comportamento, além de observar e descrever padrões recorrentes de comportamento com o objetivo de explicitar as consequências de seus comportamentos; (2) estratégias didáticas, que consistem em compartilhar informações sobre os elementos que regem o comportamento e teorias que possam explicar padrões comportamentais; (3) estratégias de orientação, que envolvem o terapeuta prover informações sobre os processos da DBT, qual o papel do paciente e do terapeuta nessa estratégia e a importância do desempenho das tarefas; e (4) estratégias de comprometimento, cujo objetivo é buscar o comprometimento do paciente com as intervenções da DBT (Linehan, 2010).

CASO CLÍNICO

O caso apresentado a seguir ilustra como a análise em cadeia da DBT pode ser utilizada para guiar decisões no processo terapêutico. Laura (nome fictício) é uma menina de 14 anos atendida em consultório particular de novembro de 2019 até a presente data (outubro de 2020). Tem como principal figura de cuidado a irmã, de 33 anos, com quem mora, e está em acompanhamento com psiquiatra, em uso de antidepressivo pela manhã e ansiolítico antes de dormir.

A adolescente deu início aos atendimentos por busca da família, queixando-se inicialmente de crises ansiosas com entrada constante em serviços de emergência (Unidade de Pronto Atendimento). Suas crises ansiosas são compostas de cefaleia, taquicardia, choro intenso e falta de ar. Ainda, durante as crises, machuca-se por meio de arranhões pelo corpo ou socos na parede. A maior parte das crises acontece quando Laura está em sua casa, antes de dormir, e a adolescente atribui o início das crises a momentos de lembranças de abuso sexual ocorrido quando tinha 9 anos de idade, por parte de seu pai. O pai de Laura não está mais presente em sua vida, mas a adolescente ainda se sente insegura e com medo de que o genitor reapareça. Relata ter ideação suicida em momentos de crise, sem planejamento e sem tentativa de suicídio prévia. Quando tem ideação suicida, tenta propositalmente trancar sua respiração na tentativa de desmaiar e cessar a crise. As crises de ansiedade, no início do processo terapêutico, estavam intensas a ponto de Laura não conseguir mais ir para a escola, por medo de ter crises e estar desprotegida.

Ao longo do processo terapêutico foi trabalhada a redução de danos nos momentos de crise, e foram elaboradas estratégias diretamente com Laura e com sua irmã mais velha, com quem Laura mora. Para guiar as decisões terapêuticas foi trabalhado em conjunto com a paciente, inicialmente, o estabelecimento de metas de acordo com as prioridades da DBT. Foram listadas as seguintes prioridades: (1) estabelecimento de um fluxo estruturado para momentos de crise, com foco na prevenção de tentativas de suicídio, o que incluiu contatos a serem acionados em momentos de crise (inclusive o da terapeuta), exercícios de respiração que poderia utilizar e serviços de emergência a serem acionados; (2) criar e treinar estratégias para lidar com a angústia em momentos de crise para amenizar autolesões provocadas; (3) trabalho terapêutico com base em sua história de abuso sexual, de forma a trabalhar com tolerância a essas lembranças, para que não desencadeassem crises de ansiedade.

Após trabalho inicial com base nessas metas, foi estabelecida a classe geral de comportamentos de autolesão em momentos de crise para ser analisada de forma comportamental na análise em cadeia, e para tanto foi utilizada tabela de análise em cadeia preenchida em conjunto por terapeuta e cliente. Na Tabela 1 é apresentada a transcrição da análise em cadeia realizada entre as semanas 16 e 20 de atendimento.

No exemplo apresentado na Tabela 1, é importante apontar que a paciente demonstrou dificuldade significativa de preencher os elos de emoções, sentimentos ou sensações, e precisou ser realizado um trabalho prévio de psicoeducação sobre reconhecimento de emoções e sentimentos. A paciente dizia não conseguir identificar o que sentia, porque era um "misto de emoções". Portanto, foram utilizadas atividades estruturadas do livro de Leahy, Tirch e Napolitano (2013) durante 3 semanas. As atividades consistiram em: (1) técnica de escaneamento corporal (Kabat-Zinn, 1990), que consiste em direcionar a consciência atenta

Tabela 1 Análise em cadeia ao longo das semanas 16 e 20

Antecedentes					Comportamento	Consequências	
		Elos					
Fatores de vulnerabilidade	**Evento desencadeante**	**Pensamentos, regras ou crenças**	**Emoções, sentimentos ou sensações**	**Impulsos ou ações**	**Resposta**	**Curto prazo**	**Longo prazo**
Insônia	Entrar em contato com conteúdos relacionados à paternidade ou diretamente ao seu pai	"Se eu sentir essa angústia, posso acabar me matando"	Angústia, tristeza insuportável, arrependimento, culpa e medo	Impulso de machucar-se para cessar a crise	Arranhou a parte superior de seus braços de forma intensa, até começar a sangrar	Alívio do sofrimento emocional intenso (reforço negativo)	Reprimenda por parte de seus familiares em razão das cicatrizes aparentes (punição positiva) Pessoas perguntando por que ela apresenta cicatrizes (reforço positivo)

e de forma não julgadora ao longo do corpo em um ritmo gradual, trazendo a atenção para as sensações físicas do momento; (2) registro de emoções diárias, por meio de Diário de Emoções disponibilizado em Leahy, Tirch e Napolitano (2013), no qual a paciente registrou durante uma semana em quais dias havia percebido 25 emoções diferentes.

A partir da análise dessa resposta, as sessões seguintes foram baseadas nos direcionamentos da DBT. Em primeiro lugar, a terapeuta buscou validar que os problemas de Laura e sentimentos que levam a esse impulso são reais e importantes, mas que a ação de tentar lidar com esses sentimentos através da autolesão não é uma tentativa válida. Quanto ao evento desencadeante, foram utilizadas estratégias de controle de estímulos, por meio da orientação de afastamento de uma conversa quando esta era direcionada para o assunto de paternidade, além do trabalho de habilidades assertivas para que Laura conseguisse expor quando não estivesse se sentindo confortável em uma conversa.

A seguir, foram elaboradas estratégias de intervenção voltadas para os elos da cadeia – quanto ao fator de vulnerabilidade de insônia, sendo o momento no qual Laura apresentava a maior parte de suas crises, foram trabalhadas estratégias de higiene do sono, como estabelecimento de rotina antes de dormir, afastamento dos aparelhos eletrônicos nesse momento e uso de chás relaxantes, uma vez que Laura já estava em uso de medicamento para induzir o sono.

Quanto aos pensamentos e crenças, podem ser utilizadas estratégias de modificação cognitiva ou habilidades de atenção plena. Nesse caso, foram utilizadas estratégias para reconhecimento de autorregras. A regra descrita, "Se eu sentir essa angústia, posso acabar me matando", foi descoberta por meio de uma atividade na qual Laura deveria completar frases ditas pela terapeuta.

O elo da cadeia de emoções, sentimentos ou sensações foi o que despendeu mais esforço por parte da terapeuta e da paciente, visto que a principal dificuldade parecia ser a de regulação emocional. Com base nas emoções de angústia, tristeza insuportável, arrependimento, culpa e medo, foram utilizadas estratégias de regulação emocional, com base em Linehan (2018). Foram utilizadas, principalmente, a estratégia "Ação oposta", que consiste em reconhecer a emoção e então mudar seu componente comportamental expressivo, agindo de um modo que se oponha ou seja incongruente com a emoção, incluindo tanto ações concretas quanto postura corporal e facial. A partir dessa estratégia, Laura treinou a habilidade de relaxamento da postura corporal e expressões faciais quando se sentir tensa. Esse relaxamento, de forma proposital, cumpriu a função de desviar o foco da emoção atual e permitir o reconhecimento de outras emoções presentes no momento.

Além disso, foi utilizado o treino da habilidade de reconhecer, descrever e nomear emoções continuamente, não só com as emoções identificadas na tabela, mas também com outras emoções que foram relatadas ao longo do processo. Por fim, foram treinadas técnicas de atenção plena às emoções, a partir das quais Laura passou a observar suas emoções e descrevê-las de forma não julgadora, passando por um processo de aceitação de emoções dolorosas. Isso fez com que as emoções negativas fossem sentidas de forma menos intensa, porque era experienciada somente aquela emoção, e não a tristeza ou culpa decorrentes de seu julgamento.

Algumas das estratégias trabalhadas foram mais efetivas e geraram mais resultados, outras não. Não foi possível instaurar uma rotina para a prevenção de momentos de insônia, mas Laura conseguiu desenvolver habilidades assertivas e não permanecer mais em conversas que remetessem ao seu pai. Além disso, passou a utilizar as estratégias de tolerância ao mal-estar trabalhadas não só com essas emoções, mas também com outras emoções que antes considerava intoleráveis. Por último, foram buscadas em conjunto, terapeuta e paciente, respostas alternativas para o comportamento em questão, bem como listadas possíveis consequências.

Dentre as diversas alternativas trabalhadas, aquela à qual Laura mais se adaptou foi a de redução de danos do comportamento de autolesão. Em vez de arranhar-se ou bater na parede, em momentos de intolerância de emoções passou a segurar um cubo de gelo na mão até que sentisse dor, o que cumpre com a mesma função do comportamento anterior, mas apresenta menor dano e é menos reforçado, especialmente de forma social. Tendo sido atenuado o comportamento de autolesão, o processo de terapia seguiu com o objetivo de trabalhar os aspectos de história de vida que levaram à manutenção dos comportamentos apresentados atualmente.

A IMPORTÂNCIA DA CONDUÇÃO DA ANÁLISE FUNCIONAL NO CASO CLÍNICO

No caso clínico ilustrado, a paciente chegou ao consultório com uma série de questões a serem trabalhadas, muitas delas de extrema urgência em razão do risco apresentado. Em primeiro lugar, é importante apontar como a DBT se apresenta como uma ferramenta essencial para tomada de decisões na condução do caso, a partir do estabelecimento de hierarquias. Principalmente ao lidarmos com pacientes que têm ideação suicida ou a prática de autolesões, estabelecer as metas a partir das hierarquias pode nos ajudar a não desviar do foco principal, como apontado pela DBT – manter o paciente vivo, para então ajudá-lo a construir uma vida que valha a pena ser vivida.

Após o estabelecimento de metas, a Análise Funcional da forma como é utilizada na DBT, a análise em cadeia, foi essencial na condução do caso, em especial pela identificação dos elos da cadeia. Esse tipo de análise utiliza os elementos comuns às análises funcionais – antecedentes e consequentes –, mas, além disso, estabelece fatores com os quais é possível trabalhar para diminuir a probabilidade de ocorrência do comportamento escolhido – pensamentos, emoções, regras, crenças, emoções, sentimentos, sensações, impulsos e ações – os chamados elos da cadeia. No caso apresentado, o estabelecimento e trabalho com os elos da cadeia se mostraram fundamentais na diminuição da probabilidade de autolesões, assim como orientações para evitar o evento desencadeante e a busca por comportamentos alternativos.

A DBT é um tratamento extremamente complexo, que nos fornece diversas ferramentas para serem adaptadas às diversas situações atendidas em consultório. Mesmo com a versatilidade que seus pressupostos apresentam, a análise em cadeia é invariavelmente a espinha dorsal do processo terapêutico, recebendo um papel de protagonismo no estabelecimento de metas e ao longo de todo o tratamento. Além do exposto neste capítulo, os livros de Marsha Linehan sobre a DBT detalham de forma extremamente didática como conduzir uma análise de forma colaborativa, entre terapeuta e paciente, para atingir resultados que estejam alinhados com os objetivos terapêuticos.

REFERÊNCIAS

Abreu PR, Abreu JHSS. Terapia comportamental dialética: um protocolo comportamental ou cognitivo? Revista Brasileira de Terapia Comportamental e Cognitiva. 2016; XVIII: 45-58.

Axelrod SR, Perepletchikova F, Holtzman K, Sinha R. Emotion regulation and substance use frequency in women with substance dependence and borderline personality disorder receiving dialectical behavior therapy. Am J Drug Alcohol Abuse. 2011;37(1):37-42.

Barrett JJ, Tolle KA, Salsman NL. Dialectical behavior therapy skills training for persistent complex bereavement disorder. Clinical Case Studies. 2017;16(5):388-400.

Coutinho J, Ribeiro E, Ferreirinha R, Dias P. The Portuguese version of the difficulties in emotion regulation scale and its relationship with psychopathological symptoms. Archives of Clinical Psychiatry (São Paulo). 2010;37(4):145-51.

Dimeff LA, Koerner K. Dialectical Behavior Therapy in clinical practice: applications across disorders and settings. New York: Guilford Press; 2007.

Gratz KL, Roemer L. Multidimensional assessment of emotion regulation and dysregulation: development, factor structure, and initial validation of the Difficulties in Emotion Regulation Scale. Journal of Psychopathology and Behavioral Assessment. 2004;26:41-54.

Gross JJ. Emotion regulation: Affective, cognitive, and social consequences. Psychophysiology. 2002;39(3):281-91.

Hayes SC. Acceptance and commitment therapy, relational frame theory, and the third wave of behavior therapy. Behavior Therapy. 2004;35:639-65.

Hayes SC, Follette WC, Linehan MM. Mindfulness and acceptance: expanding the cognitive-behavioral tradition. New York: Guilford Press; 2011.

Heard HL, Swales MA. Changing behavior in DBT: problem solving in action. New York: The Guilford Press; 2015.

Hollenbaugh KMH, Lenz AS. An examination of the effectiveness of dialectical behavior therapy skills groups. Journal of Counseling and Development. 2018;96:233-42.

Kabat-Zinn J. Full catastrophe living: using the wisdom of your body and mind to face stress, pain and illness. New York: Delta; 1990.

Keuthen NJ, Rothbaum BO, Welch SS, Taylor C, Falkenstein M, Heekin M, et al. Pilot trial of dialectical behavior therapy-enhanced habit reversal for trichotillomania. Depression and Anxiety. 2010;27(10):953-9.

Koerner K. Doing dialectical behavior therapy: a practical guide. New York: Guilford Press; 2012.

Leahy RL, Tirch D, Napolitano LA. Regulação emocional em psicoterapia. Porto Alegre: Artmed; 2013.

Linehan MM, Comtois KA, Murray AM, Tutek DA, Reynolds SK, Lindenboim N. Two-year randomized controlled trial and follow-up of dialectical behavior therapy vs. therapy by experts for suicidal behaviors and borderline personality disorder. Archives Of General Psychiatry. 2006;63:757-66.

Linehan M. Terapia cognitivo comportamental para o transtorno da personalidade borderline. Porto Alegre: Artmed; 2010.

Linehan MM. Treinamento de habilidades em DBT: manual de terapia comportamental dialética para o terapeuta. Porto Alegre: Artmed; 2018.

McMain S, Guimond T, Barnhart R, Habinski L, Streiner D. A randomized trial of brief dialectical behaviour therapy skills training in suicidal patients suffering from borderline disorder. Acta PsychiatrScand. 2017;135: 138-48.

Neacsiu AD, Eberle JW, Kramer R, Wiesmann T, Linehan MM. Dialectical behavior therapy skills for transdiagnostic emotion dysregulation: a pilot randomized controlled trial. Behaviour Research and Therapy. 2014;59:40-51.

Ramaiya MK, McLean C, Regmi U, Fiorillo D, Robins CJ, Kohrt BA. A dialectical behavior therapy skills intervention for women with suicidal behaviors in rural Nepal: a single-case experimental design series. Journal of Clinical Psychology. 2018;74(7): 1071-91.

Swales MA, Heard HL. Dialectical behavior therapy. New York: Routledge; 2009.

Ward-Ciesielski EF, Tidik JA, Edwards AJ, Linehan MM. Comparing brief interventions for suicidal individuals not engaged in treatment: a randomized clinical trial. Journal of Affective Disorders. 2017;222:153-61.

SEÇÃO 5

Terapia Comportamental Integrativa de Casal (IBCT)

17

Terapia Comportamental Integrativa de Casal

Denise Lettieri Moraes
Gabriela dos Santos

O termo *terapia de casal* refere-se à abordagem clínica para melhorar o funcionamento de dois indivíduos (eventualmente mais) dentro do contexto de seu relacionamento afetivo/amoroso (Christensen et al., 2014). O foco dessa modalidade de terapia é a busca por avaliação e modificações na interação entre os indivíduos que buscam por ajuda terapêutica.

A Terapia Comportamental Integrativa de Casal (IBCT) proposta por Jacobson & Christensen (1998) é um modelo relativamente recente que nasce como um contraponto ao modelo de Terapia Comportamental de Casal Tradicional (TBCT), antes vigente por mais de duas décadas como o padrão-ouro para o tratamento de queixas de casal (Christensen et al., 2014).

O modelo tradicional de terapia comportamental de casal tem seu foco de intervenção em mudanças de comportamento e usa princípios comportamentais como modelagem e ensaio comportamental para facilitar a colaboração e o compromisso entre os(as) parceiros(as). Como uma terapia voltada a facilitar mudanças no comportamento do casal, as intervenções em TBCT se concentram em: (1) reduzir os comportamentos-alvo indesejáveis e aumentar os comportamentos desejáveis; (2) desenvolver habilidades de comunicação eficazes; e (3) treinar repertório de resolução de problemas do casal (Dimidjian, Martell & Christensen, 2008; Christensen et al., 2014).

Esse modelo tradicional apresentou resultados empíricos significativos, no entanto, estudos posteriores revelaram algumas limitações em sua eficácia e generabilidade, por exemplo, cerca de um terço dos casais não apresentavam melhorias mensuráveis na qualidade do relacionamento e os casais que respondiam ao tratamento tiveram recaídas dentro de 1 a 2 anos depois (Jacobson, 1984). Os resultados sobre as limitações da eficácia geraram o desenvolvimento de outros modelos terapêuticos voltados para casais, entre eles a IBCT, que foi principalmente desenvolvida em busca de uma terapia que mostrasse efeitos mais duradouros na intervenção. As características da IBCT que trouxeram evoluções para o modelo de intervenção comportamental para casais foram: o foco nos *temas* do relacionamento do casal em vez de comportamentos-alvo específicos, ênfase no comportamento modelado pelas contingências em detrimento do comportamento modelado por regras e foco na aceitação emocional (Christensen et al., 2014). Esses elementos trouxeram uma intervenção com novas contribuições para a terapia de casal e essas características serão discutidas a seguir.

CARACTERÍSTICAS DA IBCT

A IBCT é uma terapia norteada por princípios. Isso quer dizer que há um manual que norteia a atuação do terapeuta, no entanto esse manual não provê receitas passo a passo de procedimentos que devem ser feitos em cada sessão, permitindo ao terapeuta selecionar com flexibilidade as estratégias que serão usadas em sua prática clínica (Christensen, Doss & Jacobson, 2020).

Como foi apresentado anteriormente, a IBCT apresenta como características distintas da TBCT o foco nos *temas*, ênfase no comportamento modelado por contingências e foco na aceitação emocional.

O primeiro elemento que diferencia a IBCT do modelo tradicional, foco nos *temas*, está em contraponto às intervenções que visam à transformação de queixas complexas e amplas em comportamentos-alvo específicos. Segundo a IBCT, transformar queixas globais em comportamentos-alvo específicos na intervenção de casal pode resultar em perdas de informações valiosas que contribuem para a intervenção (Christensen et al., 2014). Para exemplificar essa diferença, vamos imaginar uma queixa de uma esposa sobre a falta de demonstração de afeto do marido; no modelo tradicional, poderíamos decompor o que é demonstração de afeto para essa cliente, por exemplo: abraçar, conversar, olhar nos olhos etc., e assim fazer uma intervenção sugerindo que o marido passasse a realizar mais ações para demonstrar afeto. Caso ele não tivesse essa habilidade, o terapeuta também poderia realizar treinos com ele por meio de ensaios comportamentais demonstrando como ele poderia realizar essas ações. No mesmo exemplo, no caso da IBCT o foco seria nos *temas* mais amplos, como: por que a esposa precisa de demonstrações de afeto dessa forma? Há relação com a história do casal? Será que o marido tem dificuldades em demonstrar afeto de forma física? O que na história do marido justifica essa dificuldade? Será que há outras formas pelas quais o marido demonstra afeto à esposa, mas ela não consegue perceber por esperar formas específicas de demonstração de afeto? Com essa forma de análise, a IBCT procura realizar análises mais amplas e molares em vez de análises específicas e moleculares do comportamento, trazendo o *tema* "afeto" na relação de forma mais abrangente para compreensão da dinâmica de relação do casal (Dimidjian, Martell & Christensen, 2008; Christensen et al., 2014; Christensen, Doss & Jacobson, 2020).

A segunda característica da IBCT é a ênfase no comportamento modelado pelas contingências em vez do modelado por regras. De forma simplificada, o comportamento modelado por regras é aquele em que há uma instrução que, quando seguida, há uma valorização social pelo seguimento da regra. Já no comportamento modelado pelas contingências, o indivíduo fica atento às consequências do seu comportamento em sua vida e essas experiências moldam suas ações. No exemplo em que a esposa se queixa da baixa demonstração de afeto por parte do marido, uma intervenção modelada por regras poderia ser ensiná-lo a como demonstrar afeto físico, listar os momentos em que a esposa gostaria de receber esse tipo de demonstração de afeto e, quando ele o fizer, orientar a esposa a valorizar com elogios. Já em uma intervenção em IBCT com modelagem pelas contingências, o terapeuta poderia auxiliar ambos a observarem e descreverem as situações cotidianas que geram mais proximidade entre os parceiros; nessa observação, a esposa poderia observar quais comportamentos ela emite que produzem mais proximidade do marido e ela pode descobrir, por exemplo, que quanto mais ela o critica, mais ele se afasta e que quanto mais ela expressa seus sentimentos de uma forma vulnerável, mais ela recebe demonstrações de afeto e proximidade. Ainda no mesmo exemplo, o marido poderia notar que quanto mais ele se aproxima em condições nas quais a esposa se mostra vulnerável, menos críticas ele recebe e mais agradável é a interação entre eles, e quanto mais ele se afasta, mais críticas ela faz e mais irritação ela demonstra. Realizar esse tipo de intervenção com o casal não é uma tarefa fácil; a IBCT destaca que intervenções que enfatizam o comportamento modelado por contingências tornam a intervenção mais complicada e menos direta quando comparada a intervenções modeladas por regras, mas ao mesmo tempo as mudanças resultantes de intervenções que se baseiam em comportamentos modelados por contingências, ou seja, pela observação da própria experiência e as consequências de suas ações, levam a mudanças mais duradouras e significativas e diminuem as chances de recaída (Christensen et al., 2014).

Por último, a terceira característica que diferencia a IBCT, visa tornar os efeitos da terapia mais duradouros é a ênfase na aceitação emocional. Esta última característica destaca um dos principais diferenciais nesse modelo de terapia, afinal a IBCT tem o termo *integrativa* em seu nome em razão da proposta de integração entre intervenções com o foco em mudança já antes destacados no modelo tradicional de terapia, somado também às estratégias de intervenção focadas em aceitação. Desse modo, a IBCT tem como um dos seus principais objetivos promover aceitação do outro e suas diferenças e não somente focar na mudança. Em vez de tentar eliminar os conflitos antigos de um casal, um alvo da IBCT é ajudar os casais a desenvolver uma nova compreensão de suas diferenças aparentemente irreconciliáveis e usá-las para promover intimidade, empatia e compaixão um pelo outro (Christensen et al., 2014). Desse modo, o objetivo seria criar um ambiente para que os parceiros entendam o comportamento um do outro antes de decidirem se é possível e necessário modificá-lo (Christensen, Doss & Jacobson, 2014; Christensen, Doss & Jacobson, 2020). Usando o exemplo da queixa da esposa sobre a demonstração de afeto do marido, com intervenções com foco na aceitação, a esposa poderia entender que na história de vida do marido ele não teve experiências de demonstração física em sua família, compreendendo que a falta de demonstração física de afeto não significa falta de amor, e conseguir sentir-se amada por meio de outras ações que ele faz, assim como ele poderia entender que na história de vida da esposa, diante de uma experiência de abandono que ela teve com seu pai, quando há um afastamento físico dele, ela sente que pode ser abandonada, e as críticas que ela faz são uma dificuldade em lidar com essa sensação e não somente uma forma de agredi-lo. A ênfase na aceitação pode criar um ambiente mais compreensivo e colaborativo para que mudanças comportamentais necessárias sejam realizadas entre o casal, afinal a ênfase em aceitação não significa a ausência de mudança, mas o foco em mudanças mais significativas e duradouras. Diante desse propósito, a IBCT tem também objetivos de mudanças comportamentais, no entanto o cerne da mudança também difere da terapia tradicional.

Na IBCT a mudança difere da terapia de casal tradicional, pois esta última foca na mudança do "falante" e não do "ouvinte", isso quer dizer que a terapia tradicional centra-se a entender as queixas de um(a) dos(as) parceiros(as) e busca mudança do(a) parceiro(a) que recebeu a queixa. Já na IBCT a mudança é focada no comportamento do "ouvinte" e não somente no do "falante", ou seja, parte da mudança comportamental será no comportamento do(a) parceiro(a) que traz a queixa e como ele entende o comportamento do parceiro(a) e não somente daquele que a recebe (Christensen et al., 2014). Esse foco de mudança está intimamente ligado à característica da IBCT na ênfase na aceitação, pois entende que, em vez de direcionar todos os esforços terapêuticos a tentar mudar aquilo que tem sido historicamente um comportamento "imutável", pode-se focar na reação emocional do parceiro que se queixa do comportamento-problema do outro. Assim, quando o parceiro queixoso desenvolve uma nova perspectiva sobre o comportamento-problema do seu parceiro, a queixa se torna menos aversiva e destrutiva para o casal, e essa mudança na perspectiva, por sua vez, muitas vezes acaba tendo influência no comportamento do parceiro que recebe a queixa, mudando seu comportamento ou sua intensidade ou frequência (Christensen et al., 2014).

Todavia, quando falamos de aceitação, é bem importante diferenciar aceitação de resignação. Resignação significa a ação de se submeter ao desejo de outra pessoa; desse modo, há uma submissão e, portanto, o(a) parceiro(a) cede por não ter perspectivas de que pode ter uma relação mais satisfatória; já a aceitação envolve o(a) parceiro(a) "abrir mão" do esforço para mudar o outro. A aceitação visa à compreensão das diferenças e empatia pela história de vida um do outro, desse modo um parceiro(a) pode olhar de forma real ao seu outro parceiro(a) e assim diminuir o desconforto historicamente gerado por tentar mudá-lo(a). Desse modo, segundo a IBCT, com mais compreensão e consciência dos fatores que contribuíram para o desenvolvimento e manutenção dos problemas, há um melhor resultado e eficácia no tratamento (Christensen et al., 2014), assim se faz importante descrever a etiologia dos problemas em casal segundo a perspectiva da IBCT.

ETIOLOGIA DO PROBLEMA DO CASAL NA IBCT

Para a IBCT, os problemas do casal se desenvolvem como resultado de duas influências básicas: (1) o desenvolvimento de interações punitivas, ou seja, uma *significativa parte* das interações é *regularmente* aversiva nas quais há reações emocionais negativas e avaliações negativas por parte de um ou ambos os parceiros sobre o outro; (2) a diminuição das interações de reforço, assim *uma parte significativa* das interações apresenta ausência *regular* de reações e avaliações positivas em um ou ambos sobre o outro (Christensen et al., 2014; Christensen, Doss & Jacobson, 2020).

Quando falamos sobre as influências básicas no desenvolvimento dos problemas em casal, é dado destaque à *regularidade* e duração dos períodos do conflito, pois não se espera que os casais estejam bem sempre e que não haja momentos de conflito em que ocorram punição ou uma diminuição das interações prazerosas entre os parceiros, no entanto, os casais que buscam terapia são aqueles que apresentam isso com alta frequência e intensidade de forma *significativa* e *regular* de tal modo que estejam em um momento crítico no relacionamento. Desse modo, de uma forma geral e resumida, a IBCT entende que os problemas de casal podem ser caracterizados como interações nas quais há uma maior presença de reações negativas e uma menor presença de reações positivas (Christensen, Doss & Jacobson, 2020).

Uma vez nessa condição, os casais que buscam terapia precisam ser compreendidos em suas particularidades para que o terapeuta possa entender as especificidades que levaram os parceiros a estarem na condição crítica atual. Para tal, a IBCT realiza uma específica formulação de caso na qual se observam alguns padrões do casal para assim planejar a intervenção.

FORMULAÇÃO DE CASO NA IBCT

Uma formulação de caso é um conjunto de hipóteses a respeito dos fatores que influenciam o comportamento de alguém e suas possíveis causas. Na IBCT, a formulação de caso é o organizador mais importante, pois é a forma como o terapeuta conceitua e descreve os problemas do casal para entender o caso e planejar as intervenções. A formulação se baseia em uma análise funcional dos problemas do casal. Essa análise tem três componentes básicos: um *tema*, *análise DEEP* e uma *armadilha mútua* (Christensen et al., 2014).

O tema refere-se à problemática nuclear, é a descrição do conflito básico do casal. Ele é geralmente descrito por uma palavra ou expressão que resuma e capte o problema que o casal enfrenta. Para realizar tal análise, o terapeuta precisa encontrar os temas que parecem envolver uma gama ampla dos conflitos que um casal apresenta em sessão. Alguns exemplos de tema poderiam ser maternidade-paternidade, proximidade-independência, confiança etc. Desse modo, os clientes podem trazer diversas queixas e diversos conflitos, mas nota-se que as temáticas nucleares são as mesmas (Christensen, Doss & Jacobson, 2020).

A análise DEEP refere-se a um acrônimo que em inglês significa *profundo*, assim, a análise DEEP seria uma análise mais aprofundada sobre o tema ou problemática do casal. Essa análise descreve quatro principais fatores que contribuem para os problemas do casal: **D**iferenças, Sensibilidade **E**mocional, Circunstâncias **E**xternas e **P**adrões de Interação (Jacobson & Christensen, 1998; Christensen et al., 2014; Christensen, Doss & Jacobson, 2020).

Sobre a análise das **D**iferenças do casal, é importante destacar que não importa quão cuidadoso se possa ser na escolha de uma parceria, é inevitável que haja diferenças entre os parceiros. Muitas vezes foram as características diferentes que inicialmente chamaram a atenção um do outro, no entanto, ao longo do tempo essas mesmas características que foram interessantes no início podem ser motivos para conflitos. Por exemplo, vamos imaginar uma mulher que gosta muito de sair e ir a festas e que se sentiu atraída por um homem que é mais "tranquilo e caseiro" por despertar nela uma curiosidade por hábitos diferentes e uma sensação de segurança por ser alguém mais sério, e ele sentiu-se atraído por ela por trazer novidade e dinamismo para sua vida, e assim começam um relacionamento. Contudo, ao longo dos anos essas mesmas características que foram interessantes e os aproximaram podem ser palco para grandes conflitos e motivo de queixas de ambos no relacionamento: ela entediada por ele nunca trazer novidade para a relação e ele frustrado por se sentir pressionado em fazer e propor coisas diferentes quando ele só quer manter a sua vida "pacata". Esse conflito pode gerar discussões nas quais ambos se sentem pouco entendidos um pelo outro e se posicionam de forma inflexível e polarizada, deixando claro que "sempre foram assim" antes do relacionamento e não estão dispostos a mudar. Ao mesmo tempo, podem se apresentar fazendo exigências de mudanças de comportamento um para o outro, entrando no que a IBCT chama de armadilha mútua, conceito que será discutido mais à frente. Assim, entender as diferenças do casal é parte importante da compreensão da dinâmica de relacionamento para posteriormente se pensar em intervenções (Jacobson & Christensen, 1998; Christensen, Doss & Jacobson, 2020).

Para realizar a análise sobre a Sensibilidade **E**mocional, é importante salientar que como resultado de nossa genética e da nossa história de vida, temos algumas sensibilidades e vulnerabilidades emocionais que nos tornam mais suscetíveis a reagir com mais ou menos intensidade emocional a alguns eventos. Por exemplo, em algum nível todos sentimos ansiedade, mas alguns vivenciam essas sensações com mais intensidade tendo crises de ansiedade como consequência de sua história de vida e seu histórico genético familiar. Na relação de casal, essas sensibilidades emocionais aparecem e muitas vezes deixam o desentendimento ou discussão ainda mais complexos para serem compreendidos e resolvidos entre ambos. Para realizar a análise sobre a *sensibilidade emocional* do casal, é importante observar e investigar quais são as situações que parecem deixar ambos mais sensibilizados, o que geralmente deixa as situações mais delicadas, uma vez que as sensações e reações emocionais tendem a ser mais intensas (Christensen, Doss & Jacobson, 2020). Alguns exemplos de vulnerabilidades emocionais comuns são: situações que sinalizam abandono, não se sentir importante ou valorizado pelo(a) parceiro(a), problema em se sentir controlado pelo outro ou não se sentir atraente para o parceiro(a) (Christensen, Doss e Jacobson, 2020). A depender da história de vida pessoal, situações que sinalizam que essas situações estão acontecendo podem trazer à tona comportamentos sensibilizados emocionalmente e, portanto, com muito mais intensidade na reação de um ou de ambos os parceiros. Essa sensibilidade pode já existir antes do relacionamento, assim como pode haver situações na relação que intensificam essas sensibilidades ou elas podem ser desenvolvidas na relação com o parceiro (Christensen, Doss & Jacobson, 2020). Para a compreensão dessa dinâmica, é importante que o terapeuta investigue essas sensibilidades emocionais e seu histórico de desenvolvimento nas sessões em conjunto e nas sessões individuais com o casal para realizar a formulação do caso.

As Circunstâncias **E**xternas referem-se, como o próprio nome diz, a situações externas ao relacionamento do casal que produzem dificuldades ou geram estresse e conflito entre os parceiros. Alguns exemplos podem ser questões sobre a família nuclear de um ou de ambos, demandas de trabalho ou problemas de saúde. Qualquer elemento externo à relação do casal que cria desafios entre os parceiros é um potencial estressor que pode afetar o relacionamento. Essas Circunstâncias

Externas podem exacerbar as Diferenças e a Sensibilidade Emocional, aumentando a probabilidade de conflitos (Christensen, Doss & Jacobson, 2020).

Os Padrões de Interação ou de comunicação são os esforços do casal para resolver suas Diferenças, suas Sensibilidades Emocionais e as Circunstâncias Externas que produzem o conflito. Geralmente os casais discutem os problemas, evitam discussão dos problemas ou interagem de alguma forma para tentar solucionar ou lidar com eles. No entanto, por vezes esses esforços para resolver os problemas não são bem-sucedidos e frequentemente deixam os problemas ainda piores (Christensen, Doss & Jacobson, 2020). Geralmente essas estratégias parecem funcionar em curto prazo, por exemplo, um casal que apresenta um padrão de comportamento de evitar conversar sobre problemas e discutir a relação pode, em curto prazo, evitar conflitos na relação, mas em longo prazo pode produzir um relacionamento com distanciamento afetivo e falta de intimidade, assim como um casal que discute muito e de forma agressiva pode descrever certo alívio em falar imediatamente sobre o problema, mas ao mesmo tempo não conseguir realmente chegar a resoluções e compreensão do problema, produzindo desgaste e afastamento na relação.

Por fim, a armadilha mútua descreve o resultado de situações conflituosas entre o casal que geram polarização. Ela é chamada armadilha por serem situações recorrentes em que o casal fica "preso" no conflito. Parceiros em uma armadilha mútua acham que fizeram tudo o que poderiam para mudar o outro, mas nada parece funcionar, no entanto, relutam em desistir de seus esforços porque desistir significaria resignar-se a um relacionamento infeliz e insatisfatório. No entanto, quanto mais insistem, mais polarizadas ficam suas posições – é como se estivessem mesmo em uma armadilha da qual não conseguissem se desvencilhar. Esse elemento da conceituação de caso está intimamente ligado às intervenções do terapeuta que visam à direção ao processo de aceitação e empatia a fim de que essa armadilha seja menos aprisionadora. O terapeuta auxiliar que cada parceiro esteja ciente da sensação de aprisionamento do outro é parte importante do trabalho de aceitação e de empatia que visa a gerar aproximação e intimidade. Além disso, é importante mostrar que se aprisionar na tentativa de mudar o outro não o faz mudar e ainda produz mais sofrimento. Essa parte da análise e das intervenções focadas em aceitação que serão discutidas a seguir tem influência da Terapia de Aceitação e Compromisso (ACT), que traz a compreensão de que a dor é inevitável e que precisamos aceitar a realidade como ela é, não porque a realidade é boa ou positiva, mas porque as coisas são o que são e não as aceitar não as fará mudar, e, ao contrário, pode produzir mais sofrimento (Hayes, 2004).

Assim, por meio desses três componentes – um *tema*, *análise DEEP* e uma *armadilha mútua* – o terapeuta entende e organiza os problemas e os padrões de interação do casal, facilitando o planejamento e a execução das intervenções. As intervenções em IBCT fazem parte da fase ativa do tratamento. Como já mencionado no início do capítulo, os eixos que faziam parte das intervenções no modelo tradicional tinham foco em mudanças comportamentais e eram treinadas habilidades de resolução de problemas e habilidades de comunicação (Dimidjian, Martell & Christensen, 2008; Jacobson & Margolin, 1979). Na fase ativa da IBCT, além do treino dessas habilidades, foram acrescidas estratégias de aceitação, consideradas pelos autores desse modelo o "*elo perdido*" na intervenção de casal (Jacobson & Christensen, 1998).

Levando em conta a formulação de caso, quando o terapeuta for dar início às suas intervenções, ele deve avaliar por quais estratégias pretende começar. Em muitos casos, as estratégias de mudanças são dispensadas porque as estratégias de aceitação são capazes de alcançar as necessidades do casal e por si só já produzem mudanças que afetarão a qualidade do vínculo (Jacobson & Christensen, 1998). Logo será apresentada de forma bem detalhada cada uma dessas estratégias. Mas antes é necessário entender com minúcia a fase inicial que compreende as quatros sessões iniciais norteadoras do processo terapêutico na IBCT. Reiterando o que já foi apontado neste texto, o terapeuta que escolhe atender casais seguindo o modelo teórico da IBCT deve entender que esse modelo não tem um protocolo rígido de atendimento. Entretanto, ele se pauta em princípios e traz direcionamentos para a atuação do terapeuta de maneira estruturada e bem definida, especialmente nessas primeiras sessões (Jacobson & Christensen, 1998).

PRIMEIRAS SESSÕES COM O CASAL NA IBCT

A primeira sessão acontece com o primeiro contato do terapeuta com a díade que deseja iniciar um processo clínico de casal. Ambos os parceiros irão apresentar o contexto do casal com a finalidade de levar ao terapeuta a compreensão do que os trouxe à terapia e juntos irão relatar um breve histórico do relacionamento. A concentração em termos de coleta de dados é preferencialmente sobre características dos problemas e das divergências do casal, bem como sobre os seus pontos fortes. O terapeuta pode sugerir uma leitura informativa sobre a proposta do modelo e suas intervenções, sendo recomendado o livro *Diferenças reconciliáveis* (Christensen, Doss & Jacobson, 2018). Também durante essa primeira sessão, o terapeuta normalmente entrega a cada parceiro alguns questionários[1] para serem respondidos e devolvidos nas suas sessões individuais, que serão as próximas duas sessões.

Nessas sessões individuais, respectivamente a segunda e terceira sessão do processo, o terapeuta explora as preocupações e entende os problemas que cercam

[1] Questionário de Casal (Christensen, 2009), Frequência e aceitabilidade do comportamento do parceiro (Christensen & Jacobson, 1997; Doss & Christensen, 2006), Questionário de áreas problemáticas (Heavey, Christensen & Malamuth, 1995) e Questionário Semanal (Christensen, 2010).

a vida a dois sob a perspectiva de cada um, assim como investiga sobre a família primária e busca informação a respeito do nível de compromentimento com o outro e com a relação. Na quarta sessão, o terapeuta programa com o casal uma nova sessão conjunta e nesse momento constrói a "sessão de *feedback*" (devolução da formulação de caso e contrato terapêutico). O termo construir aqui faz alusão ao fato de que nesse momento o terapeuta discute a formulação de caso com o casal, tentando confirmar e comprovar com ambos suas hipóteses, refinar suas análises, explicar como se dará o tratamento e, principalmente, definir junto com o casal os objetivos que serão propostos para alcançar ganhos clínicos. A formulação é elaborada considerando tanto as informações coletadas pelo relato verbal do casal quanto dos dados obtidos por meio dos questionários previamente preenchidos por eles.

Diante do que foi discutido com o casal na sessão de devolução da formulação de caso, técnicas e estratégias de intervenções são programadas e aplicadas à medida que o vínculo com o casal vai sendo construído (Jacobson & Christensen, 1998).

ESTRATÉGIAS DE ACEITAÇÃO E TOLERÂNCIA

As estratégias de aceitação são denominadas *união empática* e *distanciamento unificado* (Jacobson e Christensen, 1998) e são compreendidas como ferramentas capazes de transformar problemas em um possível caminho para a intimidade (Dimidjian, Martell & Christensen, 2008). Ainda dentro das estratégias de aceitação estão as estratégias de tolerância, que são divididas em outro grupo maior de estratégias. As estratégias de tolerância, são vistas dentro de um nível diferente de aceitação, já que o recomendado é que sejam colocadas em prática pelo terapeuta quando as estratégias de aceitação não alcançarem o resultado esperado. As estratégias de tolerância são: *reênfase positiva, dramatizações e ensaios comportamentais, simular os problemas em casa e a prática de autocuidado* (Christensen et al., 2014). Essas estratégias visam a fazer os pares desistirem da luta para tentar mudar o outro, interação muito comum e fácil de ser percebida no repertório comportamental de casais em crise (Cordova e Jacobson, 1999).

O objetivo dessas estratégias de tolerância é que, se a aceitação não puder ser alcançada, que pelo menos possa ser tolerável[2] o comportamento indesejado do(a) parceiro(a) (Cordova & Jacobson, 1999). Isso porque, ao se relacionar,

---

[2] Vale ressaltar que os autores da IBCT (Jacobson & Christensen, 1998) destacam que violência, agressão e maus-tratos não são classes de comportamentos a serem tolerados, devendo fazer parte do acordo de terapia a supressão desses comportamentos como condição para a continuidade do tratamento. Recomenda-se que o terapeuta faça junto com o casal a análise funcional desses comportamentos para produzir uma maior compreensão dos impactos dessas interações na intimidade.

parceiros viverão situações desconfortáveis e serão expostos a comportamentos que os desagradam. Na edição revisada do livro *Diferenças reconciliáveis*, Andrew Christensen inicia o prefácio afirmando:

> Não importa o quanto temos em comum com aquele que amamos, cada um de nós permanece um ser humano único. E não importa o quanto nos amamos, as diferenças entre nós acabarão por causar conflito (2018, p. 13).

Intimidade trata-se de um arranjo de contingências complexo, em que diferenças irão emergir podendo ser fonte de exposição a comportamentos aversivos. Um padrão comum nos casais em crise é o de evitar o contato com tais comportamentos. Dessa forma, as estratégias de tolerância podem ser compreendidas como bloqueio de esquiva às exposições aversivas, uma vez que o terapeuta deve criar um contexto seguro para ajudar os membros de uma díade a se aproximarem de tais comportamentos com o objetivo de promover dessensibilização e desenvolver empatia. Vale ressaltar que são movimentos a serem conduzidos pelo terapeuta de forma cuidadosa, permitindo inclusive que, se os aversivos forem "insuportáveis", o(a) parceiro(a) possa "escapar" ou evitar esse contato e fazer novas tentativas em momentos de menor vulnerabilidade (Christensen, Wheeler & Jacobson, 2009).

A seguir, será apresentada cada uma dessas estratégias.

UNIÃO EMPÁTICA

Consiste em os parceiros aprenderem a expressar seus desconfortos ou angústias de uma forma que não inclua acusação (Christensen, Wheeler & Jacobson, 2009). Uma maneira de fomentar aceitação nessa estratégia é colocar cada parceiro em contato com a história de reforçamento um do outro, contextualizando o comportamento-problema dentro da formulação de caso feita, assim possibilitando uma nova compreensão da experiência. A ideia é que os pares parem de se culpar pelo seu mal-estar emocional e comecem a se "colocar no lugar do outro" de modo a entender que determinado comportamento é derivado de uma história de aprendizagem pregressa, inclusive anterior ao relacionamento. É frequente na condução dessa estratégia vermos parceiros compartilharem sentimentos que nunca tinham compartilhado antes, e isso, em casais privados de interações amenas, favorece a construção de "pontes" para conexões/uniões mais empáticas.

Intervenções feitas usando essa estratégia podem ajudar o casal a discriminar suas emoções e observar o impacto do seu comportamento no(a) parceiro(a). Esse é um formato que pode favorecer descrições mais leves da experiência emocional porque, ao conseguir falar de determinado problema sem cair em acusações, aumenta-se a probabilidade de construir uma audiência mútua menos punitiva. Os autores falam de modificar expressões, mudando a forma das descrições de "emoções duras" para "emoções suaves", ou seja, de uma interação intensa para uma mais branda. O caminho proposto para suavizar as emoções é representado por uma equação que é tida como uma mantra na IBCT: *dor + acusação = conflito vs. dor - acusação = aceitação* (Jacobson & Christensen, 1998; Christensen et al., 2014).

DISTANCIAMENTO UNIFICADO

Essa é uma estratégia orientada para ajudar os dois parceiros a se distanciarem de seus conflitos e argumentos promovendo uma análise intelectual do problema de modo a favorecer a prevalência de diálogos descritivos e imparciais entre o casal (Dimidjian, Martell & Christensen, 2008). O termo unificado aqui faz alusão ao casal estar junto em prol de sanar um problema na relação. Por exemplo: "temos um problema sobre seu uso abusivo de bebidas alcoólicas e precisamos resolver" ou "temos que avaliar como sanar as dívidas que você fez" ou ainda "temos que sentar e tentar entender seu problema de ejaculação precoce" são formas de comunicação que em vez de serem o problema de um, passam a ser *o* problema do casal no qual ambos decidem assumir a responsabilidade de enfrentar juntos (Jacobson & Christensen, 1998).

Na estratégia de distanciamento unificado, o uso de metáforas, imagens e práticas de atenção plena na sessão podem ser meios para construir nova tomada de perspectiva no casal, favorecendo um outro olhar sobre as contingências em vigor, ou seja, o casal pode conseguir falar do problema sem cair nas mesmas discussões ou sem se evocar os mesmos respondentes do tema de conflito.

REÊNFASE POSITIVA

Refere-se a uma estratégia que constrói tolerância destacando aspectos positivos naquele comportamento que parece ser só ruim, ou seja, é fazer o casal tentar enxergar algo de bom em situações que parecem ser só negativas. Por exemplo, vamos imaginar um casal em terapia que diverge muito quanto às questões financeiras e gatilhos para brigas são acionados quando o assunto em vigor envolve a forma como o dinheiro deve ser usado. Para a esposa, dinheiro não é algo para se guardar e frases como "*nunca se sabe se estaremos vivos amanhã*" são usadas como argumentos durante discussões sobre viagens, lazer etc. No entanto, o marido acredita que dinheiro deve ser usado com "parcimônia", que "*quem economiza sempre tem e não passa sufoco no futuro*". Essas perspectivas tão diferentes são motivos constantes de brigas. Aspectos positivos possíveis poderiam ser que o marido, ao planejar com segurança, está ampliando a sensação de conforto de ambos e a esposa pode estar ensinando uma forma mais leve de eles viverem. De um modo geral, essa estratégia pode ajudar casais a discriminarem que diferença de opinião ou divergência de perspectiva sobre um determinado assunto é um caminho para ambos tatearem novas e mais alternativas para uma intimidade saudável.

DRAMATIZAÇÕES E ENSAIOS COMPORTAMENTAIS

Nessa estratégia, a ideia central é fazer o casal apresentar uma situação-problema pela simulação desse conflito na sessão. Na condução dessa estratégia, o importante é convidar o(a) parceiro(a) a visitar os sentimentos que serão evocados na simulação, provocar o casal a tentar notar os pensamentos que os invadem, sugerir que eles reflitam sobre o que poderia ter sido feito de diferente e propor até que eles se comportem dessa forma diferente pra ver o que aconteceria. Uma dica aqui seriam simulações com troca de papéis ou até cenas em que o terapeuta sugerisse um "roteiro" alternativo com o objetivo de diminuir a carga emocional de determinada situação vivida pelo casal.

A simulação de problemas também é uma estratégia que pode acontecer no ambiente natural de interação do casal, ou seja, em casa. O terapeuta orienta que um dos parceiros simule se comportar da forma que foi apresentada como queixa na sessão em sua casa quando não estiver no contexto da situação-problema. Essa é uma estratégia proposta com a finalidade de ampliar a observação sobre si e sobre o outro e, desse modo, produzir uma interação na qual quem simula faça isso atento para notar como o outro reage ao seu comportamento e também como ele mesmo lida com a situação. A ideia é realizar isso e tentar se manter atento ao momento presente, percebendo tanto os comportamentos verbais quanto os não verbais emitidos por ambos. Depois de realizada a simulação, o(a) parceiro(a) deve ser informado(a) que a situação foi criada de forma intencional e com um propósito, dividindo com o outro o que foi observado da experiência. Essa pode ser uma forma de o casal aprender a lidar com algumas das suas questões, assim como lidar com possíveis recaídas.

PRÁTICA DE AUTOCUIDADO

Essa prática propõe-se, basicamente, a promover tolerância por meio do autocuidado. Um exemplo claro disso seria terapia individual. É necessário que os parceiros entendam que não é responsabilidade do outro atender a todas as suas expectativas e abastecer todas as suas necessidades (Christensen et al., 2014). Colocar-se em um papel ativo no que se refere a cuidar de si pode ser considerado demonstração de afeto e cuidado, uma vez que à medida que se dedica a isso se evita sobrecarregar no(a) parceiro(a) (Cordova & Jacobson, 1999).

ESTRATÉGIAS DE MUDANÇA

É importante ressaltar que as estratégias de mudança não são diferentes daquelas do modelo tradicional propostas por Jacobson e Margolin (1979): treinamento de habilidades de resolução de problemas e treinamento de habilidades de comunicação. São estratégias que visam a ensinar o casal a lidar com algumas situações de divergências já conhecidas, podendo inclusive auxiliá-los a conduzir de forma mais competente novas situações de conflitos.

O treinamento de habilidade de comunicação visa a melhorar a comunicação por meio de prática orientada pelo terapeuta. Nesse caso, o casal será treinado a falar de alguns temas delicados na sessão. Somente após adquiridos repertórios mínimos generalizarão para outros ambientes. Exemplos de intervenções para desenvolver esses repertórios são: escutar com atenção; parafrasear; esclarecer em vez de cair em suposições (Vandenberghe, 2016).

O treinamento de habilidades de resolução de problemas busca primeiramente ajudar o casal a definir o problema. Essa estratégia visa a ampliar a capacidade do casal em ler funcionalmente e contextualmente a contigência em que estão inseridos quando experimentam uma situação de conflito. A partir de uma definicação mais clara do problema o terapeuta pode intervir ajudando o casal na sessão a falar sobre o problema de outra forma, com foco nos próprios sentimentos (Vandenberghe, 2016).

CONCLUSÃO

A IBCT é um modelo teórico que já produziu evidências de pesquisas que demostraram maior efetividade desse modelo em detrimento de outras intervenções com casais (Christensen et al., 2014). A evidência empírica realmente sólida dessa terapia foi publicada em abril de 2010 no *Journal of Consulting and Clinical Psychology*. Nessa publicação, Christensen et al. (2010) apresentaram os resultados de um estudo com 134 casais que haviam seguido o tratamento com a TBCT ou com a IBCT. As avaliações desse estudo demonstraram que, ao longo dos dois primeiros anos de seguimento, os casais que receberam IBCT mostraram uma manutenção da mudança maior do que os casais que receberam intervenções apoiadas nos modelos tradicionais.

Em um processo terapêutico, mesmo que ainda não seja possível aplicar todas as estratégias propostas pelos autores, ainda assim as intervenções vistas neste capítulo podem ser válidas e úteis para muitos terapeutas de casal que querem meios de minimizar desavenças destrutivas. A aceitação proposta como intervenção pelos autores desse modelo tem sido fundamental nos modelos das terapias de terceira geração (Hayes, 2004) e, por isso, terapeutas comportamentais contextuais, com interesse na área de casal, certamente podem se apropriar desses conhecimentos para aumentar as chances do êxito de um processo clínico, diante do desafio que é ajudar pares a construir vínculos duradouros e de qualidade.

REFERÊNCIAS

Christensen A, Atkins DC, Baucom B, Yi J. Marital status and satisfaction five years following a randomized clinical trial comparing traditional versus integrative behavioral couple therapy. Journal of Consulting and Clinical Psychology. 2010;78: 225-35.

Christensen A. Couple Questionnaire. Los Angeles: Univertity of Califórnia; 2009.

Christensen, A. Weekly Questionnaire. Los Angeles: Univertity of Califórnia; 2010.

Christensen A, Wheeler JG, Jacobson NS. Problemas do casal. In: Barlow DH et al., organizadores. Manual clínico dos transtornos psicológicos: tratamento passo a passo. Porto Alegre: Artmed; 2009. p. 662-88.

Christensen A, Wheeler JG, Doss BD, Jacobson NS. Couple distress. In: Barlow DH, organizador. Clinical handbook of psychological disorders: a step-by-step treatment manual. New York: Guilford Press; 2014.

Christensen A, Doss BD, Jacobson NS. Diferenças reconciliáveis: reconstruindo seu relacionamento ao redescobrir o parceiro que você ama, sem se perder. 2. ed. Novo Hamburgo: Sinopsys; 2018.

Christensen A, Doss BD, Jacobson NS. Integrative behavioral couple therapy: a therapist's guide to creating acceptance and change. New York: WW Norton & Company; 2020.

Christensen A, Jacobson NS.. Frequency and Acceptability of partner behavior inventory. Los Angeles: Univertity of Califórnia; 1997.

Cordova JV, Jacobson NS. Crise de casais. In: Barlow DH, organizador. Manual clínico dos transtornos psicológicos. Porto Alegre: Artmed; 1999. p. 535-67.

Dimidjian S, Martell CR, Christensen A. Clinical handbook of couple therapy. New York: Guilford Press; 2008.

Doss BD, Christensen A. Acceptance in romantic relationships: the frequency and acceptability of partner behavior inventory. Psychological Assessment. 2006;18(3):289-302.

Hayes SC. Acceptance and commitment therapy, relational frame theory, and the third wave of behavior therapy. Behavior Therapy. 2004;35(4):639-65.

Heavey CL, Christensen A, Malamuth NM. The longitudinal impact of demand and withdrawal during marital conflict. Journal of Consulting and Clinical Psychology. 1995;63(5):797–801.

Jacobson NS. A component analysis of behavioral marital therapy: the relative effectiveness of behavior exchange and communication/problem-solving training. Journal of Consulting and Clinical Psychology. 1984;52(2):295.

Jacobson NS, Christensen A. Acceptance and change in couple therapy: a therapist's guide to transforming relationships. New York: WW Norton; 1998.

Jacobson NS, Margolin, G. Marital therapy: strategies based on social learning and behavior exchange principles. New York: Brunner/Mazel; 1979.

Vandenberghe L. Terapia comportamental integrativa de casais. In: Lucena-Santos P, Pinto-Gouveia J, Oliveira MS, organizadores. Terapias comportamentais de terceira geração: guia para profissionais. Novo Hamburgo: Sinopsys; 2016. p. 506-26.

Construindo uma história sobre diferenças: formulação de caso na IBCT

Mateus de Mattos Souza
Felipe Melo Souza Santos

I wasn't there when you needed me | You never let me in your life | I didn't say what bothered me | You sure said more than that | The silence that followed didn't do us any good (...) | The reasons that I loved you | Are the ones that made me go.

Canção 'Uncomfortably Numb', do grupo sueco Graveyard[1]

DO CONFLITO À ANÁLISE DO CASO

Quando um casal está em conflito há algum tempo e percebe que à medida que o tempo passou a relação foi se esvaziando de sentido e se tornando desagradável, é possível que os parceiros resolvam buscar ajuda profissional. Infelizmente, é frequente que essa busca ocorra após terem aprendido formas cada vez mais ineficazes de resolver o conflito entre eles. É possível que tenham buscado conselhos de amigos e familiares, ajuda de palestrantes ou influenciadores famosos, ou mesmo que tenham se engajado na leitura de livros que prometem resoluções milagrosas. A perspectiva de ambos os parceiros parece simples: "se conseguirmos resolver os nossos problemas, a relação vai funcionar".

Sabemos que isso é verdadeiro. Entretanto, em muitos casos, a diferença entre um casal satisfeito com o relacionamento e um casal preso em um padrão destrutivo de conflito é que o segundo utiliza estratégias de resolução de conflitos que enfatizam as diferenças entre os parceiros como problemáticas, por meio de comportamentos que visam a culpabilizar e responsabilizar o outro por "tudo o

[1] Eu não estava lá por você quando você precisou de mim | Você nunca me permitiu entrar em sua vida | Eu não te dizia o que me incomodava | Você disse muito mais do que isso | E o silêncio que se seguiu não nos fez nenhum bem | (...) | As razões que me fizeram te amar | São as mesmas que me fizeram ir embora.

que há de errado". Nessa armadilha, os parceiros ficam cada vez mais convencidos de que a resolução do conflito se dará quando um ou outro "perceber que está errado e mudar suas atitudes". Com cada parceiro cada vez mais convencido dessas razões que supostamente são a causa do problema – isto é, cada vez mais polarizados –, a incompatibilidade cresce e aumenta o abismo entre o casal. O desenvolvimento dessa polarização envolve com frequência um contexto de transformação dolorosa. Os elementos que no início do relacionamento foram fonte de atração mútua nos parceiros tornam-se fonte de aversão e subsequente distanciamento e alienação. Infelizmente, porém, isso não é percebido pelo casal (Christensen et al., 2014, Christensen, Doss & Jacobson, 2020).

O analista do comportamento clínico que utiliza o modelo da Terapia Comportamental Integrativa de Casais (do inglês, *Integrative Behavioral Couple Therapy* – IBCT) para atuar com casais está ciente desse processo, e o descreve por meio de uma análise funcional dos repertórios em relação. Mais do que isso, o produto dessa análise é uma formulação de caso que é um elemento necessário a todo o processo terapêutico. É a partir da formulação de caso que o terapeuta pode responder à seguinte pergunta norteadora: quais são as diferenças do casal, e o que *ambos* fazem para transformar essas diferenças em uma incompatibilidade? Sem essa contextualização, a terapia se torna uma atividade pouco frutífera, e o terapeuta se verá sem as ferramentas necessárias para transformar esses parceiros de tal modo que sejam capazes de resolver o conflito com autonomia (Jacobson & Christensen, 1996; Vandenberghe, 2016).

A centralidade da formulação de caso na IBCT é notável nas obras mais importantes dessa abordagem (p. ex., Jacobson & Christensen, 1996; Christensen et al., 2014; Christensen et al., 2015; Christensen, Doss & Jacobson, 2020). Segundo os autores da IBCT, uma boa formulação tem dois objetivos centrais: é uma base para uma nova compreensão sobre os conflitos que mobilizam o casal em terapia; é também um guia dinâmico para todas as sessões subsequentes à sessão de *feedback* (Jacobson & Christensen, 1996, p. 59).

Em que consiste a formulação de caso da IBCT? A formulação de caso é essencialmente uma nova maneira de narrar a história dos sujeitos em uma relação. Essa história será construída, *grosso modo*, com as respostas às seguintes perguntas:

- Quais são as diferenças desse casal em termos de repertórios comportamentais?
- Como essas diferenças podem ser compreendidas a partir das diferentes histórias familiares e de relacionamentos prévios?
- Quais são as vulnerabilidades emocionais de cada um nessa relação e quando elas ficam mais aparentes e sensíveis no relacionamento?
- Existem eventos que marcam o início dos conflitos mais acirrados?

- Como entender a ineficácia das estratégias empregadas pelo casal nas tentativas de resolução desses conflitos?

A IBCT é estruturada de forma a prover o terapeuta com informações relevantes para a construção dessa narrativa ao longo das primeiras sessões. Por essa razão, as sessões iniciais são apresentadas pelo clínico como sessões de *avaliação*. Se as condições necessárias para o início da terapia forem atendidas, o terapeuta organizará esse conjunto de informações obtidas nessas sessões em uma *formulação de caso*, e a apresentará para o casal na *sessão de feedback* (Christensen, Doss & Jacobson, 2020).

Neste capítulo, buscaremos apesentar os norteadores de uma boa formulação, bem como os meios de alcançá-la. Apresentaremos, então, uma formulação de caso clínico articulando seus elementos no modelo proposto pelos idealizadores da IBCT (i. e., Neil Jacobson e Andrew Christensen). Por fim, discutiremos brevemente os limites da formulação de caso na IBCT e algumas propostas para o desenvolvimento da abordagem.

A HISTÓRIA DA FORMULAÇÃO DE CASO NA IBCT

A Terapia Integrativa Comportamental de Casais (Christensen et al., 1995; Jacobson & Christensen, 1996) é um modelo psicoterápico para casais que partiu das bases da terapia tradicional comportamental de casais (TBCT), chamada de terapia conjugal (Jacobson & Margolin,1979). A TBCT enfatizava mudanças comportamentais e treino de comunicação e resolução de problemas nos parceiros (Jacobson & Margolin, 1979; Chapman & Compton, 2003; Vandenberghe, 2016). No final da década de 1980, pesquisadores e praticantes da terapia conjugal voltaram seus esforços para compreender alguns resultados desanimadores da proposta: aproximadamente um terço dos clientes, apesar de se beneficiarem da terapia em curto prazo, tinham reincidência dos problemas após o fim da terapia (Jacobson, 1992; Jacobson & Addis, 1993; Roddy et al., 2016). Este foi o caso especialmente entre quatro grupos de pares: os casais com estilos de relacionamento cujos papéis de gênero são muito tradicionais; os casais com níveis de conflito mais severos; os casais mais velhos; e os casais emocionalmente desengajados e/ou os polarizados a um nível em que se percebem como incompatíveis (Jacobson & Christensen, 1996).

Duas razões podem ser apontadas como centrais para a pouca retenção dos ganhos obtidos em terapia: a não utilização de estratégias de aceitação emocional (Martell & Atkins, 2006; South et al., 2010) e a ausência da análise funcional (Briggs et al., 2015). A pouca aceitação não permitia aos clientes aprender a lidar com o que sentiam nos conflitos do relacionamento, e a ausência da análise funcional dos repertórios idiossincráticos ali em interação criava uma barreira para que o terapeuta articulasse uma formulação contextualmente sensível que permitiria ao casal lidar um com o outro após o fim da terapia.

A formulação de caso, "o princípio organizador" da IBCT, permite que tanto o clínico quanto o casal experienciem aceitação e mudança por meio de uma análise funcional da relação proposta como uma narrativa orientadora. A importância dessa formulação é tal que os autores argumentam que: "se alguém fosse descrever o objetivo da terapia integrativa de casais em apenas uma frase, esta frase seria 'fazer com que os casais adotem nossa formulação'" (Jacobson & Christensen, 1996, p. 41).

Com a adoção da aceitação e da análise funcional na sistematização dessa abordagem, a terapia comportamental de casais passa se chamar terapia *integrativa* comportamental de casais, por *integrar* estratégias de mudança, enfatizadas no modelo tradicional a estratégias de aceitação emocional, características das abordagens contextuais (Jacobson, 1992). A IBCT tem se destacado como uma abordagem terapêutica de casais em que os ganhos no relacionamento são mantidos mesmo após o encerramento do processo psicoterápico (Christensen et al., 2010; Baucom et al., 2011; Baucom et al., 2015).

OBJETIVOS DA FORMULAÇÃO DE CASO CLÍNICO NA IBCT

Ainda que a IBCT tenha se firmado como uma abordagem efetiva na terapia clínica de casal, seus objetivos gerais não parecem estar tão bem definidos na literatura especializada. Parte dela sugere que o objetivo da IBCT é aumentar a satisfação do casal (p. ex., Christensen et al., 2010) ou ensiná-lo a administrar os conflitos que surgirão entre eles (Christensen, Doss & Jacobson, 2020). Essa ausência de delimitação específica no corpo da teoria da IBCT, entretanto, parece se justificar pelo fato de que as principais produções têm como meta, de modo geral, auxiliar a capacitação dos(das) terapeutas (p. ex., Jacobson & Christensen, 1996; Christensen et al., 2015; Christensen, Doss & Jacobson, 2020) ou ensinar o próprio casal a administrar seus conflitos (p. ex., Christensen et al., 2014). Uma reflexão mais rigorosa sobre os princípios teóricos da IBCT capaz de dialogar com a pesquisa básica e a pesquisa teórica na análise do comportamento clínica, sobretudo no campo da normatividade clínica (p. ex., Ferreira & Souza, 2019), ainda está por ser feita. Por essa razão, os objetivos *específicos* visados pela formulação de caso poderão, em pesquisas posteriores, ser mais bem discutidos no contexto da reflexão sobre os objetivos gerais da IBCT (Ferreira et al., 2017).

Destarte, os objetivos *da formulação de caso* podem ser bem delimitados. Entende-se aqui que a formulação de caso do casal é um *procedimento* para promover *desfusão cognitiva* e *aceitação*, isto é, a formulação, ao recontextualizar a história do casal e os episódios de conflito, visa a efetuar alterações no controle por estímulos de ambos os parceiros para que estes desenvolvam um repertório de flexibilidade psicológica. Em um relacionamento conjugal, isso implica que o casal poderá se engajar em uma narrativa que reduz a primazia do controle verbal, a qual pode enfraquecer a regulação de pensamentos e sentimentos rígidos como fontes de controle sobre as interações (Assaz et al., 2018).

Podemos desenvolver os objetivos de uma formulação útil em dois grandes eixos: a) ela deve ser uma narrativa persuasiva e capaz de emoldurar as queixas dos parceiros envolvidos no relacionamento em termos de *diferenças* e não de *problemas a serem resolvidos*; e b) ela deve ser apresentada de modo claro e acessível para o casal, devendo ser objetiva o suficiente para que possa ser consultada sessão a sessão (Christensen, 2010; Christensen, Doss & Jacobson, 2020). O uso da formulação é, em si mesmo, capaz de promover um contexto para o desenvolvimento do repertório de flexibilidade psicológica no casal, tanto no andamento das sessões de psicoterapia quanto no dia a dia do relacionamento. De modo geral, a formulação de uma boa *narrativa funcional* é, por si mesma, uma forma de intervenção e não só uma avaliação (p. ex., Cox & McAdams, 2014; Slotter & Ward, 2014).

A FORMULAÇÃO

A construção de uma narrativa temática e profunda

A estrutura da IBCT separa explicitamente a terapia em períodos de avaliação e de intervenção posterior (Jacobson e Christensen, 1996; Christensen, Doss & Jacobson, 2020). É importante salientar ao(à) leitor(a) que a IBCT é uma terapia baseada em princípios, tal como descrito anteriormente, e, portanto, "não fornece receitas de tratamento, procedimentos passo-a-passo para cada sessão ou fluxogramas elaborados, tampouco árvores de tomada de decisão sobre o que fazer e quando" (Christensen, Doss & Jacobson, prefácio). Apesar de a separação entre avaliação e intervenção serem explícitas e conterem elementos *necessários* para o bom funcionamento da atuação terapêutica, os contextos norte-americano e brasileiro de treinamento em psicoterapia comportamental são distintos (p. ex., Vandenberghe, 2011; Leonardi, 2015). É uma característica dos manuais de psicoterapia norte-americanos, inclusive os da IBCT[2], a sugestão da utilização de inventários padronizados no momento da avaliação (Leonardi, 2016).

[2] A Terapia Integrativa Comportamental de Casais, após sua introdução em manuais gerais de terapias de casais, teve sua prática manualizada em dois momentos, em 1996 (Jacobson & Christensen, 1996) e o mais recente, em 2020 (Christensen, Doss & Jacobson, 2020). A última versão traz grandes avanços à escrita do texto. Infelizmente, nenhuma das duas versões foi traduzida para o português

A tradição da Análise do Comportamento Clínica no Brasil já foi construída em torno de uma forte ênfase em análise funcional, permitindo ao terapeuta clínico uma maior liberdade na escolha quanto à utilização ou não desses instrumentos. Terapeutas comportamentais brasileiros costumam ser treinados a fazer avaliação funcional como parte integrante de sua capacitação enquanto terapeutas analítico-comportamentais (Vandenberghe, 2011), o que os distingue do cenário de treinamento de terapeutas comportamentais norte-americanos (Klepac et al., 2012). Sendo assim, o que se segue é uma sugestão *culturalmente sensível* de como aplicar esses princípios em uma prática clínica que mantenha a essência da IBCT.

No período de avaliação, o(a) terapeuta se encontra com o casal em quatro sessões: uma *entrevista inicial*, *duas entrevistas individuais* e uma sessão de *feedback*. Na sessão de *feedback*, a avaliação se encerra com a apresentação de um plano de tratamento. Nessa sessão, a formulação de caso é apresentada e discutida com o casal de modo que eles possam intervir quando não se sintam por ela representados; o papel da formulação nas sessões subsequentes é discutido, e o casal poderá decidir se deseja prosseguir com a terapia.

A *entrevista inicial* tem por objetivo permitir ao terapeuta aprender com o casal sobre como ocorrem os principais problemas e o contexto em que ocorrem (i. e., primeiros passos para uma análise funcional *molecular*) e a história do relacionamento, o que é o primeiro passo para uma análise funcional *molar* do casal. Nela o terapeuta começa a fazer uma análise do tema (i. e., classes amplas de comportamentos de conflito), bem como se informa da história do relacionamento e o que os atraiu no início da relação (i. e., o que, exatamente, era reforçador e se tornou aversivo ao longo do tempo). É também explicada a estrutura de funcionamento da terapia (Jacobson & Christensen, 1996). Na primeira sessão, o casal frequentemente deseja discutir os problemas do relacionamento e motivos que os levaram à busca de ajuda. O terapeuta IBCT buscará nesse primeiro momento validar o sofrimento do casal, contudo, deve conduzir gentilmente a sessão para a história do relacionamento. Se for preciso, poderá assegurar ao casal que eles terão uma oportunidade de apresentar suas razões para os conflitos nas sessões individuais.

Após a entrevista inicial, realiza-se uma entrevista individual com cada membro do casal para o prosseguimento da investigação dos problemas atuais e o contexto em que ocorrem, bem como apreensão de alguns elementos importantes da história de vida familiar de relacionamentos prévios de cada cônjuge. O foco deverá ser compreender os principais gatilhos e sensibilidades emocionais que alimentam o conflito entre eles. Além disso, esse momento é útil para que o terapeuta possa avaliar o grau de comprometimento de cada parceiro com a relação e sua melhoria ou, pelo menos, se está dependendo do resultado da terapia para tomar uma decisão sobre continuar ou não o relacionamento. Os autores deixam explícito que a IBCT *não* é um modelo psicoterápico para casais que querem se separar (Christensen et al., 2020). Ademais, essas entrevistas visam a avaliar a presença de infidelidade e violência doméstica, que são dois alertas vermelhos para o andamento da terapia. Em verdade, a IBCT é contraindicada e pode, inclusive, ser iatrogênica nesses casos (Christensen et al., 2015; Christensen, Doss & Jacobson, 2020).

A partir das informações coletadas, o terapeuta constrói a narrativa histórico-funcional do casal, que é a formulação de caso *de facto*, chamada de uma análise DEEP[3]. Nela, o terapeuta sistematiza uma história do relacionamento do casal, suas principais **D**iferenças de personalidade (i. e., repertórios individuais frutos de suas histórias filogenéticas, ontogenéticas e culturais), suas sensibilidades **E**mocionais (i. e., pontos sensíveis e traumas que mobilizam comportamentos impulsivos e/ou reativos), seus estressores **E**xternos (i. e., o contexto atual do casal que fortalece ou ajuda a produzir o padrão de interação destrutivo) e seu **P**adrão de interação (i. e., a contingência entrelaçada inflexível). Esses quatro elementos produzem o acrônimo DEEP (Christensen et al., 2014).

Além disso, o terapeuta descreve o tema do casal, que é o grande motivador do conflito (p. ex., diferenças na forma como lidam com a organização da casa, dinheiro ou educação dos filhos; suas necessidades distintas por intimidade *vs.* independência; ou qualquer outro tema amplo o suficiente para mobilizar conflitos), as forças e pontos fortes (i. e., o que ainda é reforçador e o que o casal ainda tem como repertório flexível e adaptativo que pode servir de base para a modificação dos padrões de interação) e a *armadilha mútua*, um produto que é o efeito da repetição dos padrões de interação ao longo da história do casal, cujo efeito frequentemente envolve sentimentos de desesperança e desencorajamento quanto ao sucesso da relação (Christensen et al., 2015).

É importante alertar que parte do papel do terapeuta de casais é ser aberto e honesto quanto às informações descobertas na avaliação. Caso o terapeuta tenha motivos para acreditar que um casal em específico não se beneficiará da terapia, por qualquer motivo que seja (p. ex., um dos parceiros não está comprometido com a relação e quer se divorciar, um dos parceiros está tendo um caso e não tem interesse em encerrá-lo), é dever do terapeuta dizer isso na sessão de *feedback* e recusar o prosseguimento da terapia para o período de intervenção, sendo eticamente cuidadoso nesse processo, podendo recomendar passos alternativos – como terapia individual para os parceiros (Christensen, Doss & Jacobson, 2020). Os autores da IBCT recomendam que as perguntas relativas

[3] *Deep* significa profundo(a) em inglês.

a violência e traição em curso sejam feitas antes da sessão de *feedback*. Caso a terapia não seja recomendada, o terapeuta explicará os motivos e fará os encaminhamentos necessários[4].

EXEMPLO DE FORMULAÇÃO

A questão central que perturba o relacionamento de Marcos e Angela se dá no âmbito dos estilos de parentalidade e pode ser expressa como Autonomia x Pertencimento (i. e., este é o tema, primeiro elemento da formulação de caso). O casal tem dois filhos, um menino de 4 anos e uma menina de 2. As discussões sobre a criação dos filhos sempre foi um motivo de conflito no relacionamento, mas se intensificaram quando Carlos, o menino, passou a frequentar a escola (i. e., identificação de uma barreira externa, elemento que intensifica as diferenças). Angela avalia que Marcos é um pai negligente: observa pouco os filhos no dia a dia, nunca se atenta às rotinas alimentares e, segundo ela, não se interessa pela recente inserção do filho na escola. Marcos, por sua vez, crê que Angela é excessivamente protetora e tem tornado o filho cada vez mais dependente dela. Ele acredita que o controle e a proteção aumentaram muito após a entrada de Carlos na escola, quando avalia que Angela acompanha em demasiado a rotina escolar de Carlos, não se atentando para os outros domínios da vida do casal e da família.

De acordo com a análise de contingências históricas do casal, podemos descrever o relacionamento em termos de diferenças. Uma diferença fundamental entre o casal, e que contribui para que os conflitos ocorram em torno desse tema, pode ser mais bem entendida a partir das histórias da família de origem de cada um. Angela vem de uma família de mulheres. Sendo a mais velha de três irmãs, sempre foi muito unida e atuante na vida de suas irmãs mais novas. Seus pais, vindos do interior para a capital, sempre valorizaram o seio da família como um ambiente seguro diante dos desafios da vida, e sua história familiar é marcada

---

[4] Nas sessões individuais, socializamos os parceiros de que, apesar de estarem em um momento a sós com o terapeuta, as informações coletadas ali dizem respeito à formulação do casal, visto que o terapeuta não é aliado de nenhum dos dois parceiros em particular, mas do casal como um todo. Caso um dos parceiros traga um tema especialmente sensível, como é o caso da infidelidade acontecendo em paralelo com a terapia de casal, e peça ao terapeuta que não revele isso para o parceiro na sessão de *feedback*, é nosso papel encerrar a terapia sem fornecer informações para o parceiro que é vítima da infidelidade. Isso é especialmente importante porque em países como o Brasil mulheres ainda são assassinadas por seus parceiros por cometerem adultério, entre outras coisas. Para uma análise mais aprofundada dessas questões, recomendamos um brilhante texto escrito por Neil S. Jacobson (Jacobson, 1983) e os capítulos finais do último manual do terapeuta (Christensen, Doss & Jacobson, 2020).

por uma intensa proximidade entre os membros. Angela, em particular, aprendeu desde cedo a cuidar das irmãs mais novas e, mesmo adulta, acompanha de perto e com interesse a vida de sua família de origem. Marcos é o filho mais novo entre dois irmãos. Seu pai, militar de carreira, sempre defendeu que os filhos fossem educados para a autonomia e independência. Tendo crescido em diferentes lugares, por ocasião das transferências de seu pai, Marcos precisou aprender a "se virar" desde muito cedo e hoje, buscando uma carreira como diplomata, vê no seu desprendimento uma grande vantagem (as diferenças são apresentadas de modo descritivo e afirmadas em uma perspectiva positiva.)

Quando o casal briga, Angela exibe uma emoção superficial de irritação e raiva, mas, de forma oculta, sente-se frustrada e desamparada receando que Marcos não se importe realmente com ela e com as crianças. Marcos, por sua vez, age com aparente indiferença nas discussões, mas ocultamente sente-se humilhado por avaliar que Angela o vê como um pai irresponsável (i. e., as vulnerabilidades são descritas em termos de emoções superficiais e ocultas).

Com o ingresso de Carlos na escola, as discussões se tornaram mais e mais frequentes. As demandas familiares em um momento tão importante como o início da escola, somadas aos cuidados de uma bebê, têm estressado ainda mais a relação (i. e., descrição de mais uma barreira externa). Angela pensa que deve se voltar ainda mais para a família, e Marcos se sente decepcionado, pois esperava que a escola trouxesse um tempo "a mais" para outros objetivos familiares, como os estudos para seus projetos de carreira.

Os conflitos se intensificaram tanto que ambos se sentem muito afastados um do outro. Angela redobrou a atenção aos filhos tentando compensar o que avalia como uma ausência do marido e se dirige pouco a Marcos. Quando o faz, reclama de sua distância e desinteresse pela família. Marcos tem se fechado cada vez mais, e acredita que Angela vive numa bolha com os filhos, deixando-o de fora. Quando está em casa, receando discussões, volta-se para seus estudos e evita qualquer contato com Angela (i. e., a armadilha mútua e processo de polarização, elementos finais da formulação de caso). Ambos não partilham seus sentimentos mais ocultos, e há alguns meses deixaram de se relacionar sexualmente. É nesse contexto que resolvem buscar ajuda profissional.

CONCLUSÃO

A IBCT é uma terapia contextual que já nasce enfatizando o uso da análise funcional, e espera-se que a ilustração de caso acima formulada evidencie os elementos de uma análise que contextualiza o repertório do casal como função de suas contingências históricas. Isso permite ao terapeuta analítico-comportamental uma maior facilidade para adequar de modo culturalmente sensível o modelo à sua prática clínica com casais, esforçando-se para obter clareza dos processos subjacentes à terapia e respeitando as diferenças entre os parceiros em suas histórias de vida. A linguagem utilizada por esse modelo prioriza termos de nível médio e de fácil apreensão (p. ex., tema, armadilha mútua, o modelo DEEP), o que facilita a comunicação com os casais e permite aos clientes compreenderem a si mesmos e a seus parceiros no que diz respeito a suas histórias de vida, repertórios, reforçadores e aversivos de modo funcional – isto é, de modo que permita a eles ter uma relação satisfatória sem que eles precisem aprender sobre análise do comportamento.

Para o terapeuta (ou estudante) que está lendo este livro, uma nota. Talvez a questão mais central para os terapeutas IBCT seja esta: viver coisas que são verdadeiramente significativas, como é o caso de escolher viver relações amorosas, é uma tarefa virtualmente impossível sem algum grau de flexibilidade psicológica. No contexto da construção de um relacionamento, isso envolve desenvolver a capacidade de fazer o que é significativo, mesmo que os sentimentos e pensamentos presentes no momento pareçam sugerir uma direção diferente de ação, como frequentemente ocorre em um relacionamento. Isso vale tanto para o casal quanto para o terapeuta diante desse casal, que sentirá e pensará muitas coisas durante as sessões, tanto agradáveis quanto desagradáveis. Pode-se reconhecer a utilidade dessa afirmação quando os clientes (e terapeutas) desejam ser bons parceiros e precisam agir de modo amoroso mesmo que não estejam se sentindo especialmente com vontade de fazê-lo, por estarem sob controle de estresse derivado de trabalho externo e/ou doméstico (p. ex., tarefas domésticas, maternidade x paternidade), ou por conflitos provenientes da própria relação amorosa. Isso também é verdadeiro quando indivíduos se veem diante da opção de fazer algo que seja prazeroso, mas que não seja amoroso com o parceiro ou parceira, e decidem priorizar a relação.

Nenhum dos critérios eleitos ou descobertos como significativos para uma relação, como comprometimento ou intimidade (Santos, 2019), são repertórios fáceis de se desenvolver: em verdade, pode ser bastante custoso para os parceiros tomarem decisões em direção a serem mais comprometidos ou mais íntimos de seus pares, principalmente em curto prazo. O papel do terapeuta de casais é planejar contingências para que o desenvolvimento desses repertórios (i. e., ser íntimo, ser comprometido, ser flexível, comprometer-se em ser o parceiro que se deseja ser) possa acontecer em um ambiente relativamente seguro, no qual as pressões externas possam ser amenizadas, e um terapeuta habilidoso possa conduzir o casal a desenvolver suas capacidades de se relacionar de modo eficaz.

Parece que a clínica de casais, assim como a clínica individual, existe para auxiliar pessoas que provavelmente necessitam de ajuda extra para aprender a tomar decisões que as aproximem de viver vidas significativas. Combinações distintas de traços herdados biologicamente e histórias de aprendizagem socioculturais produzem pessoas diferentes, favorecendo o desenvolvimento de algumas habilidades em detrimento de outras. Assim, qualquer ser humano pode precisar de ajuda extra para conseguir viver qualquer coisa significativa. Os autores deste capítulo acreditam que no amor isso não poderia ser diferente.

REFERÊNCIAS

Assaz DA, Roche B, Kanter JW, Oshiro CKB. Cognitive defusion in acceptance and commitment therapy: what are the basic processes of change? The Psychological Record. 2018;68(4):405-18.

Baucom KJ, Baucom BR, Christensen A. Changes in dyadic communication during and after integrative and traditional behavioral couple therapy. Behaviour Research and Therapy. 2015;65:18-28.

Baucom KJ, Sevier M, Eldridge KA, Doss BD, Christensen A. Observed communication in couples two years after integrative and traditional behavioral couple therapy: outcome and link with five-year follow-up. Journal of Consulting and Clinical Psychology. 2011;79(5):565-76.

Briggs JG, Finley MA, Sprenkle DH. A substantive and methodological review of the integrative behavioral couple therapy research program: clinical implications for a research informed practice. Journal of Couple & Relationship Therapy. 2015;14(3):219-53.

Chapman AL, Compton JS. From traditional behavioral couple therapy to integrative behavioral couple therapy: new research directions. The Behavior Analyst Today. 2003;4(1):17-25.

Christensen A. A unified protocol for couple therapy. In: Hahlweg K., Grawe-Gerber M., Baucom D. H., editores. Enhancing couples: the shape of couple therapy to come. Cambridge: Hogrefe; 2010.

Christensen A, Atkins DC, Baucom B, Yi J. Marital status and satisfaction five years following a randomized clinical trial comparing traditional versus integrative behavioral couple therapy. Journal of Consulting and Clinical Psychology. 2010;78(2):225-35.

Christensen A, Dimidjian S, Martell CR. Integrative behavioral couple therapy. In: Clinical Handbook of Couple Therapy. 5. ed. The Guilford Press; 2015. p. 61-94.

Christensen A, Doss BD, Jacobson NS. Reconcilable differences: rebuild your relationship by rediscovering the partner you love–without losing yourself. New York: Guilford Publications; 2014.

Christensen A, Doss BD, Jacobson NS. Integrative behavioral couple therapy: a therapist's guide to creating acceptance and change. New York: WW Norton & Company; 2020.

Christensen A, Jacobson NS, Babcock JC. Integrative behavioral couple therapy. In N. S. Jacobson e A. S. Gurman (Eds.), Clinical handbook of marital therapy. 2.ed. New York: Guilford Press; 1995. p. 31-64.

Cox K, McAdams DP. Meaning making during high and low point life story episodes predicts emotion regulation two years later: how the past informs the future. Journal of Research in Personality. 2014;50:66-70.

Ferreira TA, Santos FMSS, Matos JPA, Moura MCBL, Rodrigues SS. Qual o objetivo da análise do comportamento clínica? Acta Comportamentalia. 2017;25(3):395-410.

Ferreira TA, Souza MD. Considerações éticas sobre a natureza das evidências nas terapias analítico-comportamentais. Perspectivas em Análise do Comportamento. 2019;10(01): 16-26.

Jacobson NS. Behavioral couple therapy: A new beginning. Behavior Therapy. 1992; 23(4): 493-506.

Jacobson NS. Beyond empiricism: the politics of marital therapy. The American Journal of Family Therapy. 1983;11(2):11-24.

Jacobson NS, Addis ME. Research on couples and couple therapy: what do we know? Where are we going? Journal of Consulting and Clinical Psychology. 1993;61(1):85-93.

Jacobson NS, Christensen A. Acceptance and change in couple therapy: a therapist's guide to transforming relationships. New York: Norton; 1996.

Jacobson NS, Christensen A, Prince SE, Cordova J, Eldridge K. Integrative behavioral couple therapy: an acceptance-based, promising new treatment for couple discord. Journal of Consulting and Clinical Psychology. 2000;68(2):351-5.

Jacobson NS, Margolin, G. Marital therapy: strategies based on social learning and behavior exchange principles. Psychology Press; 1979.

Klepac RK, Ronan GF, Andrasik F, Arnold KD, Belar CD, Berry SL, et al. Guidelines for cognitive behavioral training within doctoral psychology programs in the United States: report of the Inter-organizational Task Force on Cognitive and Behavioral Psychology Doctoral Education. Behavior Therapy. 2012;43(4):687-97.

Leonardi JL. O lugar da terapia analítico-comportamental no cenário internacional das terapias comportamentais: um panorama histórico. Perspectivas em Análise do Comportamento. 2015;6(2):119-31.

Leonardi JL. Prática baseada em evidências em psicologia e a eficácia da análise do comportamento clínica [tese]. São Paulo: Universidade de São Paulo; 2016.

Martell CR, Atkins D. Using acceptance in integrative behavioral couple therapy. Clinical Strategies for Becoming a Master Psychotherapist. 2006;239-59.

Nery LB, Fonseca FN. Análises funcionais moleculares e molares: um passo a passo. In: Teoria e formulação de casos em análise comportamental clínica. Porto Alegre: Artmed; 2018.

Roddy MK, Nowlan KM, Doss BD, Christensen A. Integrative behavioral couple therapy: Theoretical background, empirical research, and dissemination. Family Process. 2016;55(3):408-22.

Santos FMSS. Amor romântico, ideais e a satisfação nos relacionamentos amorosos [dissertação]. Salvador: Universidade Federal da Bahia; 2019.

Slotter EB, Ward DE. Finding the silver lining: the relative roles of redemptive narratives and cognitive reappraisal in individuals' emotional distress after the end of a romantic relationship. Journal of Social and Personal Relationships. 2014;32(6): 737-56.

South SC, Doss BD, Christensen A. Through the eyes of the beholder: the mediating role of relationship acceptance in the impact of partner behavior. Family Relations. 2010;59(5):611-22.

Vandenberghe L. Terceira onda e terapia analítico-comportamental: um casamento acertado ou companheiros de cama estranhos? Boletim Contexto ABPMC. 2011;34: 33-41.

Vandenberghe L. Terapia comportamental integrativa de casais. In: Lucena-Santos P, Pinto-Gouveia J, Oliveira MS, organizadores. Terapias comportamentais de terceira geração: guia para profissionais. Novo Hamburgo: Sinopsys; 2016. p. 506-26.

Compromisso e leveza: ilustração de caso clínico na Terapia Integrativa de Casais

Felipe Melo Souza Santos
Mateus de Mattos Souza

Quando um casal vivencia um conflito no relacionamento que é recorrente e não solucionado com os recursos habituais disponíveis, ele se depara com três opções: 1) terminar a relação; 2) manter a relação e buscar uma solução para os conflitos; ou 3) manter o relacionamento e persistir em estratégias inefetivas (Harris, 2009). Apesar da simplicidade que essas opções parecem resumir, uma quantidade significativa de casais se mantém juntos "fazendo coisas que pioram tudo" com o objetivo – e a crença – de que estão resolvendo ou "empurrando com a barriga". Essa terceira e trágica opção é uma das premissas mais centrais a ensejarem a proposta da Terapia Comportamental Integrativa de Casais (do inglês *Integrative Behavioral Couple Therapy* – IBCT) (Jacobson & Christensen, 1996; Christensen et al., 2014; Vandenberghe, 2015). Segundo seus principais autores, estratégias ineficazes na resolução de conflitos em um relacionamento frequentemente fazem com que o conflito se transforme em uma polarização dos parceiros, à medida que os casais não conseguirem perceber nem alterar esse padrão ineficaz. E, pouco a pouco, os parceiros se veem em um relacionamento cada vez mais sem vitalidade, insatisfeitos e frustrados. É uma experiência desoladora e frequente em relacionamentos amorosos.

A IBCT é uma abordagem terapêutica contextual baseada em evidências (Baucom et al., 2014; Roddy et al., 2016) que visa a aumentar a satisfação de casais que estejam comprometidos em melhorar suas relações (Christensen et al., 2004; Christensen et al., 2014; Christensen, Dimidjian & Martell, 2015). A IBCT visa aos casais cujo problema mais central no relacionamento se agrava pela interação da díade em ineficaz esforço a partir de seus padrões mais significativos e persistentes de comportamento (i. e., o padrão matricial), popularmente conhecidos como "personalidade" ou o "jeito de ser" (p. ex., "introvertido(a)", "mandão(ona)" ou "organizado(a) financeiramente"). Essas mesmas características costumam ser fatores de atração no início das relações, mas, à medida que os casais experienciam incômodos e desagrados em torno dessas diferenças, essa perspectiva pode mudar (Jacobson & Christensen, 1996).

Casais que conseguem lidar com essas experiências desagradáveis em torno de suas diferenças com maior abertura e flexibilidade conseguem se manter satisfeitos com seus relacionamentos (Jacobson et al., 2000). Quando os parceiros não conseguem tolerar as emoções que sentem na presença desses conflitos, eles começam a fazer coisas para se livrar do incômodo (i. e., esquiva experiencial) – e uma das principais estratégias ineficazes é tentar convencer o outro de que ele precisa mudar, o que frequentemente faz com que o conflito se intensifique, tornando-se cada vez menos passível de resolução (Fruzzetti, 2006). Essa escalada é frequentemente reforçada por um contexto de causas e razões em que o comportamento de um parceiro é explicado a partir das deficiências do outro. Em resumo, esses casais caem em uma armadilha mútua, termo bastante utilizado na IBCT para se referir ao modo como essas tentativas "emperram" ou "travam" o casal em torno desse conflito (Jacobson & Christensen, 1996; Christensen et al., 2014; Christensen, Doss & Jacobson, 2020).

A fim de compreendermos alguns princípios e intervenções da IBCT, apresentamos a estrutura de funcionamento da IBCT com um estudo de caso trabalhado por um dos autores. Discutiremos a dinâmica da IBCT e duas de suas principais estratégias de intervenção: a formulação de caso DEEP[1], a união empática e o desapego unificado.

O FUNCIONAMENTO DA IBCT

Na IBCT, há uma separação explícita dos períodos de avaliação e de intervenção/tratamento com os casais, o que precisa ser explicado desde o início aos casais que buscam ajuda psicológica para seus conflitos. Na avaliação, o terapeuta busca reunir informações para fazer sua formulação, e é a partir dela que tanto o terapeuta quanto o casal trabalharão para atingir um relacionamento mais satisfatório. Sendo assim, a formulação precisa fazer sentido e apontar para uma direção satisfatória para ambos (Jacobson & Christensen, 1996; Christensen, Dimidjian & Martell, 2015; Christensen, Doss & Jacobson, 2020), já que não há um modelo normativo do que constitui uma relação satisfatória, como havia na terapia tradicional (Jacobson & Margolin, 1979; Perissutti & Barraca, 2013).

O período de avaliação consiste, geralmente, em quatro sessões: uma entrevista inicial, uma sessão individual com ambos os parceiros e uma sessão de *feedback*. Na

---

[1] A formulação de caso clínico no modelo DEEP proposta pela IBCT é não somente um guia para o planejamento do tratamento. Na IBCT ela constitui sua principal intervenção. Para uma compreensão mais detalhada, ver o capítulo 18: "*Construindo uma história sobre diferenças: formulação de caso na IBCT*" *neste mesmo livro.*

entrevista inicial, o casal é socializado sobre como funciona o tratamento, e são convidados a fazer uma breve explanação sobre o problema que os divide. Explicamos aos casais que essa explanação precisa ser breve porque existem outros elementos que precisamos investigar nessa primeira sessão, especialmente: 1) a história de relacionamento do casal (i. e., como se conheceram, como foi o flerte, o que achavam de cada um no início da relação); e 2) os pontos fortes do casal – como a relação funciona quando não estão em conflito (i. e., a que reforçadores esse casal tem acesso, como funciona quando eles estão "se dando bem"). Também é importante perguntar quando foi que esse problema se tornou especialmente incômodo, o que permite ao terapeuta avaliar fatores externos que afetam casal, e se há uma mudança significativa nas contingências que passaram a estar em vigor.

A entrevista inicial, para além das informações coletadas, objetiva também que o terapeuta tenha contato com a dinâmica do casal: impressões e sensações que são evocadas na presença dos parceiros por meio de elementos como a postura corporal, o modo como interagem vocalmente entre si, o modo como falam com o terapeuta e o modo como descrevem o problema. Esse momento é importante porque casais em conflito severo terão dificuldades em falar das partes boas da relação, e também podem ficar insensíveis à história da relação. Podem, inclusive, ficar bastante emocionalmente mobilizados ao falar sobre o conflito entre eles, exigindo do terapeuta intervenção imediata (Christensen, Doss & Jacobson, 2020). Entretanto, a maior parte dos casais consegue se sensibilizar positivamente – e se sentirem mais próximos um do outro – com sua história de relacionamento, e podem sair da primeira sessão se sentindo esperançosos consigo mesmos e com sua decisão de buscar ajuda com a terapia. Esses são os principais objetivos das primeiras sessões: colher informações preliminares e dar esperança ao casal (Jacobson & Christensen, 1996).

Nas sessões individuais, explicamos o funcionamento da terapia e o terapeuta deixa claro que o contrato terapêutico tem como sujeito o casal, e que as coisas que serão discutidas individualmente poderão ser usadas na formulação final e nas sessões com o outro parceiro. Dito isso, nas sessões individuais cada parceiro terá a chance de falar um pouco sobre como tem visto o conflito e como tem visto o parceiro, dando-nos a chance de avaliar como os conflitos acontecem e o padrão de comportamento ou comunicação entrelaçado do casal, bem como de que modo cada um tem visto seu parceiro. Podemos dizer que, quanto pior for a descrição apresentada sobre o parceiro, maior o grau de *vilanização*: ato de ver o problema entre os parceiros como culpa do outro e não como algo de coletiva responsabilidade e que promove sofrimento a ambos. Também aprendemos sobre a história de relacionamentos prévia e história individual de cada parceiro. É importante salientar que um dos objetivos implícitos da sessão individual é de avaliar se há infidelidade ocorrendo sem disposição para encerramento, ou violência doméstica, situações nas quais a terapia de casais não é recomendada[2] (Jacobson & Christensen, 1996; Christensen et al., 2014; Christensen, Doss & Jacobson, 2020).

Com essas informações obtidas, e partindo do pressuposto radical de que nenhum dos parceiros está errado em seus incômodos e necessidades, estamos prontos elaborar nossa formulação DEEP (Christensen et al., 2014), que será compartilhada com o casal na sessão de *feedback*. Nela constam as diferenças de repertório, que foram fatores de atração no início da relação e que agora são vistos como fontes de incompatibilidade; as sensibilidades emocionais, que são os gatilhos e pontos sensíveis de cada parceiro, e como eles contribuem para o conflito; os estressores externos, que são variáveis contextuais importantes que intensificam a escalada do conflito, como conflitos com parentes, nascimento de filhos e problemas no trabalho e, por último, o padrão de comunicação. Este último envolve uma ou mais das seguintes interações: a) evitação mútua – um padrão em que parceiros evitam interagir sobre temas importantes para evitarem uma nova discussão; b) interação negativa mútua – um padrão em que ambos se envolvem em uma mistura de criticar, defender-se e/ou qualquer outro comportamento que faça com que o conflito piore em vez de melhorar; e c) demanda-afastamento – um padrão em que um parceiro busca ativamente o outro para resolver um determinado conflito enquanto o outro evita persistentemente atender a essa busca. Este último padrão de interação, demanda-afastamento, é em especial um grande preditor de insatisfação conjugal (Caughlin, 2002; Papp et al., 2009), pois tende a escalar com o tempo, resultando em que ambos parceiros se sintam emocionalmente sensíveis e aumentando a probabilidade de um ou ambos se desregularem emocionalmente (Fruzzetti, 2006; Christensen et al., 2014; Del Giudice, 2016). A repetição de um desses padrões leva à polarização, em que cada parceiro se torna uma versão mais extrema de si mesmo e resulta em uma interação resistente e intermitente que intensifica a insatisfação conjugal. Tomando como exemplo a interação demanda-afastamento, o parceiro A às vezes consegue que o parceiro B se aproxime ou converse sobre o assunto sensível, e o parceiro B às vezes consegue que o parceiro A tolere não conversar sobre o assunto ou se mantenha distante. Entretanto, à medida que esse padrão é reforçado de modo intermitente, ele se torna mais resistente à extinção (Figura 1).

---

[2] Entendemos que tanto a infidelidade quanto a violência doméstica (especialmente nas mulheres) são questões relevantes para o conflito entre casais e são temas especialmente delicados. Caso haja violência doméstica ocorrendo na relação, é importante que o(a) terapeuta busque formas de ajudar esse casal que não envolvam, necessariamente, terapia de casal: ela pode ser especialmente danosa nesses casos. Para uma maior discussão sobre como lidar com esses casos em IBCT, recomendamos que o leitor consulte o manual do terapeuta mais recente, de Christensen, Doss e Jacobson (2020) e busque o auxílio um(a) supervisor(a) qualificado(a) para discutirem possíveis manejos e implicações.

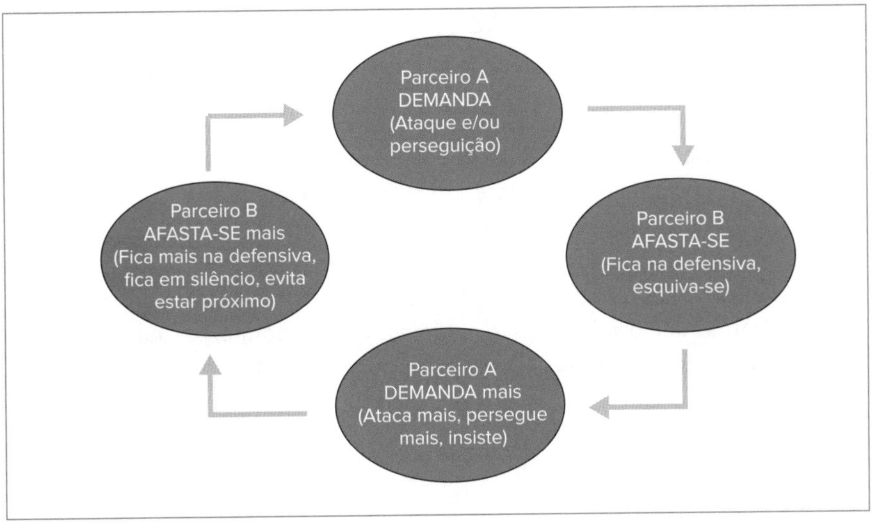

Figura 1 Padrão demanda-afastamento, em que, por um processo de reforço intermitente, cada parceiro se torna uma versão extrema do seu polo de comportamento: o parceiro que demanda se torna mais demandante, e o parceiro que se afasta se torna mais distante.

A partir desses quatro elementos, que compõem o acrônimo DEEP[3], pode-se entender e apresentar ao casal como eles chegaram aonde estão e ao tema central que divide o casal. Na perspectiva da IBCT, casais discutem geralmente em torno de uma ou duas temáticas amplas o suficiente para mobilizar seus padrões matriciais, o que avaliamos na formulação por meio de análises funcionais que sirvam para avaliar tanto como eles foram constitutivos na história dos parceiros quanto o contexto mantenedor atual.

Note que é importante que o terapeuta esteja bastante hábil em fazer análises funcionais, especialmente análises funcionais molares (Nery & Fonseca, 2018), porque quando o terapeuta se vê diante de um conflito conjugal, é muito frequente que ele se perca no *conteúdo* do que os casais dizem em vez de entender *por que* eles fazem o que fazem – e dizem o que dizem, naquele momento em específico. O terapeuta não é uma figura neutra, mas ativamente partícipe da relação com o casal (Jacobson & Christensen, 1996), como é comum às terapias contextuais (Hayes et al., 2012). Contudo, parte de suas intervenções terapêuticas na IBCT depende de que ele seja capaz de responder em perspectiva ao que entende e vê na interação com o casal.

[3] Em inglês, *deep* significa profundo.

USO DAS ESTRATÉGIAS – UNIÃO EMPÁTICA E DESAPEGO UNIFICADO (O CASO EM SI)

Após a formulação do caso, elaboramos em conjunto com o casal o plano de tratamento. Esse plano geralmente envolve o uso de estratégias de aceitação e mudança comportamental. A ênfase da IBCT é dada nas estratégias de aceitação porque elas geram mudanças nos parceiros que são mantidas por reforçamento natural, em vez de arbitrário, favorecendo uma generalização sustentável após a terapia (Ferster, 1979/2012). As estratégias de aceitação também pavimentam o caminho para mudanças com um nível maior de autonomia, porque buscam reconhecer, aceitar e validar suas diferenças de personalidade (Cordova et al., 1998). Além disso, as mudanças que ocorrem pela aceitação parecem mais naturais ao casal, e dificilmente se tornam palco para conflitos maiores (p. ex., queixas como "mas ele/a só fez X porque combinamos em terapia, ele/a não queria de fato"). Por isso, é recomendada a ênfase da IBCT em estratégias de aceitação na maior parte dos casos (Perissutti & Barraca, 2013; Christensen, Doss & Jacobson, 2020).

Uma intervenção central na IBCT é a *união empática* (do inglês *empathic joining*). Ela visa, partindo da formulação do caso, a evidenciar variáveis de controle que estão ocultas no momento do conflito por receio de punição social. Em terapia, essas variáveis podem ser assertivamente evidenciadas e respostas empáticas podem se fortalecer. Essa intervenção poderá ser mais bem compreendida a partir de um caso clínico.

CASO ILUSTRATIVO

Eduardo e Mônica são um jovem casal que buscou terapia dois anos após o nascimento do primeiro filho, João. Mônica foi enfática em sinalizar na primeira sessão que a terapia era, para ela, o último recurso antes de propor um divórcio. Descreveu Eduardo como infantil, pouco comprometido com ela e com o filho do casal, emocionalmente distante dela e do pequeno João e inteiramente voltado para os seus sonhos e projetos individuais. Eduardo, por sua vez, disse estar disposto a fazer o que fosse preciso para evitar o divórcio, e responsabilizou-se por todas as queixas de Mônica. Ao ser perguntado sobre como avaliava o papel da parceira nos conflitos vividos no relacionamento, foi elogioso para com ela e, mais uma vez, descreveu-se como o responsável pelos problemas da relação.

As sessões individuais clarificaram particularmente o comportamento de Eduardo. Na ausência de Mônica, verbalizou que vivia uma relação de constante tensão diante das exigências e das críticas da parceira. Rememorou algumas discussões na história do casal que se encerraram com uma intoxicação de Mônica por medicamentos, e afirmou que suas afirmações julgando ser o responsável pelos problemas da relação têm a função de evitar que os conflitos possam ter os mesmos resultados do passado. Contudo, disse estar cansado e sem esperanças. Esses diferentes repertórios em interação ficaram mais claros com as informações das histórias familiares individuais.

SESSÕES INDIVIDUAIS

Mônica teve uma história familiar marcada por profundas e marcantes experiências de desamparo. Sendo a mais velha de dois irmãos, seus pais se divorciaram quando ela ainda era uma criança. Após o divórcio, seu pai abandonou a família, afetiva e financeiramente. Sua mãe, desde então, viveu voltada para o trabalho, não estando muito presente emocionalmente na vida de Mônica. Desde sua infância, foi responsabilizada por cuidar do irmão mais novo, dos estudos e da casa. Mais tarde, em sua graduação, viveu com uma tia que reforçou esse sentimento de desamparo, mostrando-se insensível e invalidante à Mônica. Nesse período em que residiu com a tia a fim de estudar, ouviu reiteradas vezes que, ao contrário de suas primas, residia *de favor* e deveria cuidar dos afazeres da casa como pagamento pela sua hospedagem. A autorregra que foi construída nas contingências matriciais de Mônica foi a de que "*você não pode contar realmente com ninguém*". Ela tornou-se uma adulta muito disciplinada e responsável, e busca evitar sempre situações nas quais se sente vulnerável. Antes de se casar com o Eduardo, viveu relacionamentos breves, tendo colocado sua carreira e estudos como a maior prioridade de vida. Apesar dessa história de grande sofrimento, Mônica busca na relação com Eduardo o suporte e a segurança que não vivenciou em sua história familiar. Sua experiência com a família de origem a faz desejar profundamente uma outra história para a família que construiu com Eduardo e o filho do casal, tendo repetido para si mesma muitas vezes que fará qualquer coisa para que seu filho não passe pelo que ela passou.

Eduardo vem de uma família de mulheres cuidadosas e fortes, tendo desde muito cedo crescido com a proteção de sua mãe. É o único homem em uma família repleta de mulheres e tem uma irmã e muitas tias. Eduardo também viveu um abandono familiar por parte do seu pai, e durante um longo período da infância foi acompanhado por um terapeuta a fim de que pudesse ser assistido diante desse abandono. Ele desenvolveu uma percepção de que sua família nunca precisou de um pai, tal era o zelo de sua mãe em cuidar da família. Eduardo não precisou se preocupar muito com as necessidades familiares e da casa – estas eram frequentemente resolvidas pela mãe e pelas tias. Isso permitiu a Eduardo gozar de liberdade para cultivar sonhos e desejos individuais e desde muito cedo ouviu de sua mãe que deveria se preocupar com seus estudos e com seus projetos, o demais seria resolvido pelas mulheres. Nessas contingências matriciais, Eduardo foi reforçado a se ocupar de seus estudos e projetos, e punido quando agia na direção de tomar decisões sobre a casa ou a família – esta sempre foi uma atribuição das mulheres fortes de sua família. Ele se tornou um adulto introspectivo e amigável em suas relações sociais. Desenvolveu também um repertório persistente de ser sempre "diplomático" diante da possibilidade de conflitos que resultassem em fortes reações emocionais, e por isso se sente paralisado nas discussões com Mônica. A família de Eduardo sempre foi muito unida, e o abrigo familiar sustentado pela sua mãe, tias e avó permitiram que ele, sentindo-se seguro do afeto das que o cercavam, vivesse e apreciasse uma vida leve. A mensagem que foi transmitida pela sua família foi a de que "*os problemas passam e a família fica, preocupe-se com você e não se consuma com discussões*".

O nascimento do primeiro filho consistiu em um grande desafio para o relacionamento de Eduardo e Mônica. Sentindo-se especialmente vulnerável desde a gravidez, e com a necessidade de reduzir suas atividades profissionais para cuidar da criança (emoções ocultas), Mônica reagiu a essa vulnerabilidade com expressões emocionais que revelavam raiva e irritação (emoções superficiais). Eduardo, por sua vez, responde à irritação da Mônica com cautela e passividade (emoções superficiais), sentindo-se privadamente ansioso e com medo (emoções ocultas). A escalada dessas tensões que aumentam com o nascimento do filho do casal e a polarização consequente fizeram com que Mônica avaliasse Eduardo como um robô: "Ele sempre repete que tudo vai ficar bem e eu nunca sei o que ele sente de verdade". Eduardo, por sua vez, descreve Mônica como uma *bomba-relógio* e está sempre em busca de evitar que uma grave discussão aconteça. O padrão de comunicação aqui é então o de demanda-afastamento.

SESSÃO DE *FEEDBACK*

Após entrevistas e questionários iniciais, o tema proposto para a terapia desse casal foi Compromisso x Leveza. O tema é a primeira parte de uma boa formulação na IBCT e é o primeiro ponto de uma recontextualização narrativa de queixas que o casal traz para a terapia como um amálgama de problemas e mudanças a serem resolvidos. Um bom tema deve unificar o que foi avaliado nas sessões de avaliação como áreas conflitantes em uma formulação simples e descritiva (Jacobson & Christensen, 1996; Christensen, Doss & Jacobson, 2020). No caso aqui ilustrado, as palavras *compromisso* e *leveza* foram as escolhidas pelo terapeuta para sinalizar a esse casal suas diferenças em torno do que os autores da IBCT e outros pesquisadores em terapias de casal descrevem como um tema prototípico: Proximidade x Distância (Christensen et al., 2014; Christensen, Doss & Jacobson, 2020). De acordo com o modelo DEEP, as informações poderiam ser, de modo geral, ilustradas como na Tabela 1.

Tabela 1 Exemplo de aplicação: modelo DEEP

	Eduardo	Mônica
Diferenças	Introvertido; sociável; desorganizado	Reservada; exigente; autodisciplinada
Emoções Superficiais e Ocultas	Superficialmente Eduardo exibe emoções de Validação e Empatia, mas privadamente sente-se ansioso e com medo das reações de Mônica	Superficialmente Mônica exibe emoções de irritação e raiva de Eduardo, privadamente sente-se frustrada e desamparada
Estressores	Nascimento do primeiro filho; redução da renda familiar	
Padrão de Comunicação e Polarização	Evitação	Confrontação

UNIÃO EMPÁTICA

Após a sessão de *feedback*, na qual foi entregue ao casal um texto narrativo que articulava a formulação do caso no modelo DEEP, o terapeuta propôs uma rotina de encontros em que os três pudessem trabalhar no tema proposto, avaliando a ocorrência de conflitos e recontextualizando essas discussões do casal em torno da narrativa formulada. A seguinte sessão ocorreu poucas semanas após a sessão de *feedback*.

> TERAPEUTA: *Como passaram os últimos dias? Houve algum conflito? Como lidaram um com o outro?* (O terapeuta procura uma ocorrência de conflito na relação que possa vir a ser recontextualizada a partir da formulação proposta.)

> MÔNICA: *Não tem jeito. Acho que não temos solução. Eu estou casada com um robô. Brigamos feio na última semana porque após um dia exaustivo com o João* [filho do casal], *o Eduardo chegou do trabalho, me viu estendendo as roupas, e foi incapaz de me ajudar. Simplesmente se deitou no sofá e ligou a televisão.*

Eduardo, de cabeça baixa, parece consentir com um meneio de cabeça.

> T: *Você gostaria de nos contar como vivenciou esta situação, Eduardo?* (O terapeuta busca ser ambiente para uma expressão de sentimentos mais assertiva de Eduardo [Gurman et al., 2010].)

> EDUARDO: *Ela está certa. Eu tenho uma real dificuldade de me engajar nas tarefas de casa. Como você mesmo disse, vim de uma casa onde as*

mulheres faziam tudo. Preciso ficar mais atento. (A topografia parece apontar para acolhimento, mas o terapeuta hipotetiza que Eduardo está começando a se esquivar da possibilidade de que Mônica responda de forma agressiva (i. e., esquiva experiencial) e a discussão saia do controle.)

M: (Com o rosto enrubescido e balançando uma perna) *Veja, Mateus, o que ele está dizendo aqui é exatamente o que ele me disse na discussão. É tudo o que ele sabe dizer. É um robô! Eu não tenho mais condição de continuar nessa relação!*

O padrão de comunicação que ocorreu durante a sessão é funcionalmente semelhante ao que ocorre no dia a dia da relação. Discussões como essa escalavam para cada vez mais irritação da parte de Mônica e "falso" consentimento por parte de Eduardo, até que, sem paciência, ele também responderia com agressividade e ela se afastaria e passaria dias evitando se dirigir a ele. Ele, por sua vez, passaria dias se desculpando e tentando mecanicamente se antecipar a qualquer insatisfação dela. Essas ocorrências foram excelentes oportunidades para a intervenção terapêutica e o estabelecimento de uma união empática.

T: *Mônica, eu percebo que ouvir novamente o Eduardo repetir na sessão o mesmo que ele disse na discussão é bem difícil. Você me parece irritada e desesperançosa, e eu entendo isso. Poderia tentar explorar mais algum sentimento?*

M: *Como alguém não ficaria com raiva? É sempre isso, eu já venho para as sessões sabendo exatamente o que ele vai dizer.*

T: *E como você se sente diante dessa previsibilidade? Como se sente ao ver as respostas mecânicas do Eduardo?* (Terapeuta hipotetiza a partir da formulação do caso que há um sentimento oculto de frustração. Se revelado, poderá ser uma boa oportunidade para uma resposta empática.)

M: *É frustrante. Eu me casei com uma pessoa, e não com um robô. Eu acho que ele só está comigo porque é conveniente, não por qualquer outra razão.*

E: *Eu te amo, você não acredita em mim. É muito difícil dizer qualquer coisa quando você está irritada, e você está sempre irritada.* (Uma resposta empática de Eduardo. Ela é validante e assertiva, e expressa variáveis de controle que não são visíveis muitas vezes para Mônica, como medo e ansiedade.)

CONCLUSÃO

A terapia comportamental integrativa de casais constitui, no escopo das abordagens comportamentais contextuais, a abordagem com melhores evidências de efetividade voltada para esse público (Christensen & Doss, 2017), e uma boa compreensão de sua teoria e intervenções requer do terapeuta muito mais do que o aqui abordado. Contudo, a IBCT apresenta inúmeros desafios para os terapeutas que a adotam como abordagem clínica. Esses desafios são tanto teóricos quanto práticos. Com o objetivo de inspirar futuros avanços nessa abordagem, apresentaremos aqui alguns deles.

A IBCT carece de uma melhor definição de seus objetivos. Satisfação conjugal não constitui um objetivo definível em termos operacionalizáveis para uma boa pesquisa empírica (Ferreira et al., 2017). Um caminho possível para o avanço dessa empreitada pode ser uma maior integração com outros modelos de terapias contextuais. Dado que a "espinha dorsal" da IBCT é constituída de sua formulação de caso, e tal formulação poderia ser definida como uma narrativa que visa a recontextualizar verbalmente os repertórios em interação em uma díade a fim de que funções de estímulo possam ser transformadas em um relacionamento conjugal, podemos argumentar que a IBCT parece ser compatível com o modelo da ACT que tem como um de seus objetivos o desenvolvimento de flexibilidade psicológica. Se tal for o caso, como poderemos definir esse objetivo em termos de uma díade, e não de um indivíduo, como ocorre na ACT? Este parece ser um importante desafio: definição mais clara de seus objetivos e sistematização teórica de tais objetivos tendo em vista que "o sujeito" da análise é uma relação, e não um indivíduo.

Um segundo desenvolvimento importante, e muito peculiar para uma clínica culturalmente sensível ao seu contexto de aplicação, é direcionada à comunidade de psicoterapeutas comportamentais do Brasil. A IBCT foi desenvolvida em um contexto clínico norte-americano e sua estrutura é bastante protocolar. Se por um lado essa estrutura favorece a pesquisa e a validação empírica, por outro pode promover uma insensibilidade a características da comunidade para a qual se direciona em outros contextos socioculturais. Como aplicar os princípios da IBCT adaptando-os às relações amorosas na cultura brasileira? No Brasil, os norteadores de uma relação amorosa satisfatória parecem ser menos pragmáticos e mais fluidos. De que modo, então, pode-se avançar diante dessas peculiaridades? Este parece ser um desafio prático que convoca a comunidade a interagir com outras áreas do conhecimento, como a sociologia e antropologia.

Destarte tais desafios, este capítulo buscou apresentar e lustrar, a partir de um caso clínico, dois pontos centrais nas intervenções da IBCT: a intervenção de formulação de caso em um modelo histórico narrativo e a intervenção de união empática. As terapias comportamentais voltadas para casais estão em um importante momento de desenvolvimento, e esperamos que um breve estudo de caso clínico possa inspirar interesse por essa abordagem, bem como curiosidade quanto aos seus futuros desafios e possibilidades.

REFERÊNCIAS

Baucom KJ, Baucom BR, Christensen A. Changes in dyadic communication during and after integrative and traditional behavioral couple therapy. Behaviour Research and Therapy. 2015;65:18-28.

Caughlin JP. The demand/withdraw pattern of communication as a predictor of marital satisfaction over time: unresolved issues and future directions. Human Communication Research. 2002;28(1):49-85.

Christensen A, Atkins DC, Berns S, Wheeler J, Baucom DH, Simpson LE. Traditional versus integrative behavioral couple therapy for significantly and chronically distressed married couples. Journal of Consulting and Clinical Psychology. 2004;72(2):176-91.

Christensen A, Dimidjian S, Martell CR. Integrative behavioral couple therapy. In: Gurman AS, Lebow JL, Snyder DK, editores. Clinical Handbook of Couple Therapy. 5. ed. New York: The Guilford Press; 2015. p. 61-94.

Christensen A, Doss BD, Jacobson NS. Reconcilable differences: rebuild your relationship by rediscovering the partner you love – without losing yourself. New York: Guilford Publications; 2014.

Christensen A, Doss BD. Integrative behavioral couple therapy. Current Opinion in Psychology. 2017;13:111-4.

Christensen A, Doss BD, Jacobson NS. Integrative behavioral couple therapy: a therapist's guide to creating acceptance and change. 2. ed. New York: WW Norton & Company; 2020.

Cordova JV, Jacobson NS, Christensen A. Acceptance versus change interventions in behavioral couple therapy: impact on couples' in-session communication. Journal of Marital and Family Therapy. 1998; 24(4):437-55.

Del Giudice M. Sex differences in romantic attachment: a facet-level analysis. Personality and Individual Differences. 2016;88:125-8.

Ferreira TA, Santos FMMS, Matos JPA, Moura MCBL, Rodrigues SS. Qual o objetivo da análise do comportamento clínica? Acta Comportamentalia. 2017;25(3):395-410.

Ferster CB. Psicoterapia do ponto de vista de um comportamentalista. Revista Brasileira de Análise do Comportamento. 2012;3(1). Texto originalmente publicado em 1979.

Fruzzetti A. The high-conflict couple: a dialectical behavior therapy guide to finding peace, intimacy, and validation. Oakland: New Harbinger Publications; 2006.

Gurman AS, Waltz TJ, Follette WC. FAP-enhanced couple therapy: perspectives and possibilities. In: Kanter JW, Tsai M, Kohlenberg RJ, editores. The Practice of Functional Analytic Psychotherapy. New York: Springer; 2010. p. 125-47.

Harris R. ACT with love: stop struggling, reconcile differences, and strengthen your relationship with acceptance and commitment therapy (2009 ed.). Oakland: New Harbinger Publications, Inc.; 2009.

Hayes SC, Strosahl KD, Wilson KG. Acceptance and commitment therapy: the process and practice of mindful change. 2. ed. New York: Guilford Publications; 2012.

Jacobson NS, Christensen A. Acceptance and change in couple therapy: a therapist's guide to transforming relationships. New York: Norton; 1996.

Jacobson NS, Christensen A, Prince SE, Cordova J, Eldridge K. Integrative behavioral couple therapy: an acceptance-based, promising new treatment for couple discord. Journal of Consulting and Clinical Psychology. 2000;68(2):351-5.

Jacobson NS, Margolin, G. Marital therapy: strategies based on social learning and behavior exchange principles. New York: Brunner/Mazel; 1979.

Nery LB, Fonseca FN. Análises funcionais moleculares e molares: um passo a passo. In:

de-Farias AKCR, Fonseca FN, Nery LB, organizadores. Teoria e formulação de casos em análise comportamental clínica. Porto Alegre: Artmed; 2018.

Papp LM, Kouro CD, Cummings E. Demand-withdraw patterns in marital conflict in the home. Personal Relationships. 2009; 16(2):285-300.

Perissutti C, Barraca J. Integrative behavioral couple therapy vs. traditional behavioral couple therapy: a theoretical review of the differential effectiveness. Clínica y Salud. 2013;24(1):11-8.

Roddy MK, Nowlan KM, Doss BD, Christensen A. Integrative behavioral couple therapy: Theoretical background, empirical research, and dissemination. Family Process. 2016;55(3):408-22.

Vandenberghe L. Terapia comportamental integrativa de casais. In: Lucena-Santos P, Pinto-Gouveia J, Oliveira MS, organizadores. Terapias comportamentais de terceira geração: guia para profissionais. Novo Hamburgo: Sinopsys; 2015. p. 506-26.

SEÇÃO 6

Ativação Comportamental (BA)

20

Ativação comportamental (BA)

Paulo Roberto Abreu
Juliana Helena dos Santos Silvério Abreu
Instituto de Análise do Comportamento de Curitiba (IACC)

A ativação comportamental (BA) gradativamente tem adquirido *status* de primeira escolha psicossocial no tratamento da depressão. Ela é recomendada por instituições de saúde como a Divisão 12 da American Psychological Association (Depression Treatment: Behavioral activation for depression, n.d.), o National Institute for Health and Clinical Excellence (NICE, 2009), o Canadian Network for Mood and Anxiety Treatments (Parikh et al., 2016) e a Organização Mundial de Saúde (Depression, n.d.). Tem-se provado importante no tratamento, sobretudo de estratos de gravidade de moderada a severa do transtorno. Em todo o globo a BA tem sido instrumento fundamental para uso em clínicas especializadas, nos Ambulatórios de Psiquiatria e notadamente na Atenção Primária para o tratamento efetivo da depressão.

No Brasil, os transtornos de humor são os problemas de saúde mental com as maiores taxas. Aproximadamente 18,5% da população desenvolverá comportamentos que são critérios diagnósticos listados no CID-10 (Pacheco & Vieira, 2016). Considerando que a população brasileira em 2019 foi de 210 milhões de habitantes de acordo com o IBGE (Projeção da população do Brasil e das Unidades da Federação, n.d.), não é exagero afirmar que mais de 38 milhões de pessoas desenvolveram algum desses transtornos. A tendência é que pelos próximos anos as terapias baseadas em evidências, como a BA, assumam gradativamente um grande protagonismo na linha de frente no tratamento da depressão.

EXPLICAÇÕES CAUSAIS PARA A DEPRESSÃO COM BASE NO REFORÇAMENTO – POR QUE A ATIVAÇÃO COMPORTAMENTAL É DE FATO "COMPORTAMENTAL"?

Na explicação de fenômenos psicológicos sempre foi de interesse do pesquisador identificar como o comportamento de um organismo ocorrerá, e na psicologia científica esse objetivo foi decisivo para o entendimento das probabilidades de ação dos organismos. Reforçamento gera regularidade comportamental (Skinner, 1953/1968). Está na base da definição o efeito de fortalecimento do comportamento, o que pode ser observado a partir do aumento de sua frequência. A lei do reforçamento foi formulada com a observação sistemática em laboratório das relações funcionais do comportamento de animais de espécies infra-humanas para, a seguir, ser estendida para o entendimento das regularidades comportamentais do ser humano em situações aplicadas. Em laboratório, os parâmetros do reforçamento foram sendo mais bem descritos e muitos conceitos foram sendo dele derivados, como a generalização, a punição, a extinção e a discriminação (Schlinger, 2019). Nesse sentido, as relações dos comportamentos das pessoas em contexto puderam ser analisadas por meio desses princípios e leis.

Na história das psicoterapias, Peter Lewinsohn ousou transpor esses princípios investigados na pesquisa de base para a caracterização funcional dos comportamentos dos depressivos (Lewinsohn et al., 1976). Segundo o autor, indivíduos apresentariam ao longo da depressão uma diminuição da taxa de respostas contingentes ao reforçamento positivo (RCPR, do inglês *response-contingent positive reinforcement*). A diminuição do reforçamento positivo teria como implicação a produção dos sentimentos de disforia[1], como a tristeza ou a irritação. O objetivo de um tratamento comportamental seria, portanto, restituir a frequência de reforçadores positivos a uma taxa suficiente capaz de promover a melhora ou a recuperação clínica[2]. O entendimento do autor, portanto, relaciona duas variáveis básicas desde uma perspectiva contingencial, a frequência do comportamento e a densidade de reforçadores positivos.

Desse conceito é possível notar a ênfase dada ao efeito respondente "antidepressivo" do reforçamento positivo. A compreensão desse efeito foi de grande importância para a formulação de estratégias comportamentais de tratamento (Abreu & Santos, 2008). E para analisar o comportamento do depressivo não é suficiente apenas entender o efeito respondente, mas também toda a contingência em que ocorre o desempenho (Abreu & Abreu, 2020).

Considere um cliente que antes da depressão costumava praticar montanhismo, e que hoje, sob terapia, pretende retomar essa atividade, mas que se encontra

[1] Sentimentos de disforia é o conjunto dos sentimentos observados nos transtornos depressivos, como a tristeza e a irritação. Esse termo técnico os diferencia dos sentimentos de euforia, associados à mania e à hipomania dos transtornos bipolares (Sadock et al., 2015).

[2] Melhora é quando, após tratamento, o indivíduo não mais é qualificado para o TDM. Recuperação ao seu turno é definida quando, após tratamento, o indivíduo não mais se qualifica para o TDM, e também passa a apresentar escore no Inventário Beck de Depressão (BDI-II) menor que 8.

atualmente bastante desmotivado. Então, embora a atividade esportiva envolva reforçadores positivos de grande magnitude, a prática da escalada técnica em montanha, se mais bem analisada, pode sugerir que para o cliente é uma atividade que depende de muitas variáveis para acontecer. Precisa de um dia ensolarado, pois a atividade oferece grande perigo se praticada sob tempo ruim. Precisa também da companhia dos amigos de esporte e, nesse sentido, também dependerá da compatibilidade de agenda dos colegas. O tempo para deslocamento e retorno da região de serra também deve ser levado em conta, demandando muitas vezes um dia inteiro livre. Ou seja, ainda que a magnitude dos reforçadores positivos envolvidos seja grande, o terapeuta não pode confiar em uma atividade com muitos obstáculos e, portanto, em que raramente o cliente se envolverá. A frequência do comportamento deve ser levada em conta. Ainda que o montanhismo entre no *hall* de atividades reforçadoras, será urgente que sejam priorizadas outras atividades que envolvam a produção mais regular de RCPR, e que por isso potencializam o efeito antidepressivo. Outrossim, também é importante atentar para o fato de que nem todas as instâncias de reforçamento positivo produzem necessariamente o efeito respondente (Abreu & Abreu, 2020).

Outro ponto que deve ser levado em conta ainda na definição de RCPR de Lewinsohn et al. (1976) é a avaliação da relevância de se eleger um determinado comportamento-alvo para aumento de frequência dentro do conjunto maior de comportamentos em contexto do repertório do cliente. Sobretudo devem ser priorizados comportamentos "saudáveis". Comportamentos-alvo envolvidos em jogos e abuso de álcool, embora sob certas circunstâncias reforçados positivamente, dificilmente serão alvo para promoção do efeito antidepressivo. Esses repertórios trazem consequências negativas de médio e longo prazos para o cliente em depressão, como prejuízos e riscos para a saúde, além de problemas sociais, como as brigas em família e o gasto excessivo de dinheiro.

MUDANÇAS DE VIDA RESPONSÁVEIS PELA DIMINUIÇÃO DAS RCPR

Lewinsohn et al. (1976) analisaram três tipos de mudanças que envolveriam processos comportamentais de diminuição da RCPR durante a depressão.

Primeiro, poderia estar ocorrendo uma perda do efeito reforçador das consequências do comportamento (Lewinsohn et al., 1976). Ilustra esse efeito o sintoma de acentuada diminuição do interesse ou prazer em quase todas as atividades na maior parte do dia, conforme descreve o DSM-5 (American Psychiatric Association, 2014). Nesse sentido, o comportamento da pessoa em depressão não estaria mais suscetível aos reforçadores habituais, como os produzidos nas atividades sociais, de trabalho ou lazer. Essas atividades pouco ocorrem, ou mesmo não são mais observadas a depender da gravidade do sofrimento psicológico.

Segundo, poderia ter ocorrido uma mudança no ambiente do indivíduo de modo que os reforçadores habituais não estariam mais disponíveis (Lewinsohn et al., 1976). Uma interpretação possível aqui é que o novo ambiente não traria as ocasiões para a ocorrência do comportamento. Mudanças de cidade para estudo ou trabalho, ou o falecimento de um ente "reforçador" querido, exemplificam essas mudanças.

Terceiro, os reforçadores continuariam presentes, porém o indivíduo não teria habilidades para sua produção (Lewinsohn et al., 1976). Na vida dos depressivos são frequentes as mudanças que exigirão o desenvolvimento de novas habilidades, como uma migração de área no emprego/profissão ou o desenvolvimento de outras formas de relacionamento social diante de uma nova e diferente cultura de convívio.

Adequada RCPR para a melhora e/ou recuperação da depressão implica também o desenvolvimento de uma variabilidade de habilidades e, portanto, a produção de reforçadores positivos diversificados (Kanter et al., 2009). Áreas importantes na vida do cliente, como trabalho, estudo, lazer, relacionamentos de amizade, amor romântico e esporte, podem entrar nessa equação. Em tese, quanto mais diversificado o repertório de atividades, maior a probabilidade da produção de densidade de reforçadores positivos. Segundo Kanter et al. (2009), é o contato com fontes estáveis e diversas de reforçamento, em última instância, que mantém repertórios estáveis de saúde psicológica. Assim também diminuiria a probabilidade do desenvolvimento de um episódio depressivo futuro (Abreu & Abreu, 2020).

A promoção da variabilidade comportamental, do ponto de vista estratégico clínico, pode muitas vezes esbarrar em uma limitação bastante relevante: o tempo acaba contando contra o terapeuta.

O objetivo fundamental da BA é tirar o indivíduo da depressão. Então, muitas vezes o esforço de levar o cliente a aprender novos e diversificados comportamentos, se não diretamente importantes para a mudança clínica, deve ser muito bem ponderado na tomada de decisão do terapeuta. Muitas pessoas depressivas chegam a perder meses, senão anos de sua vida, envolvidas em sofrimentos, ruminações, falta de motivação, perda da qualidade do sono, tristeza contagiante e ideações suicidas. Assim deixam de trabalhar e tampouco apresentam qualquer interesse para as relações sociais. A partir daí, escaladas de consequências negativas se multiplicam, como a perda do poder aquisitivo e o isolamento social gradativo. Depressões de moderada a severa podem mesmo servir como gatilho para levar o indivíduo às tentativas de suicídio.

Nosso entendimento da BA aplicada à depressão[3] ensina que, em geral, é mais rápida a restituição de antigas atividades reforçadas positivamente. Isso porque o indivíduo em geral já tem habilidade e foi historicamente sensibilizado para os reforçadores

[3] Para aprofundamento, sugiro a leitura do manual de BA de Abreu & Abreu (2020).

envolvidos. Assim, é recomendável que a terapia de BA seja a mais rápida possível, até que o indivíduo melhore ou mesmo se recupere do episódio depressivo atual. Vale lembrar que os episódios depressivos associados à depressão unipolar e bipolar são responsáveis pela metade das mortes por suicídio (Dallalana et al., 2019). Conduzir boa BA requer do terapeuta, portanto, atenção estratégica ao tempo.

DESENVOLVIMENTO DE COMPORTAMENTOS DE FUGA E ESQUIVA PASSIVA

A depressão decorre da mudança na frequência de comportamentos reforçados positivamente, compreendida sob o termo mais técnico de RCPR (Lewinsohn et al., 1976). Mas outro conjunto de comportamentos tem também grande mudança de frequência durante o episódio depressivo maior. São os comportamentos reforçados negativamente (Ferster, 1973).

Ruminações, culpa excessiva, esquivas de atividades, hipersonia, ideações suicidas, procrastinação de responsabilidades, isolamento social e o comer em excesso ou déficit acontecem normalmente sob contingências de reforçamento negativo. Esses comportamentos produzem diretamente reforçamento – ou estão envolvidos em relações contingenciais com outros comportamentos reforçados negativamente. Comumente o reforçamento negativo produz "alívio", e raramente qualquer sentimento ligado a satisfação ou prazer. Considere o exemplo dado na Tabela 1, adaptado do Manual de BA-IACC de Abreu e Abreu (2020)[4].

Comumente a esquiva produz sentimentos de disforia e ansiedade. O ruminar, componente encoberto listado na coluna "Comportamento", é compreendido na sua relação com o comportamento aberto que o segue. Conforme a Tabela 1, um cliente que tira nota baixa na prova envolve-se em ruminações, como no pensamento "eu sou muito burro e covarde". Ele possivelmente se esquiva de alguma atividade aversiva. As ruminações vêm associadas a outras respostas, como chegar atrasado, faltar à aula, ficar ao celular ou falar mal do professor. E essa cadeia resposta-resposta produz consequências. Uma análise de função pode evidenciar que esses comportamentos acontecem para evitar uma desafiadora demanda de estudos ou uma discussão da nota com o professor. Eles também produzem a atenção dos amigos. A esquiva ilustrada pode contribuir sobremaneira para gerar sentimento adicional de desesperança e baixa autoestima na faculdade e, por isso, deve ser alvo da intervenção terapêutica.

---

[4]Doravante faremos menção a BA-IACC quando estivermos nos referindo ao manual de ativação comportamental desenvolvido no Instituto de Análise do Comportamento de Curitiba (IACC; Abreu & Abreu, 2020), e a BA, quando fizermos menção à proposta de outros autores – ou, ainda, como uma descrição genérica desse sistema de terapia.

Tabela 1 Relações contingenciais entre comportamentos e seus determinantes ambientais

Estímulo discriminativo (determinante)	Comportamento (determinado)	Consequências (determinante)
Nota baixa na prova	*"Eu sou muito burro e covarde"*	Consegue atenção dos amigos
	Fala mal do professor para os amigos	Não precisa discutir com o professor
	Passa mais tempo distraído ao telefone celular durante a aula	Não precisa estudar para melhorar seu desempenho na disciplina
	Disforia e ansiedade	

Ferster (1973) cunhou o termo esquiva passiva[5] para fazer menção a um comportamento reforçado negativamente e que não muda efetivamente o ambiente social aversivo. Um exemplo desse tipo de comportamento são as ruminações e reclamações citadas na Tabela 1. Seria uma atitude passiva o cliente apenas se queixar do professor para os amigos, pois esse comportamento não resolve o problema. Alternativamente um repertório ativo a ser abordado em terapia remove, altera ou escapa de forma efetiva à/da situação aversiva (Ferster, 1973). Estudar ou discutir diplomaticamente a prova com o professor poderia produzir esse efeito.

CONTINGÊNCIAS DE CONTROLE AVERSIVO QUE INTERFEREM NA RCPR

O reconhecimento do papel dos repertórios de fuga e esquiva passivas trouxe definitiva identidade para a caracterização comportamental da depressão, e também para as intervenções em BA (p. ex., Martell et al., 2001). Mas, não obstante, continuou apresentando lacunas na explicação do fenômeno clínico. Restou ainda responder as seguintes perguntas: sob quais contingências ocorre a aprendizagem dos comportamentos de fuga e esquiva passivas? Como esse repertório cronifica a disforia na depressão, ou seja, desde um ponto de vista comportamental, como ele interfere na RCPR? E existiriam contextos aversivos sem possibilidade de fuga e esquiva?

Abreu e Abreu (2020) tentaram responder a essas perguntas em um esforço de caracterização mais completa da depressão, com o objetivo de, a partir dessa análise, propor intervenções mais pontuais e alinhadas com os desafios clínicos.

[5] Por consenso na literatura, adotaremos algumas vezes também o conceito de "esquiva passiva", mas sob o entendimento de que este é um termo genérico, e que, sob uma análise contingencial detalhada, incluiria os comportamentos de fuga.

Os autores descreveram três tipos de controle aversivo que interferem na RCPR: (1) os contextos de punição; (2) a incontrolabilidade com eventos aversivos; e (3) e a extinção operante. Ressaltam Abreu e Abreu (2020) que, no tratamento da depressão, a análise e a intervenção nessas contingências devem ser priorizadas ao enriquecimento simples de agenda.

PUNIÇÃO SOCIAL NA APRENDIZAGEM DE COMPORTAMENTOS DE FUGA E ESQUIVA PASSIVAS

A punição é um fenômeno social, pois acontece na relação com o outro. Ela provoca efeitos colaterais como a produção de respondentes intensos (p. ex., emoções), o estabelecimento dos comportamentos e circunstâncias associados à punição como fonte aversiva, e o estabelecimento de repertórios de fuga e esquiva (Skinner, 1953/1968). Abreu e Abreu (2015; 2017; 2020) destacam que a punição é mediada socialmente pelo comportamento do outro. Na punição o agente punidor, representado por uma pessoa ou por uma instituição, pode ser também o detentor de reforçadores positivos importantes para o indivíduo. Existiria, portanto, a necessidade de convivência social próxima apesar das relações de punição. Um superior que humilha seu funcionário é também o responsável por designar as tarefas menos aversivas, ou até por uma indicação de promoção dentro da empresa. De acordo então com os autores, a punição acontece com a apresentação *mediada* de um estímulo aversivo (punição positiva), ou com a retirada *mediada* de um reforçador (punição negativa), sempre contingente a um dado comportamento (Abreu & Abreu, 2017; 2020).

Na depressão, os sentimentos de disforia ocorrem como produto de todos esses efeitos indesejados da punição (Abreu & Abreu, 2017; 2020).

As punições ocorrem no desenvolvimento de um episódio depressivo e/ou na manutenção das esquivas passivas (Abreu & Santos, 2008). Desqualificação profissional, ruídos maritais e problemas com familiares são exemplos usuais. E quando já em depressão, o indivíduo pode apresentar absenteísmo no trabalho, pedidos de separação no casamento e isolamento da família. A esquiva passiva tende a ocorrer regularmente diante das circunstâncias que sinalizam a punição.

Contudo, existem circunstâncias que se repetem e que oferecem pouca, senão nenhuma, possibilidade de esquiva. Considere como exemplo uma tarefa em grupo no trabalho que envolve grande responsabilidade individual, e em que o produto do comportamento do cliente depressivo seja insumo para o comportamento de um colega com quem este tem conflito. Observa-se, então, o aparecimento da ansiedade na obrigatoriedade da interação, característica dos quadros de TDM com sintomas ansiosos.

De acordo com o DSM-5 (American Psychiatric Association, 2014), esses quadros são caracterizados por sintomas como: (1) sentir-se nervoso ou tenso; (2) sentir-se anormalmente inquieto; (3) dificuldade de se concentrar em razão de preocupações; (4) temor de que algo terrível aconteça; e (5) sentimento de que o indivíduo possa perder o controle sobre si mesmo.

De uma perspectiva comportamental, após repetida experiência de pareamento, a ansiedade ocorre no tempo transcorrido entre o contato com a circunstância pré-aversiva antecedente e o estímulo aversivo (no caso, a punição), sempre na impossibilidade da esquiva (Estes & Skinner, 1941). Os ambientes sociais são bastante dinâmicos. Assim, em um dado momento é possível que o cliente consiga se esquivar do colega no escritório durante a maior parte do tempo. Mas no momento seguinte, isso pode já não ser possível, como em uma reunião de participação obrigatória. A antecipação do evento, associada à impossibilidade de esquiva, produz sintomas ansiosos contextualmente-dependentes.

O TDM com sintomas ansiosos tem sido um quadro bastante comum. E, segundo o DSM-5, a comorbidade com muitos transtornos de ansiedade também (American Psychiatric Association, 2014).

INCONTROLABILIDADE COM EVENTOS AVERSIVOS

Existem contextos em que os depressivos são submetidos a repetidas experiências de insucesso na fuga e esquiva. São contextos aversivos, por exemplo as situações de violência doméstica. Neles ocorre a apresentação de estimulação aversiva incontrolável para a vítima, sendo perpetrados pelo agressor que se comporta muitas vezes sob influência de sua própria irritação.

Dados de pesquisa básica mostram que, sob o efeito de uma história de experiências com choques incontroláveis, animais não humanos (p. ex., ratos) podem vir a desenvolver sintomas de depressão. As investigações mostram como a experiência com eventos aversivos incontroláveis pode depois interferir na aprendizagem de comportamentos de fuga essenciais para a sobrevivência. O efeito de interferência na aprendizagem da fuga ganhou o nome de desamparo aprendido (DA) (Maier & Seligman, 1976), bem como o modelo experimental animal no qual ele é produzido e estudado.

O DA é classificado como um bom modelo animal de depressão por explicar a etiologia, a sintomatologia, as alterações biológicas e os tratamentos efetivos (Hunziker, 2003). Semelhantemente aos animais no experimento, a incontrolabilidade de eventos aversivos em humanos, como a violência doméstica, impede qualquer comportamento de fuga reforçado negativamente. Mais do que isso, interfere diretamente também na RCPR.

Do ponto de vista da evolução, as circunstâncias relacionadas ao DA possivelmente são mais pervasivas do que a punição, pois nesta última ainda existe a possibilidade da aprendizagem de um repertório de fuga e esquiva. A evitação do contato com as circunstâncias aversivas tem valor de sobrevivência e, por ser observada em outras espécies, mostra uma herança filogenética importante (Abreu & Abreu, 2020). Já nas circunstâncias relacionadas ao DA, nada pode ser feito caso a incontrolabilidade ainda esteja em curso. Nesse sentido as intervenções, conforme sugerem Abreu e Abreu (2020), serão distintas no tratamento a depender se o cliente (1) está correntemente submetido a um ambiente de incontrolabilidade ou se (2) já passou pela incontrolabilidade em sua história. Na condição de incontrolabilidade, como em situações de violência doméstica, a intervenção por excelência é interdisciplinar, com a retirada imediata do ambiente e assistência da vítima. Já na condição pós-experiência passada com a incontrolabilidade, o ensino da análise funcional para o desenvolvimento da consciência da controlabilidade dos eventos ambientais, bem como a modelagem de habilidades sociais e não sociais, são as intervenções centrais indicadas[6].

EXTINÇÃO OPERANTE E A PERDA DE FONTES DE REFORÇAMENTO

Alguns casos de depressão ocorrem como efeito da extinção operante. Na extinção, um comportamento historicamente reforçado não produz mais seu reforçador. Ocorre, portanto, quebra da relação comportamento-consequência.

A extinção é um tipo de controle aversivo, pois (1) elicia respostas emocionais intensas e ainda (2) confere função aversiva para as circunstâncias relacionadas à perda do reforçador (Abreu & Santos, 2008; Abreu & Abreu, 2020). A função aversiva conferida às circunstâncias da perda, bem como as emoções eliciadas, vão interferir na RCPR. São exemplos de extinção a perda de um ente querido, o fim de um emprego, o isolamento social após a formatura na universidade e o fim de um relacionamento. Após a extinção, o depressivo pode desenvolver um requintado repertório de fuga e esquiva passiva. Assim, por exemplo, após o fim do casamento, uma cliente passa a evitar o contato com os antigos amigos que fez a partir do relacionamento com seu ex-marido.

A pessoa que compõe relacionamento suportativo é fonte de reforçamento positivo para diversas interações sociais. Mais especificamente, o que ocorre é a perda não de um reforçador, mas de um conjunto de reforçadores dispostos pelo outro. Isso pelo fato de essa pessoa ter sido fonte regular de reforçamento positivo.

---

[6] Maior detalhamento é encontrado no Manual BA-IACC, de Abreu e Abreu (2020).

A partir da perda, inúmeras condutas de interação social do cliente ficam comprometidas (Abreu & Abreu, 2020). Carinho, suporte, cumplicidade, atenção e sexo são alguns exemplos. Durante o processo ocorre gradativa diminuição global da RCPR, característica da curva de extinção. No caso clínico, quanto menores forem as fontes alternativas de reforçamento positivo, tanto maior será a probabilidade de agravamento do sofrimento psicológico (Dougher & Hackbert, 1994).

AGENDA DIÁRIA DE ATIVIDADES: UM INSTRUMENTO QUE É O CORAÇÃO DA BA

A Agenda Diária de Atividades, originalmente proposta por Lewinsohn (Lewinsohn & Libet, 1972; Lewinsohn & Graf, 1973), é um instrumento apontado como elemento comum a todas as intervenções de BA. Ela trouxe muitas adaptações na forma de ser utilizada (p. ex., Abreu & Abreu, 2020; Martell et al., 2001; Lejuez et al., 2001), mas ainda segue sendo o coração e a identidade dessa psicoterapia. Na década de 1990 as intervenções comportamentais por ela orientadas passaram a ser oficialmente chamadas de Ativação Comportamental (Jacobson et al., 1996), termo cunhado pelos renomados terapeutas cognitivos Hollon & Garber (1990) para fazer menção ao conjunto de procedimentos comportamentais clínicos usados na terapia cognitiva para depressão.

Clientes depressivos, quando são solicitados a relatar os acontecimentos da semana, conseguem descrever uns poucos episódios e, em geral, de uma forma bastante breve e empobrecida. Diversos fatores contribuem para isso, como a falta de atenção às atividades do dia a dia, o excesso de ruminações, ou mesmo a falta de motivação para se empenharem em uma descrição detalhada. Por esse motivo, a Agenda Diária de Atividades é sempre adotada sob um regime periódico (p. ex., semanal, quinzenal). A racional para seu uso é obter um relato das atividades semanais mais pontual e consistente com as contingências de reforçamento dispostas ao longo da semana. O preenchimento diário também facilita para o cliente recordar as atividades e o efeito contexto-dependente do humor produzido pelo comportar-se.

Atualmente na agenda são utilizadas escalas subjetivas de domínio e prazer, conforme propostas por Beck et al. (1979/2002). A escala de domínio pontua o grau em que o cliente conseguiu desempenhar adequadamente uma tarefa. A escala de prazer pontua o grau de satisfação produzido pela atividade. De uma perspectiva comportamental, a escala de prazer faz referência às consequências de curto prazo, e a escala de domínio, às de longo prazo (Kanter et al., 2009). A Tabela 2, adaptada de Abreu e Abreu (2020), traz um modelo de Agenda Diária de Atividades.

Tabela 2 Atividades desenvolvidas pela cliente durante a fase de intervenção

	Seg	Ter	Qua	Qui	Sex	Sáb
Manhã	Vai para o salão de beleza da mãe. Vontade de ficar em casa P-3 D-5	Vai para o salão de beleza da mãe. Interage para se distrair P-5 D-5	"Ressaca boa da festança" de ontem no salão P-5 D-5	Levanta de bom humor. Vai ao mercado P-3 D-5	Levanta de bom humor. Vai ao salão. Por vazes sente tristeza P-3 D-5	Não vai ao salão, mas se sente bem pela 1º vez P-3 D-3
Tarde	Tenta muito interagir com as pessoas no salão. "Briga" contra o sono P-3 D-5	Interage no salão. Passa uma tarde agradável. Sentimento de agonia às vezes P-5 D-5	Terapia. Afirma que está se redescobrindo P-5 D-5	Dorme em casa P-0 D-0	Tenta muito interagir com as pessoas no salão. "Briga" contra o sono P-5 D-5	Assiste aos jogos da Copa. Dá uma cochilada P-2 D-2
Noite	Irmão janta na casa da cliente P-5 D-5	Interagindo com as pessoas no salão. Sentimento de agonia e ansiedade às vezes P-3 D-5	Sai com a mãe para devolver uns produtos na loja P-5 D-5	Dorme em casa. Quando acorda sente euforia e aperto no coração P-0 D-0	Assiste à TV com o irmão e vai dormir na hora certa P-5 D-5	Sai para jantar com mãe e padrasto P-1 D-1

A agenda permite a avaliação do repertório de entrada e a comparação posterior das atividades ao longo de todo o processo da psicoterapia. Ela foi utilizada originalmente por Lewinsohn et al. (1976) para o enriquecimento diário com atividades menos complexas e potencialmente reforçadoras (p. ex., Agenda dos Eventos Prazerosos). Atualmente, adota-se a agenda também para a planificação dos passos na resolução de problemas complexos, causados por controle aversivo, e que interferem na RCPR.

REFERÊNCIAS

Abreu PR, Abreu JHSS. Ativação comportamental na depressão. Barueri: Manole; 2020.

Abreu PR, Abreu JHSS. Ativação comportamental. In: Gouveia JP, Santos LP, Oliveira MS, editores. Terapias comportamentais de terceira geração: guia para profissionais. Novo Hamburgo: Sinopsys; 2015. p. 406-39.

Abreu P, Abreu J. Ativação comportamental: apresentando um protocolo integrador no tratamento da depressão. Revista Brasileira de Terapia Comportamental e Cognitiva. 2017;19(3):238-59.

Abreu PR, Santos C. Behavioral models of depression: a critique of the emphasis on positive reinforcement. International Journal of Behavioral and Consultation Therapy. 2008;4:130-45.

American Psychiatric Association. DSM-5: Manual diagnóstico e estatístico de transtornos mentais. Porto Alegre: Artmed; 2014.

Beck AT, Rush AJ, Shaw BF, Emory G. Terapia cognitiva da depressão. Porto Alegre: Artmed; 2012 (Originalmente publicado em 1979).

Dallalana C, Caribé AC, Miranda-Scippa A. Suicídio. In: Quevedo J, Nardi AE, Silva AG, editores. Depressão: teoria e clínica. Porto Alegre: Artmed; 2019. p. 123-32.

Depression (n.d.). In: World Heath Organization website [acesso em 14 out. 2020]. Disponível em: https://www.who.int/news-room/fact-sheets/detail/depression

Depression treatment: behavioral activation for depression (n.d.). In: Division 12 of the American Psychological Association website [acesso em 14 out. 2020]. Disponível em: http://www.div12.org/psychological-treatments/disorders/depression/behavioral-activation-for-depression/.

Dougher MJ, Hackbert JA. A behavior-analytic account of depression and a case report using acceptance-based procedures. The Behavior Analyst. 1994;17(2):321-34.

Estes WK, Skinner BF. Some quantitative properties of anxiety. Journal of Experimental Psychology. 1941;29:390-40.

Ferster CB. A functional analysis of depression. American Psychologist. 1973;28, 857-70.

Hollon SD, Garber J. Cognitive therapy for depression: a social cognitive perspective. Personality and Social Psychology Bulletin. 1990;16(1):58-73.

Hunziker MHL. Desamparo aprendido [tese]. São Paulo: Universidade de São Paulo; 2003.

Kanter J, Busch AM, Rusch L. Behavioral activation: distinctive features. New York: Routledge; 2009.

Lejuez CW, Hopko DR, Hopko SD. A brief behavioral activation treatment for depression: treatment manual. Behavior Modification. 2001;25:255-86.

Lewinsohn PM, Libet J. Pleasant events, activity schedules and depression. Journal of Abnormal Psychology. 1972;79:291-5.

Lewinsohn PM, Graf M. Pleasant activities and depression. Journal of Consulting and Clinical Psychology. 1973;41(2):261-8.

Lewinsohn PM, Biglan A, Zeiss AS. Behavioral treatment of depression. In: Davidson P. O., editor. The behavioral management of anxiety, depression and pain. New York: Brunner/Mazel; 1976. p. 91-146.

Maier SF, Seligman MEP. Learned helplessness: theory and evidence. Journal of Experimental Psychology: General. 1976;105:03-46.

Martell CR, Addis ME, Jacobson NS. Depression in context: strategies for guided action. New York: Norton; 2001.

National Institute for Health and Clinical Excellence. Depression: the treatment and management of depression in adults. National Institute for Clinical Excellence; 2009.

Pacheco JL, Vieira MEB. Função, limites e dificuldades para o psiquiatra no trabalho junto a paciente com transtornos mentais em tratamento pelo médico não psiquiatra. In: Humes EC, Vieira MEB, Júnior RF, Ma M, Hubner C, Olmos RD, editores. Psiquiatria interdisciplinar. Barueri: Manole; 2016. p. 3-5.

Parikh SV, Quilty LC, Ravitz P, Rosenbluth M, Pavlova B, Grigoriadis S, et al.; the CANMAT Depression Work Group. Canadian network for mood and anxiety treatments (CANMAT) 2016 clinical guidelines for the management of adults with major depressive disorder: Section 2. Psychological Treatments. Canadian Journal of Psychiatry. 2016;61(9):524-39.

Projeção da população do Brasil e das unidades da federação (n.d.). In: Instituto Brasileiro de Geografia e Estatística website [acesso em 22 nov. 2019]. Disponível em: https://www.ibge.gov.br/apps/populacao/projecao/index.html.

Sadock BJ, Sadock VA, Ruiz P. Kaplan & Sadock's synopsis of psychiatry: behavioral sciences/clinical psychiatry. 11. ed. Philadelphia: Wolters Kluwer; 2015.

Skinner BF. Science and human behavior. New York/London: Free Press/Collier Macmillan; 1968.

Schlinger Jr H. A behavior-analytic perspective on development. Revista Brasileira de Terapia Comportamental e Cognitiva. 2019;20(4):116-31.

21

Ativação comportamental (BA-IACC): avaliação e formulação de caso

Paulo Roberto Abreu
Juliana Helena dos Santos Silvério Abreu
Instituto de Análise do Comportamento de Curitiba (IACC)

Durante a avaliação funcional de caso na BA-IACC[1], seguimos alguns passos iniciais de conduta clínica, primeiro para definir se o caso em questão pode ser seguramente designado para tratamento de ativação. Embora particularmente entusiastas dessa terapia, temos a compreensão compassiva de que os repertórios idiográficos e as histórias trazidas por cada cliente são singulares e podem eventualmente demandar outras terapias potencialmente úteis.

Dentre todas as terapias comportamentais contextuais, a ativação foi formulada e vem sendo aplicada prioritariamente no tratamento da depressão. Portanto, entendemos que na BA-IACC o diagnóstico diferencial é parte integrante da avaliação clínica inicial.

DIAGNÓSTICO DIFERENCIAL NOSOLÓGICO COM INTERESSE PARA BA-IACC

Clientes apenas com episódios depressivos maiores têm transtorno depressivo maior (TDM) ou depressão unipolar (Sadock, Sadock & Ruiz, 2015). Os critérios segundo o DSM-5 (American Psychiatric Association, 2014) podem ser divididos em dois grandes eixos de sintomas, sendo eles o humor deprimido e a perda do interesse ou prazer. A Tabela 1 apresenta os critérios diagnósticos.

[1] Doravante faremos menção a BA-IACC quando estivermos nos referindo à ativação comportamental do manual desenvolvido no Instituto de Análise do Comportamento de Curitiba (IACC; Abreu & Abreu, 2020), e a BA, quando fizermos menção à proposta de outros autores – ou, ainda, como uma descrição genérica desse sistema de terapia.

Tabela 1 Critérios diagnósticos do transtorno depressivo maior

A. Cinco ou mais dos sintomas seguintes presentes por pelo menos 2 semanas e que representam mudanças no funcionamento prévio do indivíduo; pelo menos um dos sintomas é: 1) humor deprimido ou 2) perda de interesse ou prazer (Nota: não incluir sintoma nitidamente decorrente de outra condição clínica): 1. Humor deprimido na maioria dos dias, quase todos os dias (p. ex., sente-se triste, vazio ou sem esperança) por observação subjetiva ou realizada por terceiros (Nota: em crianças e adolescentes pode ser humor irritável). 2. Acentuada diminuição do prazer ou interesse em todas ou quase todas as atividades na maior parte do dia, quase todos os dias (indicado por relato subjetivo ou observação feita por terceiros). 3. Perda ou ganho de peso acentuado sem estar em dieta (p. ex., alteração de mais de 5% do peso corporal em 1 mês) ou aumento ou diminuição de apetite quase todos os dias (Nota: em crianças, considerar incapacidade de apresentar os ganhos de peso esperados). 4. Insônia ou hipersonia quase todos os dias. 5. Agitação ou retardo psicomotor quase todos os dias (observável por outros, não apenas sensações subjetivas de inquietação ou de estar mais lento). 6. Fadiga e perda de energia quase todos os dias. 7. Sentimento de inutilidade ou culpa excessiva ou inadequada (que pode ser delirante), quase todos os dias (não meramente autorrecriminação ou culpa por estar doente). 8. Capacidade diminuída de pensar ou concentrar-se ou indecisão, quase todos os dias (por relato subjetivo ou observação feita por outros). 9. Pensamentos de morte recorrentes (não apenas medo de morrer), ideação suicida recorrente sem um plano específico, ou tentativa de suicídio ou plano específico de cometer suicídio.
B. Os sintomas causam sofrimento clinicamente significativo ou prejuízo ao funcionamento social, ocupacional ou em outras áreas importantes da vida do indivíduo.
C. Os sintomas não se devem aos efeitos fisiológicos diretos de uma substância (p. ex., droga) ou outra condição médica (Notas: 1. Os critérios de A-C representam um episódio depressivo maior; 2. Respostas a uma perda significativa [luto, perda financeira, perda por um desastre natural, uma grave doença médica ou invalidez] podem incluir sentimentos de tristeza intensa, reflexão excessiva sobre a perda, insônia, falta de apetite e perda de peso observados no critério A, que podem assemelhar-se a um episódio depressivo. Embora esses sintomas possam ser compreensíveis ou considerados apropriados para a perda, a presença de um episódio depressivo maior em adição a uma resposta normal a uma perda significativa também deve ser considerada cuidadosamente. Essa decisão inevitavelmente requer o exercício de julgamento clínico baseado na história do indivíduo e nas normas culturais para a expressão de angústia no contexto de perda).
D. A ocorrência de episódio depressivo maior não é mais bem explicada por transtorno esquizoafetivo, esquizofrenia, transtorno delirante ou outro transtorno especificado ou não do espectro esquizofrênico e outros transtornos psicóticos.
E. Não houve nenhum episódio de mania ou hipomania anterior (Nota: essa exclusão não se aplica se todos os episódios tipo maníaco ou hipomaníaco forem induzidos por substância ou atribuíveis aos efeitos fisiológicos de outra condição médica).

Dentro de uma perspectiva comportamental, o humor deprimido é produzido pela diminuição da taxa de respostas contingentes ao reforçamento positivo (RCPR) (Lewinsohn, Biglan & Zeiss, 1976). Muitas vezes clientes homens podem não relatar humor deprimido, mas queixas somáticas, mal-estar corporal e insônia. Isso se deve a uma série de variáveis internas e externas, como um histórico problemático de aprendizagem de tatos de sentimentos[2], e o preconceito social normalmente existente na cultura para a expressão da vulnerabilidade masculina (Abreu & Abreu, 2020).

A acentuada diminuição no prazer ou interesse ocorre por causa das mudanças ambientais que promovem a diminuição da sensibilidade do comportamento ao reforçador, conforme pontuam Lewinsohn et al. (1976). O estado de anedonia assim produzido é evidenciado a partir do esforço do depressivo de fuga e esquiva das atividades habituais, como trabalho e estudos. Clientes depressivos evitam tenazmente o contato com essas circunstâncias.

A perda de peso ou seu ganho merecem alguns apontamentos adicionais. Normalmente a perda de peso é mais comum em depressões unipolares, e a hiperfagia e ganho de peso, nas depressões bipolares (Yatham et al., 2018). E para análise contingencial não somente a topografia do comportamento alimentar e seus efeitos sobre a biologia deverão ser observados, mas toda a contingência de reforçamento envolvida. Clientes depressivos não apresentam qualquer motivação para preparar suas refeições. Os horários e números das refeições ficam desorganizados. É comum que, por comodidade, pulem refeições, acabem pedindo *fast-food* ou priorizando comidas calóricas de rápido e fácil preparo, como os industrializados e congelados. Quanto mais isolada e reservada estiver a pessoa, em geral, tanto pior a desorganização do comportamento alimentar. A consequência da desorganização do comportamento alimentar é a perda ou ganho de peso que decorre do conjunto das contingências particulares que comprometem os hábitos alimentares usuais.

A insônia ou hipersonia habitual do depressivo também contribuem para grandes modificações no metabolismo, assim como a quantidade de lanches fora de hora. E seus efeitos vão muito além.

A insônia provoca problemas neuroquímicos, hormonais e imunológicos. Produz também efeitos em todos os outros comportamentos que compõem os critérios diagnósticos do TDM. A falta de sono altera a sensibilidade a estímulos reforçadores e, portanto, as contingências de reforçamento. Nos antecedentes

---

[2] O tato é um operante verbal que se caracteriza por ser controlado por eventos ou objetos do ambiente, ou por algumas de suas propriedades, e que produz reforçadores sociais generalizados. Assim, um cliente emite tatos de sentimentos em situações em que, por exemplo, descreve sua tristeza – sob o controle também da sua estimulação interoceptiva – diante de uma pergunta interessada do psicoterapeuta.

a privação funciona como operação motivadora para problemas de comportamento mantidos por reforçamento negativo (Langhorne, McGill & Oliver, 2013). A dificuldade de concentração, fadiga, perda de energia e o retardo motor, decorrentes de dias maldormidos, aumentam temporariamente o valor do reforçamento para a fuga de demandas, tornando o problema de comportamento mantido pela fuga mais provável de ocorrer. Sentimentos de inutilidade e culpa, associados às ruminações, e mesmo ideações suicidas, tornam-se então mais prováveis. O aumento da frequência de comportamentos de fuga e esquiva interfere, ao seu turno, na RCPR.

No diagnóstico diferencial do TDM é importante investigar a possibilidade de um transtorno depressivo induzido por substância de abuso. Substâncias de abuso podem precipitar episódios depressivos secundários, como a dependência de cocaína. A abstinência dessa substância em indivíduos dependentes pode determinar sintomas depressivos.

No diagnóstico diferencial é imprescindível também que seja investigada qualquer suspeita de transtorno bipolar (TB). Clientes recebem todo dia erroneamente o diagnóstico de TDM, episódio atual, mas, sob um exame longitudinal mais criterioso, podem indicar histórico de comportamentos maníacos ou hipomaníacos. As dificuldades que contribuem para o erro são inúmeras.

Os clientes com TB apresentam pouca consciência sobre o problema e, nesse sentido, o terapeuta deve entrevistar também familiares e/ou amigos nas primeiras sessões. Familiares de clientes bipolares normalmente se mostram mais sensíveis para o relato de histórico de comportamentos que os incomodam, como o excesso de álcool, regime de sono diminuído, excesso de atividade, gastos e atividades iniciadas, mas nunca finalizadas. Já os clientes, diferentemente, estão muito mais propensos a relatar sintomas de disforia do que de euforia.

Caso seja diagnosticado TB, o encaminhamento deve ser feito para o médico psiquiatra. Medicamentos como estabilizadores de humor, anticonvulsivantes e antipsicóticos atípicos reduzem as taxas de recaída e melhoram o funcionamento global dos clientes (Miklowitz et al., 2003). A BA-IACC pode ser aplicada conjuntamente durante o episódio atual da depressão bipolar, visto que as habilidades ensinadas, como monitoramento de comportamentos de enfrentamento de esquiva passiva, são essenciais para a resolução dos problemas e consequente contato com contingências de reforçamento positivo (Abreu & Abreu, 2020). Até o presente momento inexistem ensaios clínicos controlados da BA associada a medicação no TB, embora alguns resultados com pequenas amostras sugiram perspectivas positivas (p. ex., Weinstock et al., 2016).

Por último, no diagnóstico diferencial é importante distinguir o TDM do transtorno de humor decorrente de outra condição médica. Episódios identificados com base em achados laboratoriais podem ser consequência, por exemplo, de acidente vascular cerebral, esclerose múltipla ou hipotireoidismo. Aqui novamente ressaltamos que a BA-IACC poderá ser aplicada de forma interdisciplinar ao tratamento médico.

CONCEPÇÃO FUNCIONAL INICIAL DE CASO NA BA-IACC

A avaliação comportamental é feita a partir da concepção funcional inicial de caso. A BA-IACC adota como diretriz fundamental o seguimento de uma lista de dez itens de avaliação (Sturmey, 1996), que são: (1) organizar uma descrição geral do caso, em até 250 palavras; (2) fazer uma organização breve em termos demográficos e psiquiátricos do problema (p. ex., diagnóstico diferencial de depressão unipolar *vs.* bipolar); (3) operacionalizar os comportamentos-alvo (p. ex., hipersonia, procrastinação de tarefas no trabalho, isolamento social, ruminação no trabalho); (4) operacionalizar e exemplificar os antecedentes (p. ex., "em dias de eventos sociais no trabalho, sempre procura sair 30 minutos antes do fim do expediente"); (5) operacionalizar e exemplificar as consequências (p. ex., "evita resolver os problemas mais emergenciais no trabalho, acaba produzindo discussões com o seu time e sendo mais tarde repreendido pelo chefe"); (6) fazer a distinção entre as variáveis instaladoras e mantenedoras do problema (p. ex., "a hipersonia começou de dia por passar a noite assistindo a séries, e hoje ocorre para evitar contato com os familiares"); (7) apresentar uma breve história do início do problema (p. ex., "o problema começou quando migrou de área na empresa") e como os comportamentos envolvidos aumentaram ou diminuíram de frequência ao longo do desenvolvimento do cliente (p. ex., "os episódios de hipersonia foram aumentando gradativamente à medida que passou a faltar alguns dias ao trabalho na semana"); (8) identificar possíveis ganhos secundários (p. ex., "foi acolhido pela família preocupada, que também o dispensou das obrigações domésticas da casa"); (9) apresentar a função dos comportamentos em termos dos propósitos a que eles servem (p. ex., "ficar na cama tinha a função de esquiva de ter que ir para a faculdade"); (10) e finalmente escolher o tratamento protocolar mais adequado (p. ex., BA-IACC ou outro sistema de psicoterapia).

Caso a BA-IACC seja definida como a terapia de tratamento, a concepção inicial permite também que as informações sejam usadas para avaliação e condução de caso. Além disso, existe sempre a possibilidade de reformulação na medida em que novas informações funcionalmente orientadas forem sendo acrescentadas no transcorrer das sessões.

O que há de mais fundamental durante a concepção inicial de caso na BA-IACC é que o cliente preencha os critérios diagnósticos de depressão, como o TDM – ou mesmo o transtorno depressivo persistente, conforme Abreu e Abreu (2020). Nessa avaliação, de uma perspectiva funcional, os contextos aversivos (p. ex., punição, extinção operante e incontrolabilidade, descritas no Capítulo 20), bem como os repertórios de fuga e esquiva passivas, devem ser reconhecidamente os responsáveis pela diminuição da RCPR, e consequente manutenção do estado de humor disfórico.

IDENTIFICANDO COMPORTAMENTOS DE FUGA E ESQUIVA PASSIVA AO LONGO DA BA-IACC

A concepção funcional inicial de caso permite a identificação de cada elemento que compõe a tríplice contingência atual de reforçamento, com os antecedentes, comportamento-alvo e consequentes. Os comportamentos-alvo que compõem o repertório do depressivo devem ser analisados na sua relação com o contexto.

Contextos com controle aversivo levam o cliente a aprender um requintado repertório de fuga e esquiva que interferem na RCPR (Abreu & Abreu, 2020). A execução da análise funcional permite que o cliente ganhe consciência das consequências produzidas pela fuga e esquiva passivas em curto, médio e longo prazo. Acrescido a isso, o ensino da Análise Funcional aos clientes tem sido muito útil.

Martell, Addis e Jacobson (2001) propõem um recorte de análise para o ensino a partir dos acrônimos TRAP (do inglês, *trigger, response, avoidance pattern*) e TRAC (do inglês, *trigger, response, alternative coping*). Na BA-IACC foi feita uma adaptação para GEE1 e GEE2, em sintonia com a língua portuguesa. De acordo com essa mudança, GEE1 é a análise que envolve a esquiva passiva e o GEE2, a esquiva ativa. A Tabela 2 ilustra a adaptação.

Segundo esses acrônimos, G (gatilho) possui função de estímulo discriminativo (S^D) para o comportamento de esquiva passiva ou ativa, e função de estímulo condicional para a emoção respondente negativa. Esse recorte de análise é de fácil identificação pelo cliente, pois facilmente permite que perceba as mudanças de humor.

Tabela 2 Acrônimos TRAP e TRAC adaptados para a língua portuguesa

GEE1 (TRAP)	**GEE2** (TRAC)
Gatilho (S^D e CS)	**G**atilho (S^D e CS)
Emoção Negativa (comportamento respondente)	**E**moção Negativa (comportamento respondente)
Esquiva (comportamento de esquiva "passiva")	**E**nfrentamento (comportamento de esquiva "ativa")

GEE1 e GEE2 fazem referência aos comportamentos reforçados negativamente. Os adjetivos "ativa" e "passiva" referem-se aos dois tipos de esquiva, conforme descritos no Capítulo 20. Ainda que esse modelo de análise funcional não faça referência à consequência, o terapeuta pode fazer perguntas adicionais a fim de investigar a relação comportamento-consequência.

USO DE ESCALAS PARA MEDIÇÃO DE COMPORTAMENTOS DE ESQUIVA PASSIVA E ENFRENTAMENTO

O BDI-II (Beck, Steer & Brown, 1996) é utilizado nas sessões como auxílio na formulação do diagnóstico e da concepção funcional, e também para medição do grau e severidade dos comportamentos depressivos. Seus dados permitem a avaliação do repertório de entrada, mas também a inspeção da evolução do caso. Na BA-IACC, o BDI-II é aplicado quinzenalmente. Aplicamos também outras escalas funcionalmente orientadas para mensurar continuamente comportamentos de enfrentamento e esquiva, probabilidade de efeito reforçador e mudanças ambientais. Adotamos a Escala de Observação de Gratificações Ambientais (EROS; Armento & Hopko, 2007), a Escala de Depressão para Ativação Comportamental (BADS; Kanter et al., 2006; Kanter et al., 2009; BADS-SF; Manos, Kanter & Luo, 2011) e o Índice de Probabilidade de Recompensa (RPI; Carvalho & Hopko, 2011).

A EROS, a BADS/BADS-SF e a RPI são aplicadas a cada 3 meses, sempre com o objetivo de comparar o progresso do cliente, a partir das medidas continuadas, realizadas em diferentes momentos da terapia. As medidas múltiplas possibilitam a condução de um processo terapêutico baseado em evidências.

Muito mais do que o terapeuta assumir que o cliente está melhorando, é preciso que seja evidenciado o progresso com base nos dados informados.

UTILIZANDO A AGENDA DIÁRIA DE ATIVIDADES

A Agenda Diária de Atividades deve ser adotada em um regime semanal. Ela é utilizada para a avaliação inicial do repertório de entrada e para comparação posterior dos avanços do cliente ao longo das semanas. Na agenda utilizamos escalas de domínio e prazer, de 0 a 5, conforme descrito no Capítulo 20.

A BA-IACC adota a agenda com registros de períodos inteiros, como manhã, tarde e noite, pois os clientes depressivos raramente apresentam motivação para o preenchimento do formulário dividido por horas. E esse problema se amplifica quando é solicitado o preenchimento adicional de inventários. Dessa forma a adesão dos clientes é facilitada. Sempre incentivamos o preenchimento ao final de cada dia, quando ainda está fácil recordarem-se de todas as atividades.

USANDO O INVENTÁRIO DE AVALIAÇÃO DE VALORES NO ENRIQUECIMENTO DE AGENDA

Durante a intervenção elegemos atividades potencialmente reforçadoras relacionadas aos valores de vida do cliente. O trabalho com valores acelera e diversifica o enriquecimento de agenda. As pessoas formulam seus valores pessoais a partir das experiências de reforçamento de seus comportamentos (Abreu & Abreu, 2020). Assim, um valor como "estar mais em contato com os meus pais" pode ter sido formulado ao longo das interações reforçadas durante o desenvolvimento do cliente. São exemplos de reforços o suporte incondicional em momentos de vulnerabilidade, ou amor no momento de demonstração de carinho e cuidado.

A Tabela 3 apresenta o Formulário de Avaliação de Valores (Lejuez, Hopko & Hopko, 2001).

Dentro de cada área de vida, o cliente listará na segunda coluna os valores específicos, a exemplo do valor familiar "estar mais em contato com os meus pais". Cada um desses valores recebe notas subjetivas de importância de 0 a 10. A coluna sobre comportamentos consistentes com o valor na última semana é de especial interesse. Os comportamentos valorados colocam novamente o cliente em contato com potenciais reforçadores positivos, e esse é o objetivo fundamental da BA-IACC.

A ativação orientada por valores possibilita o aumento da RCPR em médio e longo prazo. Esse componente da terapia tem sido chamado de enriquecimento de agenda (Abreu & Abreu, 2020), pelo fato de que envolve normalmente comportamentos de menor custo de resposta e reforçadores positivos já familiares na história comportamental.

Tabela 3 Formulário de avaliação de valores

Área	Listar valor	Grau de importância (0-10)	O quanto seus comportamentos foram consistentes com esse valor na última semana? (0-10)
Relacionamentos familiares			
Relacionamentos sociais			
Relacionamentos íntimos			
Educação/treinamento			
Emprego/carreira			
Hobbies/recreação			
Serviço voluntário/caridade/ atividades políticas			
Atividades físicas/hábitos de saúde			
Espiritualidade			
Questões psicológicas/emocionais			

Acreditamos que a adoção das atividades valoradas, contudo, muitas vezes traz também o contato com contextos aversivos. Um valor familiar como "cuidar dos meus pais", que orienta comportamentos de cuidado, pode envolver obstáculos. O terapeuta não pode assumir uma pronta adesão à tarefa, ou disposição para a mudança do cliente. Os obstáculos que tornam a tarefa desafiadora são únicos para cada pessoa e deverão ser levados em conta. Os problemas terão, portanto, que deliberadamente ser analisados de maneira funcional.

DANDO GRANDE FOCO À ANÁLISE DE CONTEXTOS DE CONTROLE AVERSIVO

Clientes imersos em contextos de punição social, incontrolabilidade com eventos aversivos ou que sofreram recentemente a perda de um ente querido podem perder o interesse pela maior parte das atividades em que estavam normalmente envolvidos, como o trabalho, interações sociais ou acadêmicas (ver Capítulo 20). Apresentam desesperança crônica e ruminações, podendo também desenvolver insônia e desorganização do comportamento alimentar.

A premissa básica da BA-IACC é que o controle aversivo interfere na RCPR. A análise e intervenção das/nas contingências aversivas a que os depressivos respondem é prioridade na BA-IACC. Por esse motivo as atividades de resolução de problemas devem assumir protagonismo na Agenda Diária de Atividades. Para isso o fracionamento em graus de dificuldade deve sempre ser implementado, garantindo potencial sucesso em cada etapa. É inegociável a análise e intervenção baseada em análise funcional, e isso inclui as de controle aversivo.

Avaliação dos padrões de sono em casos de comorbidade com insônia

A BA-IACC aborda também a comorbidade do TDM com a insônia. Em nosso entendimento, negligenciar o tratamento próprio da insônia pode produzir péssimos desfechos clínicos. Isso porque é comum que insônia piore o quadro de depressão. Somado a isso, distúrbios de insônia residual aumentam a chance de um novo episódio depressivo maior (Dombrovski et al., 2007).

Como propostas integradas de avaliação comportamental da insônia, adotamos o Diário de Sono em conjunto com a Agenda Diária de Atividades. A Tabela 4 traz uma adaptação contida em Abreu e Abreu (2020).

O Diário de Sono (DS) é uma agenda semanal que possibilita obter informações sobre os padrões de sono. Conforme ilustrado na Tabela 4, ele traz perguntas sobre a hora em que o cliente foi para a cama, o momento em que dormiu, o número de horas dormidas, as interrupções, a hora em que despertou, as sonecas diurnas, o uso de drogas lícitas e ilícitas. O diário avalia também a percepção subjetiva da qualidade do sono.

Tabela 4 Diário de sono na fase de avaliação

	Domingo	Segunda	Terça	Quarta	Quinta	Sexta	Sábado
Hora em que foi para a cama	2:00	0:30	0:00	0:00	2:30	4:00	7:00
Hora em que adormeceu	4:00	2:00	2:00	1:00	3:00	4:00	7:00
Horas dormidas	6	7:30	7	7:30	5	7	9
Interrupções do sono	2	1	0	0	0	2	1
Hora em que despertou	10:00	9:30	9:00	8:30	8:30	11:00	16:00
Cochilos?	Sim, 2 horas	Não	Não	Não	Não	Não	Sim, 1 hora
Qualidade do sono	4	5	7	7	6	5	0
Álcool/medicamento	2 cervejas	Não	Não	Não	Bar	Festa	Festa

Em síntese, o DS permite identificar parâmetros temporais do dormir, a exemplo da sua duração, além de permitir o registro da frequência dos episódios de sono e suas interrupções. A partir da comparação com a Agenda Diária de Atividades, é possível avaliar o efeito do dia maldormido sobre as diversas atividades, permitindo o planejamento das estratégias de mudança.

SOBRE A BA-IACC NA AVALIAÇÃO E FORMULAÇÃO DE CASO

Este capítulo apresentou a avaliação e formulação de caso trazida no Manual BA-IACC. Ele traz componentes valiosos de outros manuais de ativação, como o uso da Agenda Diária de Atividades, mas também apresenta relevante contribuição para a análise de contingências aversivas, caracterização e intervenção de problemas de sono, e uma renovada articulação com a psicopatologia médica.

REFERÊNCIAS

Abreu PR, Abreu JHSS. Ativação comportamental na depressão. Barueri: Manole; 2020.

American Psychiatric Association. DSM-5: Manual diagnóstico e estatístico de transtornos mentais. Porto Alegre: Artmed; 2014.

Armento M, Hopko D. The Environmental Reward Observation Scale (EROS): development, validity, and reliability. Behavior Therapy. 2007;38:107-19.

Beck AT, Steer RA, Brown GK. Manual for the Beck Depression Inventory-II. San Antonio: Psychological Corporation; 1996

Carvalho JP, Hopko DR. Behavioral theory of depression: reinforcement as a mediating variable between avoidance and depression. Journal of Behavior Therapy and Experimental Psychiatry. 2011;42:154-62.

Dombrovski AY, Mulsant BH, Houck PR, Mazumdar S, Lenze EJ, Andreescu C, et al. Residual symptoms and recurrence during maintenance treatment of late-life depression. Journal of Affective Disorders. 2007;103:77-82.

Kanter JW, Rusch LC, Busch AM, Sedivy SK. Validation of the Behavioral Activation for

Depression Scale (BADS) in a community sample with elevated depressive symptoms. Journal of Psychopathology and Behavioral Assessment. 2009;31:36-42.

Kanter JW, Mulick PS, Busch AM, Berlin KS, Martell CR. The Behavioral Activation for Depression Scale (BADS): psychometric properties and factor structure. Journal of Psychopathology and Behavioral Assessment. 2006;29:191-202.

Langhorne P, McGill P, Oliver C. The motivation operation and negatively reinforced problem behavior: a systematic review. Behavior Modification. 2013;38:107-59.

Lejuez CW, Hopko DR, Hopko SD. A brief behavioral activation treatment for depression: treatment manual. Behavior Modification. 2001;25:255-86.

Lewinsohn PM, Biglan A, Zeiss AS. Behavioral treatment of depression. In: Davidson PO, editor. The behavioral management of anxiety, depression and pain. New York: Brunner/Mazel; 1976. p. 91-146.

Manos RC, Kanter JW, Luo W. The Behavioral Activation for Depression Scale-Short Form: development and validation. Behavior Therapy. 2011;42:726-39.

Martell CR, Addis ME, Jacobson NS. Depression in context: Strategies for guided action. New York: W. W. Norton; 2001.

Miklowitz DJ, George EL, Richards JA, Simoneau TL, Suddath RL. A randomized study of family-focused psychoeducation and pharmacotherapy in the outpatient management of bipolar disorder. Archives of General Psychiatry. 2003;60:904-12.

Sadock BJ, Sadock VA, Ruiz P. Kaplan & Sadock's synopsis of psychiatry: behavioral sciences/clinical psychiatry. 11. ed. Philadelphia: Wolters Kluwer; 2015.

Skinner BF. Verbal behavior. Acton: Copley Publishing Group; 1992.

Sturmey PS. Functional analysis in clinical psychology. Chichester: John Wiley & Sons; 1996.

Weinstock LM, Melvin C, Munroe MK, Miller IW. Adjunctive behavioral activation for the treatment of bipolar depression: a proof of concept trial. Journal of Psychiatric Practice. 2016;22(2):149-58.

Yatham LN, Kennedy SH, Parikh SV, Schaffer A, Bond DJ, Frey BN, et al. Canadian Network for Mood and Anxiety Treatments (CANMAT) and International Society for Bipolar Disorders (ISBD) 2018 guidelines for the management of patients with bipolar disorder. Bipolar Disorders. 2018;20(2):97-170.

22

Ativação comportamental para além da depressão: evidências, mecanismos de mudança e desafios

Marcelo Panza Lombardo
Olivia Gamarra

A ativação comportamental é uma das psicoterapias mais eficazes para o tratamento do transtorno depressivo maior, de acordo com os critérios da American Psychological Association (2020) e com diversas metanálises (Cuijpers et al., 2020; Cuijpers, Van Straten & Warmerdam, 2007; Simmonds-Buckley, Kellett & Waller, 2019). Em comparação com o restante dos protocolos de tratamento, a ativação comportamental apresenta resultados iguais ou superiores (Cuijpers et al., 2020), com uma explicação dos mecanismos de mudança parcimoniosa e baseada em evidências (Abreu, 2006; Abreu & Abreu, 2020), com técnicas relativamente fáceis de aplicar (Dimidjian & McCauley, 2016) e plausibilidade neurológica (Nagy et al., 2018).

Tendo em vista que a ativação comportamental afeta mecanismos essenciais para a saúde mental e para o bem-estar, como, o estado de ânimo, implica mecanismos comportamentais como a disponibilidade de reforços e a modificação do valor dos estímulos, sendo-lhe atribuídas modificações em mecanismos neurológicos fundamentais para a motivação e o bem-estar, por exemplo, o mecanismo de recompensa, é possível supor que sua aplicação seria útil não apenas no tratamento de problemas do humor em pacientes com transtorno depressivo maior, mas também em diversos transtornos e em tipos de pacientes. Avançando bastante nesse raciocínio, Dimaggio e Shahar (2017) argumentaram que a ativação comportamental envolve mecanismos transdiagnósticos e transterapêuticos. As ressalvas anteriores, muito comuns no atual contexto psicoterapêutico, devem ser consideradas com cautela, levando em consideração a existência de 541 transtornos mentais (Blashfield et al., 2014) e a possibilidade de que tais ressalvas constituam uma aproximação pouco exata dos verdadeiros fenômenos psicopatológicos, detentores de pluralidade e complexidade diagnósticas e etiológicas muito maiores (Arnedo et al., 2015). Tendo em conta as considerações acima, o objetivo deste capítulo é analisar as evidências existentes sobre a aplicação da ativação comportamental nesse contexto, rever os mecanismos de mudança possivelmente envolvidos e propor novas aplicações pertinentes.

TRANSTORNOS DE ANSIEDADE

Do ponto de vista comportamental, um dos fenômenos mais estranhos em pacientes com transtorno de ansiedade generalizada é a frequência, duração e intensidade das preocupações. Nesse caso, a singularidade reside no fato da repetição excessiva, angustiante e disfuncional de comportamentos, aparentemente com consequências aversivas, como se fossem reforçados. Contrariamente às hipóteses ligadas ao papel cognitivo das preocupações na ansiedade, ou ao papel da evitação em sua gênese e manutenção, Dygdon e Dienes (2014) propuseram a hipótese de que, em casos de transtorno de ansiedade generalizada, a recorrência de preocupações tem uma explicação comportamental e que, além disso, poderia ser um comportamento auxiliar contra a diminuição de elementos de reforço do ambiente. O comportamento auxiliar é parte de um excesso comportamental em relação à redução da taxa de reforços, fazendo com que o organismo passe a ter comportamentos repetitivos que são reforçados. Portanto e contraintuitivamente, as preocupações funcionariam como comportamentos verbais com reforço negativo e positivo, em comparação com a redução de outros elementos de reforço no ambiente. Isso se deveria à associação entre o comportamento verbal de preocupação com estímulos apetitivos, como, o comportamento verbal de se considerar responsável, proativo, poderoso, ou com o comportamento verbal de se considerar seguro, protegido ou alerta, bem como com os fenômenos fisiológico-emocionais associados. De acordo com as autoras, o fato de um comportamento gerar, entre suas inúmeras consequências, uma estimulação aversiva, não o torna necessariamente passível de ser reforçado, mas sim que o fenômeno deve ser analisado em profundidade, de forma topográfica e funcional. Deve-se ter em mente que a consequência antecedente mais próxima é aquela que pode explicar mais adequadamente o fenômeno de reforços ou punições; então, pode-se raciocinar que a preocupação, inicialmente geradora de uma diminuição na estimulação aversiva ou de um aumento na estimulação apetitiva, poderia, mais tarde, ter efeitos opostos.

Existem outras opções não exploradas pelas autoras, como, considerar as preocupações como um comportamento regido por regras, pelo qual se poderia explicar sua rigidez, apesar de suas consequências aversivas. Além disso, a presença de ameaças ambientais pode gerar uma operação motivadora de privação de segurança; ou, se quisermos, em um viés mais comportamental, a ausência de estimulação aversiva, que estabeleça (aumente) o valor dos eventos reforçadores de segurança e, portanto, evoque (aumente) a frequência de condutas de preocupação, previamente associadas à diminuição da estimulação aversiva. Deixando de lado as explicações alternativas, o que é relevante nessa hipótese das preocupações como comportamento auxiliar é que, se for verdadeira, seria possível atenuar o transtorno de ansiedade generalizada, principalmente em seu fator de preocupações, gerando um contexto com mais eventos reforçadores, sendo a ativação comportamental um tratamento de escolha.

Apesar dessas elaborações teóricas, deve-se atentar para a carência de estudos clínicos específicos sobre o efeito da ativação comportamental no transtorno de ansiedade generalizada. A recente proposta de Santiago et al. (2020) objetiva amenizar essa lacuna. O próprio fato de que as pesquisas mais específicas nesse campo sejam quase experimentais, utilizem a ativação comportamental como um grupo de controle ativo e tenham como variável independente a tolerância à incerteza evidencia a imperativa necessidade da realização de estudos clínicos pertinentes. Beheshtian, Toozandehjani e Tousi (2020), no referido estudo com uma amostra total de 45 participantes portadores de transtorno de ansiedade generalizada distribuídos aleatoriamente em três grupos, obtiveram reduções significativas na intolerância à incerteza tanto nos casos tratados com terapia cognitiva-comportamental modular como nos tratados com ativação comportamental, em comparação com um grupo de controle em lista de espera. E não houve diferença entre os dois tratamentos ativos. Lamentavelmente, os pesquisadores não estabeleceram a equivalência inicial dos grupos nem consideraram outras medidas mais relevantes, como o nível sintomatológico do transtorno.

Já foram publicadas várias pesquisas sugerindo que a ativação comportamental tem um efeito de diminuição da ansiedade. Na metanálise de Stein et al. (2020) recentemente publicada (uma seleção de estudos clínicos randomizados em pacientes com depressão), os autores selecionaram cinco estudos sem grupo controle ativo e constataram que a ativação comportamental apresentou um tamanho de efeito de $g = 0,37$ na diminuição dos sintomas de ansiedade, ou seja, um tamanho baixo. Mas quando a ativação comportamental foi comparada com tratamentos ativos, por exemplo, terapia de solução de problemas, psicoterapia baseada em *mindfulness*, autoajuda autoadministrada e terapia cognitivo-comportamental, o tamanho do efeito final foi nulo. Esses resultados modestos, mas inspiradores, estão à espera de estudos mais específicos.

Embora a teoria da ansiedade como comportamento auxiliar abra espaço para a formulação de hipóteses sobre a provável eficácia e efetividade da ativação comportamental no transtorno de ansiedade generalizada, também se deve levar em consideração o papel da exposição prolongada e repetida nessa terapia, embora não seja especificamente um objetivo no tratamento, bem como o trabalho com os valores e seu papel modificador da função dos estímulos. Foi relatado que pessoas com transtorno de ansiedade generalizada se apresentam com menor sensibilidade aos reforços, maior sensibilidade à inibição comportamental e emoções indesejadas mais expressivas, em comparação com a aprendizagem probabilística (LaFreniere & Newman, 2019). A maior provisão de reforçadores positivos poderia atenuar esse fenômeno. Por fim, do ponto de vista neuroquímico, a ativação do mecanismo de recompensa poderia ter influência no funcionamento da serotonina, gerando efeitos positivos tanto no humor como na ansiedade; e no mecanismo dopaminérgico, pela modificação da previsão de reforço do ambiente e da promoção de comportamentos de enfrentamento, em vez de evitação.

TRANSTORNO DE ESTRESSE PÓS-TRAUMÁTICO

O transtorno de estresse pós-traumático tem várias características que podem ser modificadas pela ativação comportamental. Por um processo de condicionamento clássico, ocorre a associação de grande número de estímulos neutros a estímulos aversivos; em consequência, são gerados comportamentos de evitação de todos esses estímulos, com reforço negativo de tais comportamentos; e embora ocorra uma generalização das associações entre estímulos aversivos condicionados com estímulos neutros, a taxa de reforço negativo de comportamentos de evitação aumenta. Por outro lado, estímulos visuoespaciais e verbais hipervalentes chegam de forma intrusiva à consciência do paciente, o que também gera comportamentos internos de evitação, os chamados *flashbacks* e reviviscências. A presença generalizada de estímulos aversivos, interna e externa, gera uma operação motivadora de estabelecimento de eventos reforçadores negativos no que diz respeito à ansiedade e às ameaças, e uma evocação desses comportamentos, que precisamente são de evitação, ao mesmo tempo que gera uma operação motivadora de abolição de reforçadores positivos, ligada a estímulos apetitivos, enquanto ocorre diminuição dos comportamentos de ativação e busca. Por fim, a presença generalizada de estímulos aversivos, internos e externos, gera no paciente a associação de sua identidade com vulnerabilidade e com a necessidade de evitar, com a geração de comportamentos verbais vinculados à desvalia, ao pessimismo, à limitação no controle do ambiente por parte do indivíduo – todos, sem exceção, sintomas cognitivos e anímicos descritos no DSM-5 (American Psychiatric Association, 2013/2014). Em consequência, a ativação comportamental, por um processo de contracondicionamento e de exposição prolongada, poderia reverter parte dessas associações e, sobretudo, os comportamentos generalizados de evitação, graças aos comportamentos de busca de reforçadores positivos.

A metanálise de Etherton e Farley (2020), que consiste em oito estudos com um total de 564 participantes, relatou uma redução da sintomatologia de estresse pós-traumático com um tamanho de efeito grande, de $g = 1{,}48$ em comparação com o grupo da lista de espera, enquanto foi observada uma redução média de $g = 0{,}71$ em estudos não controlados; por outro lado, na comparação dos resultados com a terapia cognitiva de processamento e com a exposição guiada fornecida pela internet, não foram encontradas diferenças estatisticamente significativas. Esses resultados sugerem que é possível considerar o uso da ativação comportamental em novos estudos com maior rigor metodológico, para que essa modalidade passe a ser um tratamento bem estabelecido para o estresse pós-traumático. Nesse sentido, seria interessante comparar a ativação comportamental com a terapia de exposição prolongada, e esses dois tratamentos poderiam ser oferecidos em paralelo. Portanto, seria sumamente interessante a realização de um estudo clínico em tais condições.

ESQUIZOFRENIA

A esquizofrenia é um transtorno mental grave e complexo, sendo provável que, no âmbito da combinação permitida pelo DSM-5 (American Psychiatric Association, 2013/2014) – de dois ou mais dos cinco critérios diagnósticos, 1 mês ativo e 6 meses residuais –, existam inúmeras patologias específicas, segundo relato de Arnedo et al. (2015), autores que fizeram uma análise das múltiplas arquiteturas genéticas subjacentes às manifestações fenotípicas consignadas no manual. Seu caráter altamente hereditário, $h^2 = 0{,}79$ (Hilker et al., 2018), e neurodegenerativo (Arachchi et al., 2020) e sua sintomatologia inexplicável em decorrência dos processos de aprendizagem (delírios, alucinações, catatonia, distúrbios de linguagem e sintomas negativos) fazem da esquizofrenia uma temática incômoda para as visões psicológicas radicalmente ambientalistas e/ou antipatológicas. Talvez essa limitação tenha resultado em que a abordagem cognitiva clássica, mais à vontade com a linguagem internalista da psicopatologia, fosse a primeira a discutir o problema, com subsequente geração de um tratamento bem estabelecido para o transtorno (American Psychological Association, 2020b), e até mesmo propondo e praticando tratamentos comportamentais para algumas das problemáticas de mais difícil cuidado, como a ativação comportamental para os sintomas negativos resistentes (Beck et al., 2009/2010).

Qual poderia ser a validade da ativação comportamental em um conjunto de fenômenos tão pouco explicáveis etiopatogenicamente por fatores ambientais? A ativação comportamental melhora o humor e talvez a regulação emocional, e esses dois fatores estão associados à presença de uma sintomatologia positiva e negativa e aos episódios psicóticos na esquizofrenia (Higgins, Heil & Lussier, 2004;

Lataster et al., 2010). Por outro lado, ocorre retroalimentação dos sintomas negativos, apesar de estes serem causados internamente por processos neurodegenerativos (Correll et al., 2020), além de possuírem funções de evitação (Beck et al., 2009/2010); e a geração da ativação comportamental poderia possibilitar sua redução, ampliando os comportamentos de enfrentamento e a disponibilidade de reforços positivos. Por fim, a ativação comportamental poderia permitir uma melhora na linguagem verbal do paciente para consigo mesmo, vinculando-o aos seus valores e às atividades, e não às manifestações da doença.

Recorrendo a um tratamento de ativação comportamental em grupo, complementado com técnicas de entrevista motivacional de dez sessões com aproximadamente 1 hora de duração cada, Choi, Jaekal e Lee (2016) obtiveram reduções significativas e de tamanho de efeito grande nos sintomas negativos, cognitivos e depressivos (η^2 parcial = 0,21; η^2 parcial = 0,21; η^2 parcial = 0,22, respectivamente) em pacientes com esquizofrenia e transtorno esquizoafetivo *versus* tratamento habitual, além de um aumento na aprendizagem verbal e na memória com um tamanho de efeito médio (η^2 parcial = 0,13). Infelizmente, a forma não aleatória de atribuição de grupos diminui o rigor dos resultados. Lançando mão do mesmo manual dos autores precedentes, Lee et al. (2018) realizaram um estudo clínico randomizado comunitário em diversas localidades. Esses autores relataram resultados preliminares de reduções nos sintomas negativos e na depressão no grupo de ativação comportamental em associação com o tratamento habitual *versus* tratamento habitual apenas.

Essas investigações, embora bastante raras, são estimulantes quanto à possibilidade de sua replicação e aprimoramento metodológico. Da mesma forma que a pesquisa inicial de Choi et al. (2016), formulada com frágil *design*, mas com informações extremamente detalhadas sobre seus resultados, a pesquisa de Lee et al. (2018) apresenta exatamente o cenário oposto, com resultados concisos, mas com uma concepção metodológica aprimorada, como pode ser observado no relatório dos resultados (Clinical Research Information Service, 2020). Tudo o que foi exposto até agora exige estudos clínicos mais claros, tanto na sua metodologia como na comunicação dos seus resultados, tendo em conta os antecedentes promissores.

TRANSTORNOS RELACIONADOS COM O USO DE SUBSTÂNCIA

O uso e a dependência de substâncias estão intimamente relacionados aos processos de reforço positivo e negativo (Higgins, Heil & Lussier, 2004) e, portanto, a alterações neuroquímicas e neuroanatômicas no mecanismo de recompensa (Tervo-Clemmens et al., 2020). Podemos pressupor que uma psicoterapia que gere maior grau de disponibilidade de eventos reforçadores, em comparação com os associados ao uso de substâncias, poderia ajudar na diminuição desse fenômeno. Desde uma perspectiva comportamental, alguns comportamentos decorrentes do uso de substâncias podem ser conceituados como comportamentos auxiliares, e a geração de uma maior disponibilidade de eventos reforçadores pode provocar sua redução. Por fim, do ponto de vista mecanicista, os sintomas de depressão e ansiedade estão relacionados aos problemas de consumo e dependência de substâncias (Lai et al., 2015), e uma intervenção capaz de diminuí-los também pode ter efeito sobre tais fenômenos.

Diante do exposto, a revisão sistemática de Martínez-Vispo (2018) selecionou seis estudos clínicos e dois estudos pré-pós-teste, com três investigações sobre tabagismo, duas sobre dependência de opioides, duas sobre consumo de álcool e uma sobre abuso de cristais de metanfetamina. A ativação comportamental obteve reduções significativas no uso de substâncias em sete dos oito estudos, e foram observadas melhoras nos níveis de depressão em seis deles. Como ocorre na maioria das revisões sistemáticas e metanálises, chega-se à conclusão de que há necessidade da publicação de estudos com maior qualidade. A esse respeito, mais recentemente foi publicado um estudo clínico consistindo em 275 fumantes que foram objeto de comparação dos efeitos em três grupos: Terapia Cognitiva para Cessação do Tabagismo com Ativação Comportamental, Terapia Cognitiva para Cessação do Tabagismo comum apenas, e lista de espera. No final do tratamento e nas medidas de acompanhamento, os autores observaram percentuais mais elevados de abstinência no grupo ao qual foi adicionada a ativação comportamental, com diferenças significativas ao final do tratamento em termos de abstinência, mas com igualdade estatística para os efeitos nos acompanhamentos após 3, 6 e 12 meses, com tamanhos de efeito maiores no grupo de ativação comportamental (Martínez-Vispo et al., 2019).

Esses resultados indicam que a ativação comportamental é um tratamento promissor para a dependência de nicotina, bem como para outras substâncias e, como foi dito para os distúrbios já discutidos, é importante que sejam publicados estudos mais rigorosos, como o mencionado acima.

OUTROS TRANSTORNOS

Do ponto de vista mecanicista psicopatológico, presume-se que a ativação comportamental poderia ser usada para melhorar os episódios depressivos nos transtornos bipolares, nos quais o mecanismo afetado é o estado de espírito. São tênues as evidências a esse respeito (Weinstock et al., 2016). Por sua vez, como fator mediador, o humor pode participar na regulação emocional geral, e por isso teria talvez utilidade no tratamento do transtorno de personalidade *borderline*, conforme foi sugerido por Hopko et al. (2003) e por Dimaggio et al. (2015), bem como em aspectos mais específicos da regulação emocional, como em vários transtornos de ansiedade, transtornos relacionados ao estresse e trauma e transtornos obsessivo-compulsivos. O fato de a ativação comportamental envolver comportamentos de enfrentamento e de atividade vinculados aos valores do paciente pode ajudar a atenuar os comportamentos de evitação, de segurança ou compulsivos, respectivamente, nessas condições. A ativação comportamental também poderia ser útil nos transtornos do espectro do autismo, com vistas à habituação a estímulos rejeitados e à ampliação das rotinas e do repertório comportamental. Nos transtornos alimentares, principalmente em casos de anorexia nervosa, a ativação comportamental poderia ter seu lugar na redução do papel de reforço dos comportamentos de dieta e na ampliação do papel de outras atividades não dependentes do peso e da silhueta do paciente, além de melhorar seu estado de espírito.

CONCLUSÃO

A ativação comportamental é uma psicoterapia que pode apresentar benefícios no tratamento de inúmeros transtornos mentais. Seus aspectos comportamentais, como maior provisão de eventos de reforço, comportamentos de busca e enfrentamento e o trabalho com valores, podem ser considerados fatores salutogênicos com certa amplitude transdiagnóstica e transterapêutica. Em consequência, qualquer intervenção que afete positivamente o humor afetaria de maneira direta ou mediada outros mecanismos de forma positiva, graças à amplitude do referido mecanismo. É provável que o principal obstáculo para um maior desenvolvimento cognitivo seja que a teoria da qual deriva a psicoterapia tem sido interpretada por muitos autores como incompatível com o atual modelo psicopatológico, inclusive com as propostas de melhorias e evoluções futuras, como o HiTOP (Kotov, Krueger & Watson, 2018) ou o RDoC (Insel et al., 2010). Possivelmente essa é uma das principais razões pelas quais essa psicoterapia bem-sucedida em pacientes com transtorno depressivo maior ainda não foi aplicada e adaptada consistentemente em outros transtornos, como tem ocorrido habitualmente com outras abordagens, principalmente aquelas que são derivadas de elaborações cognitivas.

Além de ser um tratamento já devidamente estabelecido para pacientes com transtorno depressivo maior, a ativação comportamental é uma terapia promissora para a diminuição da ansiedade geral e para a redução dos sintomas do transtorno de ansiedade generalizada e do transtorno de estresse pós-traumático, dos sintomas negativos da esquizofrenia e dos transtornos relacionados ao uso de substâncias.

REFERÊNCIAS

Arachchi E, Peng Y, Zhang X, Qin W, Zhuo C, Yu C, et al. A systematic characterization of structural brain changes in schizophrenia. Neuroscience Bulletin. 2020;36:1107-22.

Abreu PR, Abreu JHSS. Ativação comportamental na depressão. Barueri: Manole; 2020.

Abreu PR. Terapia analítico-comportamental da depressão: uma antiga ou uma nova ciência aplicada?. Archives of Clinical Psychiatry. 2006;33(6):322-8.

Arnedo J, Svrakic DM, Del Val C, Romero-Zaliz R, Hernandez-Cuervo H, Fanous AH, et al. Molecular Genetics of Schizophrenia Consortium et al. Uncovering the hidden risk architecture of the schizophrenias: confirmation in three independent genome-wide association studies. Am J Psychiatry. 2015;172(2):139-53.

American Psychological Association. Diagnosis: depression. Treatment: behavioral activation [acesso em 4 out. 2020]. Disponível em: https://div12.org/treatment/behavioral-activation-for-depression/

American Psychological Association. Treatment: cognitive behavioral therapy cbt for schizophrenia [acesso em 8 out. 2020b]. Disponível em: https://div12.org/treatment/cognitive-behavioral-therapy-cbt-for-schizophrenia/

American Psychiatric Association. Manual diagnóstico y estadístico de los trastornos mentales, DSM-5. Arlington: American Psychiatric Association; 2013/2014.

Beck AT, Rector NA, Stolar N, Grant P. Esquizofrenia. Teoría cognitiva, investigación y terapia. Madrid: Paidós; 2009/2010.

Beheshtian E, Toozandehjani H, Tousi MRS. Comparison of modular cognitive-behavioral therapy and behavioral activation on the intolerance of uncertainty in students with generalized anxiety disorder. Journal of Nursing and Midwifery Sciences. 2020;7(1):30.

Blashfield RK, Keeley JW, Flanagan EH, Miles SR. The cycle of classification: DSM-I through DSM-5. Annual Review of Clinical Psychology. 2014;10:25-51.

Choi KH, Jaekal E, Lee GY. Motivational and behavioral activation as an adjunct to psychiatric rehabilitation for mild to moderate negative symptoms in individuals with schizophrenia: a proof-of-concept pilot study. Frontiers in Psychology. 2016;7:1759.

Clinical Research Information Service [acesso em 7 out. 2020]. Disponível em: https://cris.nih.go.kr/cris/en/search/search_result_st01.jsp?seq=14263

Correll CU, Schooler NR. Negative symptoms in schizophrenia: a review and clinical guide for recognition, assessment, and treatment. Neuropsychiatric Disease and Treatment. 2020;16:519.

Cuijpers P, Karyotaki E, de Wit L, Ebert DD. The effects of fifteen evidence-supported therapies for adult depression: a meta-analytic review. Psychotherapy Research. 2020;30(3):279-93.

Cuijpers P, Van Straten A, Warmerdam L. Behavioral activation treatments of depression: a meta-analysis. Clinical Psychology Review. 2007;27(3):318-26.

Dimaggio G, Salvatore G, Lysaker PH, Ottavi P, Popolo R. Behavioral activation revisited as a key principle of change in personality disorders psychotherapy. Journal of Psychotherapy Integration. 2015;25(1):30-8.

Dimaggio G, Shahar G. Behavioral activation as a common mechanism of change across different orientations and disorders. Psychotherapy. 2017;54(3):221.

Dimidjian S, McCauley E. Modular, scalable, and personalized: priorities for behavioral interventions for adolescent depression. Clinical Psychology: Science and Practice. 2016;23(1):58-61.

Dygdon JA, Dienes KA. Generalized anxiety disorder and depression: a learning theory connection. Journal of Depression ad Anxiety. 2014;3(146).

Etherton JL, Farley R. Behavioral activation for PTSD: a meta-analysis. Psychological Trauma: Theory, Research, Practice, and Policy. 2020.

Higgins ST, Heil SH, Lussier JP. Clinical implications of reinforcement as a determinant of substance use disorders. Annu Rev Psychol. 2004;55:431-61.

Hilker R, Helenius D, Fagerlund B, Skytthe A, Christensen K, Werge TM, et al. Heritability of schizophrenia and schizophrenia spectrum based on the nationwide Danish twin register. Biological Psychiatry. 2018;83(6): 492-8.

Hopko DR, Sanchez L, Hopko SD, Dvir S, Lejuez CW. Behavioral activation and the prevention of suicidal behaviors in patients with borderline personality disorder. Journal of Personality Disorders. 2003;17(5):460-78.

Insel T, Cuthbert B, Garvey M, Heinssen R, Pine DS, Quinn K, et al. Research domain criteria (RDoC): toward a new classification framework for research on mental disorders. American Journal of Psychiatry. 2010;16(7):748-51.

Kotov R, Krueger RF, Watson D. A paradigm shift in psychiatric classification: the Hierarchical Taxonomy Of Psychopathology (HiTOP). World Psychiatry. 2018;17(1):24.

LaFreniere LS, Newman MG. Probabilistic learning by positive and negative reinforcement in generalized anxiety disorder. Clinical Psychological Science. 2019;7(3):502-15.

Lai HMX, Cleary M, Sitharthan T, Hunt GE. Prevalence of comorbid substance use, anxiety and mood disorders in epidemiological surveys, 1990-2014: a systematic review and meta-analysis. Drug and Alcohol Dependence. 2015;154:1-13.

Lataster T, Collip D, Lardinois M, Van Os J, Myin-Germeys I. Evidence for a familial correlation between increased reactivity to stress and positive psychotic symptoms. Acta Psychiatrica Scandinavica. 2010;122(5):395-404.

Lee E, Cha Y, Oh J, Hwang N, Choi K, Seo H. F58. Community-based multi-site randomized controlled trial of behavioral activation for negative symptoms of individuals with chronic schizophrenia Schizophrenia Bulletin. 2018;44:S242-S242.

Martínez-Vispo C, Martínez Ú, López-Durán A, del Río EF, Becoña E. Effects of behavioural activation on substance use and depression: a systematic review. Substance Abuse Treatment, Prevention, and Policy. 2018;13(1):36.

Martínez-Vispo C, Rodríguez-Cano R, López-Durán A, Senra C, Fernández del Río E, Becoña E. Cognitive-behavioral treatment with behavioral activation for smoking cessation: randomized controlled trial. PloS One. 2019;14(4):e0214252.

Mazzucchelli TG, Kane RT, Rees CS. Behavioral activation interventions for well-being: a meta-analysis. The Journal of Positive Psychology. 2010;5(2):105-21.

Mizrahi R. Stress precedes negative symptom exacerbations in clinical high risk and early psychosis: a time-lagged experience sampling study. Schizophrenia Research. 2019; 210:52-8.

Nagy GA, Cernasov P, Pisoni A, Walsh E, Dichter GS, Smoski MJ. Reward network modulation as a mechanism of change in behavioral activation. Behavior Modification. 2018;44(2):186-213.

Tervo-Clemmens B, Quach A, Calabro FJ, Foran W, Luna B. Meta-analysis and review of functional neuroimaging differences underlying adolescent vulnerability to substance use. NeuroImage. 2020;209:116476.

Santiago J, Akeman E, Kirlic N, Clausen AN, Cosgrove KT, McDermott TJ, et al. Protocol for a randomized controlled trial examining multilevel prediction of response to behavioral activation and exposure-based therapy for generalized anxiety disorder. Trials. 2020;21(1):17.

Stein AT, Carl E, Cuijpers P, Karyotaki E, Smits JAJ. Looking beyond depression: a meta--analysis of the effect of behavioral activation on depression, anxiety, and activation. Psychological Medicine. 2020;1-14.

Simmonds-Buckley M, Kellett S, Waller G. Acceptability and efficacy of group behavioral activation for depression among adults: a meta-analysis. Behavior Therapy. 2019;50(5):864-85.

Weinstock LM, Melvin C, Munroe MK, Miller IW. Adjunctive behavioral activation for the treatment of bipolar depression: a proof of concept trial. Journal of Psychiatric Practice. 2016;22(2):149-58.

Índice remissivo

A

Abertura, 150, 162
Abuso sexual infantil, 62
Aceitação, 112, 141
Acentuada diminuição no prazer ou interesse, 298
Ações comprometidas, 149, 150
Acrônimos, 301
Aliança terapêutica, 33
Análise, 137, 164
  clínica, 164
  comportamental, 164, 177, 232, 233
  de soluções, 226, 234
  DEEP, 247, 249
  do RRAA, 17
  em cadeia, 210, 223, 225, 233, 234, 238
  funcional, 49, 50, 121, 123, 124, 130, 133, 258
  funcional baseada em processos, 120
  funcional idiograficamente, 59
  funcional verbal, 20, 21
  molar, 137
  molecular, 137
Analítico-comportamental, 165
Anedonia, 298
Ansiedade, 134
Antecedentes, 89
Anticonvulsivantes, 299
Antipsicóticos atípicos, 299
Aproximações sucessivas, 86, 89
Armadilha mútua, 263
Atenção
  flexível, 112
  inflexível, 109, 137
Ativação comportamental (BA), 284
Atividades cognitivas-verbais, 174
Avaliação, 259
  comportamental, 98
  do progresso clínico, 129
  e formulação de caso, 46
  funcional idiográfica, 33
Avaliações idiográficas, 94

B

BA, 287, 288
BA-IACC, 296

C

Características distintas da TBCT, 243
Caso
  clínico, 94, 120
  de problemas sociais, 94
Ciência
  comportamental, 203, 213
  comportamental contextual, 30
  da Conexão Social, 30
Clarificação de valores, 149, 150
Classes de comportamentos, 55, 78
Classificação pelo MDML, 16
Comer em excesso ou déficit, 288
Compartilhamento de informação pessoal, 58

Competências terapêuticas, 128
Comportamentos
  alternativos, 170
  clinicamente relevantes, 56
  clinicamente relevantes de melhora, 65
  clinicamente relevantes problemáticos, 65
  de fuga e esquiva passiva, 301
  de melhora, 86
  interpessoais dos clientes, 95
  reforçados negativamente, 288
Conceituação de caso, 38, 81, 83, 84, 86, 144
Concepção funcional inicial de caso, 300
Conexão social, 29, 30
Consciência, 150, 162
Contexto terapêutico, 91
Contextuais, 164
Contextualismo, 164
  funcional, 19
Controle de estímulos, 86, 89
Critérios socioculturais, 172
Culpa excessiva, 288

D

DEEP, 263
  diferenças de personalidade, 263
  estressores externos, 263
  padrão de interação, 263
  sensibilidades Emocionais, 263
Demanda-afastamento, 272
Depressões
  bipolares, 298
  unipolares, 298
Desamparo aprendido, 291
De *self*-como-conceito, 112
Desengajamento de ações valorosas, 137
Desesperança criativa, 116
Desfusão cognitiva, 114, 141, 170, 172
Desorganização do comportamento alimentar, 298
Desregulação emocional e comportamental, 215, 229
Diagnóstico diferencial, 296
Diário de Sono, 304
Dimensões do HDML, 22
Distanciamento unificado, 253
Dramatizações e ensaios comportamentais, 254
DSM, 2

E

Efeito respondente "antidepressivo" do reforçamento positivo, 285
Enriquecimento de agenda, 303
Ensino da análise funcional, 301
Escala
  de domínio, 293
  de prazer, 293
Esquiva
  experiencial, 110, 137, 150, 151, 166, 167, 177
  passiva, 289
Esquivas de atividades, 288
Estabilizadores de humor, 299
Estados disposicionais finais, 112
Estratégias
  de aceitação, 251
  de mudança, 255
  de tolerância, 251
Euforia, 299
Eventos
  aversivos incontroláveis, 291
  psicológicos, 123
Evitação mútua, 272
Extinção, 88
  operante, 290

F

FACT *online*, 188
Falta de contato com valores, 108
FAP, 28
Fatores de vulnerabilidade, 224
Feedback, 259
Filosofia dialética, 204, 205
Flexibilidade psicológica, 114, 165, 168, 179, 184, 185, 186, 187, 188, 195, 197

Fontes estáveis e diversas de reforçamento, 287
Formulação de caso, 36, 258, 259
Funcional, 164
Fusão cognitiva, 111, 137, 156

G
Ganho de peso, 298
GEE1, 301
GEE2, 301

H
Hiperfagia, 298
Hipersonia, 288, 300
História
de relacionamento do casal, 271
de vida, 190
Humor deprimido, 296

I
IBGE, 284
Ideações suicidas, 288
Identificação de processos, 123
Idiográfica, 137
Implicit Relational Assessment Procedure (IRAP), 17
Incontrolabilidade com eventos aversivos, 290
Inércia, impulsividade ou esquiva persistente, 108
Inflexibilidade psicológica, 125, 128, 155, 156, 184
Insônia, 298, 304
Interação
com a terapeuta, 169
negativa mútua, 272
Interpessoais, 55, 57
Intervenção
baseada em valores, 150, 152, 153
experiencial, 114
FACT, 190
terapêutica, 66
Intervenções, 78, 81, 91, 127
breves, 187
Intimidade, 29, 77, 83, 84
Inventário de Avaliação de Valores, 303
Isolamento social, 30, 288

M
Manual de BA-IACC, 288
Manutenção de relações interpessoais, 54
Mapa da Vida, 188, 189, 190, 195, 197, 198
Melhora ou recuperação clínica, 285
Metáfora, 115
Mindfulness, 128, 173, 174, 175, 177, 187, 192, 211
Modelagem, 86, 89, 90
Modelo
biossocial, 218
clínico coadunado, 120
clínicos contextuais, 8
DAARRE, 17
de flexibilidade psicológica, 112, 126
de formulação de caso, 50
de inflexibilidade psicológica, 107
de intimidade, 84
de terapia comportamental, 63
idiográfico, 48
nomotético, 47
psicoterápico, 32, 48, 49
psiquiátrico tradicional, 132
tradicional de terapia comportamental de casal, 242
Módulos de treinamento de habilidades DBT, 211
Molduras relacionais, 14
Mortes por suicídio, 288
Multi-dimensional multi-level (MDML), 15
Multiplicidade de experiências psicológicas, 173

N
Narrativa funcional, 261
National Institute for Health and Clinical Excellence, 284

O

Operação motivadora, 299
Organização Mundial de Saúde, 284

P

Paralelos funcionais, 84
Perda de peso, 298
Perda do interesse ou prazer, 296
Pesquisa clínica psicoterápica, 2
Polarização, 272
Pontos fortes do casal, 271
Prática de autocuidado, 254
Primeira área, 57
Princípios da DBT, 212
Problemas
  de intimidade, 31
  do casal, 246
  interpessoais, 29
Processo
  comportamental, 86
  de desenvolvimento da intimidade, 32
  interpessoal de intimidade, 31
Processos, 115
  de flexibilidade psicológica, 123
  de mudanças clínicas, 5
  terapêutico na IBCT, 250
Procrastinação de responsabilidades, 288
Protocolos de intervenção FACT, 187
Psicopatologia, 38
Psicoterapia, 28, 29, 33, 63
Psicoterapia Analítica Funcional, 63
Punição, 87, 88, 290

R

Recontextualização, 157, 158
Recontextualização verbal, 152, 153, 158
Reênfase positiva, 253
Reforçamento diferencial, 86
Reforçamento positivo, 86, 88, 89
Regulação emocional, 231, 229, 237
Relação
  comportamento-consequência, 302
  terapeuta-cliente, 64
  terapêutica, 34, 77
Relacionamento interpessoal, 64, 77, 93
Relações
  entre estímulos, 12
  funcionais, 123
  sociais, 30
Repertórios
  de fuga e esquiva, 290
  idiográficos, 296
  social, 101, 102, 103
Resignação, 246
Resolução
  de conflito e concessão, 58
  de problemas, 304
Restituição de antigas atividades reforçadas positivamente, 287
Ruminações, 288

S

Saúde
  física e psicológica, 42
  mental, 39
  psicológica, 29
Self
  conceitualizado, 137
  contexto, 170
  contextual, 126
Senso
  de *self*-como-contexto, 113
  de *self*-como-processo, 113
Sentimentos de disforia, 285
Sintomas de TEPT, 221
Sistema
  diagnóstico integrado, 9
  psicoterápico integrado, 29
Sistematização da conceituação de caso, 85

T

Taxa de respostas contingentes ao reforçamento positivo – RCPR, 285
TDM com sintomas ansiosos, 290
Técnica, 33
Tema, 263
Teoria
  baseada em processos, 3, 133
  baseadas em evidências, 284

biossocial, 215, 230
comportamental contextual, 107
comportamental integrativa de casais, 258
comportamentais, 49, 167
conjugal, 259
das molduras relacionais, 24
de aceitação e compromisso, 106, 137, 249
de casal, 242
de casal tradicional, 245
individual na DBT, 209
tradicional comportamental de casais (TBCT), 259
Terceira onda de terapias comportamentais, 28, 228
Termos de nível intermediário, 107
Transdiagnósticos, 107
Transtorno de ansiedade, 132
Transtorno de humor, 284
Transtorno de humor decorrente de outra condição médica, 299
Transtorno depressivo induzido por substância de abuso, 299
Transtorno depressivo persistente, 300
Transtorno mentais, 2
Tratamentos psicológicos, 46
Treinamento de regulação emocional, 211
Treino de habilidades, 212

U

União empática, 252

V

Valores, 113, 137, 142, 149, 151
Valores maternos, 150, 156, 161
Variabilidade comportamental, 287
Variabilidade de habilidades, 287
Violência doméstica, 291
Vulnerabilidade, 83, 84, 90
Vulnerabilidade biológica, 217, 218
Vulnerável, 77